ARBITRAGEM NAS PARCERIAS PÚBLICO-PRIVADAS
UM ESTUDO DE CASO

André Rodrigues Junqueira

Prefácio
Gustavo Justino de Oliveira

ARBITRAGEM NAS PARCERIAS PÚBLICO-PRIVADAS
UM ESTUDO DE CASO

Belo Horizonte

2019

© 2019 Editora Fórum Ltda.

É proibida a reprodução total ou parcial desta obra, por qualquer meio eletrônico, inclusive por processos xerográficos, sem autorização expressa do Editor.

Conselho Editorial

Adilson Abreu Dallari
Alécia Paolucci Nogueira Bicalho
Alexandre Coutinho Pagliarini
André Ramos Tavares
Carlos Ayres Britto
Carlos Mário da Silva Velloso
Cármen Lúcia Antunes Rocha
Cesar Augusto Guimarães Pereira
Clovis Beznos
Cristiana Fortini
Dinorá Adelaide Musetti Grotti
Diogo de Figueiredo Moreira Neto (in memoriam)
Egon Bockmann Moreira
Emerson Gabardo
Fabrício Motta
Fernando Rossi
Flávio Henrique Unes Pereira

Floriano de Azevedo Marques Neto
Gustavo Justino de Oliveira
Inês Virginia Prado Soares
Jorge Ulisses Jacoby Fernandes
Juarez Freitas
Luciano Ferraz
Lúcio Delfino
Marcia Carla Pereira Ribeiro
Márcio Cammarosano
Marcos Ehrhardt Jr.
Maria Sylvia Zanella Di Pietro
Ney José de Freitas
Oswaldo Othon de Pontes Saraiva Filho
Paulo Modesto
Romeu Felipe Bacellar Filho
Sérgio Guerra
Walber de Moura Agra

Luís Cláudio Rodrigues Ferreira
Presidente e Editor

Coordenação editorial: Leonardo Eustáquio Siqueira Araújo
Aline Sobreira de Oliveira

Av. Afonso Pena, 2770 – 15º andar – Savassi – CEP 30130-012
Belo Horizonte – Minas Gerais – Tel.: (31) 2121.4900 / 2121.4949
www.editoraforum.com.br – editoraforum@editoraforum.com.br

Técnica. Empenho. Zelo. Esses foram alguns dos cuidados aplicados na edição desta obra. No entanto, podem ocorrer erros de impressão, digitação ou mesmo restar alguma dúvida conceitual. Caso se constate algo assim, solicitamos a gentileza de nos comunicar através do *e-mail* editorial@editoraforum.com.br para que possamos esclarecer, no que couber. A sua contribuição é muito importante para mantermos a excelência editorial. A Editora Fórum agradece a sua contribuição.

Dados Internacionais de Catalogação na Publicação (CIP) de acordo com a AACR2

J95a	Junqueira, André Rodrigues Arbitragem nas parcerias público-privadas: um estudo de caso/ André Rodrigues Junqueira.– Belo Horizonte : Fórum, 2019. 306p.; 14,5cm x 21,5cm ISBN: 978-85-450-0646-6 1. Direito Administrativo. 2. Direito Público. 3. Arbitragem. I. Título. CDD: 341.3 CDU: 342

Elaborado por Daniela Lopes Duarte – CRB-6/3500

Informação bibliográfica deste livro, conforme a NBR 6023:2002 da Associação Brasileira de Normas Técnicas (ABNT):

JUNQUEIRA, André Rodrigues. *Arbitragem nas parcerias público-privadas*: um estudo de caso. Belo Horizonte: Fórum, 2019. 306p. ISBN 978-85-450-0646-6.

Para Thamy Kawai Marcos, amor de toda a vida!

AGRADECIMENTOS

A presente obra é a versão comercial de minha dissertação de mestrado, aprovada "com distinção" na Faculdade de Direito da Universidade de São Paulo (USP), perante banca composta pelos Professores Gustavo Justino de Oliveira (orientador), Francisco José Cahali (PUC-SP), André Castro Carvalho (FGV-SP) e Roberto Augusto Castellanos Pfeiffer (USP). Trata-se de trabalho fruto de estudo, pesquisa, debates e imersão no tema da arbitragem com participação da Administração Pública, que não foi redigido de forma solitária, pois pude contar com apoio de pessoas a quem devo registrar meus agradecimentos.

Ao professor Gustavo Justino de Oliveira, agradeço por me aceitar como seu orientando e permitir compor um seleto grupo de entusiastas do Direito Público. Jamais esquecerei as valorosas lições, nas reuniões de orientação em seu escritório, oportunidades em que debatemos questões de Estado e propostas para a solução de problemas da Administração Pública brasileira. Seu rigor com o cumprimento de prazos, aprofundamento nas pesquisas, interação com outras áreas do conhecimento humano e participação em congressos me aprimoraram profissionalmente. Estendo esse agradecimento aos integrantes da banca examinadora, que arguiriam com rigor e respeito todas as premissas de trabalho utilizadas na pesquisa, de modo que as críticas apresentadas foram incorporadas à versão final do texto.

Aos participantes da pesquisa empírica, registro minha gratidão pela disponibilidade de tempo em responder meus questionamentos, revisar minhas transcrições e oferecer um depoimento sincero sobre a Arbitragem nos contratos públicos.

Devo pontuar que este estudo jamais seria concluído sem o apoio irrestrito de meus familiares. Aos meus pais Jeoval Junqueira da Silva (*in memoriam*) e Nedina A. Rodrigues Alves da Silva; meus irmãos Alessandro, Adriano e Marcelo; meus sogros Noé e Sissi; meus cunhados Rodrigo, Vitor, Ana Paula, Lara, Mila e Eliane e minhas sobrinhas Lara e Marina. Todos me incentivaram, compreenderam minha ausência em compromissos familiares e celebraram comigo a conclusão deste trabalho.

Ao final, tenho convicção em afirmar que sem o companheirismo de minha esposa Thamy não teria condições, ou mesmo vontade, de redigir esta obra. Nossos caminhos se cruzaram em uma tarde de fevereiro de 2006 para nunca mais se separarem. Construímos uma vida juntos e hoje temos os pequenos Alice e Gael, que nos ensinam a prática do amor incondicional e nos permitem acreditar em um mundo melhor.

LISTA DE ABREVIATURAS E SIGLAS

ADR – *Alternative Dispute Resolution* (Meios Alternativos para Solução de Litígios)
BID – Banco Interamericano de Desenvolvimento
BIRD – Banco Internacional para Reconstrução e Desenvolvimento
CAC/PPP – Comissão de Acompanhamento dos Contratos de PPP
CAM-CCBC – Centro de Arbitragem e Mediação da Câmara de Comércio Brasil-Canadá
CAMARB – Câmara de Arbitragem Empresarial Brasil
CCAF – Câmara de Conciliação e Arbitragem da Administração Federal
COPEL – Companhia Paranaense de Energia
CPP – Companhia Paulista de Parcerias
CPTM – Companhia Paulista de Trens Metropolitanos
CVA – Consórcio Via Amarela
EMAE – Empresa Metropolitana de Águas e Energia
FURP – Fundação para o Remédio Popular
ICC – *International Chamber of Commerce* (Câmara de Comércio Internacional)
ICCA – *International Council for Commercial Arbitration* (Conselho Internacional para a Arbitragem Comercial)
ICSID – *International Centre for Settlement of Investment Disputes* (Centro Internacional para a Arbitragem de Disputas sobre Investimentos)
IFC – *Internacional Finance Corporation*
METÔ/SP – Companhia do Metropolitano de São Paulo
MIP – Manifestação de Interesse da Iniciativa Privada
NATM – *New Austrian Tunnelling Method* (Novo Método Austríaco de Escavação)
NEI – Nova Economia Institucional
PPP – Parceria Público-Privada ou Parcerias Público-Privadas
SABESP – Companhia de Saneamento Básico do Estado de São Paulo
STF – Supremo Tribunal Federal
STJ – Superior Tribunal de Justiça
TCU – Tribunal de Contas da União
UNCITRAL – *United Nations Commission on International Trade Law* (Comissão das Nações Unidas para o Direito do Comércio Internacional)
UPPP – Unidade de Parcerias Público-Privadas
VLT – Veículo leve sobre trilhos

SUMÁRIO

PREFÁCIO
Gustavo Justino de Oliveira.. 15

APRESENTAÇÃO.. 21

INTRODUÇÃO 23

CAPÍTULO 1

CONTRATAÇÃO COM A ADMINISTRAÇÃO PÚBLICA 29

1.1   A origem do contrato administrativo 32

1.1.1   Teorias sobre a aceitação e a negação do contrato
administrativo 32

1.1.2   O contrato administrativo do direito francês 35

1.1.3   O contrato administrativo do direito brasileiro 38

1.2   Os possíveis modelos contratuais com a Administração
Pública brasileira... 40

1.2.1   Os contratos administrativos típicos 40

1.2.2   Os contratos de concessão de serviço público........................... 43

1.2.3   Os contratos de Parceria Público-Privada................................. 44

1.2.4   Demais parcerias com a Administração Pública........................ 47

1.3   Infraestruturas públicas.. 49

1.3.1   Histórico das infraestruturas públicas brasileiras 51

1.3.2   Arranjos institucionais atuais para implementação de
infraestruturas... 52

1.3.3   Regulação, Defesa da Concorrência e o modelo de concessão
de serviço mediante licitação para infraestruturas.................... 54

1.4   Conceitos fundamentais nos contratos de infraestruturas......... 56

1.4.1   Financiamento do projeto.. 56

1.4.2   Alocação de riscos... 58

1.4.3   Critérios de remuneração do contratado 61

1.4.4   Manutenção do equilíbrio econômico-financeiro dos contratos 64

1.5   Sínteses parciais 67

CAPÍTULO 2

ARBITRAGEM NOS CONTRATOS DA ADMINISTRAÇÃO PÚBLICA 69

2.1	Introdução	69
2.1.1	Evolução legislativa no Brasil	70
2.1.1.1	Legislação relativa às concessões de serviço público	78
2.1.1.2	Convenções internacionais	81
2.1.2	Estudo comparado de três precedentes	84
2.1.2.1	O "Caso Lage" (STF – Agravo de Instrumento em Recurso Extraordinário nº 52.181, rel. Min. Bilac Pinto, j. 14.11.1973)	85
2.1.2.2	O "Caso Copel" (Procedimento ICC nº 12656/KGA – Câmara de Comércio Internacional)	89
2.1.2.3	O "Caso Metrô/SP" (Procedimento ICC nº 15283/JRF – Câmara de Comércio Internacional)	93
2.1.2.4	Pontos de contato entre os três precedentes	96
2.1.3	Uma nota de direito comparado	97
2.1.3.1	França e Portugal	98
2.1.3.2	Estados Unidos e Inglaterra	101
2.1.3.3	Países latino-americanos	106
2.2	A arbitragem como instrumento adequado para resolução de determinadas disputas contratuais da Administração Pública ..	110
2.2.1	Potenciais vantagens na utilização da arbitragem pela Administração Pública	111
2.2.2	Desafios no uso da arbitragem pela Administração Pública	115
2.3	Aspectos procedimentais	119
2.3.1	Especificidades procedimentais da arbitragem com a Administração Pública?	120
2.3.2	Publicidade	125
2.3.3	Possibilidade de participação de terceiros no procedimento arbitral	130
2.4	Sínteses parciais	135

CAPÍTULO 3

MÉTODOS DE SOLUÇÃO DE DISPUTAS EM CONTRATOS DA ADMINISTRAÇÃO 137

3.1	O contrato da Administração Pública e seu capítulo de solução de disputas	137
3.1.1	Desafios na gestão de um contrato público	137
3.1.2	Modalidades de soluções de disputas: foro convencional, arbitragem, mediação e conciliação	144

3.1.3	Contratos da Administração com capítulo de solução de disputas: redação do instrumento, justificativas apresentadas pelo Estado e a compreensão jurisprudencial	149
3.1.3.1	Os efeitos da cláusula arbitral na compreensão de Philippe Fouchard, Emmanuel Gaillard e Berthold Goldman	151
3.1.3.2	A primeira fase: o cumprimento das diretrizes dos financiadores internacionais	153
3.1.3.3	A segunda fase: o uso indiscriminado da cláusula arbitral	155
3.1.3.4	A terceira fase: o aprimoramento da cláusula arbitral	159
3.1.3.5	A compreensão do Superior Tribunal de Justiça e do Tribunal de Contas da União	164
3.2	Análise da eficiência da cláusula arbitral nas contratações públicas	167
3.2.1	Formas de aproximação entre o Direito e a Economia	169
3.2.2	A arbitragem como instituição	176
3.3	Consequências para a arbitragem com participação da Administração Pública	179
3.3.1	Indicação de um ambiente cooperativo entre as partes	180
3.3.2	Redução de custos para as partes?	182
3.3.3	Introdução da cláusula compromissória na matriz de riscos do contrato	187
3.4	Sínteses parciais	192

CAPÍTULO 4
ESTUDO DE CASO: AS PARCERIAS PÚBLICO-PRIVADAS DO ESTADO DE SÃO PAULO 195

4.1	Metodologia e objetivos da pesquisa	196
4.2	O procedimento prévio à contratação de uma PPP em São Paulo	199
4.3	As Parcerias Público-Privadas do Estado de São Paulo	203
4.3.1	O início: Linha 4 de Metrô	204
4.3.2	A opção pela cláusula de foro tradicional: Linha 8 da CPTM	210
4.3.3	As Parcerias Público-Privadas da Companhia de Saneamento Básico do Estado de São Paulo	214
4.3.4	A tentativa de uniformização: Linha 6 e Linha 18 do Metrô, Fundação para o Remédio Popular, Complexos Hospitalares, SIM da Baixada Santista, Rodovia dos Tamoios e Habitação Popular	219
4.4	Os resultados da pesquisa	224
4.4.1	A cláusula arbitral foi uma escolha consciente?	225
4.4.2	A cláusula arbitral foi uma escolha adequada?	228

4.5	Análise da eficiência na utilização da arbitragem (o método de avaliação de Kaldor-Hicks)	231
4.5.1	A cláusula compromissória como um instrumento mitigador de risco do contrato	235
4.5.2	Delimitação dos contratos públicos em que se recomenda a utilização de cláusula compromissória	238
4.6	Sínteses parciais	242

CONCLUSÕES 245

APÊNDICES E ANEXOS 251

APÊNDICE A:	Planilha básica de orientação da entrevista semiestruturada	253
APÊNDICE B:	Termo de Consentimento	254
APÊNDICE C:	Transcrição das Entrevistas	256
ANEXO A:	Parecer da Procuradoria-Geral do Estado GPG n. 4/2013 (republicação do edital da PPP da Linha 6 de Metrô – EXCERTO)	279
ANEXO B:	Parecer da Procuradoria-Geral do Estado CJ/STM n. 19/2009 (PPP da Linha 8 da CPTM – EXCERTO)	280
ANEXO C:	Parecer da Procuradoria-Geral do Estado GPG n. 03/2014 (PPP da Rodovia dos Tamoios – EXCERTO)	281
ANEXO D:	Ata da Oitava Reunião do Conselho Gestor de PPP. *Diário Oficial do Estado de São Paulo*, 17 de dezembro de 2005, p. 3 (EXCERTO)	282
ANEXO E:	Relatório de Riscos Fiscais Decorrentes de Parcerias Público-Privadas. *Diário Oficial do Estado de São Paulo*, 5 de julho de 2013. Caderno Legislativo, p. 26 (EXCERTO)	284
ANEXO F:	Ata da Assembleia-Geral Extraordinária da Concessionária da Linha 4 do Metrô de São Paulo, realizada em 6 de julho de 2017	285
ANEXO G:	Ata da Vigésima Sexta Reunião do Conselho Gestor de PPP. *Diário Oficial do Estado de São Paulo*, 6 de maio de 2009, p. 2 (EXCERTO)	286
ANEXO H:	Ata da Décima Terceira Reunião do Conselho Gestor de PPP. *Diário Oficial do Estado de São Paulo*, 8 de agosto de 2006, p. 3 (EXCERTO)	288
ANEXO I:	Processo STM N. 00070/2012. Consulta Pública da PPP da Linha 6 de Metrô (EXCERTO)	289
ANEXO J:	Ata da 77ª Reunião Ordinária do Conselho Gestor de PPP. *Diário Oficial do Estado de São Paulo*, 15 de agosto de 2017, p. 1 (EXCERTO)	290

REFERÊNCIAS 291

PREFÁCIO

A obra cujo prefácio tenho a honra de escrever resultou da dissertação de Mestrado em Direito do Estado, apresentada na Faculdade de Direito da Universidade de São Paulo em 2017, e que tem por objeto um dos temas mais pragmáticos e incandescentes do direito público atual: a arbitragem aplicada aos contratos administrativos, mais especialmente aos contratos de Parcerias Público-Privadas no Estado de São Paulo (PPPs).

Transparecendo de antemão a qualidade e a importância da obra para a dogmática brasileira, e invertendo um pouco a ordem natural usualmente adotada para a construção de um prefácio, eu iniciaria esta apresentação evidenciando não somente as habilidades profissionais do autor – o qual foi um dos meus mais talentosos orientandos na Pós-Graduação da FADUSP – mas igualmente suas características humanistas. É que o conjunto desses qualificativos, profissionais e pessoais, relacionam-se sobremaneira com o excelente resultado alcançado pelo autor na versão final deste meticuloso trabalho acadêmico, de forte corte documental e empírico, a que hoje a comunidade jurídica passa a ter acesso.

André Rodrigues Junqueira, bacharel formado pela prestigiosa Faculdade de Direito do Largo de São Francisco, exerce, há um bom tempo, com esmero e notória competência, as funções imanentes ao cargo de Procurador do Estado de São Paulo. Foi lá que este advogado público por vocação – que bom que eles existem! – pôde desenvolver estudos e praticar técnicas e atividades voltadas ao uso e aplicação da arbitragem aos contratos públicos, em um contexto negocial tão amplo e complexo como o do Estado de São Paulo. É verdade: São Paulo é um país dentro de um país, com uma cultura profissional que prima pelo eficientismo exacerbado, a qual cotidianamente renova desafios para aqueles que decidem ali atuar. Exige tenacidade, constância e pragmatismo, e não é uma realidade para qualquer profissional. André assume esses desafios com elevada proficiência e elegância, imprimindo nesta obra muito do que aprendeu e praticou ao longo dos últimos anos na seara da arbitragem e dos contratos públicos.

Desde o início de suas atividades profissionais na Advocacia Pública Paulista, momento esse que praticamente se confunde com o ponto de partida do emprego da arbitragem como modo preferencial de resolução dos litígios decorrentes de contratos públicos dos quais o Estado de São Paulo é parte, André teve a oportunidade – muito bem aproveitada, diga-se de passagem – de se dedicar diretamente ao percurso evolutivo da arbitragem na Administração Pública.

Este jovem autor teve a chance de contribuir ativamente, em conjunto com um seleto e interessado grupo de colegas, para as experimentações e os aperfeiçoamentos que foram e continuam sendo necessários para adequar a arbitragem como método heterocompositivo de litígios à realidade negocial do Estado de São Paulo, mormente quando atuou na ainda recentíssima Assistência de Arbitragens da Subprocuradoria-Geral do Contencioso-Geral da PGE-SP. O resultado dessa contribuição todos nós que militamos na advocacia de direito público podemos assistir em tempo real, não somente com o aumento quantitativo das cláusulas compromissórias nos contratos administrativos paulistas, mas com o grau de excelência buscado como meta a ser atingida pelos Procuradores do Estado no apoio à gestão contratual e na defesa dos interesses desse ente público nos processos arbitrais *ad hoc* e institucionais que vêm sendo reiteradamente instaurados no Estado de São Paulo.

Entretanto, para além das habilidades profissionais desempenhadas com tanto zelo e dedicação, André foi um aluno e orientando que soube criar para si uma trajetória acadêmica que certamente será muito exitosa – o conteúdo desta obra denota isso! – pois reúne aptidões que poucas vezes encontrei em um jovem acadêmico nesses mais de 20 anos de atividade docente: André sabe ouvir com a mesma atenção e respeito com que acata diretrizes daqueles profissionais seniores que assumidamente desejam o seu bem. Ele é sagaz e ambicioso como bom paulistano que é, todavia decide verdadeiramente contribuir para o entorno profissional e acadêmico do qual é parte integrante, sempre buscando uma atuação de qualidade.

Contentar-se com mais do mesmo: este decididamente não é um lema reverenciado pelo André em sua vida. E o caro leitor poderá comprovar isto ao iniciar a leitura deste trabalho. André trouxe inovação a um tema extremamente novo como é o da arbitragem e contratos públicos, assumindo posturas científicas destemidas e corajosas no transcurso de toda a obra. Que felicidade encontrar autores assim!

Em face de todo o exposto, fica mais fácil compreender os motivos pelos quais esta obra certamente impactará nos debates evolutivos do emprego da arbitragem nos contratos públicos no Brasil: a qualidade da obra reflete as qualidades inúmeras do seu autor. Este era o ponto que pretendia ressaltar nessa inversão de ordem expositiva do nosso prefácio. Mas comentemos a obra em si.

Apesar de ainda envolta por críticas e preconceitos, a temática da aplicação dos *ADRs* como a arbitragem, a mediação, a conciliação e os *dispute boards* pela Administração pública brasileira vem encontrando o seu espaço e o seu caminho no direito pátrio e no sistema administrativo.

Da década de 90 do século passado para cá, há um intenso crescimento do interesse e da aplicação desses institutos originalmente tidos como alternativos à resolução de disputas, e que hoje, em virtude não somente da prática, mas também de um novo marco regulador material e processual – Leis federais nº 13.105/15 (Novo Código de Processo Civil), nº 13.129/05 (Reforma da Lei de Arbitragem), nº 13.140/15 (Lei Geral de Mediação e Autocomposição Administrativa), entre muitas outras - deixam para trás esta marca da alternatividade: a depender da modelagem contratual do negócio, do tipo de litígio e dos interesses em jogo, tais institutos deixam de ser mera alternativa à solução jurisdicional ordinária, passando a ser considerados mais adequados ou até preferenciais.

No entanto, cabe sinalizar a realidade de um novo *status* dos *ADRs* no sistema jurídico brasileiro depende ainda de uma série de fatores, todos muito bem contextualizados pelo autor no transcurso de toda a obra. A cláusula de arbitragem, por exemplo, não é um *default* nos contratos públicos: ainda que suas potencialidades na resolução de litígios contratuais públicos sejam elevadas e significativas, a opção pela arbitragem há de ser estratégica, ou seja, resultado de um processo decisório que leve em consideração diversos fatores e variantes.

Por isso, nessa temática gestor e intérprete devem se afastar do brocardo *one size fits all*: ele definitivamente não cabe para o emprego da arbitragem nos contratos públicos. O autor enfrenta à altura estes enfoques e deixa estes pontos muito claros em sua obra, inclusive com o recurso à técnica de estudo de casos, pois ao colacionar contratos públicos vários ele os analisa em face de sua modelagem, características e objeto, sinalizando que a arbitragem pode ou não funcionar como expressão de melhor eficiência na gestão desses contratos. Eis um enfoque eficientista renovado e trazido pelo autor em sua obra, o qual nos revela achados não encontrados em outras obras escritas sobre o mesmo tema.

Além disso, em tempos de hiperativismo do controlador e de uma certa paralisia do gestor público em temas estratégicos do cotidiano administrativo, um bom arcabouço legislativo desempenha um papel relevantíssimo para bem pavimentar o processo decisório do gestor quando haja a opção pela arbitragem como método de resolução de conflitos advindos de um contrato administrativo. Mais do que isso, regras claras e explícitas sobre a possibilidade de inserção da cláusula compromissória (escalonada ou não) nos contratos públicos representam um fator que confere maior segurança jurídica ao gestor público, e por isso o marco regulador que temos hoje não somente é enfrentado pelo autor, como muito bem interpretado e cotejado com a realidade negocial – com destaque para as PPPs no Estado de São Paulo – que por vezes acaba por ensejar um lugar de predominância para a arbitragem como método preferencial ou mais adequado para a resolução de litígios decorrentes de determinados tipos de contratos públicos.

Eis uma novidade de enquadramento científico da temática que ainda não havíamos encontrado em outras obras similares. Eis mais um acerto do autor em sua inovadora abordagem metodológica, que privilegiou fontes legislativas, doutrinárias, jurisprudenciais e empíricas em um equilíbrio científico invejável, tornando possível chegar a uma série de conclusões e proposições absolutamente autorais e propulsoras de novos olhares acerca do uso e da aplicação da arbitragem nos contratos públicos em nosso país.

Muito mais poderia ser reforçado e enaltecido na obra do Procurador do Estado de São Paulo, André Rodrigues Junqueira. Contudo, para mim, fica aqui o convite para que o leitor entre em contato com esta obra ímpar, que concomitantemente nos brinda com análises da legislação e da realidade contratual hodierna dos negócios públicos, em que a arbitragem começa a desempenhar o determinante papel de imprimir maior eficiência à gestão dos contratos públicos – dentre inúmeros outros, ela reforça o dever de *compliance* das obrigações contratuais, por todas as partes – mas igualmente confere um tratamento do litígio contratual mais adequado aos novos tempos, privilegiando mais ainda esta eficiência contratual, pois havendo litígios eles serão não somente resolvidos, mas o serão de maneira mais célere e técnica, sem deixar de contemplar os interesses públicos a ele imanentes.

Talvez neste ponto tenhamos todos a abertura para uma nova Agenda de Investigação Científica em torno da arbitragem e contratos públicos, para além da tecnicidade e da discussão sobre a eficiência e sobre o que são direitos patrimoniais disponíveis, ensejadores do recurso à arbitragem para solução de litígios contratuais: como potencializar os efeitos positivos da arbitragem sem comprometer o interesse público? Esta sinalização, embora não seja o foco central do trabalho do autor, certamente é uma indagação que surge da leitura da sua obra. Eis mais uma constatação de que estamos diante de uma obra representativa na temática, a qual ao mesmo tempo que é esclarecedora de uma série de questões, nos convida a outras reflexões que obviamente ainda precisam de olhares científicos tão agudos e precisos como estes do nosso autor. Parabéns, André!

Finalmente, por tudo o que restou aqui sedimentado, precisamos de mais profissionais e acadêmicos como o nosso jovem jurista André Rodrigues Junqueira, não somente por reunir todos os traços acima referidos, mas porque são humanistas e preocupados com os desafios do tempo em que vivem, projetando generosidade e verdade em tudo aquilo que fazem. Foi uma alegria ter participado deste momento inicial da sua carreira acadêmica, sinto-me respeitado e prestigiado como Jurista e Professor, sobretudo porque pude aprender juntamente com você nesse percurso que sei, não foi nada fácil, mas que indubitavelmente revelou-se muito bem-sucedido. E aqui vai uma última provocação do seu orientador, e hoje admirador: André, quando iniciará a sua próxima pesquisa acadêmica? Não se demore. Estamos todos no aguardo.

Gustavo Justino de Oliveira
Professor de Direito Administrativo da Faculdade de Direito da Universidade de São Paulo (USP). Pós-Doutor em arbitragem internacional pelo Instituto Max-Planck de Direito Comparado e Direito Internacional Privado (Hamburgo-Alemanha).

APRESENTAÇÃO

A participação da Administração Pública em procedimentos arbitrais tem sido muito discutida nos últimos anos. Após a superação da ideia de que apenas a jurisdição estatal poderia solucionar as controvérsias relacionadas às obrigações assumidas pelo Estado, o debate se concentrou na verificação de eventuais peculiaridades no julgamento privado de temas sujeitos ao regime jurídico administrativo, bem como em quais hipóteses é recomendável introduzir cláusula compromissória nos contratos celebrados pelas pessoas jurídicas de direito público.

Não faltaram posicionamentos extremistas, que defenderam a necessidade de que a Administração Pública se adequasse irrestritamente à prática arbitral, sem que houvesse qualquer reflexão sobre o conteúdo dos regulamentos e procedimentos tradicionalmente adotados ou mesmo acerca do perfil dos árbitros selecionados. Igualmente, foi percebido o desejo de alguns profissionais em criar uma arbitragem "especial" para o Estado, com regras próprias e totalmente despida dos princípios que nortearam a consolidação desse instituto para solução de contendas nas relações comerciais.

Diante disso, o presente livro busca apresentar um contraponto a esse estado de coisas, com o reconhecimento da aderência dos métodos não estatais de resolução de disputas ao regramento constitucional da Administração Pública e com propostas para aprimorar seu uso no cotidiano dos gestores estatais e da advocacia pública. Os resultados obtidos decorrem de três anos de pesquisa empírica, realizada a partir do estudo de caso dos contratos de Parcerias Público-Privadas do Estado de São Paulo, conjugada à vivência prática do autor no assessoramento jurídico do Poder Executivo paulista e na atuação em procedimentos arbitrais administrados pelas principais câmaras de arbitragem nacionais e internacionais.

A expectativa é de que o estudo tenha o condão de contribuir para um debate *ainda* em construção.

O autor

INTRODUÇÃO

O trabalho que se apresenta ao público versa sobre a utilização da arbitragem como mecanismo de solução de disputas contratuais. A proposta de análise se restringirá ao estudo da eficiência de tal instituto nas Parcerias Público-Privadas celebradas pelo Estado de São Paulo.

A arbitragem é um método heterocompositivo de resolução de litígios, no qual um ou mais julgadores privados examinam o caso e apresentam uma solução vinculante às partes. Seu uso é permitido para conflitos que envolvam pessoas capazes e direitos patrimoniais disponíveis. As vantagens geralmente associadas a esse instituto se relacionam à autonomia conferida às partes para escolha de julgadores, ao procedimento aplicável e ao ordenamento jurídico que disciplinará o conflito. Em linhas gerais, a arbitragem é considerada um instrumento que amplia a liberdade dos litigantes, com o objetivo de obter uma melhor solução à disputa.[1]

Sabe-se que a arbitragem foi regulamentada no Brasil pela Lei federal nº 9.307/1996 e que, durante muito tempo, foram apresentados questionamentos acerca da legalidade de seu uso pela Administração Pública. Em geral, compreendia-se que as avenças com participação de pessoas jurídicas de direito público sempre continham características

---

[1] "O direito da arbitragem, em maior medida que o direito internacional privado, presta-se a uma reflexão de filosofia do direito. As noções de vontade e de liberdade, essencialmente filosóficas, estão no coração da matéria. Igualmente essenciais são as questões de legitimidade suscitadas, por um lado, pela liberdade das partes de preferir uma forma privada de resolução de conflitos à jurisdição estatal, de escolher seu juiz, de moldar o procedimento na forma que lhes parece mais apropriada e de determinar as regras de direito aplicáveis ao litígio, inclusive as que não são oriundas de um sistema jurídico determinado, e, por outro lado, pela liberdade dos árbitros de decidir sobre sua própria competência, de determinar o desenvolvimento do procedimento e, no silêncio das partes, de eleger as normas aplicáveis ao mérito do litígio" (GAILLARD, Emmanuel. *Teoria jurídica da arbitragem internacional*. São Paulo: Atlas, 2014. p. 2).

de indisponibilidade, que as impediam de serem submetidas a exame e decisão por um juízo privado.[2]

No Brasil, em especial a partir do reestabelecimento do regime democrático pós-1988, foi desenvolvido um modelo de governança pública para diminuir o tamanho do Estado, na maior parte das vezes relacionada à transferência de atividades ao setor privado. Nesse contexto, parece possível reconhecer que nos contratos celebrados pela Administração Pública existe disposição e negociação sobre determinados direitos com a iniciativa privada.

Algumas mudanças conduzidas no ambiente econômico, principalmente no segundo mandato do presidente Luiz Inácio Lula da Silva, com a política do denominado novo-desenvolvimentismo, não alteraram esse cenário em profundidade. A despeito da introdução de diversas medidas de participação do Estado em atividades econômicas, com especial destaque para alguns investimentos públicos em infraestrutura, fomento à produção pelo financiamento de capital, expansão do mercado de consumo de massa via programas de transferência de renda e apoio à formação de grandes empresas estatais, a interação contratual com a iniciativa privada se manteve intensa.[3]

---

[2] Um resumo dos posicionamentos contrários ao uso da arbitragem pelo Estado pode ser encontrado no artigo do professor Ricardo Marcondes Martins, que concluiu sua opinião da seguinte forma: "Para o sistema jurídico, o magistrado é o mais habilitado para dizer o Direito, de modo que o sistema lhe atribui a magna função de dizer definitivamente o direito perante um conflito de interesses. O magistrado é, no mundo jurídico, o oráculo do Direito. Não pode o legislador, sob pena de ofensa ao princípio da supremacia do interesse público sobre o privado, destituir o magistrado da função de dizer definitivamente o direito nos casos de contratos relativos ao interesse público. Somente os interesses privados justificariam a atribuição dessa competência a um árbitro e, no plano abstrato, o interesse público sobrepõe-se ao interesse privado. Conclui-se: todas as leis que autorizam a realização de arbitragem pela Administração Pública são, em decorrência da supremacia do interesse público sobre o privado, inconstitucionais." MARTINS, Ricardo Marcondes. Arbitragem e Administração Pública: contribuição para o sepultamento do tema. *Interesse Público*, ano XII, n. 64. Belo Horizonte: Editora Fórum, 2010. p. 85-104.

[3] MORAIS, Lecio; SAAD-FILHO, Alfredo. Da economia política à política econômica: o novo desenvolvimentismo e o governo Lula. *Revista de Economia Política*, v. 34, n, 4, São Paulo, out.-dez. 2011. De acordo com o pensamento dos autores: "Enquanto alternativa mais difundida, e conforme examinado acima, o novo desenvolvimentismo contém um corpo articulado de políticas econômicas baseadas teoricamente no keynesianismo e no estruturalismo cepalino. Seu objetivo é representar uma nova estratégia de desenvolvimento, superando o nacional-desenvolvimentismo tradicional e adequando os seus princípios às novas realidades emergentes da revolução tecnológica e da globalização. Essa política econômica advoga a necessidade de uma ruptura com as políticas macroeconômicas neoliberais, a serem substituídas por novas políticas monetárias, cambiais e fiscais, e subordinada a adoção das novas políticas à existência de um projeto nacional para o Estado brasileiro. A defesa da ruptura tem como fundamento a ideia de que as políticas macroeconômicas neoliberais são incompatíveis com a soberania do Estado para implementar uma política

INTRODUÇÃO | 25

Isso porque o papel do Estado em um ambiente globalizado precisa considerar o relacionamento Público-Privado e uma adequada equação ao binômio regulamentação/privatização, independentemente da ideologia de governo.[4] Para que essa medida tenha êxito é imprescindível reconhecer que a Administração Pública cumpre suas funções constitucionais (inclusive) pela celebração de contratos e transação de direitos.

Essa maneira de compreender a posição do Estado no ambiente econômico ganhou espaço e foi confirmada por um arcabouço legislativo que favoreceu processos de desestatização e, inclusive, esclareceu a aderência constitucional da Administração Pública de se submeter ao juízo arbitral em tais casos.[5] Essa é uma premissa de trabalho do presente estudo. Não se discutirá a arbitrabilidade subjetiva das pessoas jurídicas de direito público, mas sim os casos em que a arbitragem se mostra recomendável e as melhores práticas para condução dos procedimentos de solução de disputas com participação estatal.

A partir dessa proposta de trabalho, será exposto ao leitor um estudo sobre a eficiência do uso da arbitragem nos contratos celebrados pela Administração Pública, sob a perspectiva empírica, na tentativa de delimitar quais vínculos obrigacionais formalizados pelo Estado merecem conter esse método de solução de disputas previsto na avença celebrada. Esse é o desafio de análise proposto nesta obra.

O capítulo inicial descortinará um panorama da teoria geral do contrato administrativo brasileiro, em especial aqueles relacionados à

---

econômica atendendo ao objetivo nacional de retomada do desenvolvimento com estabilidade macroeconômica e com um menor custo fiscal."

[4] PUCEIRO, Enrique Zuleta. O processo de globalização e a reforma do Estado. In: FARIA, José Eduardo (Org.). Direito e globalização econômica: implicações e perspectivas. São Paulo: Malheiros, 2015. p. 105-126. Conforme o entendimento do professor argentino: "Mudam os paradigmas e os modelos de gestão pública impulsionados a partir do segundo pós-guerra; as alternativas de substituição são objeto de um debate ainda aberto. É importante, contudo, sublinhar a universalidade desse processo. Com impulsos de políticas do mais diverso cunho ideológico, as estruturas estatais atravessam uma etapa de questionamentos profundos. Desregulamentação e privatização passam a ser aspectos centrais de uma mudança global que envolve governos, ideologias e estilos de gestão administrativa com relativa autonomia em função das condições concretas de cada país."

[5] BONATO, Giovanni. La Riforma Brasiliana dell'arbitrato. Rivista Dell'Arbitrato, anno XXVII, fasc. 1, p. 39-86, Milano: Giuffrè, 2017; SOMBRA, Thiago Luís Santos. Mitos, crenças e a mudança de paradigma da arbitragem com a Administração Pública. Revista Brasileira de Arbitragem, ano XIV, n. 54, p. 54-72, abr.-jun. 2017; RUGGIO, Rodrigo Alves Pinto. O equilíbrio econômico-financeiro em parcerias público-privadas e a importância da administração contratual. In: BERNARDES, Edson Garcia (Org.). Administração contratual e claim: coexistência pacífica dos aspectos jurídicos e de engenharia em obras. São Paulo: PINI, 2015. p. 63-88.

construção e operação de infraestruturas públicas, que se valem dos diversos modelos de concessão previstos no ordenamento jurídico nacional.

Após a compreensão da estrutura do contrato administrativo no Direito brasileiro, com foco nos instrumentos acordados para implementação de infraestruturas públicas, o capítulo subsequente se debruçará sobre o estudo específico da arbitragem nos contratos públicos. Inicialmente, será oferecido ao leitor um panorama histórico-legislativo sobre o tema, para um posterior detalhamento teórico acerca de tal método de solução de disputas nos liames obrigacionais estatais. Ao final, o capítulo conterá uma exposição sobre eventuais particularidades da arbitragem com participação da Administração Pública.

Na sequência, o terceiro capítulo apresentará a evolução da cláusula de solução de disputas nos contratos públicos de infraestruturas, que constituem avenças de alta complexidade de cunho relacional. As dificuldades enfrentadas pelos gestores governamentais para a implementação de seus empreendimentos justificam um tratamento adequado ao sistema de resolução de litígios, que precisa ser eficiente, pois provavelmente será utilizado ao longo da execução da avença, em um cenário de incompletude contratual.

O capítulo terceiro também apresentará o conceito de eficiência utilizado para avaliar operações econômicas, bem como a proposta de aproximação entre direito e economia ao estudo do tema. A metodologia da Análise Econômica do Direito, em especial a vertente da Nova Economia Institucional, revela a compreensão da arbitragem como instituição e como instrumento apto a gerar efeitos macroeconômicos positivos.

O derradeiro capítulo apresentará o estudo de caso que serviu de base à análise empírica: a pesquisa de campo com as Parcerias Público-Privadas celebradas pelo Estado de São Paulo. Procedeu-se a entrevistas com os agentes que atuaram no Programa Estadual de PPP, bem como ao estudo de Atas de Reuniões de Conselhos, Notas Técnicas elaboradas por Grupos de Trabalho e Pareceres da Procuradoria Geral do Estado.[6] Ao final, o material colhido e produzido foi confrontado com as premissas teóricas apresentadas no terceiro capítulo, para verificar se a previsão de arbitragem nos contratos analisados foi capaz de mitigar o risco judicial entre as partes, principalmente através da

---

[6] A opção pela pesquisa empírica qualitativa, em detrimento da quantitativa, e as vicissitudes para seleção dos entrevistados e coleta das informações foram explicitados no item 4.1 abaixo.

sinalização estatal por transparência e intenção no cumprimento de obrigações pactuadas. No plano da governança contratual, a garantia por maior previsibilidade procedimental na arbitragem também será verificada, assim como possíveis reduções de dispêndios financeiros pelas partes e demais ganhos de eficiência em geral. Ao final, o desafio será apresentar um rol de tipos contratuais celebrados pelo Estado no qual se recomenda a introdução da cláusula compromissória.

Cabe esclarecer que todos os documentos consultados e apresentados no presente livro são públicos (não continham qualquer restrição de acesso ao cidadão) e foram extraídos de processos administrativos e de consultas em endereços eletrônicos governamentais. Por sua vez, as informações produzidas a partir de entrevistas contaram com autorização de divulgação expressa dos entrevistados. Por fim, em caráter propedêutico, ressalta-se que toda a bibliografia em idioma estrangeiro citada ao longo da obra foi traduzida pelo autor, sob sua responsabilidade.

CAPÍTULO 1

CONTRATAÇÃO COM A
ADMINISTRAÇÃO PÚBLICA

O trabalho de compreender a posição jurídica obrigacional da Administração Pública e os diversos contratos que podem ser celebrados por pessoas jurídicas de direito público pressupõe, de maneira preliminar, que o leitor seja apresentado a algumas noções essenciais da Teoria Geral dos Contratos, exclusivamente aquelas que serão pertinentes à abordagem dos contratos administrativos desta obra.

Nesse sentido, o objetivo deste capítulo é explicitar um breve histórico dos vínculos obrigacionais no Direito Privado e seu posterior desenvolvimento para os entes estatais, com foco para as contratações de Parcerias Público-Privadas. A partir desse quadro teórico, os itens subsequentes se debruçarão sobre as cláusulas de resolução de controvérsias de tais avenças, em especial a cláusula arbitral.

Conforme a orientação da escola da Jurisprudência dos Conceitos, o contrato pode ser compreendido como o negócio jurídico bilateral ou plurilateral, instrumento para constituição, transmissão e extinção de direitos na área econômica.[7] No território brasileiro, a dogmática

---

[7] GOMES, Orlando. *Contratos*. 18. ed. Rio de Janeiro: Forense, 1999. p. 19. Para uma compreensão aprofundada sobre a Escola da Jurisprudência dos Conceitos cf.: LARENZ, Karl. *Metodologia da ciência do direito*. Tradução de José Lamengo. Lisboa: Fundação Calouste Gulbekian, 2005. O seguinte excerto representa a forma de pensar da referida corrente do pensamento jurídico: "PUCHTA abandonou pois a relação, acentuada por SAVIGNY, das 'regras jurídicas' com o 'instituto jurídico' que lhes é subjacente, em favor da construção conceptual abstracta, e colocou, no lugar de todos os outros métodos – e também no de uma interpretação e desenvolvimento do Direito orientados para o fim da lei e o nexo significativo dos institutos jurídicos –, o processo lógico-dedutivo da 'Jurisprudência dos Conceitos', preparando o terreno ao 'formalismo jurídico' que viria a prevalecer durante mais de um século, sem que a contracorrente introduzida por JHERING conseguisse por longo tempo sobrepor-se-lhe. Formalismo que, como acentua WIEACKER, constitui 'a definitiva alienação da ciência jurídica em face da realidade social, política e moral do

clássica do direito privado costumava conceituar o contrato com um olhar pouco expressivo aos liames obrigacionais publicísticos, cujo pensamento a seguir é representativo de sua época:[8]

> Contrato é o negócio jurídico (ou o instrumento jurídico) que estabelece entre os figurantes, bilateralmente ou plurilateralmente, relações jurídicas ou as modifica, ou as extingue. Os mais importantes são os de direito privado; porém há-os de direito público.

Em tempos atuais, o Código Civil (Lei federal nº 10.406, de 10 de janeiro de 2002) não se preocupou em conceituar o contrato, mas apenas em disciplinar o instituto, a partir do artigo 421, seguindo a opção feita no Código Civil de 1916. A compreensão que pode ser inferida é de que, no tocante à disciplina de Teoria Geral dos Contratos, o legislador optou por uma amplitude semântica apta a favorecer as trocas comerciais do sistema capitalista.[9]

A despeito das definições doutrinárias, as quais variam conforme o tempo e o ordenamento jurídico, quer parecer relevante a contribuição do jurista italiano Enzo Roppo, que publicou, em 1977, a obra *Il contratto*,[10] a qual estruturou os principais elementos dessa categoria de negócio jurídico.

Direito'. Não foi assim por mero acaso que o movimento contraposto arrancou, de início, não do terreno da filosofia, mas da recentemente surgida ciência empírica da realidade social, isto é, da sociologia" (p. 29).

[8] PONTES DE MIRANDA, Francisco Cavalcanti. *Tratado de direito privado*. Parte geral. Rio de Janeiro: Borsoi, 1954. t. III, p. 202.

[9] Sobre o ambiente social existente à época da promulgação do Código Civil de 1916 e sua influência na definição dos pressupostos regulamentares da novel legislação: "Dois fatos, no entanto, devem ser destacados para melhor compreensão de certos fenômenos superestruturais, notadamente o jurídico. O primeiro é a contradição ideológica entre os setores predominantes da camada superior. Enquanto a burguesia mercantil aspirava a um regime político e jurídico que lhe assegurasse a mais ampla liberdade de ação, tal como preconizava a ortodoxia liberal, a burguesia agrária temia as consequências da aplicação, ao pé da letra, dos princípios dessa filosofia política, consciente, como classe, de que a democratização de fundo liberal se faria ao preço do seu sacrifício. Essa contradição não provocou o antagonismo entre os dois setores, não só porque seus interesses econômicos imediatos coincidiam, mas também porque a superestrutura política era, em verdade, de fachada. O regime representativo, por sua desfiguração através do coronelismo, permitia ao proprietário da terra resguardar-se de investidas contra seus interesses fundamentais. Por outro lado, o sistema de franquias liberais aproveitava, tão-somente, a reduzido número, sendo estranho à grande maioria da população miserável e inculta. E, desse modo, sem grandes abalos, arrastava-se o país pelos corredores da História." *In*: GOMES, Orlando. *Raízes históricas e sociológicas do Código Civil brasileiro*. São Paulo: Martins Fontes, 2006. p. 29.

[10] Foi consultada a tradução portuguesa de Ana Coimbra e Manuel Januário Gomes: *O contrato*. Coimbra: Almedina, 2009.

De acordo com o renomado jurista, o contrato é a veste jurídico-formal de operações econômicas, "donde se conclui que onde não há operação económica, não pode haver também contrato".[11] Roppo identifica tal ferramenta jurídica como o instrumento para circulação de riquezas, compreendidas como utilidades suscetíveis de avaliação econômica.

A perspectiva de análise desenvolvida pela obra supramencionada foi relevante ao seu tempo e influenciou a teoria contratual até os dias atuais, ao entrelaçar o ideal econômico com a dogmática do direito positivo.

Deve ser pontuado que as ideias de Roppo evoluíram e acompanharam as transformações sociais e econômicas ocorridas ao longo do século XX, principalmente no que diz respeito à transferência de atividades do Estado para o mercado, em razão de uma nova lógica da privatização e liberalização, perceptíveis não apenas na Itália, mas no mundo ocidental em geral.

Essa percepção foi destacada em recente estudo, que mostra como as ideias do professor italiano amadureceram em um período de 30 anos. O *paper* de Rafael Vanzella destaca como, com o passar dos anos, o foco passa a ser a análise de questões dogmáticas advindas de um modo diferente de regulação jurídica. A ênfase passa para as consequências que o desarranjo do Estado-nação provoca nas técnicas contratuais tradicionais, tanto no Estado liberal quanto no Estado social:[12]

> por outro lado, a sociedade e a economia globalizada exigem um contrato cuja flexibilidade superponha-se aos valores de certeza e estabilidade [*Il contratto del duemila*, p. 7]. Reaparece, revigorada pela análise econômica do direito, a teoria da *efficient breach*; o contrato não mais constitui obrigação de adimplir, senão um poder (formativo) de escolha entre adimplir e não-adimplir/ressarcir-se, respeitar ou violar os deveres (relativos) contratuais torna-se indiferente do ponto de vista axiológico, mas relevante se aprecia sua conveniência econômica, pois nesse caso privilegia-se a opção que garanta a melhor alocação de recursos [*Il contratto del duemia*, p. 7].

A evolução do pensamento de Roppo ressalta a relativização do *pacta sunt servanda* e o cerne do "novo paradigma contratual". Igualmente, o tema de proteção do contratante mais fraco é assumido

---

[11] *Ibidem*, p. 11.
[12] VANZELLA, Rafael. O contrato: de Enzo a Vicenzo. *Revista Direito GV*, n. 2, p. 221-228, jun.-dez. 2005.

como um dado normativo imposto não somente pelas questões de equidade e justiça, mas sobretudo pela tutela do próprio funcionamento do mercado.

Essa perspectiva do contrato inserido em uma lógica econômica será privilegiada na presente obra, pois acredita-se em sua aplicabilidade ao contexto governamental, conforme será exposto em diversas passagens do texto.

1.1 A origem do contrato administrativo

Os próximos itens serão dedicados ao resgate da origem histórica do contrato administrativo, não como um mero exercício de busca por formas contratuais em ordenamentos jurídicos antigos, mas para compreender o formato do instituto no direito pátrio atual.

1.1.1 Teorias sobre a aceitação e a negação do contrato administrativo

Ao longo da História do Direito, a presença de contratos celebrados pelo Estado, dotados de nuances em relação aos vínculos obrigacionais entre partes privadas, nem sempre foi pacífico.[13]

No direito comparado, a ideia de um direito público regulador da relação contratual da Administração Pública se fez presente originalmente na França, que influenciou os ordenamentos português, espanhol e italiano. Por sua vez, os regimes alemão e inglês não aderiram a essa teoria de plano.[14] O que permite a existência dessa distinção é a presença de um regime de serviço público prestado pelo Estado, que justificaria a existência de um regulamento contratual diferenciado; ou a vigência de um modelo liberal, que dá preferência ao tratamento igualitário entre as partes, inclusive à Administração Pública contratante.

---

[13] Para uma abordagem sobre as diversas teorias em torno dos contratos celebrados pela Administração Pública, cf.: GORDILLO, Agustín. *Tratado de derecho administrativo*. 7. ed. Belo Horizonte: Del Rey, 2003. t. 1, cap. XI, p. 9 e ss.

[14] "Costuma-se utilizar-se, a este propósito, a noção de contrato de direito público. As hipóteses que lhe correspondem caracterizam-se pelo facto de o contrato (entre privado e a administração pública) se relacionar estreitamente com um procedimento administrativo, no qual se baseia, integrando, e por vezes substituindo, as previsões unilaterais da autoridade pública: portanto, a disciplina da relação já não é determinada exclusivamente por estas, mas por estas e juntamente por aquilo que resultou do acordo com o privado." ROPPO, Enzo. *O contrato*. Coimbra: Almedina, 2009. p. 345.

A despeito das diferenças entre os ordenamentos jurídicos supramencionados, pode-se afirmar que existe uma tendência de convergência entre os modelos na Comunidade Europeia, reforçada pela tentativa de criar uma legislação unificada.[15]

No início da história do Direito Administrativo prevalecia a crença de que o Estado poderia atuar sempre de forma unilateral na regulamentação de suas atividades e na restrição das liberdades. Nesse contexto, vale colacionar as considerações do jurista argentino José Roberto Dromi acerca da moderna noção de contrato administrativo, em contraposição ao autoritarismo da antiga Administração Pública:[16]

> Em conclusão, o contrato é um negócio jurídico de grande importância e utilidade tanto para a ordem privada como no âmbito público. Portanto, a Administração Pública no seu trabalho, na sua gestão e atividade não escapa da força e do impulso do contrato. A afirmação de Otto Mayer de que o Estado sempre manda unilateralmente, se constitui uma hipótese arbitrária que de maneira alguma se compadece com a realidade (Forsthoff).

Dentro dessa perspectiva, podem ser destacados dois ordenamentos jurídicos que, em sua origem, rejeitavam a ideia de que a Administração Pública poderia celebrar contratos: o alemão e o italiano.

A Itália do início do século XX conviveu com a influência de Santi Romano, que defendia a impossibilidade de as pessoas jurídicas de direito público celebrarem contratos. Seus argumentos decorriam da ideia de que o interesse público não admitia transações inerentes aos vínculos obrigacionais. Dessa forma, o relacionamento entre Estado e entes privados deveria se instrumentalizar por atos administrativos, dada a posição de superioridade da Administração. Referido jurista apenas admitia a celebração de contratos entre entidades públicas, sem a participação de pessoas jurídicas de direito privado.[17]

Igualmente, o ordenamento jurídico alemão também desacolheu, de início, a possibilidade de celebração de contratos administrativos.

---

[15] Para um aprofundamento no tema: QUADROS, Fausto de. *A nova dimensão do direito administrativo:* o direito administrativo português na perspectiva comunitária. Coimbra: Almedina, 2001. p. 21 e ss.

[16] DROMI, José Roberto. *Instituciones de derecho administrativo.* Buenos Aires: Astrea de Alfredo y Ricardo Depalma, 1978. p. 359.

[17] ROMANO, Santi. *Principii di diritto amministrativo italiano.* 3. ed. Milano: Piccola Biblioteca Scientifica, 1912. p. 56, Apud ALMEIDA, Fernando Dias Menezes de. *Contrato administrativo.* São Paulo: Quartier Latin, 2012. p. 133.

Isso ocorreu por diferenças metodológicas na construção do direito público tedesco.

A formação do direito administrativo na Alemanha se deu de forma tardia no contexto europeu, após a unificação dos Estados germânicos. Seu perfil dogmático se distanciou do modelo francês, de cunho casuístico e jurisprudencial, desenvolvendo-se de maneira mais lenta e com maiores premissas teóricas.[18]

Conforme apontam os estudos de Maurer,[19] a postura contrária ao contrato administrativo decorreu, em parte, da influência do jurista Otto Mayer no desenvolvimento do direito administrativo germânico. Referido autor tentava justificar a autonomia de tal disciplina jurídica (ainda questionada no século XIX) pela teoria do ato administrativo.

Diante dessas raízes históricas, o direito alemão desenvolveu a possibilidade de utilização do contrato administrativo como uma alternativa em relação ao ato administrativo, enquanto em outros ordenamentos jurídicos o contrato administrativo é uma alternativa em relação ao contrato de direito privado. Dentro dessa perspectiva, vale trazer a contribuição de Marrara, que aponta:[20]

> De todos os dispositivos, o mais significativo para um observador brasileiro certamente é o que permite, como regra geral, o uso do contrato de direito público para reger relações jurídicas, ou seja, para criar, alterar ou extinguir obrigações entre os cidadãos e a Administração Pública, desde que a opção contratual não seja vedada por norma específica. Na dicção expressa do §54, um órgão público pode, em vez de expedir um ato administrativo, celebrar um contrato de direito público com aquele indivíduo ao qual o ato administrativo se direcionaria. Em outras palavras: a *VwVfG* torna a consensualização por instrumentos contratuais uma opção real para o agente público diante da forma clássica de ação impositiva por atos administrativos. O Poder Público dispõe da possibilidade de caminhar pela via negocial sempre que a considerar mais útil e eficiente para solucionar um conflito ou pretensão que poderia ser igualmente objeto de disciplina unilateral.

---

[18] ARAÚJO, Edmir Netto de. O direito administrativo e sua história. *Revista da Faculdade de Direito da Universidade de São Paulo*, v. 95, p. 8, 2000.

[19] MAURER, Harmut. *Elementos de direito administrativo alemão*. Tradução de Luís Afonso Heck. Porto Alegre: Sergio Antônio Fabris, 2001. p. 132.

[20] MARRARA, Thiago. A experiência do direito administrativo alemão: o que os brasileiros devem saber? *In:* SUNDFELD, Carlos Ari (Org.). *Contratos públicos e o direito administrativo*. São Paulo: Malheiros, 2015. p. 441.

Em linhas gerais, pode ser afirmado que o contrato de direito público alemão – ao contrário do ocorrido na França, em que o instituto se desenvolveu por uma necessidade de realizar atividades que somente se concretizariam pela existência de prerrogativas de autoridade para a Administração – foi manejado aos casos em que a Administração poderia dispensar seu poder administrativo e resolver certas questões de forma consensual com os particulares.[21]

1.1.2   O contrato administrativo do direito francês

O direito francês é aquele no qual a teoria do contrato administrativo se aprimorou com profundidade e serviu de inspiração ao desenvolvimento do tema no Brasil. Suas características merecem ser analisadas no presente capítulo, em razão de sua importância histórica.

É de conhecimento geral que a França foi o berço das Revoluções Burguesas do século XVIII. A queda do Antigo Regime e a ascensão de um governo fundamentado na Lei demandou o desenvolvimento de regulamentação sobre os limites de atuação estatal, garantidor das liberdades básicas do cidadão. Conforme o posicionamento de Losano:[22]

> De tudo isso deve-se concluir que o direito administrativo é um produto da Europa continental pós-revolucionária, o que proíbe generalizar os seus conceitos além desses limites de espaço e de tempo. Ele se apresenta, de fato, como o direito que o Estado burguês usa para se defender tanto contra a classe nobiliária eliminada, quanto contra a classe popular que, usada como aliada no decorrer da revolução, foi reprimida depois da tomada do poder. O cidadão tem, com relação ao Estado burguês, não um direito subjetivo (como no direito privado), mas um interesse juridicamente tutelado.

Para compreensão da teoria do contrato administrativo na França, é preciso saber que seu desenvolvimento decorreu da criação de uma jurisdição específica para os conflitos da Administração Pública, através do Conselho de Estado.

O Conselho de Estado francês é um órgão técnico que participa das três funções do Estado. Dentro da função legislativa, tal órgão emite pareceres sobre projetos de leis; por sua vez, na função executiva,

---

[21]   ESTORINHO, Maria João. *Requiem pelo contrato administrativo*. Coimbra: Almedina, 2003. p. 45.

[22]   LOSANO, Mario. *Os grandes sistemas jurídicos*. Tradução de Marcela Varejão. São Paulo: Martins Fontes, 2007. p. 93.

atua com a redação de inúmeros regulamentos administrativos e na atribuição judiciária é o juiz supremo da Administração.[23] Em sua função judicante, as decisões são soberanas e não podem ser revistas pelo Poder Judiciário comum.

Nessa toada, o contrato administrativo, enquanto categoria autônoma na teoria geral do contrato, se desenvolveu como consequência de uma necessidade política em criar uma jurisdição administrativa apta a manter o princípio da separação dos poderes. Conforme defendido por parte da doutrina, o direito administrativo francês do século XVIII acreditava que a atividade de julgar o Executivo era vedada aos tribunais comuns.[24]

Além da indispensabilidade de preservação do princípio da separação dos poderes, outra motivação impulsionou a dualidade de jurisdição na França. Imaginava-se que o Conselho de Estado deveria funcionar como um foro que não privilegiasse interpretações restritivas e excessivamente apegadas ao texto da lei, como era a praxe do Poder Judiciário à época (o juiz como a boca da lei), mas que sua jurisprudência funcionasse como um caminho para solução de conflitos e estruturação de conceitos necessários para o novo ramo do direito que florescia, como o próprio conceito de contrato administrativo.[25] Assim, o que hoje parece ser um dos ramos mais legalistas do direito se desenvolveu a partir de um trabalho jurisprudencial de vanguarda.

Nessa toada, o Conselho de Estado foi responsável por lapidar o direito administrativo na França, de modo que diversos conceitos

---

[23] GAIZER, François. O Conselho de Estado Francês. *Cadernos de Administração Pública*, n. 29, 1955. Disponível em: http://bibliotecadigital.fgv.br/dspace/handle/10438/11942. Acesso em: 11 jul. 2016.

[24] ESTORINHO, Maria João. *Requiem pelo contrato administrativo*. Coimbra: Almedina, 2003. p. 24. De acordo com a autora, a distinção conceitual do contrato administrativo partiu, na França, pela necessidade de promover uma "autonomização processual" para a posterior "autonomização administrativa".

[25] Cf: MOURA, Mauro Hiane de. *A autonomia contratual da Administração Pública*. Rio de Janeiro: GZ, 2014. p. 83. O autor ainda traça um panorama das premissas doutrinárias que influenciaram o delineamento da teoria do contrato administrativo pelo Conselho de Estado: "A teoria do contrato administrativo que seria desenvolvida pelo Conselho de Estado e pela doutrina, como se verá a seguir, formaria um amálgama entre as teorias de Duguit e Hariou. De Duguit, aproveitaria o conceito de serviço público como atividade essencial para a manutenção da interdependência social, a necessidade de atualização constante das regras de execução do serviço público e, em parte, a proposição de que o conceito de serviço público poderia ocupar posição de conceito-chave do Direito Administrativo. De Hauriou, a teoria contratual que abandonava o modelo adotado durante o século XIX – e passava a explicar os poderes derrogatórios do direito comum que eram atribuídos ou não ao Estado pelos cadernos de encargos não como meras previsões contratuais, mas como sintomas de uma posição de preeminência do Estado típica da *puissance* e que ele jamais poderia abandonar" (*Ibidem*, p. 207).

teóricos dessa disciplina decorrem de seus julgados e inspiraram o direito positivo de muitos países, inclusive do Brasil.[26]

Dentre tais conceitos, encontra-se o contrato administrativo, definido em território francês por elementos legais e jurisprudenciais. No que tange aos critérios jurisprudenciais, são apontados os seguintes elementos distintivos: (i) presença de cláusulas exorbitantes e (ii) o objeto de serviço público. Quanto ao regime legal, determinados contratos são submetidos à regulamentação administrativa e à consequente jurisdição do Conselho de Estado por força de lei, independentemente de conterem disposições de direito privado.[27]

Essas características essenciais da praxe francesa delimitaram o conceito doutrinário utilizado por diversos países que adotam o regime romano-germânico, de modo que o enunciado abaixo tem origem na literatura argentina, mas é válido para diversas nações, inclusive para a teoria brasileira mais tradicional:[28]

> Podemos então definir os contratos administrativos dizendo que são, por sua natureza, aqueles celebrados pela Administração Pública com um fim público, o que, em sua execução, podem afetar a satisfação de uma necessidade pública coletiva, razão pela qual estão sujeitos a regras de direito público, exorbitantes do direito privado, que colocam a contratante da Administração Pública em uma situação de subordinação jurídica.

---

[26] Cabe pontuar que a estruturação da ideia de contrato administrativo pelo Conselho de Estado francês foi criticada por certos juristas, incomodados com o fato de que suas notas distintivas pudessem descaracterizar o conceito de contrato na teoria geral do direito. O português Vasco Pereira da Silva enxergou certo embaralhamento terminológico em sua definição, nos seguintes termos: "Surge, então, no Contencioso Administrativo, a primeira manifestação da dicotomia 'esquizofrênica' ao nível dos contratos celebrados pela Administração Pública, que leva a distinguir, de 'entre os iguais', aqueles que 'eram mais iguais do que os outros', de modo a lhes poder ser atribuído um 'foro especial', privativo da Administração, enquanto que os demais ficavam submetidos aos tribunais judiciais, como os acordos celebrados entre simples particulares (...) O contrato administrativo é, pois, um conceito bifronte – à semelhança de um 'monstro de duas caras' –, que consegue ser, ao mesmo tempo, bilateral e unilateral, consenso de vontades e supremacia (ou submissão) de uma parte em face da outra, instrumento de cooperação e mecanismo de sujeição." *In*: SILVA, Vasco Pereira da. Direito administrativo português e europeu no divã da psicanálise. *In*: MARRARA, Thiago. *Direito administrativo*: transformações e tendências. São Paulo: Almedina, 2014. p. 161.

[27] ALMEIDA, Fernando Dias Menezes de. *Contrato administrativo*. São Paulo: Quartier Latin, 2012. p. 180.

[28] BERÇAITZ, Miguel Ángel. *Teoría general de los contratos administrativos*. Buenos Aires: Depalma, 1952. p. 214.

1.1.3 O contrato administrativo do direito brasileiro

A análise do contrato administrativo no direito brasileiro pode partir de um enfoque dogmático, que facilitará o recorte metodológico proposto pelo presente estudo.

A despeito da existência de manifestações contratuais da Administração Pública desde os primórdios da história do Brasil, compreende-se que sua sistematização ocorre a partir do início do século XX, com a promulgação do Código de Contabilidade Pública da União (Decreto nº 4.536, de 28 de janeiro de 1922).[29] Referido diploma normativo dispunha que o empenho da despesa deveria ser precedido de contrato e concorrência pública para fornecimentos e obras públicas acima de determinado valor, bem como trazia alguns requisitos de validade para os contratos administrativos. Seu detalhamento foi instrumentalizado pelo Decreto nº 15.783, de 8 de novembro de 1922, que aprovou o regulamento para execução do Código de Contabilidade Pública da União.

Posteriormente foi promulgado o Decreto-Lei nº 200, de 25 de fevereiro de 1967, que reorganizou a Administração Pública Federal e estabeleceu diretrizes para a Reforma Administrativa. Seu título XII trazia normas específicas relativas a licitações para compras, obras, serviços e alienações. Tratava-se de trabalho desenvolvido a partir dos estudos de uma Comissão Especial de Reforma Administrativa, instituída pelo Presidente Castello Branco, formada por economistas, administradores e advogados.

Após o início do processo de redemocratização, o Brasil contou com um novo estatuto, o Decreto-Lei nº 2.300, de 21 de novembro de 1986, que trouxe uma extensa disciplina jurídica sobre licitações e contratos administrativos, revogando o título XII do Decreto-Lei nº 200/67.

Ao final, no contexto de um conturbado momento político do Brasil, decorrente de escândalos de corrupção e do *impeachment* do Presidente Fernando Collor de Mello, foi promulgada a Lei federal nº 8.666, de 21 de junho de 1993, que estabeleceu um regime jurídico único para as licitações e contratos administrativos.

Assim, a evolução do regime legislativo brasileiro dos contratos administrativos se iniciou em um contexto de baixa densidade normativa, que conferia ampla margem de discricionariedade à Administração para redigir as avenças obrigacionais da forma mais adequada para cada caso concreto. No âmbito do Código de Contabilidade Pública da

---

[29] CAVALCANTI, Themistocles. *Curso de direito administrativo*. 4. ed. Rio de Janeiro: Freitas Bastos, 1956. p. 78, 80 e 89.

União, a preocupação maior era a organização das finanças públicas, de modo que o contrato era interpretado como mera formalização prévia ao empenho de despesas.

Com o advento do Decreto-Lei nº 200/67 já era possível verificar uma maior preocupação com a positivação de elementos mínimos para formalização do contrato. Nesse momento, o legislador já começa a concentrar sua atenção no detalhamento do procedimento licitatório, a partir da tipificação de modalidades, critérios de habilitação, garantias contratuais, modalidades de execução das avenças e regime sancionatório do contratado. Paulatinamente, inicia-se uma jornada de redução da discricionariedade do gestor público para redação contratual, privilegiando-se os elementos do edital de licitação, que deveriam espelhar os critérios previstos em lei.

Por fim, tanto o Decreto-Lei nº 2.300/86 quanto a Lei federal nº 8.666/93 sedimentaram um regime legislativo que privilegiou o maior detalhamento possível do procedimento licitatório e o estabelecimento de diversas diretrizes para o instrumento contratual. Em linhas gerais, pode ser afirmado que tudo passou a ser disciplinado pela lei, a partir de um regime jurídico único para qualquer tipo de contratação, seja o mero fornecimento de materiais para o dia a dia dos órgãos públicos, seja a para complexas obras públicas. Sobre as desvantagens do regime jurídico único, cabe destacar o posicionamento de Floriano de Azevedo Marques Neto:[30]

> Essa tendência (seria mesmo uma maldição) leva a doutrina a predicar um único regime jurídico para os cargos e os empregos públicos (rejeitando modulações necessárias a tão diversificadas funções hoje exercidas pelos agentes públicos); a defender que o estatuto das licitações deve ser uno, invariável, não obstante as compras governamentais serem diversificadas ao extremo; a sustentar que as entidades da Administração indireta devem seguir um figurino único, independentemente da Constituição, a qual expressamente determina que a Lei é que deverá criá-los ou autorizar sua criação em seu art. 37, inciso XIX, (o que supõe dispor sobre seu regime jurídico) ou, ainda, faz-nos dizer que os bens públicos seguem um único regime jurídico, malgrado a discrepância de utilidades públicas a que podem servir.

Em suma, pode ser afirmado que a evolução do contrato administrativo no Brasil passou por uma transição de um regime de liberdade

---

[30] MARQUES NETO, Floriano de Azevedo. Do contrato administrativo à administração contratual. *Revista do Advogado*, n. 107, ano XXIX, p. 74-82, dez. 2009.

para um regime formalista, no qual a figura do contrato perdeu importância.[31] Esse cenário começa a se alterar em tempos recentes, conforme será exposto no próximo tópico.

1.2 Os possíveis modelos contratuais com a Administração Pública brasileira

Pode-se afirmar que o direito administrativo brasileiro herdou do direito francês a existência de um regime jurídico próprio aos contratos celebrados pela Administração Pública, que poderiam se subdividir em dois grupos: aqueles em que a Administração Pública se encontra em pé de igualdade com o particular e aqueles em que detém atributos diferenciados, para proteção do interesse público envolvido na contratação.

No Brasil, ao contrário do modelo francês, em que a diferença conceitual dos tipos de contratos a serem celebrados pelo Estado decorria da especialização da jurisdição e dos julgados do Conselho de Estado, o trabalho distintivo foi, basicamente, feito pelos doutrinadores, cada qual em sua época.[32]

Todavia, a evolução legislativa brasileira dos contratos administrativos caminhou no sentido da criação abrangente de procedimentos, principalmente no bojo da licitação, e unificação de regimes jurídicos, praticamente extinguindo a distinção doutrinária entre contratos administrativos e contratos privados celebrados pela Administração, quanto positivando a aplicação de um mesmo regime jurídico para todas as contratações.

Os próximos itens destacarão as características essenciais do contrato administrativo clássico brasileiro e das tentativas de sua revisitação, criadas para regulamentar recentes necessidade sociais.

1.2.1 Os contratos administrativos típicos

Como já mencionado, o contrato administrativo tradicional é disciplinado no direito brasileiro pela Lei federal nº 8.666, de 21 de

---

[31] Sobre a evolução legislativa da licitação no Brasil, corroborando a tese da procedimentalização, que privilegiou o formalismo em detrimento dos resultados, cf.: ROSILHO, André. *Licitação no Brasil*. São Paulo: Saraiva, 2013. p. 65.

[32] Cabe esclarecer que o Conselho de Estado brasileiro, existente durante o século XIX, desempenhou função auxiliar ao Poder Moderador, que a despeito de sua importância para solução de grandes controvérsias jurídicas à época, não pode ser comparado ao órgão homônimo do Direito francês, principalmente em razão de sua curta duração. Sobre o tema, cf.: LOPES, José Reinaldo de Lima. *O Oráculo de Delfos*: o Conselho de Estado no Brasil-Império. São Paulo: Saraiva, 2010.

junho de 1993, que estabelece normas gerais para licitações e contratos para obras, serviços, compras e alienações no âmbito dos Poderes da União, dos Estados, do Distrito Federal e dos Municípios. O regime jurídico dessa lei se estende às entidades da Administração indireta e entidades controladas direta ou indiretamente pelo Poder Público.

Referida lei, ao ignorar as diferenças entre o regime jurídico das entidades dotadas de personalidade jurídica de direito público daquelas sujeitas ao direito privado, retirou parte das vantagens existentes em atribuir o exercício de determinada atividade a uma empresa estatal, relacionadas à flexibilidade nas contratações. Nesse sentido, representou um retrocesso em relação ao revogado Decreto-Lei nº 2.300/86, que permitia a criação de um procedimento simplificado para as licitações nas estatais.

Sobre o tema, destaca-se o pensamento de Maria Sylvia Di Pietro:[33]

> No âmbito da legislação ordinária e complementar, a mesma tendência foi observada, bastando, para tanto, lembrar a Lei nº 8.666, de 21-6-93, que veio disciplinar as licitações e os contratos administrativos de uma forma desastrosa, sob a maior parte dos aspectos em que é analisada; basta mencionar alguns: ultrapassou os limites da competência da União, prevista no art. 22, inciso XXVII, outorgada apenas para estabelecer "normas gerais"; carregou exageradamente no formalismo; o que é pior, impôs para todas as entidades da Administração Direta e Indireta, independentemente do regime jurídico a que se sujeitem, idêntico procedimento licitatório (em flagrante retrocesso em relação ao Decreto-Lei n. 2.300, de 21-11-86, que permitia a adoção de procedimentos simplificados no artigo 86); nem mesmo em relação aos contratos fez qualquer distinção, o que trouxe como consequência a atribuição de prerrogativas públicas a pessoas jurídicas de direito privado, inclusive empresas que atuam ou deveriam atuar em regime de competição com a iniciativa privada; o resultado é que se veem, a todo momento, editais de licitação baixados por empresas estatais, como bancos, por exemplo, com itens idênticos ao Poder Público, inclusive previsão de penalidades.

Na percepção aqui defendida, o dever constitucional de licitar (inciso XXI do artigo 37) jamais obrigou a adoção do mesmo procedimento aplicável à Administração direta para as sociedades de economia mista e empresas públicas.

---

[33] DI PIETRO, Maria Sylvia Zanella. *Parcerias na Administração Pública:* concessão, permissão, franquia, terceirização, parceria publico-privada e outras formas. 8. ed. São Paulo: Atlas, 2011. p. 27.

Igualmente, ao obrigar a adoção do mesmo regime contratual para todas as compras e serviços, estabeleceu-se uma padronização da rigidez procedimental desnecessária e ineficiente, conforme já exposto no item 1.1.2 *supra*.

No geral, os contratos disciplinados pela Lei nº 8.666/93 são adequados para um segmento específico: obras públicas de pequeno e médio porte. Essa talvez fosse a principal necessidade brasileira no início dos anos 90 do século XX. Nota-se essa característica pelo detalhamento do procedimento, pela proibição de que o autor do projeto básico possa participar da licitação (inciso II do artigo 9º), pela escolha do contratado se pautar prioritariamente pelo critério de menor preço (artigo 45), pela necessidade de que todo o detalhamento da execução contratual seja previamente estipulado pelo contratante, entre outros elementos.

Por sua vez, para as contratações complexas, que demandam o desenvolvimento de uma nova tecnologia ou a customização de um produto, para atendimento das necessidades da Administração, os dispositivos da Lei nº 8.666/93 não se mostram adequados. Para essa finalidade, a lei não previu um regulamento próprio para o aprimoramento de um objeto ou serviço contratado, a ser realizado após a adjudicação pelo vencedor da licitação.

Sabe-se que a aquisição de produtos singulares, cujos *players* de mercado sejam extremamente reduzidos, é sempre um problema para a Administração Pública. Isso porque, caso o projeto básico apresente os elementos necessários e suficientes para caracterizar a obra ou o serviço (inciso IX do artigo 6º da Lei nº 8.666/93), haverá o risco de direcionamento do empreendimento a um único fornecedor. Por outro lado, se o projeto básico for deveras conciso haverá o risco de aquisição de uma solução que não atende as necessidades governamentais. Cite-se, como exemplo, a aquisição de um sistema de sinalização para uma linha metroferroviária pelo Estado.

Por sua vez, para as compras de bens e serviços comuns, de necessidade cotidiana da Administração, a Lei Federal de Licitações e Contratos se mostrou insuficiente, por não prever a possibilidade de inversão de fases de julgamento da proposta e habilitação (que confere agilidade ao procedimento) e pela possibilidade de competição de preços entre os interessados.[34]

---

[34] Tais instrumentos foram posteriormente positivados pela legislação específica de licitação na modalidade de pregão. Cf.: MONTEIRO, Vera. *Licitação na modalidade de pregão*. 2. ed. São Paulo: Malheiros, 2010. *passim*.

Em resumo, pode-se afirmar que a Lei nº 8.666/93 foi vítima de sua pretensão unificadora, totalitária e onipresente. A tentativa de criar um regime jurídico para tudo e para todos se mostrou fracassada e novas modalidades contratuais tiveram que ser criadas.

1.2.2 Os contratos de concessão de serviço público

A concessão de serviço público é instituto utilizado há muito tempo pela Administração Pública brasileira, para diversas finalidades.[35] No objeto de estudo do presente trabalho, importa analisar tal modalidade contratual a partir do advento da Constituição Federal de 1988 e da Lei federal nº 8.987, de 13 de fevereiro de 1995.

Como apontado por Vera Monteiro, a Constituição Federal brasileira de 1988 não traz um conceito de concessão, segundo o pensamento da autora:[36]

> A palavra "concessão" está presente em diversos dispositivos constitucionais, mas sem qualquer compromisso com a construção de um conceito, fixação de um sentido único ou, mesmo, estabelecimento de um regime jurídico constitucional.
>
> (...)
>
> Interessa, para os fins desse trabalho, focar na concessão quando ela é usada para fazer surgir uma relação de cunho econômico entre o Poder Público e terceiro (...) e não quando se representa um mero ato de conceder, a partir do preenchimento de certos requisitos previstos em lei.

---

[35] A tese de Floriano de Azevedo Marques Neto traz um resgate histórico do instituto da concessão, demarcando sua evolução em quatro fases, nos seguintes termos: "Seguimos esta demarcação: (i) o período imperial se refere ao período em que as concessões passaram a ser outorgadas pelo Brasil (e não mais pela Corte portuguesa) e compreende desde o momento em que a família real se instalou no Brasil até o final da Monarquia, em 1889; (ii) o segundo período se inicia com a República e a Constituição de 1891 e seguirá até os anos 1930, com a chegada de Getúlio Vargas ao poder e o término da República Velha; (iii) a terceira etapa da periodização adotada aqui compreenderá o período que vai do Estado Novo até a redemocratização, no final dos anos 1980, e, apesar de incomum nas tradicionais divisões históricas, justifica-se por corresponder ao início de uma estruturação mais efetiva da administração pública brasileira (e do serviço público) e à deflagração do processo de modernização econômica e institucional do país, ainda que pela ótica autoritária (descontado o interlúdio democrático do pós-Segunda Guerra até 1964); e (iv) o quarto período inclui o pós-Constituição de 1988 e a redemocratização, compreendendo também as reformas regulatórias dos anos 1990". *In:* MARQUES NETO, Floriano de Azevedo. *A concessão como instituto do direito administrativo.* Tese apresentada ao concurso para provimento de cargo de Professor Titular. Faculdade de Direito. Universidade de São Paulo, 2013. p. 103.

[36] MONTEIRO, Vera. *Concessão.* São Paulo: Malheiros, 2010. p. 72.

Nesse conjunto de ideias, corroboramos as considerações supramencionadas sobre o estudo da concessão, visto como uma relação de cunho econômico entre o Estado e terceiro, para viabilizar a fruição de utilidades públicas ao cidadão. Essa é a orientação que será privilegiada no presente trabalho.

A atual Carta constitucional positivou a concessão como modalidade contratual para delegação de serviço público, conjuntamente com a permissão de serviço público. Além disso, determinou que houvesse uma lei para dispor sobre o regime das empresas concessionárias e permissionárias de serviços públicos, com disposições acerca de seu contrato, forma de prorrogação, condições de caducidade, fiscalização e rescisão contratual. Ademais, o regime constitucional determinou que a remuneração do concessionário deveria ocorrer por tarifa, que não seria fixada por lei, mas teria parâmetros determinados por norma geral, a qual também disporia sobre a obrigação de manter o serviço adequado e os direitos dos usuários.

Em 13 de fevereiro de 1995 foi promulgada e Lei federal nº 8.987, que trouxe disposições sobre o regime de concessão e permissão de serviços públicos previstos no artigo 175 da Constituição Federal. Trata-se de um dos primeiros diplomas legislativos promulgados no primeiro mandato do então Presidente da República Fernando Henrique Cardoso, fruto de seu empenho pessoal em instituir um marco legislativo apto a viabilizar seu propósito de "diminuição do tamanho do Estado", nos anos que se seguiriam.[37]

Referida lei trouxe disposições para regulamentar o artigo 175 da Constituição Federal, ao prever os encargos das partes, o regime licitatório, métodos para extinção das concessões, entre outros elementos.

Posteriormente, o regime jurídico das concessões e permissões de serviços públicos foi complementado pela Lei federal nº 9.074, de 7 de julho de 1995, que abordou normas específicas para outorga e prorrogações das concessões e permissões, com foco específico para o setor de energia elétrica.

1.2.3 Os contratos de Parceria Público-Privada

O contrato de Parceria Público-Privada (PPP) foi regulamentado, em âmbito federal, pela Lei nº 11.079, de 30 de dezembro de 2004, que

---

[37] Sobre as mudanças legislativas introduzidas no início do primeiro mandato do Presidente Fernando Henrique Cardoso, cf.: SUNDFELD, Carlos Ari. *Direito administrativo para céticos.* São Paulo: Malheiros, 2012. p. 129.

instituiu normas gerais para licitação e contratação para tais avenças na Administração Pública.[38]

Conforme previsto em lei, a PPP é o contrato administrativo de concessão, na modalidade patrocinada ou administrativa, de modo que a primeira categoria se refere à concessão de serviços públicos ou de obras públicas, quando envolver, adicionalmente à tarifa cobrada dos usuários, contraprestação pecuniária do parceiro público ao parceiro privado. Por sua vez, a concessão administrativa consiste no contrato de prestação de serviços de que a Administração Pública seja a usuária direta ou indireta, ainda que envolva execução de obra ou fornecimento e instalação de bens.

Assim, as concessões administrativa e patrocinada complementam o quadro normativo brasileiro de concessões, em conjunto com as concessões comuns estudadas anteriormente. A concessão administrativa é a modalidade que pode ser utilizada para prestação de serviços públicos em que a remuneração do concessionário ocorre exclusivamente por contraprestações estatais, ou para o fornecimento de serviços ao Estado, com a realização de investimento em infraestrutura pública.

Por sua vez, as concessões patrocinadas são concessões de serviços públicos, cuja remuneração do concessionário é formada por tarifas e contraprestações públicas.

Vale destacar que a Lei federal de PPP estabeleceu alguns requisitos próprios que distinguem suas modalidades contratuais das concessões comuns: vedação de projetos inferiores a 10 milhões de reais, prazos contratuais entre 5 e 35 anos e vedação à celebração de contratos para o mero fornecimento de mão de obra ou mero fornecimento e instalação de equipamentos ou apenas a realização de obra pública.

Contudo, o diferencial das Parcerias Público-Privadas é o seu aspecto financeiro, que permite o estabelecimento de um sistema de garantias contratuais ao concessionário, reforça compromissos financeiros do ente contratante e determina a constituição de uma sociedade de propósito específico para o empreendimento. Trata-se de modalidade contratual que permitiu abertura do Brasil para novos investimentos, de longo prazo, para implementação de projetos de infraestruturas públicas, os quais demandam certo período para

---

[38] Antes da regulamentação promovida pela legislação federal, os Estado de São Paulo (Lei nº 11.688, de 19 de maio de 2004) e Minas Gerais (Lei nº 14.869, de 16 de dezembro de 2003) já haviam promulgado leis próprias, com conteúdo abrangente e aderente às disposições nacionais.

amortização do capital e necessitam de financiamento ao privado que disputa a licitação.

Nesse sentido, destaca-se o posicionamento de Carlos Ari Sundfeld:[39]

> A característica central das concessões administrativa e patrocinada que motivou a nova disciplina legal é a de gerar compromissos financeiros estatais firmes e de longo prazo. Como o concessionário fará investimentos logo no início da execução e será remunerado posteriormente, dois objetivos se põem: tanto impedir que o administrador presente comprometa irresponsavelmente recursos públicos futuros, como oferecer garantias que convençam o particular a investir.

Em reforço, a PPP foi compreendida como instrumento de atração do capital privado, por criar um ambiente mais confortável ao estabelecimento de uma aliança com a Administração Pública, como destaca o seguinte posicionamento doutrinário:[40]

> Disso decorre que a engenharia financeira de qualquer PPP deverá levar em consideração a necessidade de se criar condições de atratividade do capital privado. De nada adianta a idealização de um empreendimento específico se ele não for atrativo ao capital privado. Isso ocorre porque a PPP é, na realidade, um instrumento de realocação dos investimentos privados. A simples previsão normativa da PPP não provoca o surgimento de capital privado no mercado. Longe de criar novos investimentos, a PPP na realidade concorre com outras oportunidades de investimento de capital. Assim, é imprescindível que a PPP seja financiável. O empreendimento deverá ser capaz de proporcionar um retorno compatível com as expectativas de mercado, de modo a remunerar adequadamente o parceiro privado e o financiador.

A ideia de que o contrato de PPP deve criar um ambiente cooperativo é muito presente na teoria jurídica sobre o tema. Em razão da longa duração do liame obrigacional, da repartição de riscos entre as partes e da possibilidade de parte do projeto inicial decorrer de participação privada (por meio de Propostas de Manifestação de

---

[39] SUNDFELD, Carlos Ari. Guia jurídico das Parcerias Público-Privadas. *In:* SUNDFELD, Carlos Ari (Coord.). *Parcerias Público-Privadas.* 2. ed. São Paulo: Malheiros, 2011. p. 25.

[40] JUSTEN FILHO, Marçal; SCHWIND, Rafael Wallbach. Introdução: reflexos iniciais a partir dos 10 anos da Lei das PPP. *In:* JUSTEN FILHO, Marçal; SCHWIND, Rafael Wallbach. *Parcerias Público-Privadas:* reflexões sobre os 10 anos da Lei 11.079/2004. São Paulo: Revista dos Tribunais, 2015. p. 37.

Interesse da Iniciativa Privada e suas variantes), parece-nos difícil sustentar uma postura absolutamente distante ou adversarial entre os envolvidos, como ocorre em contratações públicas ordinárias.

No seio da execução de um contrato de PPP parece existir o ambiente propício para aquilo que Calixto Salomão Filho denominou de disciplina cooperativa do contrato, que propõe o afastamento da ideia de que o liame obrigacional interliga agentes com interesses antagônicos e sugere que as partes devem trabalhar por um interesse em comum, para o caso em análise a execução de um empreendimento público. Segundo suas palavras:[41]

> Na verdade, a aplicação do objetivo cooperativo através da disciplina do contrato é bastante complexa, pois exige uma aparente reviravolta no paradigma contratual. A concepção clássica do contrato sempre viu nele representados interesses contrapostos. A disciplina passou, então, a ser interpretada em função dessa concepção, de contraposição de interesses. O que se pretende demonstrar é exatamente o oposto, isto é, que o contrato só tem sentido lógico e teleológico enquanto disciplina criadora de convergência de interesses entre as partes, enquanto estrutura capaz de organizar os interesses das partes conflitantes. Como se verá, assim concebido o contrato terá muito maior e mais positivo efeito sobre a estrutura social.

As características das PPP serão detalhadas ao longo da exposição, tendo em vista que a obra se propõe a analisá-las dentro de um contexto específico: a utilização da arbitragem para solução de suas controvérsias.

1.2.4 Demais parcerias com a Administração Pública

Os itens antecedentes exploraram as modalidades contratuais relacionadas às atividades em que a iniciativa privada é chamada a prestar determinado serviço público ou executar obra pública mediante determinada remuneração. Contudo, existem outros arranjos contratuais, fundamentados em premissas diferenciadas, que merecem ser destacados.

Em determinadas hipóteses, o Estado pode se aproximar de uma entidade privada, sem fins lucrativos, para o exercício de alguma atividade de cunho social. Tais entidades privadas são denominadas

---

[41] SALOMÃO FILHO, Calixto. *Regulação da atividade econômica:* princípios e fundamentos jurídicos. 2. ed. São Paulo: Malheiros, 2008. p. 209.

de Terceiro Setor, em contraposição ao Estado (Primeiro Setor) e ao Mercado capitalista (Segundo Setor).[42]

A instrumentalização desse relacionamento pode ocorrer por diversas formas previstas na legislação.

Para o fomento estatal às atividades de ensino, pesquisa científica, desenvolvimento tecnológico, proteção e conservação do meio ambiente, cultura e saúde, poderá ser celebrado o chamado contrato de gestão com entidades qualificadas como Organizações Sociais, nos termos da Lei federal nº 9.637, de 15 de maio de 1998.

As entidades que desejarem ser qualificadas como Organizações Sociais deverão atender aos requisitos previstos na lei: não ter finalidade lucrativa, desenvolver atividades de interesse social e cumprir certos requisitos de composição do Conselho de Administração.

Em paralelo, o Governo Federal também disciplinou outra modalidade de qualificação a ser conferida a determinadas entidades: as Organizações da Sociedade Civil de Interesse Público (Oscips). Sua disciplina se deu pela Lei federal nº 9.790, de 23 de março de 1999.

De acordo com os ensinamentos de Maria Sylvia Di Pietro:[43]

> Organização da sociedade civil de interesse público constitui qualificação jurídica dada a pessoas jurídicas de direito privado, sem fins lucrativos, instituídas por iniciativa de particulares, para desempenhar serviços sociais não exclusivos do Estado, com incentivo e fiscalização pelo Poder Público, mediante vínculo jurídico instituído por termo de parceria.

A diferença que justifica disciplinas jurídicas distintas para os contratos de gestão e os termos de parceria se refere à natureza da atividade a ser realizada. No primeiro caso, parte-se da premissa de que uma atividade estatal será transferida à iniciativa privada, com a possível extinção de um órgão ou entidade pública, a possível cessão de funcionários públicos para a organização social e a transferência de recursos orçamentários ao parceiro privado. Por sua vez, as Oscips

---

[42] Atualmente, os juristas já dissertam sobre o ramo jurídico denominado Direito do terceiro setor, conceituado como "ramo do Direito que disciplina a organização e o funcionamento das entidades privadas sem fins lucrativos, as atividades de interesse público por elas levadas a efeito e as relações por elas desenvolvidas entre si, com órgãos e entidades integrantes do aparato estatal (Estado), com entidades privadas que exercem atividades econômicas eminentemente lucrativas (mercado) e com pessoas físicas que para elas prestam serviços remunerados ou não remunerados (voluntariado)". OLIVEIRA, Gustavo Justino de. Gestão privada de recursos públicos para fins públicos: o modelo das OSCIP. *In*: OLIVEIRA, Gustavo Justino. *Direito administrativo democrático*. Belo Horizonte: Fórum, 2010. p. 118.

[43] DI PIETRO, Maria Sylvia Zanella. *Parcerias na Administração Pública*: concessão, permissão, franquia, terceirização, parceria publico-privada e outras formas. 8. ed. São Paulo: Atlas, 2011. p. 279.

exercem uma atividade privada, que não era praticada pelo Estado, mas que este optou por fomentá-la.[44]

Recentemente, foi promulgada a Lei federal nº 13.019, de 31 de julho de 2014, considerada o marco regulatório do Terceiro Setor. Referida lei criou o conceito de organização da sociedade civil, caracterizada como entidade privada sem fins lucrativos, que não distribua entre os seus sócios ou associados, conselheiros, diretores, empregados, doadores ou terceiros eventuais resultados, sobras, excedentes operacionais, brutos ou líquidos, dividendos, isenções de qualquer natureza, participações ou parcelas do seu patrimônio, auferido mediante o exercício de suas atividades, e que os aplique integralmente na consecução do respectivo objeto social, de forma imediata ou por meio da constituição de fundo patrimonial ou fundo de reserva.

A forma de relacionamento da Administração Pública com tais entidades se estruturará por meio de termo de colaboração, termo de fomento ou acordo de colaboração. As duas primeiras categorias se referem às parcerias que envolvam a transferência de recursos financeiros, sendo que o termo de colaboração é proposto pelo Estado e o termo de fomento é proposto pela organização da sociedade civil. Por sua vez, o acordo de cooperação se refere às parcerias que não envolvam transferência de recursos financeiros.

Vale destacar que referida lei preservou os contratos de gestão e termos de parceria celebrados pelas Leis nº 9.637/98 e nº 9.790/99.

Deveras, o curto prazo em que tal marco regulatório se encontra em vigor não permite uma avaliação conclusiva sobre o real impacto da Lei nº 13.019/2014 no ordenamento jurídico. Contudo, ao que parece, as principais inovações se referem ao critério de seleção das entidades que receberão o fomento estatal, pois sempre haverá uma seleção objetiva por meio de chamamento público, e à possibilidade de projetos sociais serem iniciados por proposta de movimentos sociais, cidadãos e das próprias organizações da sociedade civil.

1.3 Infraestruturas públicas

A literatura técnica, jurídica e econômica contempla diversos conceitos de infraestrutura. Na área de concentração da ciência jurídica,

---

[44] Cabe esclarecer que determinados entes federativos regulamentaram o relacionamento com o terceiro setor, em especial no que tange às Oscips e Organizações Sociais, de modo diverso. Compreende-se, contudo, que, para os propósitos deste trabalho, a exposição da disciplina instrumentalizada pela União é suficiente.

um dos principais trabalhos acadêmicos sobre o tema é a tese de doutorado de André Castro de Carvalho, que demonstra como o conceito evoluiu, desde sua origem militar, até os dias atuais. Na tentativa de apresentar uma definição própria para direito da infraestrutura, o autor pontua:[45]

> O direito da infraestrutura seria um ramo de estudo relacionado a qualquer tipo de relação jurídica que envolva as infraestruturas públicas, seja por meio de investimentos públicos ou privados. Diante disso, pertence a esse ramo de estudo de medidas governamentais a fim de se promover a infraestrutura pública, tanto pelo setor público como pelo privado – como o planejamento governamental ou o uso de PPPs. Dessa forma, tanto a parcela da arrecadação da CIDE-Combustíveis em infraestrutura de transportes como um edital de licitação para concessão de aeroportos seriam objeto de análise dessa seara de estudo, envolvendo participação pública, privada ou mista.

Para os propósitos do presente trabalho, o estudo das infraestruturas será centrado no ideal de abarcar qualquer modalidade de atividade desempenhada pelo Estado, diretamente ou em seu nome, que crie condições para o desenvolvimento de inúmeras outras atividades. Assim, a construção de um porto possibilita o transporte de mercadorias entre regiões distantes, uma linha de metrô facilita o acesso de trabalhadores aos polos de trabalho, as redes de transmissão de energia elétrica possibilitam o desenvolvimento econômico nas cidades e no campo, entre outros exemplos. Em suma, pode ser afirmado que a infraestrutura é um meio para atingimento de determinados fins, propiciando o desenvolvimento econômico e social, a partir da prestação de serviços públicos.[46]

Por consequência, o direito da infraestrutura estuda os arranjos jurídicos aptos ao desenvolvimento e execução das infraestruturas, bem como os melhores instrumentos para solução de conflitos decorrentes de tais atividades.

---

[45] CARVALHO, André Castro de. *Infraestrutura sob uma perspectiva pública:* instrumentos para o seu desenvolvimento. Tese de Doutorado. Faculdade de Direito da Universidade de São Paulo. Orientador: Professor Dr. José Maurício Conti. São Paulo, 2013. p. 100.

[46] HOHMANN, Ana Carolina Cavalcanti. *O direito administrativo global e sua influência para o desenvolvimento:* regulação e segurança jurídica para o ingresso de investimentos em infraestrutura no Brasil. Tese de Doutorado. Faculdade de Direito da Universidade de São Paulo. Orientador: professor Dr. Gustavo Henrique Justino de Oliveira. São Paulo, 2016. p. 243.

O economista Ricardo Sennes aponta, em recente estudo, algumas características importantes dos setores de infraestrutura.[47] Em sua compreensão, trata-se de segmento que possui algumas semelhanças em comum na maior parte dos países, independentemente do nível de desenvolvimento econômico e social. Por envolverem investimentos de longo prazo para prestação de serviços públicos, existem, em geral, desafios para financiar os projetos, conforme será exposto em detalhes adiante. Além disso, os setores de infraestrutura tendem a operar em mercados imperfeitos, com dificuldades concorrenciais e com a presença de barreiras de entrada ilegítimas.[48]

Em paralelo, tais segmentos contam, em geral, com forte regulação estatal, de modo que são sensíveis a mudanças de orientação política de governos. Para reduzir esse impacto negativo, mostra-se necessária a existência de organizações púbicas estruturadas para o aprimoramento institucional da governança pública.

Nos próximos tópicos serão explorados o histórico e os arranjos institucionais essenciais aos projetos de infraestrutura brasileiros, que os distinguem dos demais liames obrigacionais da Administração Pública.

1.3.1 Histórico das infraestruturas públicas brasileiras

A implementação de infraestruturas pode ocorrer por diversas formas. No passado, o Estado desempenhava diretamente essa função, por meio de empresas estatais, estruturadas para prestação de serviços públicos ou mesmo para o exercício de atividades econômicas em setores estratégicos ou sujeitos a algum tipo de monopólio.[49]

---

[47] SENNES, Ricardo. Perspectivas internacionais do mercado de infraestrutura brasileiro. *In:* LOHBAUER, Rosane e outros (Coord.). *Novos rumos para a infraestrutura:* eficiência, inovação e desenvolvimento. São Paulo: Lex Produtos Jurídicos, 2014. p. 26.

[48] Barreiras de entrada podem ser legítimas quando visam impedir a participação de *players* incapazes de executar determinado contrato ou ilegítimas quando buscam restringir a competição, privilegiando certos grupos empresariais.

[49] Nas palavras de Pinto Jr.: "O modelo de industrialização adotado no Brasil foi típico do capitalismo tardio, razão pela qual acabou privilegiando o investimento público nos setores de infraestrutura e indústria pesada, por intermédio de empresas estatais, mas de forma articulada com o capital privado e internacional. Daí resultaram estruturas monopolistas de mercado sancionadas pelo próprio Estado, que apoiava abertamente a constituição de relações empresariais solidárias, combinando-as e regulando-as numa forma particular de divisão setorial e intrassetorial de produção. Não se pode dizer que o ingresso do Estado no domínio econômico tenha ocorrido à custa da redução do espaço da iniciativa privada. Ao contrário, a função empresarial pública era claramente subsidiária e destinava-se a apoiar a produção doméstica." PINTO JR., Mario Engler. *Empresa estatal:* função econômica e dilemas societários. São Paulo: Atlas, 2010. p. 43.

Esse modelo, bastante utilizado até a década de 70 do século XX, se mostrou economicamente ineficiente, de modo que a centralização de atividades no setor público foi responsável pelo período de intensa inflação e recessão econômica que se seguiu. A partir dos anos 80 e 90 do século XX inicia-se um movimento de abertura econômica e redução da intervenção estatal, mediante diversas formas de privatização *lato sensu* (reestruturação societária de empresas estatais, venda de ativos, extinção de monopólios, concessão de serviços públicos e outras formas).

Em tempos recentes, principalmente a partir do segundo mandato do presidente Luiz Inácio Lula da Silva, inicia-se um movimento de nova centralização de prestação de serviços públicos e exercício de atividades econômicas pelo Estado,[50] cujos resultados ainda não podem ser avaliados, em razão da instabilidade política atual.[51]

1.3.2 Arranjos institucionais atuais para implementação de infraestruturas

Como visto *supra*, o Brasil passou por uma evolução na forma como as infraestruturas públicas são implementadas, pautadas em um cenário de redução da intervenção estatal e incremento da participação privada, ressalvadas algumas recentes ocorrências decorrentes da ideologia política de momento. Trata-se de caminho perseguido pela maior parte dos países capitalistas ocidentais.

A redução da participação estatal na implementação de infraestruturas públicas pode ser atribuída a inúmeras causas, algumas decorrentes de um movimento econômico mundial, outras relacionadas a questões domésticas.

Na perspectiva mundial, havia uma pressão de países mais desenvolvidos em prol da criação de um ambiente liberal e competitivo nas nações em desenvolvimento, reduzindo o papel do Estado, que deveria se focar em determinadas áreas estratégicas (como educação, saúde e segurança). Esse coro foi reforçado por organismos multilaterais, financiadores de grandes projetos públicos, como Banco Interamericano

---

[50] Como exemplo, pode ser mencionada a "reativação" da estatal Telebrás (Telecomunicações Brasileiras S.A.), para atuar como instrumento de fomento ao Plano Nacional de Banda Larga (PNBL), por meio do Decreto federal nº 7.175, de 12 de maio de 2010.

[51] No momento de elaboração da presente obra, a República Federativa do Brasil é presidida por um governo provisório, decorrente do *impeachment* da ex-presidente Dilma Rousseff. A orientação política e econômica do atual governo parece privilegiar a delegação de atividades à iniciativa privada. Contudo, a despeito da existência de um novo "Pacote de Concessões" do Governo Temer, pouco foi realizado até o momento.

de Desenvolvimento (BID) e o Banco Internacional para Reconstrução e Desenvolvimento (BIRD).

Além disso, a evolução tecnológica alterou a realidade para determinadas atividades, antes enxergadas como monopólios naturais, sujeitos à intensa participação estatal (como telefonia, por exemplo).

No plano doméstico, o movimento de desestatização foi impulsionado pela demanda de redução dos gastos públicos. Isso porque, em muitos casos, a ineficiência da atuação de empresas estatais acabava por consumir recursos da Administração Direta, para execução de suas atividades-fim. Assim, o objetivo era trazer a eficiência do setor privado para a prestação de serviços públicos e reduzir custos para estruturação de projetos.

Esse modelo não ficou isento de críticas, principalmente por estudos empíricos internacionais. Nesse sentido, os trabalhos desenvolvidos por Mildred Warner, na Universidade de Cornell (Estados Unidos) questionam os benefícios decorrentes dos processos de privatização, mostrando que a aplicação de soluções de mercado aos serviços públicos nem sempre geram as vantagens esperadas.[52]

Especificamente para o caso brasileiro, há teses que demonstram certo pessimismo em relação à participação do mercado privado no desenvolvimento de infraestruturas. Segundo tais estudos, a fragilidade dos arranjos institucionais pode ter afastado o investidor estrangeiro. Conforme o artigo publicado na *The Quarterly Review of Economics and Finance*, que analisa o caso brasileiro:[53]

> Após quase uma década de experiência com o mercado privado de infraestrutura, os investidores agora parecem mais relutantes. O grande otimismo que acreditava que arranjos regulatórios poderiam promover a estabilização econômica necessária, agora deram lugar ao ceticismo em relação à capacidade dos países em desenvolvimento em implementar suas instituições (...) Uma boa legislação para o mercado e contratos bem redigidos podem ser inócuos se os reguladores são pouco preparados ou não possuem os incentivos adequados.

---

[52] WARNER, Mildred; HEFETZ, Amir. Applying Market Solutions to Public Service: an assessment to efficiency, equity and voice. *Urban Affairs Review*, v. 38, n. 1, p. 70-89, Sept. 2002.

[53] MARCUS, Paulo Correa; MUELLER, Bernardo; PEREIRA, Carlos. Regulatory Governance in Brazilian Infrastructure Industries. *The Quarterly Review of Economics and Finance*, 48, p. 214, 2008. Tradução livre.

A despeito das críticas acadêmicas ou da ideologia dos governantes, a implementação de infraestruturas tem sido realizada, em geral, pela iniciativa privada, por delegação estatal instrumentalizada pelas categorias contratuais já abordadas na presente obra. Ao Estado cabe o exercício da governança regulatória das atividades delegadas, sob as mais variadas formas.[54]

Essa opção encontra respaldo na doutrina, como pode ser demonstrado pelo pensamento de Vitor Schirato, que defende a aproximação entre o setor público e a iniciativa privada, para consecução desse mister:[55]

> A parceria com a iniciativa privada é impositiva. Em primeiro lugar, para multiplicar os recursos financeiros destinados a investimentos em infraestrutura, a partir da somatória entre recursos públicos e privados. Em segundo lugar, para mitigar riscos, já que não é possível que apenas o Estado responda por todos os riscos e desafios que os investimentos trarão. Em terceiro lugar, para permitir um desenvolvimento sustentável, pois o Estado fatalmente não terá fôlego financeiro para fazer sozinho todos os investimentos, e, se tentar tê-lo, gerará um processo de superendividamento e inflação, como já ocorreu no passado. E, por fim, em quarto e último lugar, para permitir a incorporação da eficiência e da lógica de mercado dos privados para o setor público, utilizando melhor os recursos existentes.

1.3.3 Regulação, Defesa da Concorrência e o modelo de concessão de serviço mediante licitação para infraestruturas

A literatura econômica há muito tempo se debruça sobre o tema do relacionamento entre os diversos prestadores de utilidades públicas e de tais agentes com o Estado. Em geral, o objeto de estudo são os mecanismos institucionais para coibir práticas predatórias e garantir um adequado atendimento ao cidadão. Nesse sentido, os questionamentos

---

[54] John Stern e Stuart Holder apresentam o conceito de governança regulatória de Levy e Spiller, nos seguintes termos: "São mecanismos que os Estados utilizam para restringir a discricionariedade regulatória e para resolver conflitos que surgem dessa regulação." Tradução livre. *In: Regulatory Governance: criteria for assessing the performance of regulatory systems.* An application to infrastructure industries in the developing countries of Asia. Utilities Policy, 8, p. 33-50, 1999.

[55] SCHIRATO, Vitor Rhein. Concessões de serviços públicos e investimentos em infraestrutura no Brasil: espetáculo ou realidade? *In:* SUNDFELD, Carlos Ari (Org.). *Contratos públicos e o direito administrativo.* São Paulo: Malheiros, 2015. p. 144.

gravitam em torno das melhores práticas regulatórias, de defesa da concorrência e dos modelos licitatórios.[56]

Tais estudos se justificavam pela percepção de que a existência de assimetrias de informação entre o órgão regulador e as empresas reguladas impede o desenvolvimento de uma estrutura de mercado apta a promover ganhos para o usuário do serviço e a sociedade em geral. As pesquisas acadêmicas buscaram instrumentos para ampliar o nível de bem-estar derivado das escolhas públicas sobre a melhor forma de se construir e gerenciar setores de infraestrutura.

Inicialmente, havia certo debate em torno do exercício da regulação ou da defesa da concorrência no setor de infraestruturas, em razão de uma menor clareza acerca das especificidades de cada modelo regulamentador. Enquanto a atuação dos órgãos de defesa da concorrência tem um caráter predominantemente repressivo, a atividade das agências reguladoras importa em trabalho que se perpetua no tempo, com a imposição de regulamentos que devem nortear a atuação dos prestadores de determinado mercado.

Em *paper* publicado em 1968, o economista Harold Demsetz propôs que a concorrência fosse estabelecida previamente pelo direito de explorar determinado serviço público. Assim, as companhias participantes do procedimento licitatório apresentariam suas propostas de acordo com suas capacidades de gerenciar custos e riscos, de modo que a mais eficiente venceria a disputa, através da oferta da menor tarifa aos usuários.[57]

No direito norte-americano, o tema ganhou substância a partir de duas tendências jurisprudenciais: a *"State Action Doctrine"* e a *"Pervasive Power Doctrine"*. Ambas, em geral, afastavam a aplicação do direito antitruste a partir do momento em que houvesse uma regulamentação estatal, em nível local, da atividade desenvolvida.[58]

---

[56] VISCUSI, William Kip et al. *Economics of regulation and antitrust*. 4. ed. Massachusetts: MIT Press, 2005. p. 357 e ss.

[57] DEMSETZ, Harold. Why Regulates Utilities? *Journal of Law and Economics*, v. 11, n. 1, p. 55-65, abr. 1968.

[58] A explicação completa de ambas as teorias pode ser encontrada em: SALOMÃO FILHO, Calixto. Atuação estatal e ilícito antitruste. *Revista de Direito Mercantil, Industrial, Econômico e Financeiro*, v. 106, ano XXXVI, p. 39, abr.-jun. 1997. Sobre a *"State Action Doctrine"*: "Estabeleceram-se dois critérios básicos para determinar se a regulamentação estadual conferia ou não imunidade à aplicação do direito antitruste. Em primeiro lugar é necessário que a decisão seja tomada ou a regulamentação expedida em consequência de uma política claramente expressa e definida de substituição da competição pela regulamentação. Não basta, portanto, que a lei dê poderes para determinação das variáveis empresariais básicas (preço e qualidade produzidas). É necessário que ela claramente expresse a intenção de substituir a competição pela regulamentação" (p. 36). Sobre a *"Pervasive Power Doctrine"*: "A

Transpondo-se o debate supramencionado para a realidade brasileira, temos que o direito concorrencial é afastado, em regra, para as atividades consideradas como serviço público, cuja atribuição constitucional pelo seu exercício é deferida ao Estado ou a quem execute a atividade mediante concessão estatal, instituindo-se o sistema regulamentar para acompanhamento da execução contratual.

Nas palavras de Calixto Salomão Filho:[59]

> Quando a atividade realizada pelo particular tem natureza de serviço público, então a regulamentação substitui o sistema concorrencial. É o que ocorre, via de regra, com as concessões de serviço público.
> (...)
> É preciso ou que a lei especificamente manifeste a intenção em substituir o sistema concorrencial pelo sistema regulamentar ou, então, que a lei outorgue ao titular do poder regulamentar poderes para influir nas variáveis fundamentais de orientação da vida da empresa: basicamente preço e quantidade produzida, o que faz presumir a existência da mencionada intenção de substituição.

Para as finalidades do presente trabalho, o recorte metodológico da pesquisa está restrito aos modelos de concessão de serviço público, sujeitos à regulamentação estatal, em regra, por meio de agências reguladoras, com natureza jurídica de autarquias em regime especial.

1.4 Conceitos fundamentais nos contratos de infraestruturas

Após a exposição do contexto histórico e dos arranjos institucionais das infraestruturas públicas no Brasil, cabe analisar algumas de suas características essenciais, que as diferenciam dos meros contratos para execução de obras públicas.

1.4.1 Financiamento do projeto

Os projetos de infraestrutura envolvem, em geral, a formação de uma Sociedade de Propósito Específico (SPE), que atuará como

---

segunda tendência manifesta-se na análise das competências regulamentares das agências governamentais federais americanas. Não se trata, portanto, de discutir a competência de Estados Federados para excluir a aplicação do direito antitruste. Trata-se, isso sim, de verificar em que hipóteses a atribuição de competência a uma agência federal dotada de poderes regulamentares afasta a possibilidade de aplicação do direito antitruste" (p. 37).

[59] SALOMÃO FILHO, Calixto. Atuação estatal e ilícito antitruste. *Revista de Direito Mercantil, Industrial, Econômico e Financeiro*, v. 106, ano XXXVI, p. 39, abr.-jun. 1997.

concessionária do serviço concedido. Para os contratos de PPP, trata-se de exigência legal, conforme o artigo 9º da Lei federal nº 11.079/2004.

Em geral, os investidores interessados em tais empreendimentos não podem (ou não desejam) aplicar apenas recursos próprios na viabilização dos projetos, por meio de aportes na SPE, tendo em vista a necessidade de emprego de grande volume de recursos financeiros. Dessa maneira, a viabilização do empreendimento depende, na maior parte dos casos, de financiamentos, os quais contam com o apoio de entidades financeiras especializadas nacionais (Banco Nacional do Desenvolvimento – BNDES) ou internacionais (Banco Interamericano de Desenvolvimento – BID ou Banco Internacional para Reconstrução e Desenvolvimento – BIRD, por exemplo).

No cenário das estruturas financeiras dos *players* de mercado que disputam procedimentos licitatórios na área de infraestrutura, existe a pretensão em comprometer a menor quantidade de recursos próprios possível, de modo que o investidor busca o maior percentual de recursos de terceiro para o empreendimento. Em geral, o percentual de financiamento dependerá dos riscos avaliados pelas entidades de crédito, que variam de acordo com a modalidade de contratação, o prazo da concessão, o tempo de retorno dos investimentos, as contingências políticas, entre outros aspectos.[60]

A partir do momento em que o investidor contrai um financiamento para a execução do empreendimento, existe a necessidade do oferecimento de garantias à entidade financiadora. Nesses casos, o porte dos empréstimos não permite o oferecimento exclusivo de tradicionais garantias corporativas, as quais, se oferecidas, poderiam comprometer a saúde financeira do investidor. Dessa forma, o instrumento mais utilizado é o *Project Finance*, consistente no oferecimento das receitas operacionais do próprio projeto como garantias.

John Finnerty define *Project Finance* da seguinte maneira:[61]

---

[60] RIBEIRO, Maurício Portugal. *Concessões e PPPs:* melhores práticas em licitações e contratos. São Paulo: Atlas, 2011. p. 138. O autor sintetiza os fatores que são levados em consideração para o custo da dívida da SPE da seguinte forma: "Além disso, o custo de dívida para a SPE será tanto menor quanto menores forem os riscos do projeto para o financiador. Perceba-se que a remuneração da dívida é feita por meio da cobrança, pelos financiadores, de (a) uma taxa pela estruturação do financiamento; (b) uma taxa básica de mercado, geralmente CDI, IPCA ou IGPM, no mercado local, e *Libor*, no mercado internacional; e (c) uma taxa, geralmente chamada de *spread*, que remunera o risco do financiador de investir naquele projeto ou empresa específica".

[61] FINNERTY, John D. *Project finance:* engenharia financeira baseada em ativos. Tradução de Carlos Henrique Trieschmann. Rio de Janeiro: Qualitymark, 1998. p. 2.

O Project finance pode ser definido como a captação de recursos para financiar um projeto de investimento de capital economicamente separável, no qual os provedores de recursos veem o fluxo de caixa vindo do projeto como fonte primária de recursos para atender ao serviço de seus empréstimos e fornecer o retorno sobre seu capital investido no projeto. Os prazos de vencimento da dívida e dos títulos patrimoniais são projetados sob medida para as características do fluxo de caixa do projeto. Para sua garantia, os títulos de dívida do projeto dependem, ao menos parcialmente, da lucratividade do mesmo e do valor dos seus ativos.

Em geral, o *Project Finance* se mostra vantajoso às partes envolvidas no projeto, pois, o financiador passa a se interessar pela realização do empreendimento, visto que sua garantia consiste nas receitas operacionais dele decorrentes; para o investidor a execução do contrato interessa, sob pena de comprometer as receitas decorrentes da infraestrutura pública realizada, de sua titularidade, mas oferecida como garantia ao financiador; por fim, ao Poder Público e ao cidadão usuário da infraestrutura o interesse também é presente, pelo fato de haver mais uma entidade (o financiador) a cobrar a boa execução contratual.

Contudo, os principais ganhos ainda ficam presentes para o investidor, pois a existência de um *Project Finance* permite o direcionamento de seus recursos para outros empreendimentos, nos quais a garantia corporativa (*Corporate Finance*) é necessária. Além disso, a dívida garantida por esse instrumento pode ser excluída de seu balanço.[62]

1.4.2   Alocação de riscos

Outro conceito fundamental na modelagem de projetos de infraestruturas públicas é a realização da adequada alocação de riscos entre os atores públicos e privados envolvidos.

No plano econômico, o conceito de risco é atribuído a Frank Knight, professor da Universidade de Chicago, que publicou em 1921 seu doutoramento sob o título *Risk, Uncertainty and Profit*.[63] De acordo com sua compreensão, existe uma distinção entre risco e incerteza, de modo que o primeiro pode ser mensurável, ao contrário da incerteza que não pode ser medida. Se for possível atribuir uma probabilidade à

---

[62]   VINTER, Graham D. *Project finance*: a legal guide. 2. ed. London: Sweet & Maxwell, 1998. p. 55.

[63]   Foi consultada a reedição de 1964: KNIGHT, Frank. *Risk, Uncertainty and Profit*. New York: Reprints of Economic Classics. Augustus M. Kelley Bookseller, 1964. 381p.

ocorrência de um evento, temos um risco, caso não seja possível, temos uma incerteza.[64]

Referida concepção se dissipou por outros ramos do conhecimento em diversos países. Como exemplo, podemos mencionar o jurista alemão Rolf Stober, que apresenta distinção semelhante entre risco e perigo,[65] seguido pelo português Pedro Melo, que apresenta três perspectivas diversas para o risco, considerando sua correlação com o perigo, especificamente para os contratos de concessão de obras públicas em Portugal:[66]

> (i) o risco como o perigo de um prejuízo decorrente de factos não imputáveis às partes enquanto actos ilícitos;
> (ii) o risco como o perigo de alteração do equilíbrio contratual por força de circunstâncias e de eventos supervenientes, e
> (iii) o risco como o perigo de prejuízos emergentes da impossibilidade superveniente de realização de uma das prestações contratuais.

Os delineamentos conceituais sobre o risco são essenciais aos projetos de infraestrutura, para determinação de uma equação de responsabilidades entre as partes, a chamada *matriz de riscos*.

A ideia central da matriz de riscos é apresentar às partes um elenco de ocorrências contratuais que podem dificultar a execução do contrato, determinando qual parte será responsável por seus efeitos. Uma boa matriz de riscos deve alocar a responsabilidade dos eventos na parte que possui melhores condições de mitigar sua ocorrência ou suportar seu ônus financeiro. Esse documento deve ser um anexo contratual, vinculante às partes.

---

[64] Nas palavras do autor: "a incerteza deve ser tomada em um sentido radicalmente diferente da noção familiar de risco, da qual nunca foi devidamente separado. O termo 'risco', tão vagamente usado na fala cotidiana e na discussão econômica, abrange realmente duas coisas que, funcionalmente ao menos, em suas relações causais com os fenômenos da organização econômica são categorias diferentes. (…) uma incerteza mensurável, ou 'risco' apropriado, como nós usaremos o termo, é tão diferente de um incontornável que não é de fato uma incerteza em tudo. Por conseguinte, restringiremos o termo 'incerteza' a casos do tipo não quantitativo. É essa a verdadeira incerteza, e não o risco, como foi argumentado, que constitui a base de uma teoria válida do lucro e explica a divergência entre concorrência real e teórica". KNIGHT, Frank. *Risk, Uncertainty and Profit. Op.* cit., p. 19.

[65] "Em oposição ao perigo, o risco assenta na ocorrência futura, possível mas incerta, de um acontecimento danoso. A diferença para o perigo consiste, por conseguinte, no fato de o decurso danoso e a probabilidade de ocorrência não poderem ser suficientemente apreciados, nem de forma empírica nem de forma cognitiva." STOBER, Rolf. *Direito administrativo econômico geral.* Tradução de António Francisco de Souza. São Paulo: Saraiva, 2012. p. 399.

[66] MELO, Pedro. *A distribuição do risco nos contratos de concessão de obras públicas.* Coimbra: Almedina, 2011. p. 64.

No plano legislativo brasileiro, os diplomas que dispõem sobre contratos administrativos não apresentam uma disciplina sobre repartição de riscos. O que podemos encontrar é uma ligeira evolução no que tange à divisão de responsabilidades entre as partes pública e privada. Inicialmente, a Lei nº 8.666/93 determinou que o contratado era responsável por todos os riscos do empreendimento, como construção, danos causados a terceiros e responsabilidades trabalhistas. Posteriormente, a Lei federal nº 8.987/95 (Lei de Concessões) positivou que o concessionário responderia pela concessão "por sua conta e risco", o que levou à equivocada interpretação da impossibilidade de divisão de riscos entre as partes nas concessões comuns.[67] Por fim, a Lei federal nº 11.079/2004 (Lei de PPP) inovou ao prever a possibilidade de repartição objetiva de riscos entre as partes. O quadro a seguir simboliza a interpretação usualmente difundida sobre a matéria (Quadro 1):

Quadro 1 – Riscos financeiros aplicados aos contratos públicos

Lei 8.666/93 ("Lei das Licitações")	Lei 8.987/95 ("Lei das Concessões")	Lei 11.079/04 ("Lei das PPPs")
O setor privado, além de responder pelos riscos inerentes à implementação do projeto (construção e entrega da obra contratada), também é incumbido de responder por todos os danos causados à administração pública ou a terceiros.	O concessionário responde por todos os riscos inerentes à implementação do projeto. Quanto aos riscos denominados extraordinários (riscos políticos, regulatórios, entre outros), em tese devem ser assumidos pelo poder público cedente, em vista do dever de manutenção do equilíbrio econômico-financeiro entre os contratantes inerente a tais contratos. Todavia, o que se vê na prática, em grande parte dos casos, é que o setor privado acaba arcando também com os riscos extraordinários, em vista das cláusulas contratuais que são praticamente impostas pelo setor público contratante.	Os artigos que regulam a divisão de riscos entre entes públicos e privados correspondem aos artigos 4º, inciso VI e 5º, inciso III. Nota-se que as PPPs tentam reduzir o risco que o setor privado incorreria em uma concessão tradicional ou em uma licitação por meio do estabelecimento de diretrizes impondo a efetiva divisão de riscos em tais negócios.

Fonte: *Riscos Financeiros Aplicados* às *Parcerias Público-Privadas & Concessões*. Publicação da Associação Brasileira das Entidades dos Mercados Financeiros e de Capitais (ANBIMA). Autores: Gustavo Magalhães Rezende, João Luiz Cheia e José Roberto Ferreira Savoia, 2016.

Na compreensão defendida no presente trabalho, a classificação supra-apresentada merece ser complementada com a ideia de que é

---

[67] BANDEIRA DE MELLO, Celso Antônio. *Curso de direito administrativo*. 31. ed. São Paulo: Malheiros, 2014. p. 719.

possível a repartição de riscos em contratos de obra comum, regidos pela Lei nº 8.666/93, e nas concessões comuns, regidas pela Lei nº 8.987/95, conforme preconizam alguns relevantes autores.[68] Nesse sentido, as duas primeiras colunas são mais aderentes à ideia de álea contratual e não ao risco propriamente dito.

No contexto doutrinário, coube aos estudiosos do tema a apresentação de critérios classificatórios sobre as modalidades de possíveis riscos em projetos de concessão, como apresentado por Marcos Perez:[69]

> A nosso ver, os riscos enredados aos contratos de gestão delegada de serviços ou de concessão de serviços, para os fins específicos deste estudo, devem ser identificados, primeiramente, como: *riscos econômico-financeiros, riscos técnicos, riscos jurídicos e riscos políticos*. Essa classificação genérica serve, como veremos em seguida, para rotular os riscos segundo sua ligação predominante a fatores de ordem econômico-financeira, técnicos, jurídicos ou encobre uma série de áleas sob sua formulação genérica (áleas que merecem explicação e análise pormenorizadas e específicas) e, muito menos, revela *a priori* uma divisão de riscos entre as partes contratuais porque, como já dissemos, *essa divisão deve se dar caso a caso, segundo o perfil e as especificidades de cada concessão.*

Os esclarecimentos supra-apresentados são importantes, todavia, no que diz respeito aos critérios de repartição de riscos entre as partes em projetos de infraestruturas, caberá ao contrato regulamentar a adequada equação. Isso porque os riscos são ocorrências fáticas típicas de cada empreendimento. Caso ocorra determinado evento, caberá ao contrato determinar qual parte terá melhores condições de mensurá-lo e, portanto, assumir os ônus dele decorrentes.[70]

1.4.3 Critérios de remuneração do contratado

A remuneração do contratado em empreendimentos de infraestrutura pública, instrumentalizados por contratos de concessão, pode-se realizar por diversas formas, agrupadas em quatro categorias principais:

---

[68] PRADO, Lucas Navarro; RIBEIRO, Maurício Portugal. *Comentários à Lei de PPP:* fundamentos econômico-jurídicos. São Paulo: Malheiros, 2010. p. 120.

[69] PEREZ, Marcos Augusto. *O risco no contrato de concessão de serviço público*. Belo Horizonte: Fórum, 2006. p. 153.

[70] "A racionalidade que deve orientar a elaboração das contratações em geral (e isso vale ainda mais para as contratações de longo prazo e que envolvam grandes valores) deve ser a de eliminar focos de problemas futuros entre as partes. A clareza do contrato em relação às responsabilidades e garantias por ele não contempladas, evita discussões futuras em torno de questões que não têm relevância ou repercussão econômica significativa". *Ibidem*, p. 147.

tarifa, contraprestação do parceiro público, receitas acessórias e aporte de recursos.

Nos casos de concessão comum, o parceiro privado se remunera, em geral, por tarifa cobrada diretamente dos usuários da utilidade pública oferecida, com a possibilidade de utilização de receitas acessórias, complementares, que pretendam promover a modicidade tarifária, nos termos do artigo 11 da Lei federal nº 8.987/95.

De outra forma, as concessões patrocinadas e administrativas pressupõem a contraprestação pecuniária do parceiro público ao parceiro privado, conforme previsto no §3º do artigo 2º da Lei federal nº 11.079/2004.

A despeito da delimitação conceitual supramencionada, alguns autores compreendem que as concessões comuns podem conter critério remuneratório do parceiro privado por contraprestação pecuniária. Esse é o caso de Rafael Schwind, que aponta quatro fundamentos para essa tese. Em primeiro plano, pela inexistência de obrigação constitucional de cobrança de tarifa nos serviços públicos concedidos (artigo 175, inciso III, da Constituição Federal). Além disso, por meio de uma interpretação ampliativa da possibilidade de recebimento de receitas acessórias pelo parceiro privado, para compreender que o artigo 11 da Lei federal nº 8.987/95 permite que o Estado assuma parte dos custos da prestação do serviço. Igualmente, pela possibilidade de estabelecimento de subsídios aos interessados na licitação para concessões comuns, a ser instrumentalizado mediante lei (artigo 17 da Lei federal nº 8.987/95). Por fim, em razão da previsão contida no artigo 35 da Lei federal nº 9.074/95, que estabelece que a estipulação de novos benefícios tarifários pelo poder concedente deve ficar condicionada "à previsão, em lei, da origem dos recursos ou da simultânea revisão da estrutura tarifária do concessionário ou permissionário, de forma a preservar o equilíbrio econômico-financeiro".[71]

Em tempos recentes, os empreendimentos de PPP contaram com uma nova possibilidade remuneratória do parceiro privado, o chamado aporte de recursos, instituído inicialmente por medida provisória e sedimentado na Lei federal nº 12.766/2012, especificamente para realização de obras e aquisição de bens reversíveis.

Por fim, as receitas acessórias consistem na possibilidade de o parceiro privado obter receitas mediante projetos associados ou

---

[71] SCHWIND, Rafael Wallbach. *Remuneração do concessionário*: concessões comuns e parcerias público-privadas. Belo Horizonte: Fórum, 2010. p. 208-209.

complementares, com o escopo de favorecer a modicidade tarifária. Cite-se, como exemplo, a exploração comercial de áreas ao redor ou no saguão de aeroportos, a realização de publicidade nos trens e estações de uma linha de metrô, entre outras possibilidades.

Dentre as formas de remuneração do parceiro privado, aquela que gera maiores debates, principalmente na teoria econômica, é a tarifa. Isso porque o Estado pode se valer de diversos arranjos para estruturá-la e atender ao interesse público.[72]

Uma das principais formas para fixação de tarifas é o método do custo do serviço, caracterizada pela fixação tarifária para cada caso concreto. Para consecução desse desiderato, o Poder concedente deve analisar os custos do concessionário em detalhe, o que sempre dependerá da qualidade dos dados fornecidos pelo contratado e da presença de pessoal qualificado pelo Estado.

Há ainda o modelo de "liberdade tarifária", no qual o Poder Concedente admite que o próprio concessionário estabeleça o valor da remuneração que será cobrada do usuário, passando a exercer estritamente função fiscalizadora. Nestes casos, a característica que preserva o caráter público do regime remuneratório é a possibilidade de retomada, a qualquer tempo, da gestão das tarifas por parte do poder concedente.

Outra metodologia é o chamado preço teto (*price cap*), consistente na fixação de uma tarifa máxima pelo Estado. A vantagem dessa opção é que o Poder Concedente não precisa verificar os custos do concessionário. Sua função será estabelecer uma tarifa máxima e um deflator que não gere prejuízos ao concessionário e proporcione uma redução do valor tarifário praticado, em razão da busca por eficiência do parceiro privado.

Ainda pode ser destacada a denominada "cesta tarifária", que visa garantir maior flexibilização do regime tarifário, explicitado por Jacintho Arruda Câmara na seguinte maneira:

> Uma derradeira forma de flexibilização do regime tarifário que pode ser mencionada diz respeito à instituição de controle geral sobre um conjunto de itens tarifários (cesta tarifária), ao invés do normal

---

[72] Conforme apontado por relevante tese de doutorado redigida em torno do tema: "A tarifa não é um mero elemento comercial da prestação de serviço público. É, antes disso, um fundamental instrumento de implementação de políticas públicas. É importante ter em mente esta característica do regime tarifário para se fazer uma adequada interpretação dos limites e funções que devem ser obedecidos pelo Estado no cumprimento desta atribuição." CÂMARA, Jacintho Arruda. *Tarifa nas concessões*. São Paulo: Malheiros, 2009. p. 219.

acompanhamento individualizado de cada elemento. O concessionário, neste modelo, ganha a liberdade de balancear a proporção que cada item terá em relação ao todo ("a cesta"). Administra, desta forma, os itens sobre os quais serão cobrados valores mais altos, tendo, porém, que necessariamente compensar esta opção por intermédio da redução dos valores dos demais itens.

Cabe destacar que existem outras metodologias para fixação de tarifas em projetos de concessões de infraestruturas públicas. Contudo, optou-se por uma exposição das principais, sob pena de desviar o foco temático da presente obra.

Além das metodologias para fixação de tarifas, a literatura econômica ainda destaca uma relevante técnica para regulação econômica. Trata-se da *yardstick regulation* ("regulação pela comparação"), pela qual o Estado elege um prestador que tenha o melhor desempenho na execução do serviço e subordina os demais prestadores aos mesmos critérios, de modo que sejam constrangidos a aumentar a qualidade do trabalho prestado.

Dito isso, compreende-se que a existência de liberdade para o desenvolvimento de metodologias econômicas para tarifas é essencial para modelagem de cada projeto. Para certos casos, pode ser interessante o estabelecimento de tarifa teto, que permita ao concessionário assumir maiores riscos, para o fim de reduzir e compartilhar parte de sua eficiência econômica com os usuários da utilidade pública. De outro giro, caso sua estratégia empresarial não prospere, não caberá qualquer direito à recomposição do equilíbrio econômico-financeiro do contrato.[73]

1.4.4 Manutenção do equilíbrio econômico-financeiro dos contratos

A jurisprudência do Conselho de Estado francês se debruçou sobre o tema da manutenção do equilíbrio econômico e financeiro dos contratos em um aresto datado de 1910.[74] Em referida oportunidade, reconheceram-se poderes à Administração Pública para alterar

---

[73] "O método do *price cap* demonstra que o prestador será incentivado a reduzir seus custos e que repasse em parte esses ganhos de eficiência às tarifas. Com isso, obtém-se um efeito semelhante ao que ocorreria em uma competição no mercado, mesmo quando o serviço é prestado em regime de monopólio." SCHWIND, Rafael Wallbach. *Remuneração do concessionário:* concessões comuns e parcerias público-privadas. Belo Horizonte: Fórum, 2010. p. 90.

[74] MAROLLA, Eugênia Cristina Cleto. *Concessões de serviço público:* a equação econômico-financeira dos contratos. São Paulo: Verbatim, 2011. p. 40.

unilateralmente os contratos administrativos, especificamente quanto às cláusulas regulamentares, com o objetivo de adequá-las à melhor prestação do serviço público. Todavia, em contrapartida, seria garantido ao contratado o reequilíbrio contratual, com o objetivo de manter o equilíbrio econômico e financeiro inicialmente avençado.

O modelo liberal francês foi importado ao direito brasileiro e constitucionalizado, pois parte dos autores considera que a garantia da manutenção do equilíbrio econômico e financeiro dos contratos encontra-se positivada no inciso XXI do artigo 37 da Constituição Federal de 1988,[75] que versa precipuamente sobre a exigência de licitação pública para as compras estatais.[76]

Em geral, da expressão "mantidas as condições efetivas da proposta", contida no inciso XXI do artigo 37 do Texto Constitucional, compreende-se que a relação entre as condições econômicas iniciais e os encargos atribuídos ao particular contratado e à Administração deve se manter ao longo da execução contratual, respeitados os riscos assumidos por cada uma das partes. Destaca-se que existem duas ordens de eventos capazes de alterar a equação inicialmente estabelecida pelas partes: as determinações unilaterais do Poder Público e os eventos alheios à vontade das partes, decorrentes de fatos não contratuais.

No plano infraconstitucional, a garantia da manutenção do equilíbrio econômico e financeiro se encontra prevista no artigo 65 da Lei federal nº 8.666/93, para as obras e serviços.[77] Para as concessões

---

[75] Artigo 37, inciso XXI da Constituição Federal: "ressalvados os casos especificados na legislação, as obras, serviços, compras e alienações serão contratados mediante processo de licitação pública que assegure igualdade de condições a todos os concorrentes, com cláusulas que estabeleçam obrigações de pagamento, mantidas as condições efetivas da proposta, nos termos da lei, o qual somente permitirá as exigências de qualificação técnica e econômica indispensáveis à garantia do cumprimento das obrigações".

[76] FERNANDES, Gustavo Andrey; JURKSAITIS, Guilherme Jardim. Equilíbrio econômico-financeiro em contratos administrativos de longo prazo: um diálogo necessário entre advogados e economistas. *In*: CARVALHO, André Castro; CASTRO, Leonardo F. de Moraes e. *Manual de project finance no direito brasileiro*. São Paulo: Quartier Latin, 2016. p. 685. Nas palavras dos autores: "O direito positivo previu a garantia ao equilíbrio econômico-financeiro dos contratos administrativos na própria Constituição Federal de 1988, no mesmo dispositivo que cuidou da licitação – procedimento usual que antecede à assinatura de contratos públicos – e das características gerais dos contratos celebrados pela Administração. E assim também o fez na considerada Lei Geral de Licitações e Contratos Administrativos, na Lei Geral de Concessões e na Lei do Regime Diferenciado de Contratações."

[77] "Art. 65. Os contratos regidos por esta Lei poderão ser alterados, com as devidas justificativas, nos seguintes casos: (...) II – por acordo das partes: (...) *d*) para restabelecer a relação que as partes pactuaram inicialmente entre os encargos do contratado e a retribuição da administração para a justa remuneração da obra, serviço ou fornecimento, objetivando a manutenção do equilíbrio econômico-financeiro inicial do contrato, na hipótese de sobrevirem fatos imprevisíveis, ou previsíveis porém de consequências incalculáveis, retardadores ou

de serviço público, aplicam-se os artigos 9º e 10 da Lei federal nº 8.987/95.[78]

A despeito das semelhantes previsões legislativas, cabe destacar que o equilíbrio econômico e financeiro no regime de concessão possui tratamento diverso daquele verificado em contratos administrativos comuns.

Isso porque a concessão pressupõe a realização de investimentos pelo contratado, de modo que a contrapartida envolve seu ressarcimento, seu lucro, o retorno para remunerar o capital investido e os riscos assumidos.

Assim, enquanto nos contratos de obras e serviços a manutenção da equação econômica e financeira se verifica pelo binômio encargos/remuneração, na concessão deverão ser verificadas inúmeras outras situações, como o total de investimento, fluxo de caixa projetado, cronograma de desembolsos ou aportes de recursos, variações de receitas, custo de remuneração do capital.

Além disso, precisa ser considerada a dinâmica do equilíbrio econômico e financeiro no contexto de liames obrigacionais de longa duração, nos quais existem momentos de intensos investimentos iniciais pelo concessionário, sem o correspondente retorno financeiro, bem como etapas com pagamento de contraprestações e recolhimento de tarifas, com baixas atividades pelo contratado.

Vale destacar, inclusive, que a despeito do tratamento conjunto dado aos conceitos, equilíbrio econômico se distingue de equilíbrio financeiro. O primeiro visa garantir a rentabilidade do contratado, em equivalência aos patamares praticados no mercado, ao passo que o segundo se refere à existência do fluxo financeiro, para fazer frente à prestação do serviço.[79]

---

impeditivos da execução do ajustado, ou, ainda, em caso de força maior, caso fortuito ou fato do príncipe, configurando álea econômica extraordinária e extracontratual."

[78] "Art. 9º A tarifa do serviço público concedido será fixada pelo preço da proposta vencedora da licitação e preservada pelas regras de revisão previstas nesta Lei, no edital e no contrato. (…) §4º Em havendo alteração unilateral do contrato que afete o seu inicial equilíbrio econômico-financeiro, o poder concedente deverá restabelecê-lo, concomitantemente à alteração. (…). Art. 10. Sempre que forem atendidas as condições do contrato, considera-se mantido seu equilíbrio econômico-financeiro."

[79] MATERLANC, Roy. Equilíbrio econômico x equilíbrio financeiro em concessões: um caso de transporte urbano de passageiros. X Congresso Internacional del CLAD sobre la Reforma del Estado y de la Administración Pública. Santiago: Chile, 18-21 de outubro de 2005, p. 1-12, Apud MAROLLA, Eugênia Cristina Cleto. *Concessões de serviço público:* a equação econômico-financeira dos contratos. São Paulo: Verbatim, 2011. p. 45.

Para a verificação da existência de desequilíbrio econômico e financeiro em contratos de longa duração, na área de infraestruturas públicas, podem ser destacadas duas metodologias principais: a variação da taxa interna de retorno e o denominado fluxo de caixa marginal.

A taxa interna de retorno de um projeto de infraestrutura é valor apresentado no plano de negócios da contratada, que reflete a rentabilidade por ele esperada no empreendimento. Como parâmetro da rentabilidade da parceria, essa taxa decorre dos investimentos realizados e das receitas esperadas.

Em determinadas contratações, o plano de negócios é vinculado ao contrato para efeito de recomposição do equilíbrio econômico e financeiro, de modo que, em tais casos, a taxa interna de retorno do projeto pode ter duas finalidades: referencial para reequilíbrio econômico e financeiro, em caso de alteração contratual que implique a necessidade de novos investimentos, ou parâmetro para medir se o contrato está ou não equilibrado do ponto de vista econômico-financeiro, em toda execução do empreendimento, de maneira a configurar espécie de garantia de rentabilidade do projeto para o parceiro privado.

Outra metodologia possível é o chamado fluxo de caixa marginal, que consiste na verificação do fluxo de caixa real do parceiro privado, na tentativa de desenvolver instrumentos de correção desse fluxo, causado por algum evento cujo risco foi assumido pelo parceiro público. Dessa forma, sempre que ocorrer um desequilíbrio econômico-financeiro no contrato em desfavor do contratado, caberá à Administração Pública criar um fluxo de caixa paralelo que compense essa situação.[80]

Por fim, vale destacar que a recomposição do equilíbrio econômico-financeiro do contrato pode ser realizada por diversas formas, como aumento do prazo da concessão, incremento da contraprestação contratual, redução do valor da outorga, pagamento direto, aumento de tarifa ou redução de encargos do contratado.

1.5 Sínteses parciais

O capítulo inicial deste estudo apresentou ao leitor um breve panorama da teoria geral do contrato administrativo brasileiro, em especial aqueles relacionados à construção e operação de infraestruturas

---

[80] RIBEIRO, Maurício Portugal. *Concessões e PPPs*: melhores práticas em licitações e contratos. São Paulo: Atlas, 2011. p. 121. Referido autor, acompanhado de outros estudiosos do tema, recomenda a utilização dessa metodologia exclusivamente para inclusão de novos investimentos em contratos em curso.

públicas, que se valem dos diversos modelos de concessão previstos no ordenamento jurídico nacional.

Inicialmente, foi verificada a forte influência do direito francês na construção das premissas teóricas do contrato administrativo brasileiro, o qual acabou por não adotar a especialidade de jurisdição e caminhou para a construção de um regime jurídico único para as avenças celebradas pela Administração Pública.

Contudo, a partir do final do século XX, no contexto de abertura econômica e da intensificação dos processos de desestatização para prestação de serviços públicos, foram promulgadas novas leis, para permitir a transferência de atividades à iniciativa privada. Destacam-se a Lei federal de Concessões e a Lei federal das Parcerias Público-Privadas, as quais criaram um ambiente mais confortável ao investidor interessado em projetos públicos. A despeito de ainda persistir a chamada "maldição do regime jurídico único", compreende-se que tais marcos regulatórios atenuaram a rigidez procedimental da Lei federal de Licitações e Contratos Administrativos, facilitando a consecução de compromissos obrigacionais de longo prazo.

Nos próximos capítulos, o trabalho se concentrará na temática específica de um dos elementos dos contratos em análise: a cláusula de solução de controvérsias por arbitragem. A partir de uma lógica econômica do contrato administrativo, visto como instrumento de cooperação entre as partes (pública e privada) e em consonância com as premissas que estruturam os projetos de infraestruturas (manutenção do equilíbrio econômico-financeiro, distribuição de riscos entre as partes e o estabelecimento de critérios adequados para remuneração do contratado), serão verificados em que medida a utilização da arbitragem pode reduzir custos de transação entre as partes em litígio e favorecer a boa execução contratual. Para consecução desse desiderato, o derradeiro capítulo desenvolverá pesquisa empírica, com foco nas Parcerias Público-Privadas do Estado de São Paulo.

CAPÍTULO 2

ARBITRAGEM NOS CONTRATOS DA ADMINISTRAÇÃO PÚBLICA

2.1   Introdução

Após a compreensão da estrutura do contrato administrativo no direito brasileiro, com foco nos instrumentos acordados para implementação de infraestruturas públicas, o presente trabalho se debruçará sobre o estudo específico da arbitragem nos contratos administrativos.[81] Inicialmente, será oferecido ao leitor um panorama histórico-legislativo sobre o tema, para um posterior detalhamento teórico acerca de tal método de solução de disputas nos liames obrigacionais estatais. Ao final, o capítulo conterá uma exposição sobre eventuais particularidades da arbitragem com participação da Administração Pública.

O capítulo que se inicia tem por função fornecer ao leitor subsídios necessários para compreender a posição do instituto da arbitragem no contexto da Administração Pública, em seu viés normativo (nacional e internacional), jurisprudencial (pelos precedentes analisados) e de direito comparado, preparando-o para o estudo mais específico (capítulo terceiro) das cláusulas de solução de disputas contratuais nas avenças estatais.

---

[81]   Como mencionado no capítulo primeiro, diante da predominância de um regime jurídico único para os contratos celebrados pela Administração Pública, não será feita distinção entre as avenças celebradas para prestação de serviços públicos (contratos administrativos) e aquelas nas quais o Estado ocuparia posição de igualdade em relação ao particular, com predominância de dispositivos de direito privado (contrato da administração).

2.1.1 Evolução legislativa no Brasil

O primeiro instrumento normativo de que se tem notícia sobre arbitragem com participação da Administração Pública é o Decreto nº 7.959, de 29 de dezembro de 1880, por meio do qual foram uniformizados os termos das concessões de estradas de ferro gerais do Império, conforme aponta o estudo de Selma Lemes.[82] De acordo com o relato da autora, a cláusula XXXV do Termo de Concessão constante no Decreto estipulava que eventuais divergências entre as partes seriam resolvidas por "árbitros nomeados".

Nesse período, os grupos empresariais que atuavam nas concessões ferroviárias eram predominantemente ingleses, de modo que a arbitragem comercial era um instrumento seguro e conhecido que gerava um maior conforto para a celebração de contratos de longo prazo em uma nação ainda em formação. Ao que parece, a maior nota de consensualidade de tal instrumento de solução de disputas tenderia a favorecer as trocas comerciais à época.[83]

Cabe destacar que o período em questão se caracterizava pela baixa densidade normativa em matéria de contratações públicas, com um Poder Judiciário em formação.[84] O Brasil ainda era uma monarquia,

---

[82] LEMES, Selma. *Arbitragem na Administração Pública*: fundamentos jurídicos e eficiência econômica. São Paulo: Quartier Latin, 2007. p. 63.

[83] PALMA, Juliana Bonacorsi de. *Atuação administrativa consensual: estudo dos acordos substitutivos no processo administrativo sancionador*. Dissertação de Mestrado. Faculdade de Direito da Universidade de São Paulo, 2010. p. 139.

[84] No que diz respeito à formação do Poder Judiciário brasileiro no século XIX, vale destacar: "O constitucionalismo oitocentista estava determinado por certa compreensão das funções de Estado, particularmente da ideia de que o governo, sendo representativo, não deveria ter ofícios, funções ou cargos de propriedade de ninguém. Esse ideal conflitava diretamente com os quadros vindos do regime anterior. Não surpreende, portanto, que no ano de 1827 (durante o funcionamento da primeira Assembleia Geral, instalada em 1826), fossem feitas tantas alterações importantes em nosso direito público. A lei de 15 de outubro de 1827, por exemplo, pretendia uma reforma profunda, pela qual os 'ofícios' de justiça e fazenda não fossem mais apropriados por ninguém a título de propriedade. Essa concepção 'proprietária' do cargo (prebendária, diria Weber) era tão forte que mesmo os juízes vitalícios eram chamados de *juízes proprietários* do cargo, coisa que naturalmente choca nossos ouvidos contemporâneos, mas é um bom indício da ideia completamente diversa que se fazia dos cargos públicos ao longo de boa parte do século XIX. Os ofícios não eram, portanto, nem cargos, nem empregos. Transformá-los em empregos públicos ou em cargos públicos seria a tarefa do século XIX, tarefa que, no caso brasileiro, só se consolidou depois da Revolução de 1930. Voltando ao ponto: durante o século XIX surgiu, mas não espontânea nem imediatamente, uma burocracia não prebendária, não patrimonialista. O primeiro lugar onde essa burocracia surgiu, segundo creio, foi no Judiciário: porque o exercício dos empregos de justiça foi limitado a quem tivesse uma educação formal específica e porque foi garantido o exercício *pro vita* do cargo. Mas nos lugares em que o exercício estável, *pro vita*, era rejeitado, a burocracia custou a surgir, ou não surgiu propriamente. E a falta dessa burocracia estável, profissional, isolada das viradas políticas, só tardiamente começou a

escravocrata, despido de instituições consolidadas e predominantemente agrícola,[85] de modo que a escolha por cláusulas arbitrais em contratos de concessão ferroviária talvez fosse a única opção razoável ao investidor estrangeiro à época. Sobre esse período, os registros documentais são escassos, de modo que não foi possível saber se algum conflito contratual foi solucionado pela via arbitral no Brasil do século XIX.

A referência histórica supramencionada não é apta a ser considerada um marco brasileiro na arbitragem com a Administração Pública. No período em questão, o Brasil, a despeito de seu *status* de nação independente, possuía forte vinculação econômica com a Inglaterra, que o explorava como se fosse uma de suas colônias. Tal relação se iniciou com base em tratados comerciais assinados no início do século XIX, que forneciam tratamento comercial diferenciado em troca de proteção militar à corte portuguesa residente no Brasil contra as investidas bélicas francesas.[86] Passado o período do domínio português em território

---

ser notada. No início do século XIX o que houve foi a luta contra uma burocracia estável, 'proprietária' de seus cargos, insensível e irresponsável diante das mudanças ocorridas nos altos cargos políticos. O que se formou em primeiro lugar, portanto, foi a burocracia dos cargos demissíveis *ad nutum*, dos cargos de confiança, dos cargos de deliberação e dos cargos ligados a atividades-meio antes que a atividades-fim do Estado. Essa burocracia era instável, política e, portanto, não profissional" (LOPES, José Reinaldo de Lima. Do ofício ao cargo público: a difícil transformação da burocracia prebendária em burocracia constitucional. *Almanack Braziliense*, v. 3, p. 30-35, 2012).

[85] Sobre o contexto político e econômico do período: "Apesar da ideologia dominante, do país exclusivamente agrícola, infiltra-se a seiva autonomista, composta dos mesmos elementos que fizeram a Independência. No seio da camada dirigente, muitas vezes para sua perplexidade e incompreensão, forma-se um corpo difuso, à procura de forma, projetado para o futuro. No seu flanco, a classe lucrativa, a filha dos comissários desdenhados pelo marquês de Lavradio e a egressa do tráfico, expande-se em atividade, sequiosa de negócios. Enquanto, ao seu lado, viceja o exportador e o importador, ela mergulha na terra, fascinando a agricultura, expandindo-se nas cidades, fascinada pelas ações das companhias, crente no progresso, mas fiel à bolsa, aos seus lucros e ao enriquecimento súbito. (…). Na ribalta, novos atores põem a máscara, para que o espetáculo, presidido pelo imperador, continue, animado pela orquestra da gente cobiçosa e insaciável de lucro. Sobre todos, o Tesouro vela e provê, pródigo em concessões garantidas, em proteções alfandegárias, em emissões, em patentes bancárias, socorrendo, na hora das crises, as fortunas desfalcadas. Nesse sistema, com o Estado presente na atividade econômica, pai da prosperidade geral, a política dá as mãos ao dinheiro, como outrora" (FAORO, Raymundo. *Os donos do poder*: formação do patronato político brasileiro. 5. ed. São Paulo: Globo, 2012. p. 370 e ss.).

[86] "A Inglaterra se prevalecerá largamente deste domínio; no que se refere ao Brasil, cuidará zelosamente de preservar a liberdade do seu comércio de que se fizera a grande beneficiária. A abertura dos portos brasileiros representa assim uma concessão que embora de caráter provisório, estava assegurada pelos dominantes interesses ingleses. Fazia-se impossível o retorno ao passado. E o Brasil entra assim definitivamente na nova etapa do seu desenvolvimento. Desfazia-se a base essencial em que assentava o domínio metropolitano e que consistia, vimo-lo anteriormente, precisamente no monopólio do comércio colonial. Com a abertura dos portos brasileiros e a concorrência estrangeira, sobretudo inglesa, contra que Portugal não se achava em condições de lutar, estava abolido de um golpe o

nacional, a influência econômica inglesa perdurou de forma intensa até o início do século XX. Nesse cenário, de fraca burocracia estatal e intensa dependência econômica, não se poderia imaginar que a redação dos contratos de concessão ferroviária pudesse ser refletida entre as partes. Ao que parece, era quase um contrato de adesão, imposto pelo agente economicamente mais forte (Inglaterra), que se valia da cláusula arbitral para se resguardar de um possível julgamento por um Poder Judiciário ainda prematuro.

Passados cerca de 40 anos, com o advento de um regime constitucional republicano e com certa organização burocrática estatal, a situação se altera. À medida que o arcabouço normativo brasileiro sobre contratações públicas se unifica e a magistratura brasileira se corporifica,[87] a legislação parece conduzir no sentido de que as lides envolvendo a Administração Pública deveriam ser solucionadas pelo Poder Judiciário.

Como exposto no início desta obra, o primeiro instrumento normativo que trouxe alguma disciplina sistematizada sobre licitações e contratos públicos foi o Código de Contabilidade da União (com regulamento aprovado pelo Decreto nº 15.783/1922). Referida norma não trazia uma disciplina específica sobre métodos de solução de disputas nos liames obrigacionais estatais, contudo, o seu conteúdo permitia inferir que os conflitos decorrentes das contratações públicas deveriam ser solucionados pelo Poder Judiciário, inclusive para as obrigações contraídas com pessoas domiciliadas no estrangeiro.[88] Ao que parece, tratava-se de exigência legal intransponível.[89]

Após um longo período, com o advento do Decreto-lei nº 2.300, de 21 de novembro de 1986, que disciplinou detalhadamente as licitações e os contratos administrativos, a utilização da arbitragem foi expressamente proibida, por meio de seu art. 45. Em pouco tempo,

---

que havia de realmente substancial na dominação metropolitana. Daí por diante esta se pode considerar virtualmente extinta" (PRADO JÚNIOR, Caio. *História econômica do Brasil*. 43. ed. São Paulo: Brasiliense, 2012. p. 92).

[87] Sobre a densidade do Poder Judiciário à época, cf. LESSA, Pedro. *Do Poder Judiciário*. Rio de Janeiro: Francisco Alves, 1915.

[88] Nesse sentido, previa o art. 775 do Decreto nº 15.783/1922: "A estipulação dos contratos administrativos compreende cláusulas essenciais e cláusulas assessórias. §1º São cláusulas essenciais e como tais não podem ser omitidas em contrato algum, sob pena de nulidade: (...) e) nos contratos com pessoas naturais ou jurídicas domiciliadas no estrangeiro, a cláusula que declara competente o foro nacional brasileiro para dirimir quaisquer questões judiciárias originadas dos mesmos contratos."

[89] CAVALCANTI, Themistocles Brandão. *Curso de direito administrativo*. Rio de Janeiro: Freitas Bastos, 1956. p. 85.

CAPÍTULO 2
ARBITRAGEM NOS CONTRATOS DA ADMINISTRAÇÃO PÚBLICA | 73

referido estatuto jurídico foi reformulado pelo Decreto-lei nº 2.348, de 24 de julho de 1987, para permitir a arbitragem em contratos com financiamentos internacionais e para avenças com empresas estrangeiras, para produtos fabricados e entregues no exterior.

No intervalo de tempo entre a vigência do Código de Contabilidade Pública de 1922 e o estatuto de 1986, alguns instrumentos normativos foram promulgados para permitir a arbitragem com participação da Administração Pública para alguns casos específicos. Como exemplo, pode ser mencionado o Decreto-lei nº 1.312, de 15 de fevereiro de 1974, que autorizou o Brasil a firmar contratos com cláusula arbitral, no contexto de operações de crédito com organismos internacionais.[90] Nesse cenário, considerando que naquela época as sentenças arbitrais precisavam ser homologas pelo Poder Judiciário para ter validade,[91] uma previsão legislativa dessa natureza se aproximava de uma submissão do conflito à jurisdição estrangeira, conforme aponta o estudo de Jacob Dolinger.[92]

Com a promulgação da Lei federal nº 8.666, de 21 de junho de 1993, e a consequente revogação do estatuto de 1986, o manejo da arbitragem pela Administração Pública perdeu seu fundamento de validade no ordenamento jurídico brasileiro, o qual foi recuperado com a legislação relacionada às concessões e regulação de serviços públicos.[93]

Durante todo o período relatado *supra*, a ocorrência de arbitragens, com participação da Administração Pública ou entre particulares, foi rara no solo brasileiro. Alguns entraves legais dificultavam a aceitação do instituto entre nós, como a necessidade de homologação da sentença arbitral pelo Poder Judiciário, a possibilidade de interposição de recurso de apelação contra a sentença que homologar o laudo,[94] ou mesmo pela falta de conhecimento ou pouca divulgação em torno do tema.

No caso específico da arbitragem envolvendo o Estado, referido período foi caracterizado pelo embaralhamento conceitual, tratado

---

[90] "Art. 11. O Tesouro Nacional contratando diretamente ou por intermédio de agente financeiro poderá aceitar as cláusulas e condições usuais nas operações com organismos financiadores internacionais, sendo válido o compromisso geral e antecipado de dirimir por arbitramento todas as dúvidas e controvérsias derivadas dos respectivos contratos."

[91] Conforme previsto pelo revogado art. 1.045 do Código Civil de 1916 (Lei federal nº 3.071, de 1º de janeiro de 1916) e pelo art. 1.098 do revogado Código de Processo Civil (Lei federal nº 5.869, de 11 de janeiro de 1973).

[92] DOLINGER, Jacob. A imunidade jurisdicional do Estado. *Revista de Informação Legislativa*, ano 19, n. 76, p. 5-64, out.-dez. 1982.

[93] Conforme será exposto no item 2.1.1.1 a seguir.

[94] Art. 1.101 do revogado Código de Processo Civil (Lei federal nº 5.869, de 11 de janeiro de 1973).

no capítulo primeiro, da dicotomia entre contratos administrativos e contratos da administração, a qual não se revelava verdadeira no plano legislativo, que caminhava para o fortalecimento do regime jurídico único. Assim, até mesmo os autores que possuíam posicionamento favorável à possibilidade de o Estado se submeter à arbitragem, a restringiam para as avenças que não contivessem "cláusulas exorbitantes", por não envolverem a prestação de serviços públicos e com a posição de igualdade entre as partes contratuais. O posicionamento do professor José Carlos de Magalhães é representativo desse pensamento, em artigo publicado em 1985:[95]

> Daí porque não se compreende porque os contratos de empréstimos contraídos pela União e Estados-Membros, além de empresas públicas ou autarquias, não poderiam abrigar cláusula arbitral, prevendo a instituição de Juízo Arbitral no exterior. Tais contratos não se revestem das características de contrato administrativo. Trata-se de contratos regulados pelo direito privado e o Estado deles não participa com sua presença preponderantemente política.
>
> Por esse motivo, não há como se aceitar a conclusão de que seriam ineficazes as cláusulas dos contratos de financiamento aceitas por entidades públicas brasileiras e constantes de contratos firmados com pessoas domiciliadas no exterior, prevendo a arbitragem privada como meio de solução de litígios.

Esse conjunto de dificuldades apontadas para a utilização da arbitragem no Brasil, em especial com a participação de entidades públicas, se transforma com o advento da Lei federal nº 9.307, de 23 de setembro de 1996 (Lei de Arbitragem), que regulamentou a arbitragem, com revogação dos dispositivos do Código Civil e do Código de Processo Civil que desempenhavam esse papel.

Referida lei é fruto do trabalho desempenhado por um grupo composto por três juristas,[96] com apoio de diversas entidades interessadas e da sociedade civil, denominado de *Operação Arbiter*.[97] O anteprojeto

---

[95] MAGALHÃES, José Carlos de. Do Estado na arbitragem privada. *Revista de Informação Legislativa*, ano 22, n. 86, p. 125-138, abr.-jun., 1985. Referido estudo foi ampliado na obra homônima, publicada em 1988 pela editora Max Limonad.

[96] Selma Maria Ferreira Lemes, Pedro Antônio Batista Martins e Carlos Alberto Carmona.

[97] A chamada *Operação Arbiter* foi lançada pelo Instituto Liberal de Pernambuco em 1991, com ajuda de Petrônio Muniz, e apoio conferido pela Associação Comercial de São Paulo, pela Associação dos Advogados de Empresa de Pernambuco, pelo Instituto de Direito Processual, entre outras entidades. Para um relato detalhado em torno dos bastidores da redação do anteprojeto da Lei de Arbitragem, cf. MUNIZ, Petrônio R. G. *Operação Arbiter*: a

elaborado por tal grupo foi debatido em seminários organizados no início dos anos 90 do século XX, para posterior envio ao Senador Marco Maciel, que atuou como seu patrono perante o Poder Legislativo.

A Lei de Arbitragem é inspirada em alguns modelos internacionais,[98] como a Lei espanhola de 1988[99] e a Lei Modelo sobre Arbitragem Comercial da Uncitral,[100] e adotou uma redação simples e aderente para qualquer tipo de controvérsia. Seu texto traz 46 artigos, que organizam regras gerais de procedimento, conteúdo e efeitos da convenção de arbitragem e da sentença, poderes do árbitro, homologação de sentença estrangeira, entre outros temas. Alguns de seus principais conceitos serão sintetizados a seguir.[101]

A convenção de arbitragem é um negócio jurídico processual feito em um contrato em que as partes se comprometem a levar seus conflitos para serem apreciados por um árbitro. Nas hipóteses em que

---

história da Lei n. 9.307/96 sobre a arbitragem comercial no Brasil. Recife: Instituto Tancredo Neves, reimpressão de 2014. p. 45 e ss.

[98] Cf. CARMONA, Carlos Alberto. *Arbitragem e processo*: um comentário à Lei n. 9.307/96. 3. ed. São Paulo: Atlas, 2009. p. 11.

[99] Lei nº 36, de 19 de outubro de 1988, posteriormente substituída pela Lei nº 60, de 23 de dezembro de 2003. Sobre o tema, cf. LORCA NAVARRETE, Antonio María. *Comentarios a la nueva ley de arbitraje 60/2003 de 23 de diciembre*. San Sebastián: Instituto Vasco de Derecho Procesal, 2004.

[100] A Comissão das Nações Unidas para o Direito Comercial Internacional (*The United Nations Commission on International Trade Law* – UNCITRAL) é um órgão da Assembleia Geral das Nações Unidas que desempenha uma função de relevo no desenvolvimento do comércio internacional, pela elaboração de normas sobre transações comerciais para uso dos Estados.

[101] A aderência da Lei de Arbitragem ao regime constitucional foi questionada junto ao Supremo Tribunal Federal, que, em sessão realizada em 12 de dezembro de 2001, decidiu por sua constitucionalidade, em votação por sete votos a quatro. Referido entendimento foi firmado no julgamento de recurso em processo de homologação de Sentença Estrangeira (Agravo em Sentença Estrangeira nº 5.206 – Reino da Espanha, DJ 30.04.2004). Tratava-se de uma ação movida em 1995 por empresa de origem estrangeira que pretendia homologar um laudo de sentença arbitral dada na Espanha, para que tivesse efeitos no Brasil. A princípio, o pedido havia sido indeferido, pela ausência de homologação do laudo no país de origem. Contudo, com a promulgação da Lei nº 9.307/1996, o regramento jurídico foi alterado pela dispensa de homologação do laudo junto ao Poder Judiciário do país de origem. Durante o julgamento do recurso, o Ministro Moreira Alves levantou a questão da constitucionalidade da nova lei. A despeito de todos os ministros votarem pelo deferimento do recurso, no sentido de homologar o laudo arbitral espanhol no Brasil, houve discordância quanto ao incidente de inconstitucionalidade.
O Ministro Sepúlveda Pertence, o relator do recurso, bem como Sydney Sanches, Néri da Silveira e Moreira Alves entenderam que a Lei de Arbitragem, em alguns de seus dispositivos, dificulta o acesso ao Judiciário, direito fundamental previsto pelo art. 5º, XXXV, da Constituição Federal. Todavia, a maioria dos magistrados do STF não vislumbrou nenhuma ofensa ao texto constitucional.
Assim, restou decidido que a lei não pode excluir da apreciação do Poder Judiciário lesão ou ameaça a direito, mas as partes podem fazê-lo, se forem capazes e se estiverem diante de direitos patrimoniais disponíveis.

o litígio já existe, as partes convencionam submeter-se à arbitragem, realiza-se o compromisso arbitral. Por sua vez, nos casos em que a avença arbitral é prévia ao litígio, esta se denomina cláusula compromissória.

No que concerne à sentença arbitral, a mais importante previsão trazida pela Lei de Arbitragem foi a desnecessidade de sua homologação, pois a eventual submissão da arbitragem ao Poder Judiciário, como condição de eficácia da decisão, afastaria algumas vantagens de seu manejo, como o sigilo e a celeridade. Vale frisar que essas considerações não se aplicam à sentença arbitral estrangeira, a qual deve ser devidamente homologada no Brasil para produção de efeitos.

Por sua vez, o art. 1º da Lei de Arbitragem delimita as matérias que podem se sujeitar à arbitragem. São os direitos patrimoniais disponíveis. Nos casos em que um conflito pode se submeter à arbitragem, sob a perspectiva do direito material envolvido, podemos afirmar que existe arbitrabilidade objetiva. De outra banda, a arbitrabilidade subjetiva reflete a capacidade da parte em se submeter à arbitragem. Nesse quesito, o mesmo art. 1º afirma que "as pessoas capazes de contratar poderão valer-se da arbitragem".

Em sua redação original de 1996, a Lei de Arbitragem nada dispôs sobre a possibilidade de sua utilização em conflitos com entidades públicas. Ao que parece, tratava-se de opção estratégica para evitar maiores polêmicas ao longo do processo legislativo. Contudo, poderia se chegar à conclusão de que a Administração Pública poderia se valer da arbitragem, por possuir arbitrabilidade subjetiva (pela capacidade de contratar) e arbitrabilidade objetiva (por ser titular de direitos patrimoniais disponíveis que podem estar em litígio).[102]

A despeito de tais conclusões, a reforma promovida na Lei de Arbitragem pela Lei federal nº 13.129, de 26 de maio de 2015, tornou explícita a possibilidade de os entes estatais se submeterem ao procedimento arbitral. Seu art. 1º foi alterado para inclusão de um §1º com a seguinte redação: "A administração pública direta e indireta poderá utilizar-se da arbitragem para dirimir conflitos relativos a direitos patrimoniais disponíveis". Nessa toada, o §2º do mesmo artigo dispôs: "A autoridade ou o órgão competente da administração pública direta para a celebração de convenção de arbitragem é a mesma para a realização de acordos ou transações". Por fim, o §3º do art. 2º positivou:

---

[102] Nesse sentido, cf. CAHALI, Francisco José. *Curso de arbitragem*. 5. ed. São Paulo: RT, 2015. p. 428.

"A arbitragem que envolva a administração pública será sempre de direito e respeitará o princípio da publicidade".

Ao explicitar a possibilidade de que os entes estatais se submetam à arbitragem, bem como que o procedimento deverá respeitar o princípio da publicidade, a reforma legislativa apenas consolidou o entendimento doutrinário predominante sobre o tema, que se refletia na prática dos contratos administrativos.[103]

Por sua vez, no que diz respeito à competência para celebração da convenção de arbitragem, corroboram-se as conclusões de Gustavo Justino de Oliveira e Guilherme Baptista Schwartsmann:[104]

> Entretanto, o §2º do artigo 1º é passível de suscitar controvérsias quanto a sua exequibilidade prática. A identidade de sujeitos entre a autoridade ou órgão competente para transacionar administrativamente e aquela apta a celebrar convenções arbitrais não se traduz com a realidade legal da organização administrativa dos entes federativos.
>
> A título exemplificativo, a prática do Estado de São Paulo é distinta. A celebração das convenções de arbitragem em contratos administrativos e realizada pela Administração Pública direta, representada pelo Secretário de Estado da Secretaria vinculada ao contrato. De outro lado, na hipótese da parte signatária ser a Administração Pública indireta, o signatário da cláusula compromissória tem sido o dirigente competente da empresa estatal. Em complemento, a competência para desistir, transigir, firmar compromisso e confessar nas ações de interesse da Fazenda do Estado concentra-se na figura do Procurador-Geral do Estado, com a autorização do Governador.

Após a exposição legislativa geral do tema proposto, cabe um destaque especial para a legislação relacionada aos contratos de concessão de serviço público, promulgada após o período de abertura econômica na metade dos anos 90 do século XX.

---

[103] Nesse sentido: "Assim, pode-se dizer que a Lei n. 13.129/2015 não trouxe propriamente inovação ao dispor expressamente sobre a arbitrabilidade de qualquer conflito relativo a direito patrimonial disponível da Administração Pública, conforme os seguintes (novos) dispositivos (...)" (SICA, Heitor Vitor Mendonça. Arbitragem e Fazenda Pública. *In:* CAHALI, Francisco José; RODOVALHO, Thiago; FREIRE, Alexandre. *Arbitragem:* estudos sobre a Lei n. 13.129, de 26-5-2015. São Paulo: Saraiva, 2016. p. 276).

[104] OLIVEIRA, Gustavo Justino de; SCHWARTSMANN, Guilherme Baptista. *Novos rumos da mediação e arbitragem na Administração Pública brasileira.* Disponível em: http://www.justinodeoliveira.com.br/site/wp-content/uploads/2015/11/Mediação-e-Arbitragem-na-Administração-Pública-_Ago.2014.pdf. Acesso em: 26 fev. 2017.

2.1.1.1 Legislação relativa às concessões de serviço público

A teoria dos contratos de concessão de serviço público foi abordada no capítulo inicial deste estudo em sua perspectiva evolutiva, com foco nos principais instrumentos jurídicos e econômicos que os caracterizam.[105]

Agora, cabe trazer ao leitor as principais previsões legislativas que permitiram a utilização de arbitragem nos contratos de concessão de serviço público, com foco naquelas editadas pela União.[106]

De forma abrangente, a Lei federal nº 8.987, de 13 de fevereiro de 1995, que dispõe sobre as concessões de serviço público em geral, foi alterada em 2005 para permitir expressamente a utilização de arbitragem nos contratos por ela regulamentados.[107] No mesmo sentido, caminhou a Lei federal nº 11.079, de 30 de dezembro de 2004 (Lei das Parcerias Público-Privadas).[108]

A partir do permissivo geral das legislações mais abrangentes, a regulamentação setorial passou a incorporar a possibilidade do manejo de arbitragem em seus contratos.

Nessa toada, o setor de energia elétrica foi um dos que mais se desenvolveu no que diz respeito ao uso da arbitragem para solução de conflitos, nos ramos de geração, transmissão, distribuição e comercialização de energia elétrica.[109] Cabe mencionar a Lei federal nº 10.848, de 15 de março de 2004, que dispõe sobre a comercialização de energia

---

[105] Itens 1.2.1 e 1.2.3.

[106] As leis estaduais paulistas serão estudas no capítulo 4.

[107] "Art. 23-A. O contrato de concessão poderá prever o emprego de mecanismos privados para resolução de disputas decorrentes ou relacionadas ao contrato, inclusive a arbitragem, a ser realizada no Brasil e em língua portuguesa, nos termos da Lei n. 9.307, de 23 de setembro de 1996."

[108] "Art. 11. O instrumento convocatório conterá minuta do contrato, indicará expressamente a submissão da licitação às normas desta Lei e observará, no que couber, os §§3º e 4º do art. 15, os arts. 18, 19 e 21 da Lei n. 8.987, de 13 de fevereiro de 1995, podendo ainda prever: (…) III – o emprego dos mecanismos privados de resolução de disputas, inclusive a arbitragem, a ser realizada no Brasil e em língua portuguesa, nos termos da Lei n. 9.307, de 23 de setembro de 1996, para dirimir conflitos decorrentes ou relacionados ao contrato."

[109] "Ou seja, para que a energia elétrica possa ser efetivamente usufruída, tem de haver outras relações contratuais entre geradores, transmissores, distribuidores e comercializadores – sendo que cada uma dessas relações possui inúmeras obrigações e responsabilidades (muitas vezes de cunho eminentemente privado). Nesse contexto, a utilização de mecanismos alternativos de solucionar conflitos vem se destacando no setor de energia elétrica" (RIBEIRO, Diogo Albaneze Gomes. *Arbitragem no setor de energia elétrica*. Coimbra: Almedina, 2017. p. 20 e ss.).

elétrica,[110] e a Lei federal nº 10.438, de 26 de abril de 2002, que disciplina a expansão da oferta de energia elétrica emergencial, recomposição tarifária extraordinária, cria o Programa de Incentivo às Fontes Alternativas de Energia Elétrica (Proinfa), a Conta de Desenvolvimento Energético (CDE) e dispõe sobre a universalização do serviço público de energia elétrica,[111] as quais expressamente adotam a arbitragem como um legítimo instrumento de solução de controvérsias.

No setor de transportes, pode ser destacada a Lei federal nº 11.442, de 5 de janeiro de 2007, que dispõe sobre o transporte rodoviário de cargas por conta de terceiros e mediante remuneração, cujo art. 19 facultou às partes contratantes o uso da arbitragem como mecanismos de resolução de disputas.

Igualmente, no contexto das franquias postais, a Lei federal nº 11.668, de 2 de maio de 2008, disciplina o exercício da atividade de franquia postal, prevendo o uso dos métodos extrajudiciais de solução de disputas contratuais como item essencial das avenças celebradas.

No setor de hidrocarbonetos, tanto para os contratos de concessão quanto para as avenças de partilha, o uso da arbitragem está previsto expressamente na legislação regulamentadora (Lei federal nº 9.478/1996 e Lei federal nº 12.351/2010). Sobre tais liames obrigacionais, inclusive,

---

[110] "Art. 4º Fica autorizada a criação da Câmara de Comercialização de Energia Elétrica – CCEE, pessoa jurídica de direito privado, sem fins lucrativos, sob autorização do Poder Concedente e regulação e fiscalização pela Agência Nacional de Energia Elétrica – ANEEL, com a finalidade de viabilizar a comercialização de energia elétrica de que trata esta Lei. (...) §5º As regras para a resolução das eventuais divergências entre os agentes integrantes da CCEE serão estabelecidas na convenção de comercialização e em seu estatuto social, que deverão tratar do mecanismo e da convenção de arbitragem, nos termos da Lei n. 9.307, de 23 de setembro de 1996. §6º As empresas públicas e as sociedades de economia mista, suas subsidiárias ou controladas, titulares de concessão, permissão e autorização, ficam autorizadas a integrar a CCEE e a aderir ao mecanismo e à convenção de arbitragem previstos no §5º deste artigo."

[111] "Art. 4º A Aneel procederá à recomposição tarifária extraordinária prevista no art. 28 da Medida Provisória n. 2.198-5, de 24 de agosto de 2001, sem prejuízo do reajuste tarifário anual previsto nos contratos de concessão de serviços públicos de distribuição de energia elétrica. (...) §5º A recomposição tarifária extraordinária estará sujeita a homologação pela Aneel e observará as seguintes regras: (...) V – para atender aos fins previstos no inciso IV, a homologação da recomposição tarifária extraordinária estará condicionada, nos termos de resolução da Aneel, à solução de controvérsias contratuais e normativas e à eliminação e prevenção de eventuais litígios judiciais ou extrajudiciais, inclusive por meio de arbitragem levada a efeito pela Aneel; (...) §8º Os contratos iniciais e equivalentes, assim reconhecidos em resolução da Aneel, serão aditados para contemplar uma fórmula compulsória de solução de controvérsias, para que a Aneel instaure *ex officio*, caso as partes não o façam em prazo determinado, os mecanismos de solução de controvérsias existentes, sem prejuízo da atuação subsidiária da Aneel na arbitragem de controvérsias."

já existe estudo específico que analisa sua arbitrabilidade subjetiva e objetiva.[112]

Dos principais instrumentos legislativos que disciplinam sobre arbitragem em concessões públicas, aquele que tem gerado maiores debates é o Decreto nº 8.465, de 8 de junho de 2015, que regulamentou o §1º do art. 62 da Lei federal nº 12.815, de 5 de junho de 2013, para dispor sobre os critérios de arbitragem para dirimir litígios no âmbito do setor portuário. Cabe pontuar que se trata, até o presente momento, da mais detalhada regulamentação sobre arbitragem com entes estatais de que se tem notícia.

Referido ato legislativo apresenta um rol de matérias que podem ser objeto de convenção arbitral, veda o procedimento que decida por equidade e que seja realizado em outro vernáculo. Além disso, o colegiado julgador deverá ser composto por, no mínimo, três árbitros para questões acima de 20 milhões de reais.

Além disso, os contratos de concessão, arrendamento e autorização poderão conter cláusula compromissória, a qual não poderá prever sua utilização para questões relacionadas à recomposição do equilíbrio econômico-financeiro, sem prejuízo de posterior celebração de compromisso arbitral para a solução de disputas dessa natureza, cujos requisitos são apresentados no texto do decreto.

Tal ato legislativo ainda prevê que a escolha de árbitro ou instituição arbitral será considerada contratação direta por inexigibilidade de licitação e que o pagamento de eventual condenação pela Administração Pública ocorrerá por precatório ou requisição de pequeno valor.

O Decreto de arbitragem no setor portuário é bastante criticado por regulamentar alguns pontos na contramão de uma evolução doutrinária

---

[112] "Quanto às condições exigidas para o cabimento da arbitragem, (i) capacidade das partes de contratar; (ii) litígios sobre direitos patrimoniais; (iii) litígios sobre direitos disponíveis, verificamos que tanto no contrato de concessão para E&P da IPGN quanto no de partilha de produção para o mesmo fim, as partes do contrato são capazes de contratar (No contrato de concessão, a IOC e a NOC, de um lado, e a HOC, de outro; no contrato de partilha de produção apenas empresas privadas, visto que a União é representada pela PPSA nesses contratos). Quanto aos litígios tratarem de bens patrimoniais e disponíveis, procuramos indicar, neste *paper*, que os direitos sobre esse recurso escasso, os hidrocarbonetos, são tanto patrimoniais (o que, em certo sentido, é bastante óbvio), mas também disponíveis, se se considerar que o petróleo não pode ser avaliado de *per se*, antes, enquanto recurso exaurível e passível de ser transformado em um recurso renovável, a educação e a inovação. Desta feita, estão satisfeitos nos contratos de E&P da IPGN, concessão e partilha de produção, todos os requisitos necessários para o cabimento do uso da arbitragem nos litígios surgidos no âmbito desses contratos" (OLIVEIRA, Gustavo Justino de; LEISTER, Carolina. Convenção arbitral no setor de hidrocarbonetos: condições de admissibilidade. *Revista de Arbitragem e Mediação*, ano 13, v. 48, p. 67, jan.-mar. 2016).

e jurisprudencial. Por exemplo, a restrição à utilização de arbitragem para questões que envolvam reequilíbrio econômico-financeiro parece contrariar as principais previsões contratuais contidas nos instrumentos de concessão de serviço público, tendo em vista se tratar de tema cuja disponibilidade patrimonial costuma estar presente.[113] Da mesma forma, privilegiar o compromisso arbitral, em detrimento da cláusula compromissória, reduz a importância da previsão contratual e contraria pontos mais relevantes trazidos pela Lei federal nº 9.307/1996.[114]

2.1.1.2 Convenções internacionais

No plano jurídico internacional, alguns instrumentos normativos impulsionaram a utilização da arbitragem no Brasil. Merecem destaque a Convenção de Nova Iorque, a Convenção do Panamá e o Protocolo de *Las Leñas*.

A Convenção de Nova Iorque, de 10 de junho de 1958, dispõe sobre o reconhecimento e execução de sentenças arbitrais estrangeiras e já foi ratificada por mais de 140 países. No Brasil, o Decreto Legislativo nº 52/2002 promoveu sua aprovação e o Decreto nº 4.311/2002 a promulgou.[115] Em linhas gerais, tal instrumento normativo garantiu a

---

[113] "Importante ressaltar que a própria Lei dos Portos estabelece contratos administrativos de períodos longos, onde, por exemplo, os autorizatários terão 25 anos prorrogáveis por igual período. Em face destes grandes períodos, tais contratos são sensíveis a fatos supervenientes, substancialmente lesivos para o equilíbrio contratual, podendo causar lesão a uma parte e enriquecimento sem causa à outra.

Ocorre que se torna muito difícil fragmentar a relação entre o descumprimento contratual e o desequilíbrio econômico-financeiro, uma vez que tais institutos estão intrinsicamente ligados. O desequilíbrio econômico pode gerar um descumprimento contratual, e vice-versa. Neste sentido, o decreto poderia estar criando uma celeuma, onde diante da possibilidade de a Administração Pública não realizar um compromisso arbitral, um eventual litígio sobre o desequilíbrio econômico-financeiro e descumprimento contratual poderia tramitar concomitantemente em âmbito judicial e arbitral, respectivamente, causando uma grande insegurança jurídica e caminhando na contramão do próprio incentivo à arbitragem" (CARDOSO, Camila Mendes Vianna; MARQUES, Lucas Leite; CARVALHO, Marco Antônio; MENDES, Munique de Souza. Dec. 8.465/2015: fomento à arbitragem envolvendo a Administração Pública no setor portuário. *Revista de Arbitragem e Mediação*, ano 13, v. 48, p. 172, jan.-mar. 2016).

[114] "Tendo em vista que o direito positivo brasileiro não se preocupou – até o advento da Lei 9.307/96 – com a normatização da cláusula compromissória, o legislador foi particularmente atencioso com relação ao tema, especialmente porque a cláusula deixou de ser apenas um pré-contrato de compromisso, eis que, nos termos do art. 5º, o juízo arbitral pode ser instituído (art. 19) sem que seja necessária a celebração de um compromisso arbitral" (CARMONA, Carlos Alberto. *Arbitragem e processo*, p. 17).

[115] Conforme aponta um dos principais estudiosos do Direito Internacional Público no Brasil: "A ratificação pelo Brasil da Convenção de 1958 não foi somente mais um instrumento internacional ao qual o país acedeu, ainda que tenha tardado em o fazer, mas refletiria, segundo meu entendimento, a percepção, pelo legislador pátrio, da necessária e irreversível

eficácia das convenções de arbitragem celebradas por partes contratuais, de modo que o Poder Judiciário dos Estados signatários, ao se deparar com uma convenção de arbitragem, deverão encaminhar os litigantes a tal instrumento de solução de disputas.[116] Além disso, a Convenção determinou que cada Estado signatário reconhecerá as sentenças como obrigatórias e que não serão impostas condições substancialmente mais onerosas ou taxas ou cobranças mais altas do que as impostas para o reconhecimento ou a execução de sentenças arbitrais domésticas.[117]

Em sentido semelhante, a Convenção do Panamá, de 30 de janeiro de 1975, aprovada pelo Brasil mediante o Decreto Legislativo nº 90/1995 e promulgada pelo Decreto nº 1.902/1996, ratifica a validade do acordo entre as partes que se obrigam a submeter à decisão arbitral as divergências que possam surgir em relação a determinado negócio de natureza mercantil.[118]

Em geral, referida normativa internacional buscou uma padronização de princípios de arbitragem internacional para os Estados Americanos. Na literatura especializada é possível encontrar autores que se mostram entusiastas de seu texto,[119] bem como aqueles que o criticam.[120] Para o cenário brasileiro, a discussão sobre sua importância

---

internacionalização do direito e da busca de inserção do Brasil nesse fenômeno. Esse processo está em curso e se mostra em setores os mais diversos do direito" (CASELLA, Paulo Borba. Ratificação pelo Brasil da Convenção de Nova Iorque de 1958 – internacionalização do direito e relações entre o Direito Internacional e o Direito Interno. In: WALD, Arnoldo; LEMES, Selma (Coord.). *Arbitragem comercial internacional*: a Convenção de Nova Iorque e o direito brasileiro. São Paulo: Saraiva, 2011. p. 23).

[116] Art. II: "3. O tribunal de um Estado signatário, quando de posse de ação sobre matéria com relação à qual as partes tenham estabelecido acordo nos termos do presente artigo, a pedido de uma delas, encaminhará as partes à arbitragem, a menos que constate que tal acordo é nulo e sem efeitos, inoperante ou inexequível."

[117] Nos termos do art. III.

[118] São signatários da Convenção do Panamá: Argentina, Bolívia, Brasil, Chile, Colômbia, Costa Rica, Equador, El Salvador, Estados Unidos, Guatemala, Honduras, México, Nicarágua, Panamá, Peru, Uruguai e Venezuela.

[119] "A aplicabilidade desses treze artigos mostra que os Estados americanos adotaram juntos os princípios da arbitragem internacional. Inserido no texto e nos contornos estruturais da Convenção, este documento de arbitragem internacional respeitava os únicos objetivos regionais e os aspectos culturais dos países americanos que ajudaram a criá-lo. Assim, seu significado independente merece crédito por incorporar os ideais de seus Estados contratantes" (BRIGGS, Elizabeth A. The Applicability of Arbitration in the Americas: An Avant-Garde Approach to the Panama Convention. *Inter-American Law Review*, v. 43, n. 3, p. 577, 2012).

[120] "Em outras palavras, a Convenção declarou ser válido o acordo de vontades que determine a submissão de controvérsia atual ou futura ao juízo arbitral (e o artigo 1º do Tratado claramente adotou o conceito de convenção de arbitragem, assimilando os efeitos da cláusula arbitral e do compromisso), mas não estabeleceu que tal acordo afaste desde logo a competência do juiz estatal, de sorte que, enquanto ainda vigorava o art. 301, IX do Código

perdeu espaço com o advento da Lei federal nº 9.307/1996, que garantiu plena eficácia jurídica à cláusula compromissória e ao compromisso arbitral.

Por fim, cabe trazer a conhecimento o Protocolo de *Las Leñas* de 1992 (Protocolo de Cooperação e Assistência Jurisdicional em Matéria Civil, Comercial Trabalhista e Administrativa), que foi aprovado no Brasil pelo Decreto Legislativo nº 55/1995 e promulgado por meio do Decreto nº 2.067/1996. Tal instrumento normativo trouxe uma disciplina sobre o reconhecimento e execução de sentenças e laudos arbitrais entre os países signatários.

De acordo com tal Protocolo, o pedido de reconhecimento e execução de sentenças e de laudos arbitrais por parte de autoridades jurisdicionais tramitará por carta rogatória, através da autoridade central. Além disso, as sentenças e laudos arbitrais poderão ter eficácia extraterritorial nos países signatários, quando reunirem determinadas condições.[121]

Vale destacar que a previsão de eficácia extraterritorial supra-mencionada foi afastada pelo Supremo Tribunal Federal que, a despeito de ratificar a adequação do Protocolo de *Las Leñas* com a Constituição Federal, compreendeu ser necessária a homologação das sentenças arbitrais estrangeiras proferidas nos Estados signatários.[122]

Em suma, a homologação de sentenças arbitrais estrangeiras pode ocorrer via carta rogatória (para os países signatários do Protocolo de

---

de Processo Civil em sua versão original, era lícito afirmar que, mesmo para questões que comportassem a aplicação da Convenção, não se instauraria a arbitragem sem compromisso arbitral (dito de outro modo: mera cláusula arbitral não afastaria a competência do juiz togado)" (CARMONA, Carlos Alberto de. *Arbitragem e processo*, p. 99).

[121] "Art. 20. As sentenças e os laudos arbitrais a que se referem o artigo anterior terão eficácia extraterritorial nos Estados-Partes quando reunirem as seguintes condições: a) que venham revestidos das formalidades externas necessárias para que sejam considerados autênticos nos Estados de origem; b) que estejam, assim como os documentos anexos necessários, devidamente traduzidos para o idioma oficial do Estado em que se solicita seu reconhecimento e execução; c) que emanem de um órgão jurisdicional ou arbitral competente, segundo as normas do Estado requerido sobre jurisdição internacional; d) que a parte contra a qual se pretende executar a decisão tenha sido devidamente citada e tenha garantido o exercício de seu direito de defesa; e) que a decisão tenha força de coisa julgada e/ou executória no Estado em que foi ditada; f) que claramente não contrariem os princípios de ordem pública do Estado em que se solicita seu reconhecimento e/ou execução". Os requisitos das alíneas (a), (c), (d), (e) e (f) devem estar contidos na cópia autêntica da sentença ou do laudo arbitral. Em sentido semelhante, a Convenção Interamericana sobre a Eficácia Extraterritorial de Sentenças e Laudos Arbitrais Estrangeiros de 8 de maio de 1979 (aprovado no Brasil pelo Decreto Legislativo nº 93/1995 promulgado pelo Decreto nº 2.411/1997), estabeleceu um conjunto de requisitos para a extraterritorialidade da sentença arbitral estrangeira proferida no âmbito dos membros da Organização dos Estados Americanos.

[122] Agravo na Carta Rogatória 7.613, Rel. Min. Sepúlveda Pertence, j. 03.04.1997.

Las Leñas) ou via processo de homologação junto ao Superior Tribunal de Justiça, com fundamento na alínea "h" do inc. I do art. 102 da Constituição Federal e no art. 216-A e seguintes do Regimento Interno do Superior Tribunal de Justiça (Emenda Regimental nº 18, de 17 de dezembro de 2014).[123]

Após a exposição da evolução legislativa sobre a arbitragem com participação da Administração Pública e dos tratados internacionais pertinentes, incorporados ao ordenamento brasileiro, cabe trazer a discussão sobre três procedimentos que possuem importância histórica no tema.

2.1.2 Estudo comparado de três precedentes

Os casos que serão explanados a seguir não foram escolhidos a esmo. Trata-se de procedimentos arbitrais que foram judicializados para discutir sua arbitrabilidade, diante das peculiaridades da participação estatal. São processos julgados em períodos distintos da história do Brasil, sob a égide de diferentes ordenamentos jurídicos, cada qual com suas peculiaridades, mas que possuem em comum a participação de um ente estatal como parte e a intensa discussão acadêmica gerada nos meios especializados.

O primeiro precedente a ser analisado é o "Caso Lage", apontado pela doutrina como o *leading case* de Arbitragem com Participação da Administração Pública.[124] O segundo caso envolve a Companhia Paranaense de Energia (COPEL) e a sociedade de propósito específico UEG Araucária Ltda., em conflito no qual se questionou a legalidade da cláusula arbitral no contrato, sendo que o último envolveu o contrato de obras para construção da Linha 4 do Metrô de São Paulo, no qual foi impetrado mandado de segurança contra o Presidente do Tribunal Arbitral, apontado como autoridade coatora.

---

[123] Sobre o tema, cf. ABBUD, André de Albuquerque Cavalcanti. *Homologação de sentenças arbitrais estrangeiras*. São Paulo: Atlas, 2008.

[124] A esse respeito: "A jurisprudência nacional tem também adotado uma orientação firme no sentido da admissibilidade da arbitragem para a solução de litígios relativos a matéria administrativa. Já há várias décadas, o Supremo Tribunal Federal (STF) afirmou o cabimento da arbitragem envolvendo a Administração Pública no clássico 'caso Lage'" (TALAMINI, Eduardo; PEREIRA, Cesar A. Guimarães. Arbitragem e Poder Público: o esboço de um consenso e novos desafios. *In:* TALAMINI, Eduardo; PEREIRA, Cesar A. Guimarães (Coord.). *Arbitragem e Poder Público*. São Paulo: Saraiva, 2010. p. 8. Em sentido semelhante: AMARAL, Paulo Osternack. *Arbitragem e Administração Pública*: aspectos processuais, medidas de urgência e instrumentos de controle. Belo Horizonte: Fórum, 2012. p. 80 e CARMONA, Carlos Alberto. *Arbitragem e processo*, p. 45).

CAPÍTULO 2
ARBITRAGEM NOS CONTRATOS DA ADMINISTRAÇÃO PÚBLICA | 85

Cabe pontuar que todo o material colhido para redação do presente item decorre de levantamento jurisprudencial e bibliográfico realizado pelo autor em fontes públicas. Isso porque, a despeito da confidencialidade que gravitou em torno de tais procedimentos arbitrais *ab initio*, após as judicializações, o conflito se tornou conhecido do público em geral.

2.1.2.1 O "Caso Lage" (STF – Agravo de Instrumento em Recurso Extraordinário nº 52.181, rel. Min. Bilac Pinto, j. 14.11.1973)

O chamado "Caso Lage" ocorreu em um contexto político muito peculiar da História do Brasil, que precisa ser esclarecido ao leitor, para que se compreenda o alcance e a importância de tal precedente.

Durante a Segunda Guerra Mundial, foi publicado o Decreto nº 10.358, de 31 de agosto de 1942, que declarou o Estado de Guerra no território nacional, com a relativização de certas garantias constitucionais, como o direito de propriedade. Com fundamento em tal ato normativo, determinados bens poderiam ser incorporados ao patrimônio da União, para sua utilização na atividade bélica.

Naquela época, as "Organizações Lage", conglomerado empresarial do setor carbonífero e naval, continham um conjunto patrimonial útil ao interesse da Defesa Nacional.[125] Nesse contexto, Henrique Lage, presidente do Grupo, ofereceu parte dos bens de sua companhia para serem incorporados, em troca da liquidação de seus débitos com o Tesouro Nacional e o Banco do Brasil.[126]

Pouco tempo após o envio de tal oferta ao Presidente Getúlio Vargas, em 2 de julho de 1941, Henrique Lage faleceu. Alguns meses depois de sua morte, foi promulgado o Decreto-lei nº 4.648, de 2 de setembro de 1942, que determinou a incorporação ao Patrimônio Nacional dos bens e direitos das "Organizações Lage" e do espólio de Henrique Lage.

---

[125] Sobre a história das "Organizações Lage" e de Henrique Lage, cf. CAMPELLO, Carlos. A trajetória empresarial de Henrique Lage e as relações com o Estado. *XXIII Simpósio Nacional de História*. Londrina, 2005. Disponível em: http://anais.anpuh.org/wp-content/uploads/mp/pdf/ANPUH. S23.0178.pdf. Acesso em: 27 fev. 2017.

[126] A carta de Henrique Lage endereçada ao então presidente Getúlio Vargas, subscrita em 29 de junho de 1941, pode ser acessada em: http://fgv.br/cpdoc/acervo/arquivo-pessoal/GV/textual/carta-de-henrique-lage-a-getulio-vargas-colocando-a-disposicao-do-governo-parte-dos-navios-de-sua-companhia-para-integrarem-a-grande-companhia-uni. Acesso em: 27 fev. 2017.

Após algumas divergências entre a União e os representantes do espólio acerca do valor cabível a título de indenização, o Decreto-lei nº 7.024, de 6 de novembro de 1944, manteve a incorporação do acervo das empresas Lage, com fixação do valor de indenização, sendo que os bens não incorporados seriam restituídos em processo de inventário e partilha. Inúmeras dificuldades ocorreram para restituição dos bens, de modo que o Presidente da República solicitou a oitiva do Consultor-Geral da República à época, que opinou pela possibilidade de solução da controvérsia por juízo arbitral, o que já havia sido sugerido pelo advogado do espólio de Henrique Lage. Com suporte em tal peça opinativa, foi expedido o Decreto-lei nº 9.521, de 26 de julho de 1946, que estabeleceu: a) a incorporação definitiva de parte dos bens do grupo empresarial; b) a desincorporação dos demais bens; c) o pagamento de uma indenização pela União em relação ao patrimônio incorporado; d) que o valor seria determinado por um juízo arbitral; e) que o pagamento seria efetuado em apólices da dívida pública; f) que o juízo arbitral decidiria todas as impugnações apresentadas pelo espólio, sua herdeira e legatários aos decretos-leis anteriores, de forma definitiva, sem direito a recurso; e g) que o painel arbitral seria composto por um representante indicado pela União, outro pelo espólio e o terceiro dentre os ministros do Supremo Tribunal Federal, ativos ou aposentados.

O juízo arbitral foi composto por Raul Gomes de Matos, indicado pela União, Antônio Sampaio Dória, indicado pelo espólio, e Manoel da Costa Manso, ministro aposentado do Supremo Tribunal Federal, por escolha dos árbitros nomeados pelas partes. A sentença arbitral foi proferida em 1948, determinando o valor da indenização a ser adimplida.

Contudo, parte das requisições feitas pelo espólio de Henrique Lage não foi paga, de modo que o Presidente da República enviou projeto de lei ao Congresso Nacional solicitando a abertura de crédito suplementar para fazer frente a tal pagamento.

A questão caminhava no Congresso Nacional, quando, em razão de uma mudança de Governo, com retorno de Getúlio Vargas à Presidência da República, foi solicitado parecer do Procurador-Geral da Fazenda, Dr. Haroldo Renato Ascoli, que, em 1952, sustentou a inconstitucionalidade do juízo arbitral. Uma mensagem presidencial foi enviada ao Congresso solicitando o cancelamento das propostas de abertura de crédito suplementar, a qual, após intensos debates, foi acolhida, com o consecutivo arquivamento dos projetos de lei.

Diante de tais fatos, a questão foi levada ao Poder Judiciário pelo espólio de Henrique Lage, de modo que o magistrado de primeiro grau de jurisdição julgou o feito procedente, para que fosse adimplida a indenização estabelecida no laudo arbitral. Não resignada, a União apresentou recurso ao Tribunal Federal de Recursos, que reforçou a obrigatoriedade de cumprimento do quanto decidido em arbitragem, nos termos do voto do Ministro Relator Godoy Ilha.[127] Após o julgamento de alguns incidentes processuais no Tribunal Federal de Recursos, foram interpostos oito recursos extraordinários, sendo que cinco deles foram parcialmente ou integralmente admitidos. Desse conjunto, os dois recursos interpostos pela União deram origem ao agravo de instrumento que foi levado a julgamento final pelo Supremo Tribunal Federal (Agravo de Instrumento nº 52.181, apensado ao Recurso Extraordinário nº 71.467, rel. Min. Bilac Pinto, j. 14.11.1973).

Na derradeira decisão judicial desse conflito, que perdurou de 1948 a 1973, o Supremo Tribunal Federal decidiu pela constitucionalidade do juízo arbitral envolvido e reforçou a obrigatoriedade das partes em cumprir a sentença arbitral.

O precedente jurisprudencial supradescrito costuma ser mencionado como *o posicionamento sobre a constitucionalidade da arbitragem com o Poder Público, proferido pelo Supremo Tribunal Federal*.[128] Contudo, uma análise mais atenta das circunstâncias do julgado tende a relativizar essa afirmação.

Como já relatado, o conflito arbitral discutiu uma indenização decorrente de um ato expropriatório praticado durante a Segunda

---

[127] Eis a ementa do acórdão: *"Inconstitucionalidade da lei.* A faculdade de declarar a inconstitucionalidade da lei é atribuição precípua e exclusiva do Judiciário que aos demais Poderes não é lícito usurpar.

Juízo Arbitral – Na tradição do nosso direito, o instituto do Juízo Arbitral sempre foi admitido e consagrado, até mesmo nas causas contra a Fazenda. Pensar de modo contrário é restringir a autonomia contratual do Estado, que, como toda pessoa *sui juris*, pode prevenir o litígio pela via do pacto de compromisso, salvo nas relações em que age como Poder Público por insuscetíveis de transação.

Natureza consensual do pacto de compromisso – O pacto de compromisso, sendo de natureza puramente consensual, não constitui foro privilegiado nem tribunal de exceção ainda que regulado por lei específica.

Princípios de instituto jurídico – Os princípios informativos de um instituto jurídico de direito privado podem ser modificados ou até mesmo postergados por norma legal posterior.

Cláusula de irrecorribilidade – A cláusula de irrecorribilidade de sentença arbitral é perfeitamente legítima e não atenta contra nenhum preceito da Carta Magna, sendo também dispensável a homologação judicial dessa sentença, desde que, na sua execução, seja o Poder Judiciário convocado a se pronunciar, dando, assim, homologação tácita ao decidido. Acorda a Segunda Turma do Tribunal Federal de Recursos, por maioria, dar provimento em parte, ao recurso de ofício e ao apelo da União, vencido o Sr. Ministro Revisor quanto à questão da exequibilidade do laudo e, por unanimidade, no tocante à exclusão de honorários e aos juros de mora, que deverão ser contados na forma da lei. Por unanimidade, dar provimento, em parte, ao apelo dos autores, para explicitar a condenação, nos termos do voto do Relator."

[128] Vide item 2.1.2 *supra*.

Guerra Mundial. Tratava-se de ato administrativo anômalo, praticado com fundamento em um decreto-lei que havia "suspendido a eficácia" de diversos artigos da Constituição de 1937.[129] A despeito de tanto a expropriação quanto a submissão do valor de indenização à arbitragem decorrerem da vontade das partes (como indicam a carta enviada por Henrique Lage ao Presidente Getúlio Vargas em 1941 e o relatório apresentado pelo Ministro Bilac Pinto), tudo foi positivado de forma unilateral por Decreto Legislativo, que dispunha inclusive sobre o rito procedimental a ser seguido.

Na compreensão aqui defendida, o painel arbitral se aproximou de um "Tribunal *ad hoc*", instituído com o objetivo de solucionar a contenda de um grupo empresarial que mantinha boas relações com o Governo à época.[130] Toda a documentação referente a esse período denota a tentativa de restringir a transparência em torno de um litígio que envolvia a luta de um empresário para saldar suas dívidas (dado que Henrique Lage pretendia compensar sua indenização com débitos junto ao Tesouro Nacional e ao Banco do Brasil) e os objetivos governamentais em obter ativos no setor militar. Portanto, tratava-se de evento pautado em objetivos muito distantes daqueles que hoje fundamentam a escolha pela arbitragem em litígios sobre direitos patrimoniais disponíveis.

Em sentido semelhante, pode ser destacado o pensamento de Carlos Alberto de Salles:[131]

> Importante destacar o fato de a arbitragem haver sido instituída por força de disposição legal, contida em um decreto-lei que, à época, era inteiramente equiparado à lei ordinária. Com isso, não se cuidou do estabelecimento de arbitragem por livre convenção das partes, mas instituída por força e nos termos de lei específica. Ainda mais, deve-se considerar que o Decreto-Lei 9.521/46 criou um regime próprio de arbitragem, diverso daquele então vigente, o qual, inclusive, exigia homologação judicial da sentença arbitral.

---

[129] Sobre o referencial político e jurídico do primeiro governo de Getúlio Vargas, cf. LOEWENSTEIN, Karl. *Brazil under Vargas*. New York: The Macmillian Company, 1942.

[130] "Durante o Estado Novo, as relações entre Henrique Lage e Getúlio Vargas tornam-se mais próximas, inclusive com a prestação de homenagens de parte a parte. Exemplo disto é a concessão, em 1938, por parte de Vargas a Henrique Lage, da Ordem do Mérito Militar no grau de oficial. Por sua vez, Lage homenageia Getúlio Vargas com a inauguração de retratos do Presidente, sendo o principal na sala de reuniões do Conselho Geral de Administração da 'Organização Lage', em cerimônia de comemoração do primeiro aniversário do Estado Novo" (CAMPELLO, Carlos. A trajetória empresarial de Henrique Lage e as relações com o Estado, p. 6).

[131] SALLES, Carlos Alberto de. *Arbitragem em contratos administrativos*. Rio de Janeiro: Forense, 2011. p. 229-230.

Exatamente por essa razão, um dos principais argumentos do recurso da União dizia respeito ao juízo arbitral em questão constituir verdadeiro juízo de exceção e sua criação, pelo Presidente da República, ter criado estrutura judiciária à margem do sistema constitucional. Essa posição foi afastada no voto do Ministro Rodrigues Alkmin sob o argumento de que "os conflitos de interesses comportam solução negocial", podendo transigir e aceitar compromisso, o que, segundo ele, não torna "possível confundir a situação com a instituição de órgão dotado de poder jurisdicional".

(...)

O "Caso Lage", mesmo não lidando propriamente com a aplicação da arbitragem para solução de controvérsias contratuais da administração e referindo-se a situação de grande peculiaridade, tem o interesse de discutir e posicionar-se quanto à participação do Poder Público em uma arbitragem. Nesse sentido, é útil por ajudar a superar algumas premissas em torno das quais se forma forte resistência à arbitragem nessa área.

2.1.2.2 O "Caso Copel" (Procedimento ICC nº 12656/ KGA – Câmara de Comércio Internacional)

A Companhia Paranaense de Energia (Copel) é uma sociedade de economia mista, cujo controle acionário pertence ao Estado do Paraná. Em 1997, referida empresa iniciou um projeto em conjunto com a Petrobras Distribuidora S.A. e a empresa El Paso para construção de uma usina termoelétrica a gás na cidade de Araucária, Paraná. A implementação desse empreendimento se deu pela constituição de uma Sociedade de Propósito Específico, denominada Usina Elétrica a Gás de Araucária (UEG).

Após sua constituição, a UEG foi autorizada a atuar como produtora independente de energia elétrica, de modo que, no ano 2000, tal companhia celebrou contrato com a Copel para compra e venda de energia, pelo prazo de 20 anos. Tal instrumento continha cláusula arbitral para solução de disputas, com indicação da Câmara de Comércio Internacional de Paris para reger o procedimento, a ser sediado em Paris/França, com utilização do direito brasileiro no julgamento.[132]

A construção e operação da usina pela UEG enfrentaram dificuldades, relatadas por Julia Dinamarco:[133]

---

[132] DINAMARCO, Julia. Algumas considerações sobre o caso judicial Copel v. UEG. *In:* GUILHERME, Luiz Fernando do Vale de Almeida (Coord.). *Aspectos práticos da arbitragem.* São Paulo: Quartier Latin, 2006. p. 84.

[133] *Ibidem,* p. 85.

A construção da usina e sua operação, como sói acontecer nesse tipo de empreitada, apresentaram dificuldades. Entre a maior delas, segundo a Copel, a incompatibilidade do equipamento que seria utilizado para a produção da energia elétrica com as especificações do gás natural que deveria ser utilizado pelo equipamento. Da responsabilidade por essa incompatibilidade e da necessidade de ajustes no equipamento (com acréscimo de custos e, ademais, atraso no início de operação efetiva da usina) nasceram os desentendimentos entre Copel e UEG. Não obstante, Copel realizaria alguns pagamentos ao amparo do Contrato, no início de 2003. Posteriormente, a Copel interromperia pagamentos à UEG, alegando adicionalmente caracterização de excessiva onerosidade no Contrato, com consequente lesão ao patrimônio público. Além da excessiva onerosidade, a Copel afirmaria que o Contrato não teria sido aprovado pela ANEEL, e que teria havido um erro estratégico na construção da Usina por causa da incompatibilidade do equipamento e resultante atraso na finalização das obras sem culpa da Copel.

Diante da suspensão dos pagamentos pela Copel, a UEG ingressou com requerimento de arbitragem perante a Câmara de Comércio Internacional (CCI) em 2003.

Pouco tempo após ser notificada do requerimento de arbitragem, a Copel ingressou com ação judicial, com pedido de provimento jurisdicional que declarasse a nulidade da cláusula arbitral assinada e a indisponibilidade dos bens e direitos contidos no contrato. Inicialmente, foi deferida medida liminar, para o fim de que a UEG não praticasse qualquer ato na arbitragem, sob pena de multa diária.[134]

Referida liminar foi questionada pela UEG por meio de dois agravos de instrumento. Contudo, o Tribunal de Justiça do Paraná não apreciou o mérito recursal, por compreender que haviam perdido o objeto, diante da prolação da sentença em primeiro grau.

Além da ação de conhecimento, a Copel propôs uma cautelar de arresto, para o bloqueio de contas bancárias em nome da UEG, com o objetivo de garantir o pagamento da sanção pecuniária aplicada à UEG no processo de conhecimento. Tal ação foi extinta sem julgamento de

---

[134] "Foram dois os argumentos utilizados para sustentar a nulidade da cláusula compromissória: primeiro, a COPEL alegou ser uma sociedade de economia mista, dependente, portanto, de autorização legal específica para se submeter à arbitragem (ou seja, inarbitrabilidade subjetiva); em segundo lugar, a COPEL alegou que o objeto do contrato de compra e venda envolvia questões de interesse público, sendo assim direito indisponível e, portanto, inarbitrável (ou seja, inarbitrabilidade objetiva)" (ALVES, Rafael Francisco. *A inadmissibilidade de medidas antiarbitragem no direito brasileiro*. São Paulo: Atlas, 2009. p. 230).

mérito, por carência de ação, diante da não comprovação de que a UEG não teria patrimônio suficiente para fazer frente à sanção pecuniária.

A Copel ainda propôs uma segunda ação cautelar, para produção antecipada de provas, com o objetivo de demonstrar como as diversas falhas de projeto culminaram na impossibilidade de utilização da usina a contento. Segundo noticiado, a perícia realizada em tal procedimento foi favorável à argumentação da Copel.[135]

Em 15 de março de 2004 foi proferida sentença no processo de conhecimento, na qual se reconheceu o pleito da Copel, declarando a nulidade da convenção de arbitragem, diante do §2º do art. 55 da Lei federal nº 8.666/1993.[136]

Contra tal sentença, a UEG interpôs recurso de apelação e propôs ação cautelar inominada junto ao Tribunal de Justiça do Paraná, requerendo autorização para participação na arbitragem, até o julgamento final do recurso de apelação. Em tal cautelar, foi concedida liminar pelo Desembargador Relator. Contra essa decisão, a Copel interpôs agravo regimental, acolhido parcialmente pela Terceira Câmara do Tribunal de Justiça do Paraná, para o fim de substituição da ordem de abstenção imposta à UEG de "até julgamento do recurso de Apelação" por "até ulterior deliberação". Não resignada, a Copel impetrou mandado de segurança contra ato dos Desembargadores que compunham a câmara, o qual foi provido, para o fim de retomar a proibição de que a UEG mantivesse participação no processo arbitral.

Após essa decisão, foi concedida liminar no agravo de instrumento interposto contra a decisão que denegou efeito suspensivo à apelação, para o fim de conceder tal efeito, suspendendo a eficácia da sentença até o julgamento do recurso. Ao final, o Órgão Especial do Tribunal de Justiça do Paraná julgou extinto o mandado de segurança, com o argumento de que tal remédio constitucional não poderia ser manejado contra decisão judicial da qual caiba recurso.

Ao final, em 2006, UEG e Copel entraram em acordo, promovendo a extinção dos processos supramencionados.[137]

O painel arbitral formado para julgamento da controvérsia era composto por Karl-Heinz Böckstiegel (Presidente), Martin Hunter

---

[135] DINAMARCO, Julia. Algumas considerações sobre o caso judicial Copel v. UEG, p. 90.

[136] A íntegra da sentença foi publicada na *Revista Brasileira de Arbitragem*, v. 1, n. 3, p. 170-187, 2004.

[137] A descrição de toda controvérsia processual acima e de seu derradeiro acordo foi extraída de duas obras: ALVES, Rafael Francisco. *A inadmissibilidade de medidas antiarbitragem no direito brasileiro*, p. 230-234 e DINAMARCO, Julia. Algumas considerações sobre o caso judicial Copel v. UEG, p. 80-104.

(indicado pela UEG) e Jorge Fontoura Nogueira (indicado pela Copel). Referido colegiado proferiu sentença parcial, por maioria, vencido Jorge Nogueira, em 6 de dezembro de 2004, reconhecendo sua competência para o julgamento da causa.[138]

O caso narrado *supra* foi amplamente discutido nos meios acadêmicos, mencionado por autores estrangeiros, como Emmanuel Gaillard,[139] e descrito em *papers* publicados em periódicos internacionais, como o artigo de Flávia Mange.[140] Em geral, a referência é sempre negativa, dado ser um típico exemplo de *anti-suit injunctions*, ou seja, medida adotada com a intenção de interromper ou dificultar o curso legítimo de uma arbitragem.

Ao que parece, o "Caso Copel" ganhou muita repercussão por envolver uma arbitragem internacional, com um painel composto por dois árbitros de renome mundial, para discussão de vultosas quantias. Em paralelo, o despreparo do Estado do Paraná para lidar com a questão, aliado a algumas peculiaridades político-governamentais da época (que não serão discutidas neste trabalho, por estarem fora do objeto de estudo), ocasionou uma atuação litigante que tangenciou a má-fé, considerando que a companhia estatal alegou a nulidade da cláusula contida em contrato por ela assinado.[141]

---

[138] Sentença parcial sobre competência de 6 de dezembro de 2004 no Caso CCI no 12656, *UEG Araucária c. Copel*. *Revista de Arbitragem e Mediação*, n. 11, p. 257, out.-dez. 2006.

[139] GAILLARD, Emmanuel. *Teoria jurídica da arbitragem internacional*. Tradução de Natália Mizrahi Lamas. São Paulo: Atlas, 2014. p. 64-65.

[140] MANGE, Flávia Foz. Anti-suit Injunctions in International Arbitration: Protecting the Procedure or Pushing to Settlement? *Dispute Resolution International*, v. 4, n. 2, p. 191-218, oct. 2010. De acordo com a autora, o caso Copel "se tornou um exemplo conhecido de como um país de *civil law* pode utilizar uma medida antiarbitragem no contexto de uma arbitragem internacional" (p. 194).

[141] Infelizmente, a conduta da Copel se repetiu em outros casos envolvendo a Administração Pública. No Estado de Sergipe, a Construtora Celi Ltda. requereu o estabelecimento de compromisso arbitral em face do Estado de Sergipe, relatando que, após vencer licitação, firmou o contrato 46/2004 com a Administração, objetivando a execução de obras complementares da adutora do Piautinga. Asseverou que, após a finalização das supramencionadas obras, restaram, em virtude do inadimplemento do requerido, verbas a receber, sendo que, no contrato norteador do certame avençado, existia cláusula submetendo a solução de qualquer controvérsia ao juízo arbitral. O Estado de Sergipe, por sua vez, recursou se submeter ao procedimento arbitral, afirmando que os interesses em jogo eram indisponíveis e o Estado jamais poderia se afastar da jurisdição estatal (Autos 200911801550, 18ª Vara Cível de Aracajú).

2.1.2.3 O "Caso Metrô/SP" (Procedimento ICC nº 15283/ JRF – Câmara de Comércio Internacional)

A primeira arbitragem da Companhia do Metropolitano de São Paulo (Metrô/SP, sociedade de economia mista paulista) decorreu de litígio de dois contratos de obras celebrados pela estatal para construção da Linha 4 – Amarela.

A Concorrência Pública Internacional nº 41301212, lançada pelo Metrô/SP para implementação dos Lotes 1 e 2 da Linha 4 do Metrô de São Paulo, foi conquistada, após o procedimento competitivo, pelo Consórcio Via Amarela (CVA), integrado pelas empresas CBPO Engenharia Ltda., Construtora OAS Ltda., Construtora Queiroz Galvão S.A., Construções e Comércio Camargo Corrêa S.A., Construtora Andrade Gutierrez S.A. e Alstom Transport S.A., com a subsequente celebração de dois contratos em 1º de outubro de 2003, na modalidade *Turn-Key*, que tem por objeto a execução de projetos, construções, suprimentos e instalações das obras, equipamentos e sistemas para os lotes em questão.

Em 26 de novembro de 2007, o Metrô/SP e o CVA apresentaram requerimento de arbitragem, noticiando a situação litigiosa dos dois contratos supramencionados. Isso porque, em 16 de maio de 2006, o CVA apresentou ao Metrô/SP solicitação de pagamento adicional a título de reequilíbrio econômico-financeiro, em função de alteração do método construtivo, de *Shield* para NATM ("New Austrian Tunnelling Method"). Por sua vez, o Metrô/SP recusou tal pleito, entre outras razões, porque aprovara a nova metodologia construtiva, com a expressa condição de que não implicasse em custos adicionais.

Inicialmente, o caso foi levado à Junta de Litígios, instância administrativa prevista nos contratos, a qual recomendou o pagamento do reequilíbrio econômico-financeiro pleiteado pelo CVA. Ambas as partes discordaram de tal recomendação. O Metrô/SP se insurgiu por considerar descabido qualquer pagamento e o CVA divergiu quanto ao valor proposto.

Após a realização da instrução processual, o Tribunal Arbitral,[142] em 18 de junho de 2009, proferiu sentença parcial, na qual considerou procedente o pleito apresentado pelo CVA, condenando o Metrô/SP ao pagamento das despesas adicionais decorrentes da mudança da metodologia construtiva, em valor a ser apurado mediante perícia contábil.

---

[142] Composto pelos juristas Maria Sylvia Zanella Di Pietro, Gustavo Binenbojm e Carlos Alberto Carmona (Presidente).

A compreensão explicitada pelo Tribunal Arbitral pontua que, ainda que a mudança da metodologia construtiva tenha decorrido de proposta do CVA, o fato de esta ter sido aceita pelo Metrô/SP a vincularia. Além disso, a ressalva de que a mudança na obra somente seria autorizada se não houvesse incremento de custos teria sido proferida mais de cinco meses após a estatal aprovar parte da proposta.

Em relação a referido *case*, Mario Engler Pinto Jr. apresenta as seguintes considerações:[143]

> Quando o conflito entre poder público e empreendedor privado é submetido ao procedimento de arbitragem da Lei n. 9.307/96, tendo como pano de fundo sinalizações emitidas pelas partes durante a fase de execução contratual, não é de se estranhar que o julgamento deixe de lado a abordagem puramente formalista, para priorizar a aplicação de princípios gerais como boa-fé objetiva e confiança legítima no relacionamento entre os contratantes. Exemplo nesse sentido pode ser extraído do laudo arbitral proferido na disputa entre a Companhia do Metropolitano de São Paulo – METRÓ e o Consórcio Via Amarela, responsável pela realização das obras de construção civil da Linha 4 – Amarela.
>
> A controvérsia girava em torno do cabimento da recomposição do equilíbrio econômico-financeiro do contrato de obra pública, em razão dos custos adicionais que o contratado privado alegava ter suportado como consequência da mudança do método construtivo, que havia sido autorizado pelo METRÓ. O painel de árbitros acolheu o pedido com fundamento na justa expectativa criada pelo METRÓ em face do contratado privado, de que a compensação pretendida seria realmente cabível a despeito da ausência de reconhecimento formal a esse respeito.

Diante de tal sentença parcial, o Metrô/SP apresentou pedido de esclarecimentos, para pronunciamento, dentre outros elementos, sobre a espécie de prova a ser produzida para liquidação da sentença, tendo em vista que, no seu entendimento, não seria possível a mera perícia contábil para identificar os preços unitários de trechos, etapas ou estações, que possuem valor global, de modo que seria inviável identificar o valor da condenação à recomposição do equilíbrio contratual. Assim, no entender da estatal, seria necessária perícia de engenharia.

---

[143] PINTO JR., Mário Engler. Confiança legítima no relacionamento entre poder público e iniciativa privada. *In:* CORRÊA, André Rodrigues; PINTO JR., Mário Engler (Org.). *Cumprimento de contratos e razão de Estado.* São Paulo: Saraiva, 2013. p. 348.

Os argumentos apresentados pelo Metrô foram refutados pelo Tribunal Arbitral, por meio de decisão proferida em 9 de novembro de 2009.[144]

Não resignada, a estatal ainda apresentou um pedido de reconsideração em sede arbitral, para, após o seu não conhecimento, ingressar com mandado de segurança perante o Poder Judiciário paulista.

Nessa toada, a Ação Mandamental de Autos nº 0017261-67.2010.8.26.0053 (13ª Vara da Fazenda Pública da Capital) inicialmente concedeu medida liminar, com a finalidade de obrigar o Tribunal Arbitral a realizar a perícia de engenharia para apurar os valores devidos ao CVA. Referida medida foi cassada em sede recursal (Agravo de Instrumento de Autos nº 0284191-48.2010.8.26.0000, 5ª Câmara de Direito Público, rel. Des. Franco Cocuza).

Ao final, o processo foi extinto pelo reconhecimento da decadência, tendo em vista que foi ultrapassado o prazo de 120 dias para impetração do *Writ*, dado que o Metrô/SP considerou como marco inicial para contagem do prazo o não conhecimento do seu pedido de reconsideração na arbitragem, quando deveria considerar a contagem do prazo a partir da sentença que rejeitou o pedido de esclarecimentos.[145]

Referido precedente representa um modelo de baixa maturidade do uso da arbitragem por empresa estatal paulista. Ainda que se possa

---

[144] De acordo com a decisão: "13. Em segundo lugar, a perícia não se prestará para verificação da boa ou má execução do CONTRATO segundo a nova metodologia, pois no curso da referida execução, o próprio METRÔ recebeu ou deveria ter recebido relatório do progresso da obra (Cláusula 18, especificamente Subcláusulas 18.3 e 18.4 das GCC), aprovou ou poderia ter aprovado documentos técnicos (Cláusula 23, especialmente Subcláusulas 20.3, 20.8 e 23.12 das GCC), determinou ou poderia ter determinado quaisquer testes e inspeções na obra (Cláusula 23, especialmente 23.5 das GCC). Sendo titular de efetivo poder de fiscalização, é de se esperar que o METRÔ o tenha exercido de acordo com as cláusulas contratuais e com o princípio da boa-fé objetiva, apontando eventuais falhas, excessos ou distorções na execução das obras."

[145] Conforme exposto na sentença: "O prazo decadencial inicia-se da data da publicação da primeira decisão. No entanto, no caso específico dos autos, tem-se que o impetrante formulou pedido de esclarecimento e o que por ele foi denominado 'addendum'. Tais pedidos foram apreciados em 09.11.2009, por decisão que lhe foi comunicada em 18.11.2009. Novo pedido de esclarecimentos e 'addendum' veio a ser formulado, este com efeito de embargos de declaração. A omissão do Tribunal Arbitral provocou a adoção de reiterações subscritas pelo impetrante que culminaram com decisão final datada de 10.02.2010, com comunicação formal ao polo ativo em 04.03.2010. Uma vez que o Metrô foi notificado do ato que indeferiu a realização da prova pericial de engenharia em 06.07.2009 não poderia ter aguardado até 31.05.2010 para impetrar este mandado de segurança sob pena de esbarrar-se no prazo de decadência. Pretende, pois, o impetrante, que o lapso temporal tome por termo inicial a data da sua intimação formal desta última decisão. Feitas essas considerações e por tudo o mais que dos autos consta, JULGO EXTINTO O PROCESSO, sem a análise do mérito, nos termos do artigo 23 da Lei n. 12.016/09."

discordar do mérito da decisão tomada pelo painel de árbitros,[146] o conjunto de elementos apresentado nos autos não foi capaz de comprovar qualquer irregularidade ao longo do procedimento. Ainda assim, para tais casos, o inconformismo deve se expressar por meio da ação anulatória prevista no art. 32 da Lei federal nº 9.307/1996, dado que a qualificação de árbitro como autoridade coatora não é elemento aferível da legislação que rege o mandado de segurança (Lei federal nº 12.016/2009).

2.1.2.4 Pontos de contato entre os três precedentes

Os três precedentes analisados demonstram o posicionamento jurisprudencial pelo reconhecimento da viabilidade do juízo arbitral com participação da Administração Pública em diferentes momentos e por diversos fundamentos. A distância temporal entre os casos analisados mostra a redução no escopo da medida antiarbitragem solicitada ao Poder Judiciário, o que pode indicar uma assimilação (ainda que muito lenta) de tal método de solução de disputas pelo Governo.[147]

Em todos os casos analisados, a medida antiarbitragem não obteve êxito perante o Poder Judiciário, seja pelo reconhecimento da arbitragem enquanto instituto válido para a solução de disputas (Caso Lage e Copel) ou pela existência de preliminares aptas à extinção do processo (Caso Metrô/SP).

O quadro esquemático a seguir demonstra as características principais de cada conflito, no que tange às medidas antiarbitragem utilizadas (Quadro 2).

---

[146] Conforme o relato de um dos entrevistados da pesquisa empírica da presente obra, a perícia contábil seria insuficiente para comprovação das reais diferenças de custos entre as duas metodologias construtivas, as quais, após determinado período da obra, poderiam se equivaler. Sendo assim, o estudo exclusivo da contabilidade do consórcio no momento do pleito, sem uma avaliação técnica dos custos ao longo do tempo, poderia distorcer a realidade. Nas palavras do entrevistado: "Era uma discussão que pode ser sintetizada de uma forma muito simples. O projeto original previa a construção por *Shield* (tatuzão). O custo para trazer essa máquina era altíssimo. Com o tempo, o custo inicial se dilui. O consórcio solicitou, ao longo da execução contratual, a alteração do método para NATM, que era mais barato no início, mas com o tempo ficaria mais caro, pois demandaria mais mão de obra. Foram chamados *Expert Witness* e o assunto foi debatido não como uma prova, mas como uma 'grande informação'. Tais especialistas disseram que os métodos construtivos se equivalem após quatro quilômetros.
Diante de tal informação, nós solicitamos uma prova de engenharia de custo. Contudo, o Tribunal indeferiu tal requerimento, considerando necessário apenas a contabilidade do consórcio, que a qual nada dizia a respeito. Em determinado momento, o perito fixou tal custo adicional em R$ 236 milhões, sem que houvesse uma verificação na contabilidade do consórcio."

[147] Utilizou-se a expressão "Governo" em razão da possível presença de componentes políticos na decisão estatal pela utilização da medida antiarbitragem.

Quadro 2 – Evolução das medidas antiarbitragem
nos precedentes estudados

Caso	Partes na arbitragem	Motivação da medida antiarbitragem	Instrumento processual utilizado
Lage	União vs. Espólio de Henrique Lage	Total impossibilidade de submissão do conflito à arbitragem	Ação ordinária
Copel	UEG vs. Copel	Falta de arbitrabilidade subjetiva e objetiva	Ação ordinária; ações cautelares e mandado de segurança
Metrô/SP	CVA vs. Metrô/SP	Mera discordância com a decisão do Tribunal Arbitral	Mandado de segurança

Fonte: Elaboração própria.

2.1.3 Uma nota de direito comparado

Após a apresentação da evolução legislativa sobre o tema e do estudo comparativo dos três importantes precedentes sobre arbitragem com entes estatais, cabe trazer ao leitor um relato do tema no direito estrangeiro. A ideia do presente tópico é descortinar um panorama sobre o funcionamento de tal método de solução de disputas no contexto de duas nações que possuem contencioso administrativo (Portugal e França), dois países que adotam o sistema da *common law* (Estados Unidos e Inglaterra) e dos principais países latino-americanos em desenvolvimento.

A escolha supramencionada não é aleatória, mas decorre de metodologia estrutural de análise pertinente com as premissas apresentadas no primeiro capítulo. Como relatado na abertura da presente obra, a forma como são celebrados os contratos pela Administração e o arranjo institucional estatal para solução de disputas deles decorrentes podem ter influência direta sobre a opção pelo uso da arbitragem, em detrimento do Poder Judiciário tradicional. Assim, o estudo comparado da estrutura do Direito Público pode ajudar a compreender o deslinde do tema em solo brasileiro.[148]

---

[148] "O direito comparado envolve a comparação da lei de um país com a de outro. Frequentemente, a base para a comparação é alguma lei estrangeira justaposta contra as medidas do próprio direito interno. Mais especificamente, a análise comparativa envolve comparar um corpo de dados legais em relação a outro e, em seguida, avaliar como os dois corpos de dados legais são semelhantes ou diferentes. A essência da comparação é alinhar as semelhanças e diferenças entre os dados e usar essas medições para entender tanto o conteúdo quanto os

Nessa ordem de ideias, Portugal e França representam modelos do Direito Administrativo que influenciaram o Brasil, seja pela proximidade de idioma e cultura (da parte dos lusitanos) ou pelo peso que a Doutrina do Serviço Público exerceu entre nós (em especial, por meio dos trabalhos de Léon Duguit e Gaston Jèze). Por sua vez, Estados Unidos e Inglaterra têm servido de inspiração para grande parte das reformas realizadas no Direito Administrativo pátrio (criação de agências reguladoras e contratos de parceria público-privada são os principais exemplos). Por fim, a compreensão do contexto nos países latino-americanos é útil, por compartilharem das vicissitudes socioeconômicas que nos afligem.

2.1.3.1   França e Portugal

Em Portugal, a arbitragem com participação da Administração Pública tem ampla aceitação. Em referida nação, existe uma distinção doutrinária entre arbitragem voluntária e arbitragem necessária, de modo que a primeira se realiza por vontade das partes e a segunda seria imposta pela lei.[149] Com base em tal distinção, Portugal aprovou a Lei de Arbitragem Voluntária (Lei nº 31, de 29 de agosto de 1986), que possui a principiologia da Lei de Arbitragem brasileira.

No que diz respeito à arbitragem com entes públicos, o Código de Processo nos Tribunais Administrativos (aprovado pela Lei nº 15, de 22 de fevereiro de 2002, e alterado pela Lei nº 4-A, de 19 de fevereiro de 2003) trouxe maiores detalhamentos sobre o tema, prevendo a expressa possibilidade de constituição de tribunal arbitral para questões referentes

---

próprios dados" (EBERLE, Edward J. Comparative Law. *Annual Survey of Int'L & Company Law*, v. 13, p. 93-102, 2007).
Em sentido semelhante, cabe destacar a tradicional abordagem de Jean Rivero: "A expressão, entretanto, é entendida, normalmente, em sentido mais restrito, designando apenas a comparação entre institutos ou entre regras pertencentes a direitos positivos distintos. Estes direitos podem ser contemporâneos uns dos outros, ou cronologicamente separados, como, por exemplo, regimes feudais do Ocidente cristão, do Japão e do Marrocos. Na maioria das vezes, a comparação incide sobre os direitos positivos atualmente em vigor, nos diferentes Estados. É nesta última aplicação do método que se pensa, normalmente, quando se fala hoje em direito comparado" (RIVERO, Jean. *Curso de direito administrativo comparado*. 2. ed. Tradução de José Cretella Júnior. São Paulo: RT, 2004. p. 35).

[149] "A Arbitragem voluntária consiste, deste modo, num meio jurisdicional de resolução de litígios, instaurado por convenção das partes, normalmente com caráter ocasional, nos termos do qual estas confiam a árbitros, por si escolhidos ou nomeados nos termos da lei, a resolução de um ou mais litígios que existam ou possam vir a existir entre si. A arbitragem voluntária caracteriza-se pela existência de um elemento formal (a convenção arbitral), de um elemento material (a existência, presente ou futura, de um litígio) e por um elemento orgânico (os árbitros)" (ESQUÍVEL, José Luís. *Os contratos administrativos e a arbitragem*. Coimbra: Almedina, 2004. p. 116).

a contratos, incluindo a apreciação de atos administrativos relativos à sua execução, responsabilidade civil extracontratual, incluindo o direito de regresso e para lides relativas a atos administrativos que possam ser revogados sem fundamento na sua invalidade, nos termos da lei substantiva (art. 180). Referida norma dispôs sobre constituição e funcionamento dos tribunais arbitrais, competência para firmar compromisso arbitral e atribuição do Estado em autorizar a instalação de centros de arbitragem permanentes, para julgamento de determinados litígios.[150]

Vale destacar, ainda, que o Código de Processo nos Tribunais Administrativos vetou a utilização de arbitragem para lides que envolvam a responsabilidade civil por prejuízos decorrentes da função política, legislativa e jurisdicional (art. 185).

Uma peculiaridade do sistema lusitano, inexistente em nosso ordenamento, é a possibilidade de submissão de questões tributárias à arbitragem. Conforme preveem o art. 124 da Lei nº 3-B, de 28 de abril de 2010, e o Decreto-lei nº 10, de 20 de janeiro de 2011, os tribunais arbitrais em matéria tributária podem se pronunciar sobre:

> a) A declaração de ilegalidade de actos de liquidação de tributos, de autoliquidação, de retenção na fonte e de pagamento por conta;
> b) A declaração de ilegalidade de actos de determinação da matéria tributável, de actos de determinação da matéria coletável e de actos de fixação de valores patrimoniais;
> c) A apreciação de qualquer questão, de facto ou de direito, relativa ao projecto de decisão de liquidação, sempre que a lei não assegure a faculdade de deduzir a pretensão referida na alínea anterior.

Em matéria contratual, foco de estudo desta obra, o regime português se vale da distinção (abordada no primeiro capítulo) entre os contratos administrativos, que envolvam a execução de serviço público e o "Poder de Império" da Administração, e os liames obrigacionais de direito privado, nos quais os entes estatais permanecem em posição de igualdade com o particular. Conforme noticia Ana Perestrelo de Oliveira,

---

[150] Em Portugal, o Centro de Arbitragem Administrativa (CAAD) foi autorizado pelo Governo a promover a resolução de litígios em matéria administrativa e tributária. Em tema administrativo, a entidade atua em litígios sobre relações jurídico-administrativas em geral, emprego público e contratos da administração. Na esfera tributária, a entidade organiza todos os tribunais arbitrais tributários, aos quais se vincula a Autoridade Tributária e Aduaneira. Disponível em: www.caad.org.pt. Acesso em: 28 fev. 2017.

professora da Faculdade de Direito da Universidade de Lisboa, trata-se de distinção central no âmbito da arbitragem interna.[151]

Na França, a realidade encontrada é diametralmente oposta.

Em território gaulês, a arbitragem com participação de entes públicos foi tradicionalmente afastada pela legislação e jurisprudência. Em um panorama geral, a França se encontra no conjunto daqueles países em que a arbitragem com participação da Administração Pública é proibida como regra geral, podendo ser admitida em alguns casos específicos.

A previsão legislativa inicial acerca do tema é o art. 2.060 do *Code Civil*, que estabelecia um princípio geral de uso da arbitragem das pessoas coletivas públicas (*collectivités publiques et établissements publics*). No plano jurisprudencial, o Conselho de Estado francês adotou entendimento no sentido de fortalecimento de tal proibição. Segundo Eugênia Marolla, o pensamento que norteou essa corrente decisória pautava-se na ideia de que o Estado não poderia organizar uma justiça estatal e, ao mesmo tempo, deixar de utilizá-la em seus conflitos com argumento de sua inadequação ou ineficiência. Seria esse um comportamento contraditório.[152]

De acordo com a autora, uma posterior alteração na legislação flexibilizou esse entendimento:[153]

> Em 1975 foi incluída uma alínea neste artigo do Código Civil prevendo que "as categorias de estabelecimentos públicos de caráter industrial e comercial poderão ser autorizadas por decreto a celebrar compromisso". A partir de então, diversas categorias de estabelecimentos públicos de caráter industrial e comercial foram autorizados, por decreto, a firmar compromissos, como a SNCF (*Société Nationale des Chemins de Fer Français*), o correio (*La Poste*), France Télécom.

Com o passar dos anos, diversas leis foram promulgadas para afastar a proibição contida no Código Civil francês para determinados

---

[151] "Do ponto de vista objetivo, cumpre, portanto, distinguir: ou o *ente público atua como qualquer privado*, desprovido de poderes de *imperium* (*i.e.* pratica atos *jure gestionis*) – e, nesse caso, os litígios que ocorram são arbitráveis nos mesmos termos em que o são os litígios entre privados; ou o *ente público atua enquanto ente público*, praticando atos *jure imperii*, e, em tal hipótese, tem que existir lei especial a autorizar a arbitragem. Trata-se, de resto, de distinção a que já aludimos" (OLIVEIRA, Ana Perestrelo de. *Arbitragem de litígios com entes públicos*. 2. ed. Coimbra: Almedina, 2015. p. 36-37).

[152] MAROLLA, Eugênia Cristina Cleto. *Arbitragem e os contratos da Administração Pública*. Rio de Janeiro: Lumen Juris, 2016. p. 39.

[153] *Ibidem*, p. 40.

casos concretos, principalmente para grandes obras, projetos de infraestrutura e parcerias público-privadas.[154]

Após a exposição *supra*, pode-se perceber como Portugal e França, a despeito de possuírem estruturas conceituais semelhantes na origem das respectivas legislações de Direito Administrativo, adotaram compreensões diversas sobre a possibilidade de participação de entes estatais em arbitragem. Para o direito lusitano, a regra geral é a permissão do uso de tal método de solução de disputas para lides públicas, com vedação em algumas hipóteses específicas. Por sua vez, aos franceses, a premissa é a vedação do uso da arbitragem, a qual é admitida excepcionalmente por meio de lei.

Nessa toada, os portugueses promoveram a aproximação da arbitragem com a Administração Pública, principalmente por meio da autorização conferida ao Centro de Arbitragem Administrativa para gerir os procedimentos que envolvem o Estado. O regime francês, de maneira diversa, tratou a arbitragem como algo distante, excepcional e afastado de sua tradicional prática contenciosa administrativa.

2.1.3.2 Estados Unidos e Inglaterra

Nos Estados Unidos da América, a utilização de arbitragem para resolução de conflitos com a presença de entes estatais possui alguns limites e objeções, como demonstrado a seguir. Antes, contudo, cabe apresentar algumas ponderações em relação ao funcionamento da Administração Pública norte-americana.

O direito norte-americano estrutura sua Administração Pública em agências, que correspondem a qualquer autoridade governamental, com exclusão do Congresso e dos Tribunais, daí se falar que o direito administrativo de tal país é o direito administrativo das agências.[155] Tais entidades atuam como entes reguladores (*regulatory agency*) e não reguladores (*non regulatory agency*), seja na regulamentação econômica, de serviços públicos ou combate aos ilícitos concorrenciais.

As agências se fortaleceram a partir de 1933, quando o governo de Franklin D. Roosevelt transforma a postura do Estado na tentativa de superar a Grande Depressão que atingiu o sistema capitalista em 1929. Na contramão daquilo que era preconizado pelos precedentes da

---

[154] *Ibidem*, p. 41-42.

[155] DI PIETRO, Maria Sylvia Zanella. *Parcerias na Administração Pública*: concessão, permissão, franquia, terceirização, parceria público-privada e outras formas. 8. ed. São Paulo: Atlas, 2011. p. 181.

Suprema Corte à época,[156] tais entes se fortaleceram e provocaram uma releitura da doutrina do equilíbrio entre os Poderes.

No decorrer da história americana, ora as agências se fortaleceram, ora perderam espaço, a depender da configuração governamental e da ideologia política do momento. Contudo, sua função normativa, regulatória e julgadora tende a exercer influência sobre a aceitação do uso da arbitragem em litígios estatais nos Estados Unidos, conforme será defendido a seguir.

Em âmbito federal, o primeiro instrumento normativo a regulamentar a arbitragem de forma ampla foi o *Federal Arbitration Act* de 1925, que possibilitou às partes a submissão de litígios comerciais e marítimos à referida forma de solução de disputas.[157]

No território norte-americano, cabe destacar, os entes federados possuem autonomia para legislar sobre contratos e arbitrabilidade dos litígios deles decorrentes. Dessa forma, a potencialidade de conflitos entre legislações estaduais seria grande, razão pela qual foi necessário um posicionamento jurisprudencial sobre o tema.

Até 1967, a maioria dos tribunais norte-americanos sustentava que, se uma parte levantou uma defesa fundamentada em lei estadual que tornaria o liame obrigacional entre as partes nulo, a questão deveria ser decidida pelo Poder Judiciário, a despeito da existência de cláusula arbitral no contrato. Esses tribunais argumentavam que, se o contrato for inválido, a cláusula compromissória nele contida também será inválida. No precedente *Prima Paint Corp. v. Flood & Conklin Mfg. Co.*, a Suprema Corte norte-americana rejeitou essa tese e decidiu que as cláusulas compromissórias são autônomas em relação ao contrato. Assim, a mais alta corte compreendeu que as alegações de vícios em um contrato, como fraude, ilegalidades ou falta de consentimento, não anulam o dever de arbitrar. Em vez disso, tais alegações devem ser decididas pelo árbitro. Assim, somente se for demonstrado que há

---

[156] CARVALHO, Ricardo Lemos M. L. de. As agências de regulação norte-americanas e sua transposição para os países da *civil law*. In: DI PIETRO, Maria Sylvia Zanella. *Direito regulatório*: temas polêmicos. 2. ed. Belo Horizonte: Fórum, 2004. p. 380-392.

[157] "O Congresso promulgou a FAA, que era então chamada de Lei de Arbitragem dos Estados Unidos, em 1925. Como descrito em detalhes por Macneil, a Lei foi o produto de anos de elaboração e *lobby* por grupos empresariais e pela ABA [*American Bar Association*]. O Comitê de Comércio e Direito Comercial da ABA preparou o rascunho original do projeto de lei, e o Congresso o aprovou com apenas pequenas emendas" (DRAHOZAL, Christopher R. In Defense of Southland: Reexamining the legislative history of the Federal Arbitration Act. *Notre Dame Law Review*, v. 78, p. 101-170, 2002).

CAPÍTULO 2
ARBITRAGEM NOS CONTRATOS DA ADMINISTRAÇÃO PÚBLICA | 103

uma nulidade na própria cláusula compromissória um tribunal estatal poderá acolher a recusa das partes em submeter o litígio à arbitragem.[158]

Considerando exclusivamente a regulamentação federal norte--americana, a autorização para que o governo federal possa submeter conflitos à arbitragem foi dada com o advento do *Administrative Dispute Resolution Act* (ADRA), de 1996.[159]

Referido instrumento normativo estabeleceu diversos requisitos para submissão de conflitos do governo federal norte-americano à arbitragem, a serem corporificados em diretrizes expedidas pela agência governamental interessada. Conforme nos explica Carlos Alberto de Salles:[160]

Essas diretrizes devem ser elaboradas com a participação do *Attorney General* e devem afastar a utilização da arbitragem naqueles casos nos quais o ADRA não recomenda, também, a utilização dos outros procedimentos nele previstos por razões relacionadas, sobretudo, à adequação, em tese, dos mecanismos regulados por esse diploma legal. É o que ocorre nas situações em que (a.) seja conveniente levar o caso à produção de um precedente dependendo, portanto, da produção de uma decisão judicial ou administrativa pelo *Board os Appeal*; (b.) a questão envolva política de governo; (c.) haja risco de criar disparidades em relação à decisão de outros casos individuais; (d.) afete significativamente pessoas ou organizações que não façam parte do procedimento; (e.) seja necessário produzir e conservar uma completa documentação pública acerca da matéria tratada, impossível de ser reunida fora dos procedimentos administrativos ou judiciais convencionais; ou (f.) seja recomendável a decisão, no âmbito administrativo, para manter a autoridade do órgão público envolvido.

Como pode ser notado, o uso da arbitragem pelo governo federal norte-americano é bastante restrito e possui diversas condicionantes

---

[158] STONE, Katherine Van Welzel. Rustic Justice: community and coercion under the Federal Arbitration Act. *North Carolina Law Review*, v. 77, p. 931-1036, 1999.

[159] "A ADRA convidou todas as agências federais a 'adotar uma política que aborde o uso de meios alternativos de resolução de disputas e gerenciamento de casos'. A Lei funcionava como um endosso do Congresso de qualquer procedimento que substituísse as formas tradicionais de resolução adjudicatória de controvérsias. Mais especificamente, a Lei incentivava as agências federais a usar a ADR, fornecendo uma base estatutária para a confidencialidade e a arbitragem vinculativa, autorizando o uso da ADR em disputas decorrentes da Lei de Disputas Contratuais, Disponibilidade de terceiros neutros e fornecendo diretrizes sobre hipóteses em que as agências não devem usar o ADR" (SEIBEL, David. To Enhance the Operation of Government: Reauthorizing the Administrative Dispute Resolution Act. *Harvard Negotiation Law Review*, v. 1, p. 239-246, 1996).

[160] SALLES, Carlos Alberto de. *Arbitragem em contratos administrativos*, p. 162.

positivadas no regulamento de 1996. A baixa utilização dessa forma heterocompositiva de resolução de disputas costuma ser atribuída à qualidade do Poder Judiciário, que tornaria desnecessário o uso de um instrumento privado que implica em diversos custos às partes.[161] Contudo, cabe apresentar uma contribuição adicional a esse ponto de vista.

De fato, o governo estadunidense tende a se sentir pouco atraído a utilizar a arbitragem na resolução de suas contendas em razão de uma relação custo-benefício, comparando-se um instrumento privado de custos elevados com o Poder Judiciário, que atende às expectativas das partes por um adequado julgamento. Todavia, a própria estrutura orgânica de suas agências e o seu controle judicial podem apresentar uma explicação complementar para esse fenômeno.

A jurisprudência norte-americana, ao menos desde 1984, assimila a tese da não intervenção judicial em relação às decisões tomadas pelas agências. No célebre precedente *Chevron U.S.A. Inc. vs. Natural Resources Defense Council Inc.* (467 U.S. 837 – 1984), a Suprema Corte decidiu pela competência das autoridades administrativas na interpretação da legislação por elas regulamentada. O caso se referia à compreensão dada pela Agência de Proteção Ambiental a uma das emendas do *Clean Air Act* de 1977, de sorte que a mais alta corte dos Estados Unidos apresentou um teste bifásico que passou a guiar, a partir de então, a intensidade do controle sobre interpretações legislativas pelas autoridades administrativas.[162]

O precedente em questão foi posteriormente complementado pelo julgado *United States vs. Mead Corporation* (533 U.S. 218 – 2001), no qual a Suprema Corte americana estabeleceu uma etapa preliminar

---

[161] *Ibidem*, p. 168.

[162] "De acordo com esse teste, os tribunais deveriam, num primeiro passo, identificar se a legislação oferecia uma resposta clara à questão específica trazida a juízo e objeto da interpretação administrativa. Se o legislador tivesse provido esta resposta clara, então, o caso estaria resolvido: bastaria aos tribunais aplicar a solução, porque ela seria a única solução cabível no caso concreto. Se a decisão administrativa sob controle houvesse adotado esta solução, ela seria *correta*, e deveria ser mantida; caso contrário a decisão administrativa deveria ser anulada. O segundo passo o teste de *Chevron* tem lugar precisamente nos casos em que o legislador não resolveu claramente a específica questão trazida a juízo. Dito de outro modo: deve o juiz do caso concreto passar ao segundo passo do teste *Chevron* na hipótese em que a legislação for ambígua sobre determinada questão. Nestas hipóteses não cabe aos tribunais interpretar diretamente a ambiguidade legislativa, adotando a solução que lhes parecer mais adequada. Ao invés disto, devem apenas julgar se a solução adotada pela autoridade administrativa é *permissível (razoável)*" (JORDÃO, Eduardo. *Controle judicial de uma Administração Pública complexa*: a experiência estrangeira da adaptação da intensidade do controle. São Paulo: Malheiros, 2016. p. 203).

ao teste *Chevron*, no qual caberia verificar se existiria uma delegação legislativa de poderes normativos explícitos.[163]

Como pode ser notado, a jurisprudência da Suprema Corte americana sedimentou balizas para que o controle judicial sobre a atuação administrativa respeite a competência regulatória e técnica dos órgãos legalmente constituídos.[164] Esse equilíbrio (que demorou alguns anos para ser construído) poderia, em tese, ser abalado a partir do momento em que tribunais arbitrais privados pudessem decidir lides que envolvessem agências e o setor privado.[165]

Em sentido totalmente diferente, a Inglaterra possui uma maior tendência em aceitar a solução de conflitos estatais por arbitragem.

Em território inglês, a utilização da arbitragem por entes governamentais é bastante aceita, dado que os liames obrigacionais contraídos pelo Estado estão sujeitos às mesmas condições dos contratos comuns entre privados.

Conforme aponta Eugênia Marolla:[166]

> Ocorre que, no direito inglês (*common law*), nascedouro das PFI, não existe distinção entre contrato de direito público e privado.
> A Administração Pública inglesa, quando contrata, age como o particular, aplicando-se à avença o regime de direito comum. Como adverte Philippe Cossalter, esse regime jurídico comum é regido por outras duas regras básicas: a liberdade de contratar e a inviolabilidade do contrato (*freedom of contract* e *sanctity of contract*). A inviolabilidade do contrato, no direito inglês, impõe que todas as circunstâncias aptas a alterar as condições de execução do contrato sejam por ele previstas, não importando o tempo de sua duração, nem a qualidade particular da Administração Pública.

Em 1996, a Inglaterra promulgou o *Arbitration Act*, para regulamentação do instituto em seu território, cujo conteúdo foi inspirado

---

[163] JORDÃO, Eduardo. *Controle judicial de uma Administração Pública complexa*, p. 206.

[164] Essa jurisprudência pode ser abalada com a recente nomeação do juiz Neil Gorsuch (feita pelo Presidente Donald Trump) para composição da Suprema Corte, dado que tal magistrado sempre se posicionou contra o teste *Chevron*.

[165] Obviamente, a arbitragem com participação estatal não se limita às questões em torno da regulamentação promovida pelas agências. Trata-se apenas de um exemplo a demonstrar como determinados arranjos institucionais podem ter contribuído para a baixa utilização da arbitragem em conflitos com a Administração Pública nos Estados Unidos.

[166] MAROLLA, Eugênia Cristina Cleto. *Concessões de serviço público*: a equação econômico-financeira dos contratos. São Paulo: Verbatim, 2011. p. 130.

na Lei Modelo da Uncitral, ao dispor sobre os atos procedimentais, os custos e os direitos das partes.[167]

Em conclusão, Estados Unidos e Inglaterra são países da tradição do *common law*, nos quais a Administração Púbica não possui, em geral, as estruturas hierárquicas típicas do Direito Administrativo de matriz francesa (cláusulas contratuais exorbitantes, por exemplo), mas que apresenta características diferentes no que diz respeito ao uso da arbitragem por entes estatais. Ao passo que a equiparação do ente público ao privado em relações contratuais na Inglaterra pode ter impulsionado o uso do método privado de solução de controvérsias; nos Estados Unidos, os custos da arbitragem, aliados ao adequado funcionamento do Poder Judiciário (inclusive quanto à sua deferência em relação às decisões das autoridades administrativas), podem ter tornado pouco necessária a utilização de tal instituto.

2.1.3.3 Países latino-americanos

A ideia de explorar alguns países latino-americanos se justifica pelas semelhanças socioeconômicas de algumas de suas nações em relação ao Brasil, as quais podem influenciar na escolha pela arbitragem em contratos públicos.[168]

Na maior parte do território latino-americano em desenvolvimento, o fomento pelo uso da cláusula compromissória decorre da necessidade de atrair investimentos estrangeiros para impulsionar o desenvolvimento nacional, da baixa experiência dos magistrados

---

[167] "O *Arbitration Act* de 1996 é inspirado na Lei Modelo da Uncitral, com certa flexibilidade. A legislação inglesa regulamenta mais facetas da arbitragem do que a Lei Modelo, refletindo sua sequência procedimental. O Relatório do *Arbitration Act* de 1996 revela que a legislação inglesa é percebida como efetiva. Nenhuma mudança foi recomendada" (ANDREWS, Neil. Arbitration and Mediation in England. *Revista de Processo*, São Paulo, n. 175, p. 107-129, set. 2009).

[168] Sobre o início do processo de privatização nos países latino-americanos, vale destacar a seguinte colocação: "A privatização para a América Latina representou uma mudança fundamental na atitude, na propriedade e na política econômica. De um ponto de vista histórico, o processo de privatização representa um desvio significativo do nacionalismo e da expropriação que se seguiram aos primeiros investimentos dos EUA na região. Se essas mudanças resultaram unicamente do desejo de reduzir a dívida do país e de uma necessidade de capital, ou se o desejo de privatizar também resultou da crença fundamental de que o governo não era capaz de administrar esses negócios tão eficientemente quanto o setor privado não é claro. Por outro lado, é difícil concluir que a proximidade dos Estados Unidos e o sucesso comparativo da indústria privada na América do Norte na prestação de serviços básicos, tais como geração e distribuição de telefone e eletricidade em um ambiente competitivo, não afetaram a decisão de embarcar no Processo de privatização" (GIZANG, Michael; PACHECO, Mercedes M. Privatisation in Latin America. *International Business Lawyer*, v. 24, n. 6, p. 266-270, jun. 1996).

locais no julgamento de temas complexos na área de infraestrutura e da estrutura insuficiente do Poder Judiciário para promover o adequado andamento dos processos.

Conforme aponta o estudo do professor da Universidade de Bogotá José Luis Benavides, em parceria com Tarcila Reis,[169] os países latino-americanos podem ser enquadrados em três categorias: i) aqueles que introduziram em suas Constituições a expressa possibilidade de o Estado se submeter à arbitragem;[170] ii) países que constitucionalizaram a mera autorização de utilização da arbitragem de forma ampla;[171] e iii) nações que não estabeleceram qualquer previsão constitucional sobre tal método de solução de disputas.[172]

Nesse conjunto de países, pode-se afirmar que aquele que mais se desenvolveu na prática da arbitragem é o Peru, que previu a possibilidade de utilização do instituto com entes estatais em sua Constituição de 1993 e no art. 53 de sua Lei de Procedimentos Administrativos (para arbitragens internacionais e domésticas). Em território peruano, a utilização de referido método de solução de disputas em contratos públicos é a regra, conforme aponta o estudo supramencionado, de tal sorte a se afirmar que no Peru "é proibido proibir a arbitragem".[173]

Igualmente, no Chile, a utilização da arbitragem é corriqueira nos contratos estatais. Nesse país existe a permissão expressa para que o Estado se submeta aos métodos diferenciados de solução de disputas desde 1978, consubstanciada no Decreto nº 2.349. Para os contratos de concessão de obras públicas, a autorização de utilização do instituto existe desde 1993.

Conforme aponta estudo de Selma Lemes sobre arbitragem nos contratos de concessão de obras públicas chilenos:[174]

> Com efeito, verifica-se que os contratos de concessão de obras públicas têm escopo financeiro e de gestão administrativa, preponderantemente. Neste sentido, a previsão legal de solução de controvérsias elegendo primeiramente a conciliação e, posteriormente, a arbitragem integram o

---

[169] BENAVIDES, José Luis; REIS, Tarcila. International Arbitration and Public Contracts in Latin America. *Public Contracts and International Arbitration*. Paris: Bruyant, 2011. p. 59.

[170] Panamá e Peru.

[171] Colômbia, Equador, El Salvador, Honduras, Paraguai, Uruguai e Venezuela.

[172] Argentina, Bolívia, Brasil, Chile, Costa Rica, Guatemala, México, Nicarágua e República Dominicana.

[173] BENAVIDES, José Luis; REIS, Tarcila. International Arbitration and Public Contracts in Latin America, p. 56.

[174] LEMES, Selma. *Arbitragem na Administração Pública*, p. 270.

contexto contratual e seguem a mesma classificação. Portanto, a opção em regulá-la no contrato é também uma decisão financeira.

Recentemente, no ano de 2010, foi promulgada a Lei nº 20.410, que consolidou o sistema de solução de controvérsias por arbitragem no Chile, prevendo, igualmente, a utilização de *dispute boards*.[175]

Na Argentina, a situação é semelhante, pois, em geral, se aceita a possibilidade de submissão da Administração Pública à arbitragem, exceto quanto às questões de império, soberania e poder de polícia. No que diz respeito ao direito positivo, o regime geral de contratações públicas abre a possibilidade de utilização do instituto por meio da legislação sobre obras públicas (Lei nº 13.064/1947) e do Decreto sobre Participação Privada no Desenvolvimento de Infraestruturas (Decreto nº 1.299/2000).

Conforme aponta um dos principais administrativistas argentino, o ordenamento daquela nação adota a dicotomia (explicitada no primeiro capítulo) entre os contratos celebrados pela administração com conteúdo de direito privado e aqueles com conteúdo de direito público,[176] o que, em muitos casos, é utilizado como parâmetro para se verificar a arbitrabilidade objetiva de determinado conflito estatal.

Nas palavras de Ricardo Medina Salla:[177]

> Nota-se, pelas descrições dos autores argentinos, que os contratos celebrados pela Administração podem ter tanto conteúdo de direito privado quanto administrativo, embora, sem dúvida, sejam sempre dotados de viés público, já que, entre outras razões, têm entre os signatários um ente da Administração.
>
> Considerando-se que o Direito argentino confere à Administração Pública o poder de se valer da arbitragem para dirimir pendências, isto

---

[175] Instância administrativa consensual prévia ao método heterocompositivo.

[176] "Em uma segunda forma tradicional de ver a questão se distingue, dentro do total dos contratos celebrados pela administração, os contratos regidos pelo direito privado e os contratos administrativos. É claro que esta distinção se aproxima de outras: ato civil e ato administrativo, domínio público e privado etc., como explicamos no cap. VIII deste primeiro volume. Uma primeira diferença em relação ao critério anterior é que este pressupõe que realmente existe o contrato puramente civil do Estado. O critério usado para verificar tal distinção é variado, conforme os autores e os países analisados. Nesta análise há uma série de ideias implícitas no sentido de que o contrato civil é o normal e o contrato administrativo é excepcional, sobretudo porque uma vez identificado o segundo como tal, será submetido às regras especiais de direito administrativo, em detrimento ao direito comum" (GORDILLO, Augustín. *Tratado de derecho administrativo*. 7. ed. Belo Horizonte: Del Rey, 2003. t. 1, p. XI-10).

[177] SALLA, Ricardo Medina. *Arbitragem e Administração Pública*: Brasil, Argentina, Paraguai e Uruguai. São Paulo: Quartier Latin, 2015. p. 91, 92 e 94.

é, disputas provenientes de contratações públicas podem dotar-se de arbitrabilidade subjetiva, deve-se verificar em que hipóteses facultam-se a entes governamentais celebrar convenções arbitrais. Para tanto, é importante avaliar alguns dos principais tipos de contratos administrativos presentes no ordenamento argentino e seus respectivos regimes legais. (...)

Levando em consideração as características dos contratos de obras públicas acima delineadas, especialmente, à luz da regulamentação argentina sobre a disponibilidade e transigibilidade de matérias envolvendo bens públicos, não enxergamos, *a priori*, motivos que nos façam pender para a inarbitrabilidade de disputas provenientes desse tipo contratual. (...)

Note-se que, neste caso, os contratos administrativos celebrados sob a égide do Decreto 1.299/00 poderão gerar disputas arbitráveis subjetivamente, pois a norma outorga, de forma literal, a competência para os Poderes Executivos contratantes de convencionar pacto arbitral e, igualmente, poderão gerar disputas arbitráveis objetivamente, pois o texto legal informa que questões de ordem patrimonial ou técnicas ou contratuais são passíveis de julgamento por arbitragem.

O que se percebe, em geral nos países latino-americanos, é a existência de um direito administrativo semelhante ao brasileiro, influenciado pela matriz europeia, no qual a utilização de instrumentos diferenciados para solução de disputas contratuais não é dado natural, mas uma decorrência do contexto político e econômico de reforma do Estado, por meio do qual as nações precisaram adaptar seus arranjos institucionais para atrair investimentos aptos à construção de infraestruturas públicas, associado a vicissitudes estruturais no Poder Judiciário local. Como exposto, em alguns casos, as necessárias modificações jurídicas ocorreram por reforma constitucional, em outros, mediante alterações infraconstitucionais ou até mesmo pelo ativismo jurisprudencial.[178] Não por acaso, grande parte dessas alterações

---

[178] "Em alguns casos, o recurso à arbitragem é baseado em outros instrumentos legislativos sobre o instituto, que contém previsão de possibilidade de solução de conflitos surgidos nos contratos públicos. Em outros casos, a despeito da falta de uma previsão constitucional específica, algumas normas estabelecem explicitamente a possibilidade de solução de controvérsias nos contratos públicos por arbitragem. Por exemplo, a partir de uma revisão de 28 de maio de 2009, a Lei Mexicana que regulamenta contratos públicos estabeleceu a possibilidade de solução por arbitragem de conflitos sobre interpretação de cláusulas e implementação dos contratos públicos. Da mesma forma, Costa Rica alterou a Lei de Procedimento Administrativo, para que as controvérsias de contratos públicos possam ser resolvidas por arbitragem. De maneira semelhante, em 2004 o governo Boliviano promulgou o Decreto Supremo n. 2.738 que consentiu com o uso de arbitragem para resolver conflitos relativos à execução de contratos públicos (...) Na Venezuela, a Constituição afirma que

normativas e interpretativas ocorreu nos anos 90 do século XX, período de abertura econômica no pós-Guerra Fria e intensificação da globalização econômica.[179]

2.2 A arbitragem como instrumento adequado para resolução de determinadas disputas contratuais da Administração Pública

A afirmação de que a arbitragem pode ser um instrumento adequado para a solução de determinadas disputas contratuais da Administração Pública é frequentemente encontrada em diversos *papers* e teses sobre Direito Administrativo e Arbitragem.[180] Contudo, ainda são escassos os estudos que buscam comprovar essa assertiva ou apresentar algum parâmetro adequado para o uso de referido instrumento de solução de disputas nas contratações públicas.[181] Ao

---

o Estado fomentará o uso de métodos alternativos de solução de disputas. Contudo, seu artigo 151 impõe a imunidade de jurisdição para os contratos de interesse público e a Lei de Arbitragem Comercial estabelece que controvérsias diretamente relacionadas com entidades públicas não podem ser submetidas à arbitragem. Contudo, a Suprema Corte venezuelana flexibilizou esse entendimento em 2008, permitindo a utilização da arbitragem em alguns casos" (BENAVIDES, José Luis; REIS, Tarcila. International Arbitration and Public Contracts in Latin America, p. 62).

[179] Em recente estudo empírico internacional, dois pesquisadores destacam o incremento do uso da arbitragem na América Latina nos seguintes termos: "A última década tem sido transcendental para o desenvolvimento da arbitragem na América Latina, como demonstram as conclusões do presente capítulo. A aceitação que a arbitragem tem hoje na América Latina de maneira geral e, em especial, a participação ativa que têm os Estados e entidades públicas nos processos arbitrais, demonstram um reconhecimento da arbitragem como instituição jurídica e como mecanismo de apoio ao desenvolvimento econômico e manutenção das relações internacionais" (FERRIS, José Ricardo e MOURA, Ana Serra e. La participación de los Estados y entidades públicas latino-americanas en Arbitraje de La Cámara de Comercio Internacional: diez años de experiência. *In:* TANZI, Attila e outros. *Derecho Internacional de las Inversiones en América Latina.* Boston: Leiden, 2016. p. 571 e ss.).

[180] SUNDFELD, Carlos Ari; CÂMARA, Jacintho Arruda. O cabimento da arbitragem nos contratos administrativos. *Contratações públicas e seu controle.* São Paulo: Malheiros, 2013. p. 252 e ss. TAWIL, Guido Santiago; LIMA, Ignacio J. Minorini. El Estado y el arbitraje: primera aproximación. *Revista de Arbitragem e Mediação,* ano 4, n. 14, p. 108-109, jul.-set. 2007. WOLANIUK, Silvia de Lima Hist. *Arbitragem, Administração Pública e parcerias público-privadas:* uma análise sob a perspectiva do direito administrativo econômico. 2009. Dissertação de Mestrado. Universidade Federal do Paraná, 2009, *passim.*

[181] Na contramão dessa crítica, o estudo de Gustavo Justino de Oliveira foi pioneiro, por explicitar as vantagens do uso da arbitragem nos contratos de PPP, especialmente no contexto da nova contratualização administrativa, em que os contratantes estão em um relacionamento que se aproxima da paridade. O artigo "A arbitragem e as parcerias público-privadas" foi publicado inicialmente em 2005 e reeditado em 2011, com inclusão de atualizações doutrinárias ocorridas ao longo dos anos. Na compreensão defendida pelo autor: "As PPPs encaixam-se nesta nova fase da contratualização administrativa, e o novel arsenal

que parece, trata-se de um "lugar comum", repetido à exaustão, mas pouco explorado em profundidade.

Os tópicos a seguir buscarão cotejar potenciais vantagens e desvantagens na utilização da arbitragem nos contratos com a Administração Pública, na perspectiva teórica, a qual será posteriormente aplicada no estudo empírico a ser apresentado no derradeiro capítulo da obra.

2.2.1 Potenciais vantagens na utilização da arbitragem pela Administração Pública

Os especialistas que se debruçam sobre o tema das vantagens da utilização da arbitragem, para a sociedade em geral ou para a Administração Pública, costumam desenvolver o argumento a partir de três vertentes de análise: i) maior especialização dos árbitros, em comparação aos magistrados que possuem uma formação mais ampla e generalista; ii) menor tempo para resolução do litígio, dado que o Poder Judiciário em geral padece das vicissitudes decorrentes da litigância de massa; e iii) menores custos ou maior eficiência econômica, dado que uma solução mais rápida, tomada por especialistas, tende a reduzir custos com a manutenção de um processo e contribui com a execução contratual.

Dessa forma, passa-se à análise de cada um desses itens.

A possibilidade de escolha do julgador que decidirá o conflito é uma das principais vantagens da arbitragem. Para litígios estatais que envolvam discussões complexas, é interessante designar um especialista, que tenha formação na área de conhecimento objeto do litígio, de modo que a escolha pode recair inclusive em profissional que não tenha formação jurídica, como um engenheiro ou economista.

Nas palavras de Paulo Osternack Amaral:[182]

> A possibilidade de as partes escolherem o profissional que julgará a causa traduz-se em duas vantagens marcantes da arbitragem em relação ao processo estatal.

---

legislativo a elas correspondente deve refletir o desenvolvimento da atividade negocial administrativa, com a admissão do juízo arbitral para a solução dos litígios relacionados à relação jurídica instaurada entre o parceiro público e o parceiro privado" (OLIVEIRA, Gustavo Justino de. A arbitragem e as parcerias público-privadas. *In:* SUNDFELD, Carlos Ari. *Parcerias Público-Privadas.* 2. ed. São Paulo: Malheiros, 2011. p. 598-640).

[182] AMARAL, Paulo Osternack. Vantagens e desvantagens da arbitragem. *Informativo Justen, Pereira, Oliveira e Talamini,* Curitiba, n. 19, set. 2009. Disponível em: http://www.justen.com. br//informativo.php?&informativo=19&artigo=827&l=pt#. Acesso em: 2 abr. 2017.

A primeira consiste na segurança em relação ao julgamento. Ao contrário do que ocorre nos litígios submetidos ao Poder Judiciário, em que a demanda é apreciada, de regra, por pessoa completamente desconhecida das partes, na arbitragem elas mesmas nomeiam como árbitro uma pessoa de sua confiança. Logo, é até intuitivo que os litigantes sintam-se mais seguros e confiantes quanto à imparcialidade e a independência do julgador na arbitragem.

A segunda vantagem diz respeito à tecnicidade dos julgamentos. Como a tendência é que sejam escolhidos árbitros com conhecimento especializado na matéria objeto do litígio, nada mais natural do que se esperar uma decisão tecnicamente mais adequada, mais precisa do que a que seria prolatada no Judiciário. Por exemplo, em demanda versando sobre a qualidade da fundação de um edifício, as partes podem nomear como árbitros engenheiros com profundo conhecimento em edificações, os quais terão aptidão para aferir se a fundação foi adequadamente realizada ou não.

Quanto ao tempo para solução do litígio, em geral, será menor se comparado ao processo judicial estatal. Isso porque a arbitragem não está sujeita aos inúmeros instrumentos recursais previstos no Código de Processo Civil, tampouco aos diversos problemas de organização judiciária e à litigância de massa que assola o Poder Judiciário brasileiro.

É de conhecimento geral que o tempo para julgamento dos processos estatais, em muitos casos, está atrelado ao elevado contingente de trabalho nos cartórios judiciais e à sua falta de estrutura e organização, o que pode criar, inclusive, um cenário pouco atrativo para que se deposite confiança no Poder Judiciário brasileiro para julgamento de uma questão complexa, decorrente de um contrato de infraestrutura.[183] Segundo apontado por recente estudo, o nível de confiança da população no Poder Judiciário é baixo, ficando atrás das Forças Armadas, da Igreja Católica, das grandes empresas, da imprensa escrita e das emissoras de televisão. Segundo tal pesquisa, o Poder Judiciário é apenas mais confiável que o Congresso Nacional e os partidos políticos.[184]

---

[183] Para uma abordagem dessa situação, recomenda-se a leitura de SILVA, Paulo Eduardo Alves; SCHRITZMEYER, Ana Lúcia Pastore; FRANÇA, Alba Cantanhede; HERBETTA, Alexandre Ferraz. Uma etnografia dos cartórios judiciais: estudo de caso em cartórios judiciais no Estado de São Paulo. *Cadernos Direito GV*: relatório de pesquisa n. 24, v. 5, n. 4, jun. 2008.

[184] GODOY, Luciano de Souza. Arbitragem nas lides de relações público-privadas. *In:* COUTINHO, Diogo et al. (Coord.). *Direito econômico atual.* São Paulo: Método, 2015. p. 121-137.

Referidos problemas estruturais não costumam estar presentes no procedimento arbitral, o que reforça essa qualidade do instituto.

Aliado a essa vantagem, para as arbitragens institucionais, os regulamentos das câmaras especializadas costumam definir um tempo máximo para a prolação da sentença, o qual pode ser prorrogado em casos especiais.[185]

Em contrapartida, alguns procedimentos podem levar mais tempo para julgamento, por circunstâncias que serão exploradas no item a seguir.

No que diz respeito aos custos e à eficiência econômica da arbitragem em relação ao Poder Judiciário, o estudo realizado por Selma Lemes (a partir de caso hipotético) aponta que os dispêndios do procedimento arbitral são menores para o contratado privado, em comparação com as despesas do processo estatal, o que poderia gerar um reflexo no preço ofertado ao Estado no procedimento licitatório.[186]

Em sentido diverso, Paulo Osternack Amaral aponta que os custos em torno do processo arbitral são muito superiores ao processo judicial.[187]

---

[185] Para as arbitragens regidas pelo Regulamento da Câmara de Comércio Internacional de Paris, o prazo para prolação da sentença final é de seis meses, a partir da assinatura da Ata de Missão (art. 30, com possibilidade de prorrogação, mediante pedido justificado). Dentre as câmaras nacionais, o Regulamento da Câmara de Comércio Brasil-Canadá e da Câmara de Arbitragem Empresarial Brasil prevê o prazo de 60 dias para prolação da sentença, a partir do recebimento das alegações finais (art. 10 para ambos os casos).

[186] LEMES, Selma. *Arbitragem na Administração Pública*, p. 176. Cabe mencionar que o exemplo hipotético exposto em tal obra não parece apto a se generalizar para todos os casos. Isso porque a autora escolheu algumas premissas que, invariavelmente, reduziriam os custos da arbitragem em relação ao processo estatal ou tenderiam naturalmente a uma maior eficiência do instrumento privado de solução de disputas. Assim, a autora parte da premissa de que a Administração Pública está equivocada na gestão contratual e o pleito da contratada é procedente, assim, o elemento tempo é analisado apenas como o diferimento de algo que é devido e está provocando uma descapitalização da companhia privada. Além disso, previu-se um litígio com árbitro único, com formação técnica que dispensaria o uso de peritos, o que reduz os custos da arbitragem, mas é pouco comum na prática brasileira. Nessa toada, o exemplo hipotético ainda se valeu de uma câmara arbitral nacional, com taxas em moeda local. Quanto à parte pública no procedimento, utilizou-se como exemplo uma sociedade de economia mista, que necessita adimplir suas custas de forma adiantada perante o Poder Judiciário e não se sujeita ao sistema de pagamentos por precatório. Com o devido respeito à ilustre jurista, quer parecer que seu exemplo foi escolhido de forma a corroborar suas convicções. Se o caso versasse sobre a Administração Pública Direta, valendo-se de uma câmara arbitral internacional, com tribunal composto por três juristas, trabalhando com auxílio de peritos técnicos, o resultado poderia ser diferente. Para uma análise mais detalhada, vide item 3.3.2.

[187] AMARAL, Paulo Osternack. Vantagens, desvantagens e peculiaridades envolvendo a arbitragem com o Poder Público. *In:* TALAMINI, Eduardo; PEREIRA, César Augusto Guimarães (Coord.). *Arbitragem e Poder Público*. São Paulo: Saraiva, 2010. p. 341.

Todavia, esse debate não se resume aos dispêndios financeiros com a condução dos procedimentos, mas também se atrela à eficiência econômica na condução da gestão contratual. Nessa toada, os autores que estudam os incentivos econômicos dos métodos de solução de disputas contratuais destacam duas principais razões para a adoção de cláusula arbitral nos contratos. Tais estudiosos afirmam que a arbitragem poderá reduzir os custos de transação relacionados à prestação jurisdicional e que sua utilização fomenta um sistema de incentivos à execução dos contratos.[188] Essa qualidade da arbitragem será explorada em detalhes no próximo capítulo.

Em complementação aos aspectos supramencionados, a utilização da arbitragem em contratos administrativos costuma apresentar uma vantagem adicional: a possibilidade de atração do investidor estrangeiro.

Em depoimento colhido para este estudo, a consultora do *Internacional Finance Corporation* (IFC) – *Entrevistada E –*, organismo vinculado ao Banco Mundial, ao ser questionada sobre possíveis fatores que são levados em consideração pelo investidor estrangeiro, para solicitação da introdução da cláusula arbitral nos contratos (Custos, maior qualidade da decisão, menor tempo para julgamento do conflito), pontuou:

> Eu diria que há dois blocos de razões pelas quais o investidor estrangeiro quer arbitragem. O primeiro é o conjunto dessas coisas que você falou: custos, qualidade, possibilidade de contratar os advogados que ele já conhece para atuar no caso, e o segundo é o desconhecimento institucional e técnico do que acontece no Brasil. O investidor estrangeiro que muda de país conforme a atratividade do projeto, por mais experimentado que ele seja, não vai ter o mesmo grau de conhecimento do diálogo local que um investidor brasileiro, de modo que ele se sente mais à vontade para transitar em um ambiente institucional internacionalizado.

O depoimento em questão nos revela uma tendência do uso da arbitragem por uma justificativa que transcende a racionalidade de custos e eficiência do processo e se relaciona mais ao conforto gerado por uma escolha conhecida do investidor, como um instrumento redutor de riscos e incertezas. A entrevistada em questão relatou desconhecer estudos do IFC que demonstrem as vantagens concretas decorrentes do uso da arbitragem em contratos públicos, mas enfatizou que, ainda

---

[188] SHAVELL, Steven. Alternative Dispute Resolution: an economic analysis. *Journal of legal Studies*, v. XXIV, jan. 1995. Disponível em: http://www.jstor.org/discover/10.2307/724588?uid=2129&uid= 2134&uid=2484377407&uid=2484377397&uid=2&uid=70&uid=3&uid=60&sid=21104774630617. Acesso em: 9 maio 2016.

2.2.2 Desafios no uso da arbitragem pela Administração Pública

que tal instrumento de resolução de disputas apresente algumas desvantagens, esses são problemas conhecidos e considerados, ao passo que a opção pelo Poder Judiciário estatal abriria as portas para vicissitudes desconhecidas ao investidor estrangeiro.

2.2.2 Desafios no uso da arbitragem pela Administração Pública

No que concerne à avaliação de potenciais desvantagens no uso da arbitragem, a produção acadêmica é mais escassa. Em razão disso, parte do que será descrito a seguir decorre da experiência pessoal do autor e de relatos apresentados por profissionais do ramo. Espera-se que as reflexões a seguir relatadas possam contribuir para o aprimoramento do tema.

A função de árbitro é aberta a qualquer pessoa que tenha capacidade e confiança das partes.[189] Contudo, a prática arbitral brasileira atual está restrita a um número pequeno de profissionais, os quais se especializaram no tema e costumam fazer parte das listas de árbitros divulgadas pelas câmaras nacionais de primeira linha. Tais pessoas, em geral, são juristas, que atuam como árbitros, professores universitários e advogados. Há relatos de árbitros que participam da composição de até 30 tribunais concomitantemente.[190] Em muitos casos, a intensa atividade desses agentes pode prejudicar a qualidade dos trabalhos desenvolvidos.

Com o objetivo de mitigar esse problema, muitos tribunais arbitrais acabam por atribuir ao seu secretariado[191] funções que extra-

---

[189] As poucas tentativas em regulamentar a atividade das instituições de arbitragem e da função de árbitro foram consideradas, com acerto, inconstitucionais. Conforme parecer publicado por ocasião de proposta legislativa para regulamentação dessa natureza: "O fim almejado pela medida em questão é o de controle e fiscalização das entidades de arbitragem. Ainda que se dê por adequada a medida, certo que não passa pela etapa da necessidade (ou exigibilidade). Isso porque, a toda evidência, a medida restringe excessivamente o princípio da liberdade de exercício profissional e o da livre-iniciativa no que concerne à arbitragem. É dizer: existem meios menos agressivos à liberdade de exercício profissional e de iniciativa do que aquele vislumbrado pelo legislador estadual, capazes, igualmente, de conduzir ao fim almejado de controle e fiscalização" (BINENBOJM, Gustavo; GAMA JR., Lauro. Projeto de Lei 3.011/2005. Conselho de Fiscalização e Disciplina da Arbitragem no Estado do Rio de Janeiro. Inconstitucionalidade. *Revista de Arbitragem e Mediação*, Revista dos Tribunais, 10, ano 3, p. 203-211, jul.-set. 2006).

[190] Cf. *Advogados enriquecem com os Tribunais de Arbitragem*. Disponível em: http://exame.abril.com.br/revista-exame/quanto-pior-melhor-para-eles/. Acesso em: 1º abr. 2017.

[191] Os secretários de tribunais arbitrais atuam como agentes que organizam o procedimento, participam de sua gestão e auxiliam na análise do caso e redação de ordens processuais. O Conselho Internacional para Arbitragem Comercial publicou um estudo denominado

polam os limites organizacionais e procedimentais pertinentes à função. Quando isso ocorre, quer parecer que a atividade do árbitro, mister personalíssimo, tende a se desvirtuar.

Alguns representantes de partes em arbitragem se queixam do tempo de duração do procedimento, atribuindo-o ao círculo pequeno de profissionais que exercem a função de julgar, bem como pelo excesso de atribuições assumidas por tais agentes.[192] Em certos casos, o que intensifica essa percepção é o advento do processo eletrônico perante o Poder Judiciário, que tornou o julgamento mais dinâmico nas instâncias estatais.[193] Sabe-se que o procedimento arbitral, em muitos casos, ainda se desenvolve mediante a troca de documentos impressos, sem a utilização de recursos de tecnologia da informação (quando muito, formaliza-se o envio de peças por e-mail).

Outro aspecto a ser considerado é a possibilidade de existência de conflitos de interesse nas arbitragens, considerando um cenário com (i) a pequena quantidade de profissionais que atuam como árbitros e (ii)

Guia do Young ICCA sobre Secretários Arbitrais, que busca apresentar um conjunto de recomendações e limites éticos para atuação de tais profissionais. Em tal estudo, a importância desses profissionais foi justificada da seguinte forma: "As razões para o uso do secretariado arbitral são inúmeras e em geral relacionadas entre si. Com o crescimento da popularidade da arbitragem internacional como mecanismo de solução de disputas, os casos tornaram-se em geral mais complexos e os valores em disputa cresceram. Os árbitros usualmente relatam o significativo número de medidas processuais (*e.g.* medidas cautelares, disputas sobre requisição de produção de documentos e pedidos de terceiros), os quais levam a mais argumentos processuais entre advogados, mais decisões processuais e cautelares e, por fim, nuances processuais. Ademais, as equipes de advogados cresceram e as alegações das partes são mais volumosas. Para lidar com esses desenvolvimentos, as partes frequentemente buscam árbitros mais requisitados e com experiência em lidar com maiores complexidades processuais e substantivas, levando a uma maior demanda nas agendas desses árbitros e os tirando dos escritórios por longos períodos. Por último, os árbitros reagiram ao aumento da complexidade e natureza adversarial das arbitragens modernas com a produção de sentenças mais detalhadas e endereçando toda potencial questão para proteger de potenciais questionamentos. Essa adicional complexidade e volume nas petições levaram os tribunais arbitrais a empregarem assistentes na forma de secretários do tribunal" (*Guia do Young ICCA sobre Secretários Arbitrais. Relatório do ICCA n. 1.* International Council for Commercial Arbitration. Tradução de Flavia Mange e outros, 2014, p. 1).

[192] Conforme o depoimento apresentado por um dos entrevistados na pesquisa empírica, ao ser questionado sobre sua insatisfação em relação ao tempo de duração dos procedimentos: "Sim. Pelo fato dos árbitros assumirem muitas arbitragens, com pessoas restritas ao 'clubinho'. Há grandes profissionais que poderiam ser indicados como árbitros, mas essas pessoas não são nomeadas.
No meu entendimento, a Câmara poderia auxiliar com essa atividade, no sentido de ampliar o rol de árbitros. O processo não pode ficar dois terços nas mãos dos árbitros para decisão e um terço nas mãos do perito e partes (já fizemos essa estatística em um processo nosso). Nesse caso, o processo que deveria durar um ano e meio durou três anos."

[193] De acordo com a percepção do mesmo entrevistado: "No Judiciário o tempo varia muito. Nós temos varas da Fazenda Pública que funcionam bem em que proferem sentença em prazo semelhante ao de uma arbitragem."

agentes que transitam por diversas atividades (advogados, acadêmicos e árbitros).

A conjugação dos fatores supramencionados pode trazer alguns problemas, pois quem é árbitro hoje poderá atuar como advogado amanhã, em um mercado com reduzidos *players* e baixo controle. Para mitigar tais riscos, a Lei de Arbitragem previu o dever de revelação do árbitro, contido em seu art. 14, nos seguintes termos:

> Estão impedidos de funcionar como árbitros as pessoas que tenham, com as partes ou com o litígio que lhes for submetido, algumas das relações que caracterizam os casos de impedimento ou suspeição de juízes, aplicando-se-lhes, no que couber, os mesmos deveres e responsabilidades, conforme previsto no Código de Processo Civil.
>
> §1º As pessoas indicadas para funcionar como árbitro têm o dever de revelar, antes da aceitação da função, qualquer fato que denote dúvida justificada quanto à sua imparcialidade e independência.

O dever de revelação contido na legislação tem alcance limitado, pois, caso esta não ocorra de maneira espontânea, sua verificação no caso concreto é desafiadora, em casos nos quais o relacionamento profissional entre um árbitro e uma parte está envolvido em arranjos societários sofisticados, ou liames profissionais que não são óbvios.[194] Daí outra potencial desvantagem do instituto privado de solução de disputas.

Especificamente para a Administração Pública, o ambiente de arbitragem nacional ainda soa pouco confiável, pela baixa quantidade de árbitros especialistas em direito público. No Brasil, os estudos sobre referido instituto de solução de disputas foram fomentados por especialistas em direito privado e relações comerciais internacionais, de modo que parte dos árbitros em atuação no território nacional tem pouca experiência com contratações administrativas e o regime jurídico de direito público. Nas palavras do *Entrevistado A* da pesquisa empírica,

---

[194] "Em traços gerais, sabe-se que os juristas de formação em *common law* possuem um conceito muito mais amplo do *disclosure* que os juristas de *civil law*. É impossível negar que existirão diferenças nas concepções de cada um com relação àquilo que deve ou não ser revelado. Mesmo que em uma arbitragem internacional os árbitros devam se desapegar de certos costumes e usos internos, é difícil imaginar que eles consigam estar completamente indiferentes às suas formas de proceder. E isso nem mesmo demonstra um nacionalismo exacerbado ou um apego aos seus próprios conceitos como se fossem absolutos, mas simplesmente por ser a forma como essas pessoas foram formadas e como sempre procederam. É a própria concepção de revelação que se diferencia de um sistema para outro" (LEE, João Bosco; PROCOPIAK, Maria Claudia de Assis. Obrigação da revelação do árbitro – está influenciada por aspectos culturais ou existe um verdadeiro *standard* universal? *Revista Brasileira de Arbitragem*, v. 4, n. 14, p. 21, abr.-jun. 2007).

ao comentar uma potencial tendência dos árbitros em julgar em favor da parte privada do litígio:

> Essa questão é muito complexa, para que se possa afirmar que existe uma tendência. O que ocorre em tais procedimentos é que os árbitros não possuem o viés publicista necessário. Eu tenho a opinião de que os árbitros, quando se deparam com a administração pública, estão a colocando em pé de igualdade com o particular. Aí pode-se perguntar, mas não era esse o objetivo do processo arbitral? A questão é que a administração pública, quando opta pela solução arbitral, não está se despindo de suas prerrogativas. Inclusive há uma questão que foi judicializada em um dos nossos processos arbitrais que estão em curso, no qual justamente o particular almejou que a possibilidade de sancionar a empresa contratada dependesse de autorização da arbitragem. Segundo seu entendimento, a partir da cláusula arbitral, o Estado estaria se despindo de suas prerrogativas, as quais precisam ser manejadas para própria tutela do interesse público. Nesse caso, a partir do momento em que o contratado diz que a aplicação da multa está condicionada à analise da arbitragem, isso fere a própria Separação de Poderes, no meu modo de ver. O árbitro não poderia invadir a esfera de discricionariedade administrativa, para dizer se pode punir ou não. Isso porque a multa é um instrumento de gestão no contrato administrativo. Se a administração não puder aplicar as sanções, o contrato seria inexequível. Dessa forma, o que falta aos árbitros é essa visão de que os interesses tutelados sobressaem aos interesses das partes. Não estamos falando de faculdades processuais, mas dos poderes da Administração Pública como gestora contratual.

Em sentido muito semelhante, a *Entrevistada C* apresentou as seguintes colocações, ao comentar sobre a postura dos árbitros nos casos em que atuou:

> Olha, eu considero que, por ora, tem havido uma condição de neutrali-dade. Contudo, em nosso primeiro procedimento eu acho que ocorreu uma condição, não de favorecimento, mas de desconhecimento por parte dos árbitros. Faltou certo traquejo com o tema e as partes. Então, isso levou à condição de parecer haver uma posição tendenciosa do Tribunal Arbitral. Agora uma coisa que eu senti em todos os casos é que eles não estão acostumados com contrato administrativo.
> A maior parte dos profissionais é acostumada com o contrato de direito privado e com pessoas envolvidas no direito privado. Nota-se essa característica principalmente pela insistência no consenso e em se chegar a uma composição das partes, de modo que, muitas vezes, em razão do objeto discutido, é inviável ter essa postura com a administração. Além disso, aquelas cláusulas excepcionais típicas de contratos administrativos,

oriundas da própria imposição da lei de licitações, não são consideradas pelos árbitros. Isso é a maior dificuldade que se tem.

Na compreensão defendida no presente trabalho, o aumento de profissionais que atuam como árbitros poderia reduzir os riscos de conflito de interesses e de julgamentos conduzidos por pessoas não habituadas com as questões de direito material do litígio. Pelo teor dos depoimentos colhidos, quer parecer que o "mercado de arbitragem" precisará se transformar para atrair os entes estatais nos próximos anos.

Por fim, outro ponto de atenção nas Arbitragens com a Administração Pública diz respeito a um dos consectários da condenação. Sabe-se que o processo civil ordinário determina a fixação de um valor em prol dos advogados da parte vencedora, com base em um percentual do montante da condenação. De outra forma, as sentenças arbitrais costumam condenar a parte vencida a reembolsar os custos razoavelmente incorridos pelo vencedor, incluindo honorários advocatícios contratuais.[195]

Ocorre que a advocacia pública não possui contrato com seu empregador, de modo que os patronos do Estado não têm condições de precificar o trabalho desenvolvido ao longo do procedimento. Em tais hipóteses, seria mais adequado a utilização da metodologia de sucumbência do processo civil tradicional.[196]

2.3 Aspectos procedimentais

O presente tópico analisará os possíveis aspectos procedimentais diferenciados nas arbitragens com participação da Administração

---

[195] Nesse sentido, vale destacar o artigo 38 do Regulamento de Arbitragem da CCI: "Os custos da arbitragem incluem os honorários e despesas dos árbitros e as despesas administrativas da CCI fixados pela Corte em conformidade com as tabelas em vigor na data da instauração da arbitragem, bem como os honorários e despesas de quaisquer peritos nomeados pelo tribunal arbitral, e as despesas razoavelmente incorridas pelas partes para sua representação na arbitragem".

[196] Inclusive, essa foi a solução adotada pelo artigo 16 do Decreto do Estado do Rio de Janeiro n. 46.245, de 19 de fevereiro de 2018, que regulamenta a Arbitragem com a Administração Pública em tal ente da federação: "A sentença arbitral atribuirá à parte vencida, ou a ambas as partes na proporção de seu relativo sucesso em seus pleitos, inclusive reconvencionais, a responsabilidade pelo pagamento ou reembolso dos custos e despesas razoáveis incorridos pela outra parte na arbitragem, incluídos os honorários dos árbitros, peritos e assistentes técnicos, e excluídos os honorários advocatícios contratuais. Parágrafo Único - A sentença arbitral atribuirá também à parte vencida a responsabilidade pelo pagamento dos honorários de sucumbência, cuja fixação sujeitar-se-á aos critérios do artigo 85 do Código de Processo Civil para as causas em que for parte a Fazenda Pública".

Pública. Inicialmente, será exposta a compreensão pela inexistência de qualquer prerrogativa ao Estado em tais hipóteses. Na sequência, os próximos itens analisarão a importância da transparência e a possibilidade de participação de terceiros, não signatários da convenção de arbitragem, no procedimento.

O debate em questão costuma ser abordado pelos trabalhos de direito processual civil, os quais forneceram suporte para a pesquisa.[197] Dentro do recorte metodológico aqui proposto, essa temática representa aspecto marginal a ser estudado em seus contornos mais abrangentes.

2.3.1 Especificidades procedimentais da arbitragem com a Administração Pública?

Sabe-se que o regulamento processual aplicado ao Estado, quando parte em procedimentos judiciais estatais, se diferencia daqueles aplicados aos demais agentes privados. Tradicionalmente, a denominada "Fazenda Pública" possui "prerrogativas", as quais ampliam prazos para se manifestar e recorrer, instituem um regime próprio para citações e intimações e limitam a possibilidade de o magistrado proferir liminares de cunho pecuniário.

Tais prerrogativas, em geral, não são necessárias na arbitragem.

A existência de prazos alargados para manifestações processuais da Administração Pública, presente no Código de Processo Civil atual e nos diplomas anteriores,[198] se justificou historicamente pelas deficiências materiais da Advocacia Pública. Sabe-se que, em muitos casos, o Poder Executivo de cada ente federativo não destina os necessários recursos para aparelhamento institucional das Procuradorias, não realiza concursos públicos periodicamente e não controla a carga de trabalho

---

[197] No que tange aos aspectos processuais da arbitragem, vale destacar um tema cujo debate tem sido intenso nos procedimentos que envolvem a Administração Pública. Trata-se da potencial sobreposição de atribuição jurisdicional entre Poder Judiciário e Tribunal Arbitral. Em recente conflito de competência positivo entre a Câmara de Comércio Internacional e o Tribunal Regional Federal da 2ª Região, o Superior Tribunal de Justiça privilegiou o instituto da arbitragem e o princípio da competência-competência, ao considerar que o Tribunal Arbitral detinha a prerrogativa de avaliar (prioritariamente) a existência, validade e eficácia de cláusula compromissória prevista em contrato de concessão para exploração, desenvolvimento e produção de petróleo e gás natural, cujas condições haviam sido alteradas por meio de resolução expedida pela Agência Nacional do Petróleo. Cf.: Conflito de Competência nº 139.519-RJ, rel. Min. Napoleão Nunes Maia Filho. *DJe* 10.11.2017.

[198] Conforme previsto na Lei federal nº 13.105, de 16 de março de 2015: "Art. 183. A União, os Estados, o Distrito Federal, os Municípios e suas respectivas autarquias e fundações de direito público gozarão de prazo em dobro para todas as suas manifestações processuais, cuja contagem terá início a partir da intimação pessoal."

distribuída para cada advogado público. Dessa forma, em muitos casos, é um desafio aos Procuradores estatais cumprir seu mister constitucional de forma tempestiva.

Tais prerrogativas tentam corrigir uma "disparidade de armas" entre o advogado público e o advogado da iniciativa privada, mas acabam por reforçar essa característica, dado que o regime processual diferenciado pode implicar em um incentivo à não realização de investimentos humanos e materiais no órgão de defesa judicial do Poder Executivo. A análise da adequação de prerrogativas processuais para a advocacia pública à realidade brasileira não será objeto de estudo do presente trabalho.[199]

Na arbitragem, uma importante característica acaba por tornar desnecessária qualquer prerrogativa processual diferenciada ao Estado.

Trata-se de um traço conceitual essencial de referido método de solução de disputas: sua consensualidade (art. 13 da Lei federal nº 9.307/1996, em seus diversos incisos). Como sabido, não existe qualquer legislação que preveja prazos para contestar ou recorrer em arbitragem. Tampouco o regulamento das câmaras, em geral, se presta a essa função. Tais questões costumam ser acordadas com as partes e definidas no Termo de Arbitragem. Dessa forma, o representante da Administração Pública poderá solicitar um prazo adequado às suas necessidades, o qual poderá ser acolhido pelo Tribunal Arbitral e aplicado a ambas as partes, em respeito à isonomia processual. O mesmo raciocínio pode ser utilizado quanto à forma de disponibilização e ciência de ordens processuais e sentenças.

No mesmo sentido, revela-se equivocada qualquer discussão sobre aplicação compulsória de reexame necessário em face de sentenças proferidas contra a Administração Pública em arbitragem. Isso porque não há qualquer previsão legal para estruturação de um órgão de revisão das decisões tomadas em sede de arbitragem. Assim, um possível "recurso de ofício" seria apresentado ao Poder Judiciário (o que certamente afrontaria a independência do árbitro, investido de poderes para apreciar em definitivo o conflito, com força vinculante às partes) ou por disposição consensual entre os litigantes (em tese, para criação ou delegação de competência a um órgão específico).

---

[199] Para um estudo do tema, cf. CUNHA, Leonardo José Carneiro da. *A Fazenda Pública em juízo*. 14. ed. Rio de Janeiro: Forense, 2017.

Sobre o descabimento de reexame necessário na arbitragem, cabe destacar o pensamento de Bruno Megna:[200]

> Não se trata aqui de "exceção" ao princípio do duplo grau de jurisdição. A sentença arbitral tem os mesmos efeitos da sentença judicial (art. 31 da Lei 9.307/96), mas, por definição, o efeito negativo da arbitragem impede que o Judiciário reaprecie o mérito da lide, e esse efeito se dá em relação ao Judiciário estatal por completo, e não de forma parcial. Pode-se dizer que não há sequer "interesse recursal" neste recurso hipotético. Concluída a missão dos árbitros, o laudo arbitral se torna título executivo desde logo.

Em paralelo à avaliação das prerrogativas processuais da "Fazenda Pública", cabe analisar a eficácia de certas decisões arbitrais e seu alcance em procedimentos com participação da Administração Pública.

Sabe-se que existe limitação legal à possibilidade de concessão de tutelas antecipadas por juízes estatais contra a Administração Pública. Ao magistrado não é permitido conceder provimento jurisdicional liminar que tenha por objeto a compensação de créditos tributários, a entrega de mercadorias e bens provenientes do exterior, a reclassificação ou equiparação de servidores públicos e a concessão de aumento ou a extensão de vantagens ou pagamento de qualquer natureza.[201] Das hipóteses mencionadas, a única que poderia estar presente em uma arbitragem seria o "pagamento de qualquer natureza". Os demais casos versam sobre matérias geralmente decididas por juízo estatal, afetas ao Poder de Polícia ou a direitos indisponíveis.

Compreende-se que a limitação à emissão de decisões de cunho pecuniário contra a Administração Pública também se aplica à arbitragem, conforme previsto na legislação supramencionada. Trata-se de limitação legal que visa proteger e organizar o orçamento público contra eventos inesperados e fora da esfera de controle do Poder Executivo. Assim, a racionalidade que justifica a sua existência é aplicável a ambos os métodos de solução de disputas (estatal e privado). Além disso, não se poderia conferir maior poder decisório ao árbitro, em detrimento do magistrado.

---

[200] MEGNA, Bruno Lopes. *Arbitragem e Administração Pública*: o processo arbitral devido e adequado ao regime jurídico administrativo. Dissertação de Mestrado. Faculdade de Direito da Universidade de São Paulo. Orientador: Professor Associado Dr. Carlos Alberto de Salles. São Paulo, 2017. p. 225.

[201] Conforme previsto no §2º do art. 7º da Lei federal nº 12.016/2009 e no art. 1º da Lei federal nº 8.437/1992.

No mesmo sentido, a sentença arbitral proferida contra a Administração Pública precisa seguir o regime de pagamento por precatório, em respeito ao art. 100 da Constituição Federal,[202] que determina a sujeição das sentenças judiciárias a essa forma de cumprimento. Da mesma maneira, compreende-se que as sentenças arbitrais não poderiam ter maior efetividade em relação aos comandos emitidos pelo Poder Judiciário, caso permitissem o adimplemento imediato da dívida.[203] A despeito de um potencial sentimento de injustiça gerado pelo diferimento de um pagamento que é devido, a sistemática constitucional em questão funciona como forma de organização da dívida pública.[204]

Todavia, cabe pontuar a existência de corrente doutrinária que preconiza a possibilidade de execução do conteúdo pecuniário de sentenças arbitrais proferidas contra a Administração Pública por meio de fundos privados garantidores, principalmente para os litígios decorrentes de contratos de PPP. Nesse sentido, destaca-se o posicionamento de Flavio Willeman, construído com base em ensinamentos de Carlos Ari Sundfeld e Gustavo Binenbojm.[205]

Por fim, cabe analisar se as Súmulas Vinculantes emitidas pelo Supremo Tribunal Federal, que vinculam os magistrados estatais, também vinculariam os árbitros em procedimentos com participação da Administração Pública.[206] Trata-se de tema a ser analisado em tese, dado que não se tem conhecimento de jurisprudência a respeito.

---

[202] "Art. 100. Os pagamentos devidos pelas Fazendas Públicas Federal, Estaduais, Distrital e Municipais, em virtude de sentença judiciária, far-se-ão exclusivamente na ordem cronológica de apresentação dos precatórios e à conta dos créditos respectivos, proibida a designação de casos ou de pessoas nas dotações orçamentárias e nos créditos adicionais abertos para este fim."

[203] Nesse sentido, cf. ALVES, Marcus Vinicius Armani. *A Fazenda Pública na arbitragem*. Dissertação de Mestrado. Faculdade de Direito da Universidade de São Paulo. Orientador: Professor Dr. Marcelo José Magalhães Bonício. São Paulo, 2016, p. 228 e ss. MEGNA, Bruno Lopes. *Arbitragem e Administração Pública*, p. 256.

[204] No Estado de São Paulo já existe sentença arbitral, decorrente de procedimento regido pela CCI, em fase de cumprimento, para posterior expedição de precatório. TJ/SP, 13ª Vara da Fazenda de São Paulo – Capital. Juíza: Dra. Maria Gabriella Pavlópoulos Spaolonzi. Autos 1047237-63.2014.8.26.0053. Consórcio Calha F2 vs. Departamento de Águas e Energia Elétrica (DAEE).

[205] WILLEMAN, Flávio de Araújo. *Acordos administrativos, decisões arbitrais e pagamentos de condenações pecuniárias por precatórios judiciais*. Disponível em: http://download.rj.gov.br/documentos/10112/392202/DLFE26509.pdf/07ArcodosAdministrativosDecisoesArbitrais.pdf. Acesso em: 17 abr. 2017.

[206] Art. 103-A da Constituição Federal: "O Supremo Tribunal Federal poderá, de ofício ou por provocação, mediante decisão de dois terços dos seus membros, após reiteradas decisões sobre matéria constitucional, aprovar súmula que, a partir de sua publicação na imprensa oficial, terá efeito vinculante em relação aos demais órgãos do Poder Judiciário

O estudo do tema se justifica pelo fato de que as Súmulas Vinculantes possuem observância obrigatória à Administração Pública Direta e Indireta. A despeito de grande parte de seus enunciados versar sobre direitos indisponíveis (portanto, não arbitráveis), existe possibilidade de que futuros enunciados se refiram a temas sujeitos à arbitragem. Diante desse cenário, cumpre analisar sua aplicabilidade compulsória em processo arbitral.

Como é de conhecimento geral, o árbitro não é servidor público[207] e o painel arbitral não é órgão público.

Todavia, ao proferir decisão em procedimento com a participação do Estado, o árbitro obrigará a Administração Pública a adotar o entendimento delineado por sua sentença. Sendo assim, não parece correto que a decisão arbitral possa estar em desacordo com o conteúdo de Súmula Vinculante do Supremo Tribunal Federal.

Para corroborar esse entendimento, destaca-se o pensamento de Rafaela Ferraz, que afirma que:

> o enunciado integra o ordenamento jurídico brasileiro, como fonte do direito praticamente equivalente à lei e, nessa qualidade, deve ser aplicado pelos árbitros quando se defrontarem com situação idêntica àquela contida no enunciado de súmula do Supremo Tribunal Federal. Isto porque, ao se eleger determinadas regras de direito, não se aplicam umas em detrimento de outras; todo o ordenamento jurídico deve ser considerado, como, inclusive, preconizam Fouchard, Gaillard e Goldman.[208]

Em sentido oposto, o autor Paulo Osternack Amaral defende que o árbitro não se sujeita aos enunciados das Súmulas Vinculantes, com base no argumento de que referido profissional não integra a Administração Pública.[209]

Todavia, o estudioso em comento afirma que o enunciado sumular pode repercutir de forma indireta na atividade do árbitro, nos casos em que a parte interessada ajuizar uma ação anulatória perante o Poder Judiciário, com o argumento de que a sentença arbitral violou Súmula

---

e à administração pública direta e indireta, nas esferas federal, estadual e municipal, bem como proceder à sua revisão ou cancelamento, na forma estabelecida em lei."

[207] O art. 17 da Lei federal nº 9.307/1996 apenas equipara o árbitro ao funcionário público para fins penais.

[208] FERRAZ, Rafaela. Arbitragem comercial internacional e enunciado de súmula vinculante. *Revista de Arbitragem e Mediação*, ano 5, n. 17, p. 92-109, abr.-jun. 2008.

[209] AMARAL, Paulo Osternack. *Arbitragem e Administração Pública*, p. 197-214.

Vinculante. Nesses casos, o magistrado estaria obrigado a adotar o entendimento sumulado e anular a sentença arbitral.

Com o devido respeito, o entendimento supramencionado não parece ser o mais adequado. Isso porque sua adoção instaura uma modalidade de medida antiarbitragem em nosso ordenamento, o que não deve ser incentivado. A partir de tal doutrina, o Poder Judiciário poderia ser transformado em grau recursal da arbitragem, sempre que a decisão proferida (em desacordo com o entendimento sumular) desagradar uma das partes.

Diante desse cenário, parece mais adequado considerar que, a despeito de o árbitro/Tribunal Arbitral não integrar a Administração Pública, suas decisões geram efeitos ao Estado quando este for parte e, portanto, devem estar de acordo com delineamentos de observância obrigatória pelo Poder Público, sob pena de nulidade.[210]

Em conclusão, os aspectos procedimentais em geral da arbitragem não precisam ser alterados em razão da participação da Administração Pública como parte.[211] Todavia, os preceitos relativos à impossibilidade de cumprimento imediato de decisões de cunho pecuniário (sentenças finais ou medidas liminares) e à necessária observância de jurisprudência vinculante à Administração merecem ser considerados.

2.3.2 Publicidade

As arbitragens em geral, com participação de entidades privadas como partes, costumam adotar a confidencialidade como premissa procedimental.

Trata-se de prática bastante corriqueira na maior parte dos países do mundo, dado que a publicidade ampla pode prejudicar as relações comerciais em litígio. Ao restringir a informação sobre a existência e os deslindes do conflito, preserva-se o interesse de partes, investidores e terceiros interessados. Além disso, por se tratar de litígio a ser solucionado por órgão privado, na solução de interesses disponíveis,

---

[210] Para um aprofundamento do tema, cf. JUNQUEIRA, André Rodrigues. A influência das decisões do Supremo Tribunal Federal sobre a arbitragem: súmula vinculante e controle concentrado de constitucionalidade. *In:* ROSSATO, Luciano Alves (Org.). *Temais atuais da Advocacia Pública*. Salvador: JusPodivm, 2015. p. 185-206.

[211] Em sentido semelhante, cf. CARMONA, Carlos Alberto. Arbitragem e administração pública. Primeiras reflexões sobre a arbitragem envolvendo a Administração Pública. *Revista Brasileira de Arbitragem*, ano XIII, n. 51, p. 7-21, jul.-set. 2016.

compreende-se que o sigilo não viola qualquer dispositivo legal ou constitucional.[212]

Conforme o pensamento de Cândido Rangel Dinamarco, valendo-se de lições de José Emilio Nunes Pinto:[213]

> É imperioso, todavia que no sistema arbitral o valor da publicidade deva conviver com outros, inerentes a esse sistema, daí resultando sua significativa atenuação. Nesse clima de menor acirramento de ânimos é natural que busquem as partes um tratamento mais discreto às suas desavenças, aos fatos que as envolvem e, em geral, aos fundamentos da defesa dos interesses de cada uma. Daí da conveniência da confidencialidade no processo arbitral, a qual "visa permitir que quaisquer controvérsias sejam dirimidas de forma amigável sem que a existência daquelas possa afetar a continuidade das relações contratuais, nem que sejam essas controvérsias entendidas pelos terceiros como ruptura de relações contratuais. Casos haverá em que a simples ciência de existir uma controvérsia poderá afetar direitos associados a essa relação que se tornou litigiosa, tais como a expectativa de desempenho de uma companhia e seus negócios, sem mencionar a sua relativa posição concorrencial" (José Emilio Nunes Pinto).

No que diz respeito aos procedimentos arbitrais com participação da Administração Pública, a situação é diversa. Isso porque os autores que se debruçaram sobre o tema, mesmo antes da reforma promovida pela Lei federal nº 13.129/2015, defenderam a necessidade de aplicação do princípio da publicidade em tais hipóteses, em respeito ao comando contido no art. 37, *caput*, da Constituição Federal.[214]

---

[212] Cabe destacar que a redação original da Lei federal nº 9.307/1996 não dispunha sobre a necessidade de confidencialidade ou publicidade do procedimento.

[213] DINAMARCO, Cândido Rangel. *A arbitragem na teoria geral do processo*. São Paulo: Malheiros, 2013. p. 61.

[214] Nesse sentido, cabe destacar os seguintes posicionamentos: "não há antagonismo entre *publicidade* e *arbitragem*, cabendo à Administração, ao elaborar o edital de licitação e a minuta de contrato de PPP, determinar que o procedimento arbitral e suas decisões não serão sigilosas, mas, apenas, os aspectos da arbitragem que *razoavelmente* devam ser preservados da divulgação pública" (SOUZA JR., Lauro da Gama e. Sinal verde para a arbitragem nas parcerias público-privadas (a construção de um novo paradigma para os contratos entre o Estado e o investidor privado). *Revista de Direito Administrativo*, n. 241, p. 150, jul.-set. 2005). No mesmo sentido: "À arbitragem, tendo por objeto negócios do Estado, evidentemente, se projeta essa obrigação de publicidade, não sendo possível concebê-la como um campo isento aos controles próprios da Administração Pública. Resta saber qual o significado concreto a ser dado a essa garantia, isto é, quais atos do procedimento arbitral se submeteriam a essa exigência, de maneira a não descaracterizar esse mecanismo com a imposição de formalidades incomuns e impróprias a seu desenvolvimento.

Com o advento da lei supramencionada, foi reformulado o Estatuto da Arbitragem no Brasil para positivar a regra da publicidade para os procedimentos arbitrais com participação da Administração Pública.[215] Trata-se de previsão legislativa que consolidou a compreensão predominante sobre o tema, que já era prática em diversos contratos na área de infraestrutura no Brasil.[216]

A ideia em se instituir a publicidade como regra nos procedimentos arbitrais com participação da Administração Pública está em aderência com a noção de transparência da moderna Administração Pública. Na compreensão aqui defendida, não basta ao Estado reagir quando provocado, fornecendo as informações solicitadas, por meio dos diversos canais de informação. O conteúdo do princípio da publicidade, em uma leitura contemporânea, demanda uma postura ativa, de fornecimento e disponibilização de informações abertas ao público, por meio dos canais de informação institucionais de governo. Trata-se de vertente da denominada "publicidade-transparência".

Conforme defendido por Thiago Marrara:[217]

> Outro motivo para a sustentação da publicidade-transparência é observado na necessidade de ampliar a atividade e, por conseguinte, os meios de controle da Administração Pública. Desde algum tempo, percebeu-se que o controle de legalidade e juridicidade da ação pública é impossível de ser realizado apenas por entidades oficiais – sejam elas internas ou externas. O estado é um ente complexo, formado por incontáveis instituições dotadas de formas e regimes jurídicos variados e cujas práticas, no Brasil, distribuem-se por vastíssimo território, atingindo uma população significativa. Por essa razão, para além da ação dos órgãos

---

A esse propósito, pode-se imaginar uma ampla variação de graus de sigilo passíveis de incidir sobre a arbitragem. É possível ele dizer respeito a determinadas pessoas, situações, entidades ou instituições.

Para garantir o efeito de controle desejado pela própria Constituição, e, ao mesmo tempo, manter as qualidades da arbitragem enquanto mecanismo de solução de controvérsias, é fundamental à convenção arbitral administrativa – e correspondente instrumento convocatório da licitação que a antecede, como se tem sustentado – garantir a ampla publicidade da sentença arbitral e dos documentos produzidos durante o procedimento arbitral. Nesse sentido, acredita-se ser essencial a divulgação do resultado da arbitragem e daqueles elementos de prova e argumentação que lhe sirvam de base" (SALLES, Carlos Alberto de. *Arbitragem em contratos administrativos*, p. 284).

[215] Art. 1º, §3º: "A arbitragem que envolva a administração pública será sempre de direito e respeitará o princípio da publicidade."

[216] Como exemplo, podemos mencionar os contratos de PPP celebrados no Estado de São Paulo a partir de 2013.

[217] MARRARA, Thiago. O princípio da publicidade: uma proposta de renovação. *In*: MARRARA, Thiago (Org.). *Princípios de direito administrativo*. São Paulo: Atlas, 2012. p. 289.

de controle interno, dos entes de supervisão (tal como Ministérios e Secretarias) e dos Tribunais de Contas, vem desenvolvendo-se, no direito administrativo, o que se pode chamar de controle social da ação pública.

Essa postura proativa da Administração Pública na disponibilização de informações, fomento à participação popular e controle dos atos estatais pelo cidadão, funciona como instrumento indutor da boa gestão e de redução dos riscos de corrupção ou práticas ilícitas, como defendido por Luis Manuel Fonseca Pires.[218]

No plano jurídico internacional, Gustavo Justino de Oliveira e Elie Pierre Eid noticiam que, em 2014, a UNCITRAL editou regras que disciplinaram a transparência nas arbitragens envolvendo investidores e Estado, para conferir maior publicidade a assuntos de interesse público. Da mesma forma, a Câmara de Comércio Internacional (CCI) passou a publicar, em seu endereço eletrônico na *internet*, o nome dos árbitros que conduzem os casos e sua respectiva nacionalidade, identificando qual profissional atua como presidente do painel.[219] No que diz respeito aos procedimentos arbitrais regidos pelo Regulamento da CCI, desde 1º de janeiro de 2012 permite-se ao tribunal decidir sobre confidencialidade no procedimento.[220]

Diante do exposto, questiona-se qual a extensão da publicidade em procedimentos arbitrais com participação da Administração Pública brasileira.

Carlos Alberto Carmona defende uma publicidade mitigada, com fornecimento das principais informações e documentos processuais

---

[218] "Não basta aguardar que o cidadão reclame uma informação de seu interesse pessoal, ou que o controle social perceba algum escaninho de práticas sem publicidade e provoque, para aquele espaço discreto de ações governamentais, a disponibilidade de dados que permita à sociedade avaliar se há lisura no trato do bem público. O *dever de transparência* em Estado de Direito que se situa historicamente no terceiro milênio exige mais, reclama que rotineiramente o Estado amplie a possibilidade de acesso às instâncias de tomada de decisão, tanto de programas em curso quanto consumados, e não apenas quanto à quantidade de dados, mas sobretudo a *forma de tratamento* destes informes deve primar – e aperfeiçoar-se – pela clareza e – deveria ser desnecessário dizê-lo – exatidão, comprometimento com a realidade informada" (PIRES, Luis Manuel Fonseca. O fenômeno da corrupção na história do Brasil. *In:* CUNHA FILHO, Alexandre J. Carneiro da et al. (Org.). *48 Visões sobre a corrupção.* São Paulo: Quartier Latin, 2016. p. 825).

[219] OLIVEIRA, Gustavo Justino de; EID, Elie Pierre. Notas sobre o princípio da publicidade nas arbitragens envolvendo a Administração Pública. *Revista da Associação dos Procuradores do Estado do Rio de Janeiro,* Rio de Janeiro: APERJ, v. XXVI, p. 243, 2016.

[220] Nos termos do art. 22, item 3, do Regulamento de Arbitragem da CCI: "Mediante requerimento de qualquer parte, o tribunal arbitral poderá proferir ordens relativas à confidencialidade do procedimento arbitral ou de qualquer outro assunto relacionado à arbitragem e poderá adotar quaisquer medidas com a finalidade de proteger segredos comerciais e informações confidenciais."

à sociedade, o que poderia contar com o apoio das instituições de arbitragem.[221] Por sua vez, André Chateaubriand Martins afirma que deverão ser disponibilizados apenas os elementos necessários para prestar contas aos órgãos de controle e dar transparência às atividades da Administração.[222]

Por ora, o tema em análise ainda não foi discutido em profundidade no meio acadêmico e tem pouca expressão jurisprudencial. Conforme pontuado acima (dentro da ideia de publicidade-transparência), acredita-se ser adequado franquear acesso aos documentos do procedimento arbitral por meio de instrumentos de tecnologia da informação, tanto pelo Estado, quanto pelas câmaras arbitrais (para os procedimentos institucionais), independentemente de qualquer pedido de cidadão ou órgão de controle. Obviamente, as partes deverão solicitar aos árbitros o deferimento do sigilo do procedimento, quando tal medida for imposta pela legislação (para preservar segredos industriais ou sigilos comerciais, por exemplo). Nessa toada, a restrição em abstrato de acesso aos documentos contidos no procedimento arbitral afrontaria, em tese, a tendência legislativa do século XXI de ampliação de acesso à informação (Lei federal nº 12.527, de 18 de novembro de 2011, e Lei Complementar federal nº 131, de 27 de maio de 2009).

Por outra vertente, quer parecer inoportuna a abertura de audiências e conferências entre as partes e o Tribunal para qualquer cidadão. Essa medida poderia trazer dificuldades práticas de acomodação das pessoas no ambiente,[223] bem como inibir a consecução de

---

[221] "Em suma, in médio *virtus*: não parece razoável entender a determinação legal, constante no §3º do ar. 2º da Lei de Arbitragem, como uma regra de publicidade total e absoluta para todos os atos da arbitragem. Seria despropositado tornar públicas todas as informações relativas ao processo arbitral, o que pode ser fisicamente inviável. Parece adequado que sejam franqueados ao público os atos mais relevantes praticados pelas partes (apresentação de pleitos, documentos em que se baseiam os pedidos, sentença arbitral), o que não significa transformar os tribunais arbitrais em areópagos, abertos à curiosidade pública.
Seja como for, importa que na cláusula compromissória (ou no compromisso arbitral, se for o caso) as partes – entidade pública e entidade privada – deixem claro qual o grau de publicidade que pretendem estabelecer, atribuindo às partes o dever de tornar públicos os atos e os documentos determinados. Tal atribuição – limitada e determinada – poderá ser carreada aos órgãos arbitrais institucionais (secretarias) que organizarão um *dossier* para informar o público, utilizando até mesmo meios eletrônicos para evitar o colapso de suas instalações" (CARMONA, Carlos Alberto. Arbitragem e administração pública, p. 7-21).

[222] MARTINS, André Chateaubriand. Arbitragem e Administração Pública. *In*: CAHALI, Francisco José; RODOVALHO, Thiago; FREIRE, Alexandre. *Arbitragem*: estudos sobre a Lei n. 13.129, de 26-5-2015. São Paulo: Saraiva, 2016. p. 81.

[223] Se considerarmos que as principais câmaras arbitrais não têm estrutura para franquear acesso às suas instalações a um número indeterminado de pessoas. A modificação dessa estrutura poderia incrementar custos e demandar investimentos por tais instituições.

acordos ou transações entre os litigantes.[224] Na compreensão defendida no presente trabalho, a publicidade é instrumento para transparência, controle e participação nos atos estatais e precisa ser compreendida como instrumento para acesso aos documentos já produzidos no procedimento, e não como uma oportunidade de participação em atos presenciais, o que poderia comprometer (no atual cenário) a boa condução da arbitragem.

2.3.3 Possibilidade de participação de terceiros no procedimento arbitral

A participação de terceiros não signatários da convenção de arbitragem no procedimento arbitral é tema bastante controverso. A Lei federal nº 9.307/1996 não disciplinou o tema, de modo que coube à doutrina e jurisprudência conferir subsídios aos operadores do direito.

Em geral, compreende-se que não pode ser admitida intervenção compulsória de terceiros na arbitragem. Nathalia Mazzonetto dissertou sobre o tema, apontando o caráter contratual e consensual da arbitragem como impeditivo à sua imposição a terceiros estranhos à convecção de arbitragem. Segundo o entendimento da autora:[225]

> Na doutrina prevalece o entendimento de que nenhuma espécie de intervenção de terceiros é admitida, em se tratando de arbitragem. Seja voluntário, seja forçado, o ingresso de terceiro em procedimento arbitral não pode ser imposto às partes.
> Como regra, os argumentos invocados para afastar tal intervenção residem no caráter contratual/consensual da arbitragem, assim como no efeito relativo da cláusula de arbitragem ou do compromisso, que somente vincula e submete ao juízo arbitral aquele que à convenção aderiu.
> Não se pode deixar de lado, contudo, o viés jurisdicional que compõe a arbitragem. E é justamente nessa dimensão que reside a discussão a respeito da intervenção de terceiros no juízo arbitral. Ademais, como vimos acenado, verifica-se uma tendência a mitigar o teor absoluto

---

[224] Sabe-se que, em muitos casos, a consecução de um acordo depende do reconhecimento de erros praticados pelas partes, de transação em relação a valores, ou mesmo da avaliação do risco de improcedência de pleitos. Tais elementos podem florescer no ambiente de oralidade das audiências e conferências. Contudo, a presença de terceiros estranhos ao litígio em audiências (estudantes, jornalistas, órgãos de controle etc.) pode inibir os litigantes à pratica de atos que possam fragilizar suas posições jurídicas ou seu *status* profissional.

[225] MAZZONETTO, Nathalia. *Partes e terceiros na arbitragem*. Dissertação de Mestrado. Faculdade de Direito da Universidade de São Paulo. Orientador: Professor Dr. Oreste Nestor de Souza Laspro. São Paulo, 2012. p. 166-167.

da regra da relatividade dos contratos, decorrente da autonomia da vontade, o que pode servir a fundamentar também eventual intervenção de terceiro na arbitragem.

Assim, na hipótese de haver consenso entre as partes e o tribunal arbitral acerca da participação voluntária de terceiros no processo arbitral, compreende-se que não haverá óbices a tal integração processual. Nesse sentido, Cândido Rangel Dinamarco pontua que a vontade do terceiro em participar do procedimento é requisito específico para sua intervenção na arbitragem, ao contrário do processo civil comum, no qual a intervenção poderá ocorrer de forma compulsória.[226]

Nas contratações administrativas em setores de infraestrutura, poderá haver a necessidade de integração no procedimento de agentes não signatários do contrato ou da convenção de arbitragem, em razão da potencial transcendência dos efeitos da decisão para além das partes processuais. Igualmente, pode ser útil a participação de *amicus curiae* para apresentação de contribuições técnicas relevantes à resolução da disputa.[227]

Os dois pontos supramencionados serão analisados na sequência.

---

[226] "Também como em todo processo civil, no arbitral é em tese admissível a ulterior agregação de outros sujeitos à relação processual, além do autor e do réu, na condição de intervenientes. A admissibilidade das intervenções de terceiros no processo arbitral pode, todavia, estar condicionada a um requisito adicional, que é a vontade do terceiro não signatário da convenção de arbitragem. Não desejando participar do processo arbitral, sua inserção por provocação de uma das partes seria um ultraje à sua liberdade de contratar e equivaleria a uma indevida extensão subjetiva da cláusula compromissória" (DINAMARCO, Cândido Rangel. *A arbitragem na teoria geral do processo*, p. 124).

[227] "O *amicus curiae* é um terceiro interveniente. Assim, para esta figura também se aplica a clássica distinção entre 'partes' e 'terceiros' de inspiração Chiovendiana: parte é quem pede e em face de quem se pede; terceiros, por exclusão, todos os outros, variando sua qualidade de atuação no plano do processo consoante seja mais ou menos intenso o seu interesse jurídico na intervenção. A afirmação de que o *amicus curiae* é um terceiro, contudo, não o torna, ao contrário do que se lê em boa parte da doutrina que se manifestou sobre o assunto, um 'assistente', nem, tampouco, um 'assistente *sui generis*'. É que a razão pela qual o *amicus curiae* intervém em um dado processo alheio não guarda nenhuma relação com o que motiva e justifica, perante a lei processual civil, o ingresso do assistente, seja na forma *simples* ou *litisconsorcial*.

O que enseja a intervenção deste 'terceiro' no processo é a circunstância de ser ele, desde o plano material, legítimo portador de um 'interesse institucional', assim entendido aquele interesse que ultrapassa a esfera jurídica de um indivíduo e que, por isso mesmo, é um interesse meta-individual, típico de uma sociedade pluralista e democrática, que é titularizado por grupos ou por segmentos sociais mais ou menos bem definidos" (BUENO, Cássio Scarpinella. Amicus curiae: *uma homenagem a Athos Gusmão Carneiro*. Disponível em: http://www.scarpinellabueno.com/images/textos-pdf/005.pdf. Acesso em: 20 abr. 2017. Do mesmo autor, cf. Amicus curiae *no processo civil brasileiro*: um terceiro enigmático. 2. ed. São Paulo: Saraiva, 2008, *passim*).

Quanto à possível eficácia da decisão para outros agentes que não participaram do procedimento arbitral, em uma análise superficial do tema, poderia parecer algo pouco provável, dado que, em geral, se discute um conflito contratual, relacionado a direitos patrimoniais disponíveis. Contudo, para os liames obrigacionais da Administração Pública, a questão pode apresentar contornos diferenciados.

Sabe-se que o Estado pode se valer do contrato administrativo para a execução de uma obra ou serviço, para a concessão de um serviço público, para outorga do direito de exploração de uma atividade ao vencedor de um leilão de aquisição do controle societário de uma empresa,[228] como um instrumento de regulação, entre outras finalidades.

Assim, o liame obrigacional entre Estado e ente privado nem sempre possui contornos óbvios ou restritos às partes contratantes. Alguns exemplos podem ilustrar essa situação.

Há casos em que a construção e operação de uma linha de metrô, mediante contrato de PPP, prevê integração com as demais linhas da malha, as quais são operadas por empresas estatais. Em tal hipótese, alguma divergência técnica, no bojo do contrato de PPP, na construção da interligação entre a linha metroviária antiga, operada pela companhia estatal, e a futura linha metroviária a ser operada pelo parceiro privado, precisará contar com a participação de todos os atores envolvidos, ou seja, Estado e empresa privada (como signatários do contrato de PPP) e a empresa estatal (legítima interessada na resolução do conflito, cujas consequências poderão impactar em suas atividades).

De outra banda, em alguns setores de infraestrutura, as alterações promovidas em um contrato podem impactar em outras avenças, como, por exemplo, no setor de energia elétrica, em que as diversas atividades da cadeia produtiva são divididas em contratos próprios (geração, transmissão e distribuição). Nesses casos, quer parecer relevante a atuação das Agências Reguladoras nos procedimentos arbitrais.[229]

Em suma, em razão da potencial interface dos contratos administrativos, em especial da área de infraestruturas, como outros contratos, bem como pelo potencial impacto regulatório que a decisão arbitral sobre

---

[228] Como ocorrido em São Paulo, com a alienação da Companhia de Gás de São Paulo (Comgás) e subsequente concessão do direito de exploração da distribuição do gás canalizado ao adquirente da companhia, pelo prazo de 30 anos, a partir do leilão ocorrido em 1999.

[229] Em casos dessa natureza, as Agências Reguladoras costumam figurar como parte contratual, seja na posição de contratante, seja como interveniente. Contudo, a observação é válida para os casos em que o regulador não tenha essa participação.

um contrato pode promover em todo o setor,[230] a figura da intervenção de terceiros merece ser considerada nas arbitragens com participação da Administração Pública.

No que diz respeito à atuação de *amicus curiae*, quer parecer que sua participação pode se justificar em razão de uma potencial relevância socioeconômica da decisão a ser tomada na arbitragem, a despeito de versar sobre direitos patrimoniais disponíveis. Nessa seara, a jurisprudência das arbitragens internacionais de investimentos pode oferecer algum subsídio de análise.

Eugenia Levine relata a importância que o tema da participação de *amicus curiae* vem ganhando nas disputas comerciais internacionais. De acordo com a autora, ao mesmo tempo em que tais agentes processuais podem aprimorar o debate e contribuir para a solução do caso, a intensificação de sua atuação pode afastar o interesse do investidor estrangeiro, em razão do aumento de sua exposição no conflito.[231]

---

[230] Nessa temática, vale destacar os desafios da regulação estatal realizados por meio de agências reguladoras (discricionárias) e da regulação promovida por contratos: "Nos setores de infraestrutura, tanto a regulação por contrato quanto a regulação discricionária surgem como formas de lidar com o mesmo imperativo: garantir que investimentos e compromissos de longo prazo, vinculados a ativos específicos, não sejam minados pela instabilidade e alteração constante de diretrizes políticas. No entanto, diante dessa necessidade de conferir estabilidade de regras para a prestação adequada dos serviços de infraestrutura, as duas abordagens regulatórias propõem soluções distintas (ainda que não contrapostas). A regulação por contrato vê no instrumento contratual uma forma de obter comprometimento entre as partes, uma vez que as bases da provisão dos serviços são previamente estabelecidas e são previstas sanções em caso de desvio por alguma das partes. Já a regulação discricionária busca extrair sua credibilidade principalmente do caráter independente – ou autônomo, como prefere SUNDFELD (2000: 24) – do regulador. As agências possuem mecanismos que lhes conferem certa autonomia em relação aos políticos, tais como mandato fixo para seus diretores, decisões colegiadas e diversidade na composição de seus quadros, estando menos vulneráveis a alterações de diretrizes em razão de alterações no cenário político" (FERREIRA, Fernanda Meirelles. *Regulação por contrato no setor de saneamento*: o caso de Ribeirão Preto. Dissertação de Mestrado em Administração Pública e Governo. Orientadora: Professora Dra. Regina Pacheco. Fundação Getulio Vargas, São Paulo, 2005. p. 66).

[231] "A rápida ascensão da arbitragem de investimento internacional na ordem jurídica internacional tem sido acompanhada por uma crescente preocupação pública quanto à legitimidade e responsabilidade do sistema. A controvérsia decorre do fato de que, embora a arbitragem seja tradicionalmente um mecanismo de resolução de controvérsias confidencial e privado, a participação de um Estado no contexto do investimento pode levar a decisões arbitrais que afetam um leque significativamente maior de atores que as duas partes na disputa. Como ressalta um autor, 'a arbitragem entre investidores e Estados envolve desafios às medidas governamentais, às vezes medidas de aplicação geral destinadas a promover ou alcançar importantes objetivos de políticas públicas' (...) Ao considerar o papel a ser desempenhado por terceiros intervenientes nas disputas arbitrais investidor-Estado, é necessário manter-se consciente do fato de que o regime de arbitragem de investimentos difere fundamentalmente da arbitragem comercial tradicional. Em muitos casos, é imperativo que a arbitragem entre investidores estatais 'satisfaça elevados padrões de transparência e abertura a participantes não disputantes'" (LEVINE, Eugenia. Amicus

No contexto do *International Centre for Settlement of Arbitration* (ICSID), o caso de *Biwater Gauff (Tanzânia) Ltd.* vs. *República Unida da Tanzânia* discutiu a privatização dos serviços de abastecimento de água e esgoto na Tanzânia, e a subsequente rescisão pelo governo tanzaniano de um contrato de fornecimento de serviços com uma empresa britânica.[232] Em tal conflito, cinco ONGs representando direitos humanos e sustentabilidade apresentaram uma representação de *amicus curiae*, solicitando acesso a documentos importantes apresentados pelas partes e permissão para comparecer a qualquer audiência e responder a qualquer das perguntas escritas do tribunal. Para justificar seu requerimento, as ONGs alegaram que os processos de arbitragem da *Biwater* envolviam questões de grande preocupação para a comunidade local na Tanzânia e uma variedade de potenciais questões de interesse para os países em desenvolvimento que privatizaram o setor de abastecimento de água ou outras infraestruturas. Diante disso, o tribunal permitiu a participação dos *amici* nos termos do art. 37 (2) das regras de arbitragem do ICSID, que concede ao tribunal arbitral discricionariedade para permitir a apresentação de escritos breves por terceiros.

Em tempos recentes, a jurisprudência do ICSID ampliou a possibilidade de participação de *amicus curiae*, antes restrita a ONGs e a grupos da sociedade civil, para permitir a intervenção processual de entidades supranacionais. No caso de AES *Summit Generation Limited e AES-Tisza Erömü Kft.* vs. *República da Hungria*, a Comissão Europeia foi admitida no processo para representar o interesse comunitário na aplicação do direito da concorrência.[233]

Assim, o aumento e a diversificação de terceiros que pretendem atuar como *amicus curiae* em arbitragens de investimentos levantam questões complexas sobre a natureza dos interesses que estes terceiros podem representar e as consequências positivas e negativas do seu envolvimento. Dentro desse contexto, Alexis Mourre apresenta um posicionamento crítico em relação ao regulamento do ICSID, que condiciona tal modalidade interventiva à concordância das partes.[234]

Curiae in International Investment Arbitration: The Implications of an Increase in Third-Party Participation. *Berkeley Journal of International Law*, v. 29, ed. 1, p. 200-224, 2011).

[232] *Biwater Gauff (Tanzania) Ltd. vs. United Republic of Tanzania.* ICSID Case ARB/05/22, Procedural Order 5 (Feb. 2, 2007).

[233] *AES Summit Generation Ltd. and AES-Tisza Erömü Kft. vs. Republic of Hungary.* ICSID Case ARB/07/22 (2010).

[234] "Em conclusão, há certamente uma tendência para maior transparência na arbitragem de investimento, e a admissão *amicus curiae* é parte dessa tendência. Ainda assim, a situação atual é insatisfatória. Não é satisfatório do ponto de vista processual, uma vez que o direito

A situação narrada acima demonstra o nível das discussões sobre a participação de *amicus curiae* nas arbitragens de investimento, as quais se encontram em um patamar mais aprimorado em relação às arbitragens domésticas brasileiras em contratos públicos. Certamente esse tema será objeto de controvérsias em futuros litígios nacionais envolvendo a Administração Pública, o que demandará uma revisitação da Lei de Arbitragem ou, ao menos, dos regulamentos das principais câmaras arbitrais de primeira linha.

2.4   Sínteses parciais

O presente capítulo apresentou uma revisão bibliográfica sobre a arbitragem com participação da Administração Pública. Inicialmente, foram explicitados os diplomas normativos que regulamentam o tema, em sua perspectiva histórica, desde as primeiras concessões ferroviárias do século XIX até as recentes concessões de serviço público, após a abertura econômica do final do século XX, com as parcerias junto ao setor privado para implementação de infraestruturas públicas.

Foram estudados três precedentes sobre o tema, os quais demonstram a evolução do instituto de solução de disputas com participação da Administração Pública: *Caso Lage*, *Caso Copel* e *Caso Metrô/SP*. Nos três litígios, houve o manejo de medidas antiarbitragem, as quais ratificaram a legalidade e a legitimidade do juízo arbitral. Para robustecer o embasamento teórico do trabalho, foram apresentadas as principais perspectivas das Convenções Internacionais e um breve estudo de direito comparado, que demonstrou como o tema do trabalho possui relevância e atualidade em outros ordenamentos jurídicos.

Na etapa final do capítulo, foram confrontadas as vantagens e os desafios na utilização da arbitragem pelo Estado. Ao final, foram expostas, de maneira abrangente, algumas peculiaridades procedimentais, as quais costumam ser exploradas em detalhes nas teses de

---

das partes de examinar os *amici* – cujo testemunho pode ser relevante para o resultado da arbitragem – deve ser assegurado. Também é insatisfatório de um ponto de vista substancial, uma vez que é difícil conciliar a visão segundo a qual a admissão de manifestações dos *amici* é justificada pelo interesse do público na discussão, mas o poder do tribunal para autorizá-los é residual e só existe na ausência de um acordo das partes em sentido contrário. Desse ponto de vista, o recente acordo alcançado para mudanças nas Regras do ICSID é decepcionante, uma vez que a possibilidade de abrir audiências para a presença de *amici* ainda estaria sujeita ao consentimento das partes" (MOURRE, Alexis. Are Amici curiae the proper response to the public's concerns on transparency in investment arbitration? *The Law Practice of International Courts and Tribunals*, v. 5, issue 2, p. 271, 2006).

direito processual civil e que representam aspecto marginal do enfoque metodológico aqui proposto.

Acredita-se que está aberto espaço para que o leitor seja apresentado ao terceiro capítulo, que detalhará, com base nas premissas teóricas aqui estudadas, a cláusula de solução de disputas em contratos da Administração Pública.

CAPÍTULO 3

MÉTODOS DE SOLUÇÃO DE DISPUTAS EM CONTRATOS DA ADMINISTRAÇÃO

3.1 O contrato da Administração Pública e seu capítulo de solução de disputas

A redação de um capítulo específico para solução de disputas nos contratos celebrados pela Administração Pública costuma ser um desafio ao gestor público. Isso porque ainda são escassos a produção bibliográfica e os precedentes judiciais que exponham critérios seguros para a escolha dos diversos métodos para composição de litígios em cada liame obrigacional.

Assim, o presente capítulo se propõe a analisar o tema, na tentativa de verificar como a questão vem sendo conduzida pelos entes públicos, com destaque para os contratos de Parcerias Público-Privadas celebrados pelo Estado de São Paulo, os quais serão objeto de estudo mais detalhado no quarto capítulo. Todavia, a presente seção não se restringirá a apresentar um retrato daquilo que já foi realizado, mas buscará uma análise crítica, com propostas de aprimoramento.

3.1.1 Desafios na gestão de um contrato público

Ao iniciar um relacionamento contratual com a iniciativa privada, o administrador público se depara com diversas contingências, como falta de conhecimento técnico, jurídico e econômico para tal atividade; sujeição aos órgãos de controle interno e externo da Administração; além das divergências de interpretação das cláusulas da avença com a contratada. Para contratações públicas na área de infraestruturas, em especial concessões e PPP, as vicissitudes são ainda maiores.

Os contratos de longo prazo, subscritos para viabilizar projetos de alta complexidade (linhas metroviárias, sistemas de saneamento básico, linhas de transmissão de energia elétrica, concessão de aeroportos, entre outros), pressupõem liames obrigacionais com forte intuito cooperativo (vide item 1.2.3). Em tais hipóteses, as partes precisam manter uma dinâmica de intenso diálogo e trabalho conjunto, pois as atividades a serem desempenhadas não se restringem ao exercício de uma tarefa, com o correspondente pagamento, através de medições realizadas pelo gestor, mas sim na apresentação de uma solução técnica, que atenda uma política pública para cidadão, com intensos dispêndios de capital (*capital expenditure – capex*) e operacionais (*operational expenditure – opex*). Em projetos desse porte, é quase natural que terceiros não signatários da avença possam trazer impactos nas obrigações entre as partes, através de seus comportamentos.

Alguns exemplos práticos podem ilustrar essa realidade.

Em hipótese, imagine-se a construção e operação de uma nova linha de metrô em São Paulo, que deverá se interligar com outras linhas em operação. Nesse caso, as obras das estações de conexão precisarão ser realizadas sem a paralização da operação comercial nas linhas antigas, em constante diálogo e trabalho conjunto com os atuais operadores metroviários. Para tais casos, a fase de obras pode demorar alguns anos e a operação da linha pelo novo prestador poderá ocorrer por algumas dezenas de anos.

Igualmente, uma concessão de geração de energia elétrica, outorgada pela União, pode sofrer impactos em razão do uso da água de reservatórios por entidades responsáveis pelo saneamento básico, o que poderá reduzir a expectativa de produção de energia elétrica. Se o contrato não disciplinar adequadamente essas contingências, as partes terão dificuldades na condução do empreendimento.[235]

Tais instrumentos de longa duração, cujo aspecto relacional é determinante entre as partes, já foram estudados pela teoria de Ian Macneil.[236] De acordo com sua compreensão, o elemento confiança é

---

[235] Esse é o caso o Processo Administrativo Sancionador nº 2012/1131/RJ, rel. Luciana Dias, em curso perante a Comissão de Valores Mobiliários. Trata-se de procedimento iniciado a partir de Termo de Acusação da Superintendência de Relações com Empresas, a qual imputou ao Estado de São Paulo a prática de abuso de poder de controle acionário por omissão, em razão de suposta inércia no atendimento aos interesses dos acionistas minoritários da Empresa Metropolitana de Águas e Energia (EMAE), decorrente de alegada relação desvantajosa com a Companhia de Saneamento do Estado de São Paulo (SABESP), no que tange à captação de água dos reservatórios das represas Billings e Guarapiranga.

[236] "Um sistema de contrato mais relacional e sua lei contratual neoclássica correspondente permanecem teoricamente estruturados nos modelos descontínuos e clássicos, com

fundamental, aliado à necessidade de flexibilidade na relação entre as partes, dada a natural incompletude contratual.[237]

Giuliana Bonanno Schunck defendeu tese de doutorado sobre o tema dos contratos de longo prazo e o dever de cooperação. A autora destaca que, quanto maior for a complexidade da avença, maiores são as chances de incompletude de seus termos. Assim, seria impossível imaginar que os redatores do instrumento teriam aptidão para prever todas as possíveis ocorrências em um cenário de 30 anos, por exemplo.[238]

Nessa temática, o cenário brasileiro é bastante desafiador para o administrador público, ao considerar a existência de contratos relacionais (naturalmente incompletos), porém com limites impostos pela legislação e órgãos de controle para mitigar os efeitos negativos da incompletude. Isso porque, compulsando os estudos que propõem alguns deveres contratuais entre as partes para o adequado cumprimento da obrigação, verifica-se sua difícil aderência à sistemática que rege os contratos da Administração Pública.

Uma das condutas esperadas dos gestores de avenças relacionais é o *dever de renegociar*. Trata-se do ônus imposto aos gestores em reanalisar as condições pactuadas, em razão de possíveis alterações de cenário (em especial no contexto econômico) ao longo da execução contratual. Giuliana Bonanno Schunck se manifesta sobre essa proposta nos seguintes termos:[239]

> Decorrente da boa-fé objetiva, o dever de renegociar está intimamente ligado aos aspectos da lealdade contratual e do próprio dever de

---

mudanças significativas. Tais contratos, sendo mais complexos e de maior duração do que as transações descontínuas, tornam-se disfuncionais se forem muito rígidos (…). Assim grande parte da flexibilidade precisa ser planejada, ou lacunas devem ser deixadas no planejamento, conforme necessário" (MACNEIL, Ian. Contracts: adjustment of long-term economic relations under classical, neoclassical, and relational contract law. *Northwestern University Law Review*, v. 72, n. 6, p. 854-905, 1978).

[237] A teoria dos contratos incompletos foi exposta com proficiência pelos professores Oliver Hart (Harvard) e John Moore (London School of Economics). Cf. HART, Oliver; MOORE, John. Foundations of Incomplete Contracts. *National Bureau of Economic Research*. Cambrige, 1998. p. 1-48. No direito brasileiro, destaca-se a obra de MACEDO JR., Ronaldo Porto. *Contratos relacionais e defesa do consumidor*. São Paulo: Max Limonad, 1998.

[238] "Além disso, vale destacar que as chances de um contrato ser incompleto são maiores quanto mais sofisticado e complexo for o ambiente de negócio das partes. Não se pode negar que, em um ambiente sofisticado, as partes provavelmente estarão mais bem assistidas e seus assessores tentarão evitar ao máximo deixar o contrato incompleto. Mesmo assim, em razão da complexidade do contrato e de seus aspectos práticos, os próprios assessores das partes terão limitações em conceber e prever todos os cenários" (SCHUNCK, Giuliana Bonanno. *Contratos de longo prazo e dever de cooperação*. Coimbra: Almedina, 2016. p. 57).

[239] SCHUNCK, Giuliana Bonanno. *Contratos de longo prazo e dever de cooperação*, p. 190.

cooperação entre as partes. De fato, em razão da impossibilidade de cumprimento do contrato nos moldes inicialmente avençados, a cooperação entre as partes impõe que elas renegociem de boa-fé os termos que se tornaram prejudicados, seja em razão da incompletude contratual, seja em razão da alteração das circunstâncias.

No ambiente dos contratos celebrados pela Administração Pública, essa ideia encontra desafios no direito positivo e na jurisprudência das Cortes de Contas.

Nessa toada, a Lei federal nº 8.666/1993 prevê a obrigatoriedade de vinculação das partes ao edital de licitação e à proposta do licitante vencedor (inciso XI do art. 55). Trata-se de previsão adequada, que visa garantir o cumprimento do quanto avençado inicialmente entre os contratantes (*pacta sunt servanda*). Para os casos em que ocorrer superveniência de fato excepcional ou imprevisível, estranho à vontade das partes, que altere fundamentalmente as condições de execução, foi prevista a possibilidade do reequilíbrio econômico-financeiro do contrato (§1º do art. 57).

Todavia, a renegociação de contratos públicos para a realização do reequilíbrio econômico-financeiro encontra alguns entraves de ordem prática. Especificamente na área de infraestruturas, o gestor contratual não costuma ser autoridade competente para analisar possíveis pleitos da contratada, pois, em geral, essa decisão é compartilhada por órgãos colegiados, de composição intersetorial, com presença de agentes políticos.[240] Ainda assim, a análise do desequilíbrio pode demandar conhecimentos técnicos, o que levará à contratação de consultores externos especializados. Essa composição entre instâncias técnicas e políticas pode prolongar o estudo de um pleito por muitos anos, ampliando o eventual descompasso obrigacional. Ao final, o pedido pode ser negado, por se preferir levar a questão ao sistema de solução de litígios contratuais, o que certamente diferirá o pagamento para o próximo mandato político.

Outra conduta esperada para os contratos de longo prazo é o *dever de mitigar o próprio prejuízo*, consistente na obrigação, por parte daquele que sofre prejuízos na relação contratual, de impedir a manutenção de

---

[240] No caso do Estado de São Paulo, temos a Comissão de Acompanhamento de Contratos de PPP (CAC-PPP) e o Conselho Gestor de PPP.

CAPÍTULO 3
MÉTODOS DE SOLUÇÃO DE DISPUTAS EM CONTRATOS DA ADMINISTRAÇÃO | 141

tal revés, no intuito doloso de ampliar seus ganhos com multas, juros ou correções monetárias.[241]

No cenário dos projetos de infraestrutura, o descumprimento contratual, em certos casos, é evento planejado pelas empresas. Nessas hipóteses, o licitante sagra-se vencedor do certame ao ofertar um preço deveras baixo, inexequível para as condições estipuladas. Para compensar essa perda, o contratado permite a ocorrência de determinados atrasos (por exemplo, procrastinando licenciamentos ambientais), no intuito de criar um ambiente propício ao pleito de reequilíbrio contratual. Segundo Maurício Portugal Ribeiro,[242]

Nesse contexto, ocorrem os falsos cumprimentos de contrato: o concessionário finge que cumpre o contrato, se negando, contudo, a realizar os investimentos necessários à prestação do serviço com a qualidade prevista no contrato. Segue auferindo as receitas tarifárias e administrando no varejo as acusações de descumprimento do contrato, usando, muitas vezes, vezos marotos para culpar os órgãos ambientais, o regulador, o governo e o acaso pelos problemas na prestação dos serviços. Isso geralmente acontece em concessões de projetos *brownfield* (isto é, que já estão implantados como rodovias e aeroportos existentes quando da licitação), nos quais é possível iniciar a cobrança de tarifas antes de realizar grandes investimentos.

Situações dessa natureza poderiam ser evitadas pela realização de procedimentos licitatórios que não privilegiassem o critério de preço no julgamento (menor contraprestação, menor tarifa ou maior outorga), o que já é permitido pela legislação (§1º do art. 45 da Lei federal

---

[241] "Em caso de cumprimento do encargo de evitar o próprio dano, a parte lesada tem direito a pedir reembolso pelos gastos razoáveis despendidos. Em caso de descumprimento, se se tratar de perdas e danos decorrentes de inadimplemento obrigacional a vítima perderá integralmente o direito à indenização pelos danos que poderia ter evitado ou ao menos minimizado, por conta dos arts. 402 e 403 do CC/2002; e no caso de dano extracontratual que a vítima poderia ter evitado sofrer, em se tratando de culpa concorrente, o que em regra se dará, mormente em caso de descumprimento por omissão da vítima, a perda do direito à indenização será apenas parcial, pois a parte lesada ainda fará jus a indenização, que será fixada com base no confronto da gravidade da sua culpa com a do autor do dano, por conta do art. 945 do CC/2002" (DIAS, Daniel Pires Novais. O *Duty do Mitigate the Loss* no direito civil brasileiro. *In*: TEPEDINO, Gustavo; FACHIN, Luiz Edson (Org.). *Doutrinas essenciais* – obrigações e contratos. São Paulo: RT. v. III, p. 735).

[242] RIBEIRO, Maurício Portugal. *20 Anos da Lei de Concessões. 10 Anos da Lei de PPPs*: viabilizando a implantação e melhoria de infraestruturas para o desenvolvimento econômico-social. Disponível em: https://pt.slideshare.net/portugalribeiro/10-anos-da-lei-de-ppp-20-anos-da-lei-de-concesses. Acesso em: 29 abr. 2017.

nº 8.666/1993 e art. 15 da Lei federal nº 8.987/1995), mas interpretado com cautela por órgãos de controle.[243]

Cabe destacar, ainda, o *dever de informar*, consistente na obrigação das partes em esclarecer fatos contratuais que podem trazer impactos positivos ou negativos na prestação contratual. Trata-se de elemento das relações de mercado já estudadas por economistas desde os anos 60 do século XX.[244] No plano jurídico nacional, Paulo Luiz Netto Lobo afirma que o direito à informação e o correspectivo dever de informar têm raiz histórica na boa-fé, mas adquiriram autonomia própria no Estado Social de Direito contemporâneo.[245]

Em contratos de longa duração, em casos em que algumas responsabilidades são compartilhadas entre as partes, é comum verificar o descumprimento do dever de informar, na tentativa de ampliar ganhos econômicos.

Em certas hipóteses, por exemplo, contratos de fornecimento de determinados equipamentos (trens, navios, aviões) necessitam da importação de peças, para montagem em território nacional. Quando se trata de contratações complexas, que envolvem dispêndio de elevadas quantias para projetos de desenvolvimento econômico e social, é comum a presença de entidades financiadoras internacionais, as quais demandam a introdução de uma estrutura própria de distribuição de obrigações contratuais.

Isso porque tais entidades possuem uma regra procedimental que exclui do financiamento o valor dos tributos, de sorte que tal ônus poderá ser imputado ao Estado contratante.[246] Contudo, haverá maior

---

[243] "Os tipos de licitação 'melhor técnica' ou 'técnica e preço' serão utilizados exclusivamente para serviços de natureza predominantemente intelectual, em especial na elaboração de projetos, cálculos, fiscalização, supervisão e gerenciamento e de engenharia consultiva em geral" (Acórdão nº 2118/2008 Plenário (Sumário)). "Ressalto, a propósito, que os serviços de caráter predominantemente intelectual devem ser licitados com a adoção dos tipos de licitação melhor técnica ou técnica e preço. E quando se tratar de serviços de informática com essa característica, com a utilização do tipo técnica e preço. Tal conclusão decorre dos preceitos contidos nos arts. 45, §4º, e 46 da Lei n. 8.666/1993" (Acórdão nº 2172/2008 Plenário (Voto do Ministro Relator)).

[244] STIGLER, George J. The Economics of Information. *The Journal of Political Economy*, v. LXIX, n. 3, p. 213-225, jun. 1961.

[245] LÔBO, Paulo Luiz Netto. *O contrato*: exigências e concepções atuais. São Paulo: Saraiva, 1986. p. 56.

[246] No que toca especificamente ao tema dos tributos e demais encargos alfandegários incidentes sobre a operação de importação de insumos e bens a serem incorporados nos bens montados em território nacional, as *Guidelines* do Banco Mundial deixam claro que a pertinente carga tributária fica a cargo do comprador. Nesse sentido, cabe destacar o teor do art. 2.21, e sua respectiva nota de rodapé, das *Diretrizes para Aquisições de Bens, Obras e Serviços Técnicos Financiados por Empréstimos do BIRD e Créditos & Doações da AID*, pelos

eficiência se o agente privado se responsabilizar pela importação e desembaraço aduaneiro, para posterior reembolso pelo Estado. Pois bem, há casos em que o contratante privado obtém a isenção tributária e deixa de informar tal fato à Administração Pública, na tentativa de obter o "reembolso" de um tributo não recolhido.

Todos os deveres supramencionados, aplicados aos contratos relacionais de longa duração, representam consectários da boa-fé objetiva prevista no art. 422 do Código Civil brasileiro. Trata-se de princípio basilar, que precisa nortear todos os contratos celebrados pela Administração Pública. Ao descrever o conteúdo de tal preceito, Judith Martins-Costa pontua:[247]

> O princípio da boa-fé objetiva desempenha um papel fundamental, porque é o caminho pelo qual se permite a construção de uma noção substancialista do direito, atuando como um modelo hábil à elaboração de um sistema aberto, que evolui e se perfaz dia a dia pela incorporação dos variados casos apresentados pela prática social, um sistema no qual os chamados "operadores" do direito passam a ser vistos como seus verdadeiros autores, e não meramente como seus aplicadores, recipiendários ou destinatários.

Mutuários do Banco Mundial, de janeiro de 2011, disponível em: http://www.worldbank.org/pt/country/brazil/brief/Brazil-procurement-documents-procedures. "Preços. 2.21. Os licitantes deverão cotar seus preços CIP (local de destino) para todos os bens manufaturados no exterior e que serão importados. Os preços dos bens previamente importados deverão ser cotados em base CIP (local de destino) separadamente, indicado o montante efetivo correspondente a taxas alfandegárias e impostos de importação já pagos. Os preços dos bens manufaturados no país do Mutuário deverão ser cotados na base EXW (*Ex Works*, na origem ou disponível no mercado), acrescentando o custo do transporte e do seguro internos até o local de destino. Os licitantes poderão providenciar transporte marítimo e de outro tipo e os respectivos seguros, fornecidos por qualquer fonte elegível. Quando for exigida a instalação, operação ou outros serviços semelhantes, como no caso dos contratos de 'fornecimento e instalação', o licitante terá que cotar esses preços". Nota de rodapé: "Para mais definições, consulte a versão atual do *Incoterms 2010*, revisto de tempos em tempos e publicado pela Câmara Internacional de Comércio (ICC), 38 Cours Albert 1 er, 75008, Paris, França. CIP significa transporte e seguros pagos até (local de destino designado). Esse termo poderá ser usado independentemente do meio de transporte, incluindo transporte multimodal. CIP não inclui o pagamento de tarifas aduaneiras e outros impostos de importação, cuja responsabilidade é do Mutuário, no caso de bens previamente importados ou que serão importados. No tocante aos bens previamente importados, o CIP cotado deverá ser diferente do valor original de importação dos bens declarados à alfândega e incluir qualquer abatimento ou acréscimo determinado pelo agente ou representante local, bem como todos os custos locais, exceto as tarifas e impostos de importação, que serão pagos pelo comprador". Acesso em: 15 jun. 2017.

[247] MARTINS-COSTA, Judith. *Sistema e cláusula geral: a boa-fé objetiva no processo obrigacional*. Tese de Doutorado. Faculdade de Direito da Universidade de São Paulo. Orientador: Professor Titular Antônio Junqueira de Azevedo. São Paulo: 1996, p. 465.

Como pode ser notado, muitas condutas verificadas em contratos públicos na área de infraestruturas caminham na contramão do que se espera para a boa condução dos empreendimentos de longo prazo. As razões que fomentam comportamentos contratuais inadequados são as mais diversas, passando por deficiências técnicas, assimetrias de informação, contingências políticas e oportunismo de agentes públicos e privados. Assim, o cenário que se descortina a partir de tais condutas é conflituoso e tende a levar as partes para o sistema de resolução de disputas previsto na avença.

Diante disso, o próximo item se debruçará sobre os métodos de solução de disputas nos contratos da administração.

3.1.2 Modalidades de soluções de disputas: foro convencional, arbitragem, mediação e conciliação

A cláusula de solução de disputas nos contratos celebrados pela Administração Pública pode assumir diversos formatos e valer-se de inúmeros instrumentos para a adequada decisão sobre o litígio.

A solução tradicional adotada em contratos públicos para julgamento de conflitos é a cláusula de foro comum, a qual submete ao Poder Judiciário estatal a resolução de quaisquer questões relacionadas à avença celebrada. Trata-se de instrumentalização da previsão contida no §2º do art. 55 da Lei federal nº 8.666/1993.[248] Contudo, aos poucos, outros métodos de solução de disputas passaram a ser inseridos em contratos do Estado, a começar pela arbitragem.

A evolução na utilização da arbitragem em contratos públicos já foi explorada no capítulo segundo do presente trabalho, a partir de um viés histórico do direito administrativo brasileiro. Por sua vez, o uso de negociação, conciliação e mediação será exposto a seguir, a partir de um estudo dogmático, dado que não foi possível estabelecer uma sistematização no manejo de tais instrumentos pelos entes federados, considerando que seu uso ainda é bastante incipiente.[249]

---

[248] "§2º Nos contratos celebrados pela Administração Pública com pessoas físicas ou jurídicas, inclusive aquelas domiciliadas no estrangeiro, deverá constar necessariamente cláusula que declare competente o foro da sede da Administração para dirimir qualquer questão contratual, salvo o disposto no §6º do art. 32 desta Lei."

[249] No que diz respeito à mediação, um dos poucos exemplos institucionalmente desenvolvidos é a Câmara de Conciliação e Arbitragem da Administração Federal – CCAF, cuja maior parte dos casos versa sobre conflitos entre entidades federais. Sobre o tema, com estudo empírico de seus casos, cf. DI SALVO, Sílvia Helena Picarelli Gonçalves Johonsom. *O desenho institucional e procedimental da mediação na Administração Pública brasileira*: estudo de caso da Câmara de Conciliação e Arbitragem da Administração Federal – CCAF (2010-2015).

Ao contrário da arbitragem, negociação, conciliação e mediação são métodos autocompositivos para solução de controvérsias, ou seja, são instrumentos utilizados para que as próprias partes cheguem à solução do litígio.

Na negociação, as partes buscam um consenso acerca da divergência, que pode resultar em um acordo subscrito por ambas. Em determinados casos, pode haver a necessidade de participação de negociadores profissionais, que as auxiliem a instrumentalizar suas vontades.

Por sua vez, conciliação e mediação são mecanismos de solução de disputas que contam, necessariamente, com a participação de terceiros, que auxiliarão as partes a solucionar a contenda. Francisco José Cahali distingue ambos os institutos, ao pontuar que o foco da mediação é o conflito, de modo que caberá ao mediador o restabelecimento de uma convivência harmônica entre as partes; ao passo que a conciliação se foca na solução, com uma atuação mais rápida, sem que haja preocupação com a relação dos litigantes.[250]

Conforme o pensamento de Sílvia Di Salvo:[251]

> Ainda dentro de tal categoria, a mediação se destaca entre os demais métodos por ter maior foco no conflito em si e não exclusivamente na sua resolução, embora seja naturalmente desejada, e possivelmente obtida com a ajuda do mediador, que as auxilia no desenvolvimento e apresentação de opções de resolução de disputas. Esse é, ainda, seu aspecto fundamental: as próprias partes estão responsáveis por construir uma decisão mutualmente satisfatória, o que demanda sua participação ativa no processo de mediação.

Dissertação de Mestrado. Faculdade de Direito da Universidade de São Paulo. Orientador: Professor Dr. Gustavo Henrique Justino de Oliveira. São Paulo, 2016, p. 275.

[250] "Pela sua natureza, e principalmente por não se investigar, posto que inexistente, a inter-relação subjetiva das partes, o desenvolvimento da conciliação mostra-se mais rápido e de menor complexidade em relação à mediação. Outras duas características fundamentais da conciliação são a celeridade do procedimento – que, muitas das vezes, se resume a uma única sessão – e a desnecessidade de conhecimento profundo da relação das partes pelo conciliador. (...). O foco da mediação é o conflito, e não a solução. Na conciliação percebe-se o contrário: o foco é a solução, e não o conflito. E com tratamento às partes, pretende-se na mediação o restabelecimento de uma convivência com equilíbrio de posições, independentemente de se chegar a uma composição, embora esta seja naturalmente desejada" (CAHALI, Francisco José. *Curso de arbitragem*: mediação, conciliação, Resolução CNJ 125/2010. 5. ed. São Paulo: RT, 2015. p. 47).

[251] DI SALVO, Sílvia Helena Picarelli Gonçalves Johonsom. *O desenho institucional e procedimental da mediação na Administração Pública brasileira*, p. 37.

Referidos instrumentos de solução de disputas podem estar contidos em capítulo próprio de um contrato da Administração Pública, de forma combinada, cada qual a ser utilizado no momento oportuno. Trata-se de metodologia de trabalho que privilegia o uso dos chamados *Alternative Dispute Resolution* (ADR), ou mecanismos alternativos de solução de controvérsias, que serão expostos adiante.[252]

A combinação dos institutos da arbitragem e da mediação em um contrato é tema de intenso debate acadêmico internacional.[253] São as denominadas cláusulas escalonadas, identificadas por Fernanda Levy como "estipulações contratuais que preveem fases sucessivas que contemplam os mecanismos de mediação e arbitragem para solução de controvérsias".[254] Segundo defendido pela autora:[255]

> Esse escalonamento pode ocorrer de duas maneiras: pela previsão inicial de mediação e caso ela reste infrutífera no sentido de obtenção do acordo, continua-se a gestão do conflito com a arbitragem (cláusula arbitral escalonada med-arb) ou no sentido inverso, iniciando o procedimento arbitral, ele é suspenso para que a mediação se desenvolva, para em seguida ser retomado para a homologação do acordo ou continuidade do procedimento arbitral (cláusula arb-med).

O uso das cláusulas "med-arb" ou "arb-med" pode representar importante instrumento para soluções de disputas contratuais. Nesse tema, a literatura estrangeira se debruçou com profundidade, de modo que alguns estudos internacionais merecem destaque.

Nessa ordem de ideias, a pesquisa de Martin Weisman aponta um resultado positivo na utilização de cláusulas med-arb nos Estados Unidos. De acordo com suas pesquisas, o manejo de tal instrumento foi apto a reduzir custos, aumentar a eficiência da contratação e inibir as

---

[252] Essa sigla foi importada dos países da *common law* e remete a uma solução de contendas alternativas em relação ao uso do Poder Judiciário estatal. Uma abordagem histórica dos ADR pode ser encontrada em: GOLDBERG, Stephen B. *Dispute Resolution*: Negotiation, Mediation and Other Process. 6. ed. New York: Aspen Publishers, 2012. Em sentido diverso, um enfoque crítico dos ADR em contratos pode ser obtido em EDWARDS, Harry. Alternative Dispute Resolution: panacea or anathema? *Harvard Law Review*, v. 99, n. 3, p. 668-684, jan. 1986.

[253] Para um estudo de direito comparado acerca da utilização de "med-arb", cf. POP, Andrea. Med-Arb: mode alternatif de regelement des conflits dans le Droit Compare. *Studia Universitatis Babes-Bolyai Jurisprudentia*, v. 2011, n. 1, p. 129-140, jan.-abr. 2011.

[254] LEVY, Fernanda Rocha Lourenço. *Cláusulas escalonadas*: a mediação comercial no contexto da arbitragem. São Paulo: Saraiva, 2013. p. 163.

[255] *Ibidem*, p. 164.

partes a encaminhar o caso à arbitragem, dado que a mediação restou bem-sucedida na maior parte das vezes.[256]

Chung Young Kyun segue a mesma linha ao defender o uso de med-arb, destacando como a combinação de mediação e arbitragem pode fomentar as vantagens de ambos os institutos. Segundo sua compreensão:[257]

> Mediação e Arbitragem são distintas modalidades de ADR. Sua diferença reside no princípio de que na mediação as próprias partes decidem qual é a resolução do problema, enquanto que na arbitragem quem o faz é o árbitro. Med-Arb, híbrido dos dois métodos, é um processo ADR bastante novo que remonta aos anos 70. Med-Arb capitaliza sobre as vantagens da mediação e da arbitragem, eliminando muitas das suas desvantagens. A mediação tem a vantagem de permitir composições ao invés de decisões. Arbitragem tem a vantagem de garantir que o assunto será resolvido quando o procedimento é longo. Em Med-Arb, os participantes concordam em ser partes na mediação, e se a mediação chegar a um impasse, um acordo final será alcançado através de arbitragem.

Em sentido diverso, Brian Pappas reconhece dificuldades no manejo da cláusula med-arb, para os casos em que o mesmo profissional atua como mediador e árbitro. Segundo seu estudo, existem poucos profissionais disponíveis que conseguem desempenar bem ambas as funções, de sorte que as partes perderão tempo e dinheiro para encontrá-lo.[258]

---

[256] "Os poucos estudos existentes indicam que a utilização de Med-Arb parece reduzir custos e aumentar a eficiência do processo de resolução de disputas. O Med-Arb tende a ser bem-sucedido nos casos em que há muitas questões complexas interacionadas e a instrução da arbitragem poderá ser demorada. De aproximadamente 12 casos de Med-Arb com sede em Michigan nos quais eu atuei como o neutro nos últimos anos, apenas dois foram para a fase de arbitragem. Todos esses casos eram disputas comerciais complexas envolvendo uma variedade de questões. Nas duas questões que foram submetidas à arbitragem, o número de questões arbitradas foi significativamente reduzido como resultado de acordos obtidos durante a fase de mediação.
Na minha experiência como provedor Med-Arb e em minhas discussões com aqueles que usaram Med-Arb, concluí que aqueles que nunca usaram o procedimento tendem a temer o desconhecido e a criticá-lo. Na realidade, dada a flexibilidade do Med-Arb e as variações que podem ser incorporadas em um processo de Med-Arb, não há nenhuma razão para os advogados e seus clientes não experimentá-lo, em disputas comerciais complexas. O Med-Arb continuará a crescer como um processo viável e eficaz porque é um método econômico, eficiente e justo para a solução de disputas" (WEISMAN, Martin C. Med-Arb: the best of both worlds. *Dispute Resolution Magazine*, v. 19, n. 3, p. 40-41, 2013).

[257] KYUN, Chung Young. A Study of Meb-Arb in the United States. *Journal of Arbitration Studies*, v. 24, n. 1, p. 85-110, 2014.

[258] "Apesar das opiniões em contrário, o Med-Arb não poupará tempo ou despesa para os participantes, pois será difícil localizar agentes que possam realizar adequadamente ambas

Na *práxis* dos contratos públicos, verifica-se a escolha de cláusulas med-arb em concessões, PPP e avenças de grande complexidade. Em geral, o capítulo de solução de disputas contratuais possui cláusulas escalonadas, com a possibilidade de utilização de negociação, mediação e arbitragem.[259] Além de tais institutos, é comum encontrar a previsão de *Dispute Board*, foro técnico composto por especialistas que estudam o caso e sugerem uma possível solução da contenda.[260]

No que tange ao *Dispute Board*, o recente estudo de Peter Wallace, Frank Giunta e Felipe Gutierrez destaca como tal instituto tem sido utilizado em empreendimentos de grande porte, como o Programa Aeroportuário de Hong Kong (1997) e expansão do Canal do Panamá (2007). No cenário brasileiro, o principal caso destacado foi o contrato de obras civis da Linha 4 do Metrô de São Paulo.[261]

Um dos entrevistados da pesquisa empírica do presente trabalho relatou sua experiência com o *Dispute Board* no conflito nacional mencionado acima. De acordo com sua vivência, houve um caso em que o instrumento se revelou desvantajoso, por ampliar a animosidade entre as partes e proporcionar uma espécie de inversão de ônus da prova na subsequente arbitragem. Isso porque, sob sua ótica, o parecer emitido pela Junta de três engenheiros foi tomado como uma "verdade" pelo tribunal arbitral posteriormente constituído, de modo que coube ao

---

as funções. Um profissional neutro é igualmente habilidoso tanto na mediação facilitadora quanto na arbitragem, mas estas são habilidades e mentalidades muito diferentes. A condução do Med-Arb exige de um indivíduo o conhecimento substantivo para servir como árbitro e as habilidades de facilitação excepcional para permanecer imparcial durante a mediação. Poucos mediadores atuam dessa forma, o que limita a quantidade de profissionais disponíveis" (PAPPAS, Brian A. Med-Arb and the legalization of Alternative Dispute Resolution. *Harvard Negotiation Law Review*, v. 20, n. 157, p. 157-204, 2015).

[259] Essa foi a opção dos contratos de concessão comum e PPP do Estado de São Paulo, especialmente a partir de 2013, conforme será exposto no Capítulo 4 da presente obra.

[260] "*Dispute Boards* são órgãos que compreendem um ou três membros, criado desde o início de um contrato para ajudar as partes a resolver divergências e disputas ao longo de sua execução. Tal instrumento é utilizado em contratos de média e longa duração. O trabalho apresentado por um *Dispute Board* pode ser de cunho informal, na forma de uma recomendação ou decisão. A decisão precisa ser cumprida assim que as partes a recebem, enquanto que a recomendação será cumprida a partir do momento em que as partes não apresentem algum tipo de objeção em relação ao seu conteúdo" (*Dispute Board Rules*. International Centre for ADR. International Chamber of Commerce. Paris, 2013).

[261] WALLACE, Peter; GIUNTA, Frank; GUTIERREZ, Felipe. Dispute Boards: Internacional and Latin American Experiences. *In*: TRINDADE, Bernardo Ramos. *CRD: Comitê de Resolução de Disputas nos Contratos de Construção e Infraestrutura*: uma abordagem prática sobre a aplicação de *dispute boards* no Brasil. São Paulo: PINI, 2016. p. 193-214.

entrevistado, na condição de advogado de empresa estatal, desconstituir seus argumentos.[262]

Ao se verificar a literatura estrangeira já produzida sobre as cláusulas escalonadas, em especial através de med-arb e *Dispute Board*, quer parecer que tal instrumento foi considerado adequado e bem-sucedido na maior parte dos casos. No Brasil, o uso combinado de mediação e arbitragem em um contrato público foi pouco experimentado, de sorte que não existem estudos conclusivos e as ocorrências práticas ainda são escassas.[263]

3.1.3 Contratos da Administração com capítulo de solução de disputas: redação do instrumento, justificativas apresentadas pelo Estado e a compreensão jurisprudencial

O capítulo de resolução de disputas em contratos públicos para implementação de infraestruturas costuma combinar os institutos da arbitragem com métodos autocompositivos de solução de controvérsias, como aqueles mencionados no item acima. Como exemplo, podem ser mencionados alguns setores regulados mediante concessão pelo Governo Federal, como rodoviário, ferroviário ou aeroportuário, sujeitos à disciplina da recente Lei federal nº 13.448, de 5 de junho de 2017 (decorrente da conversão em Lei da Medida Provisória

---

[262] O "Entrevistado A" ainda compreendeu que a existência da cláusula escalonada não foi apta a inibir conflitos ou aprimorar o relacionamento entre as partes contratuais. Em sua percepção, o tema ainda é prematuro, pela pouca experiência da administração pública com med-arb. Ao comentar o impacto da cláusula escalonada na contratação, referido agente pontuou: "Voltando ao tema das cláusulas escalonadas, mencionadas anteriormente, acredito que haveria ali uma questão que pudesse amenizar o risco da arbitragem, através da realização dos *dispute board*. Contudo, essa prática não foi bem-sucedida na companhia. No meu modo de ver, a cláusula arbitral foi indiferente, até mesmo pela novidade do tema. Precisamos de mais resultados, para dizer se o particular, ou a parte pública, terão mais chances de vencer na arbitragem."

[263] "No Brasil a experiência com os *Dispute Boards* é ainda modesta, mas os estímulos para sua utilização, sobretudo nos projetos de infraestrutura, vêm se multiplicando. O Enunciado 80 do Centro de Estudos Judiciários do Conselho da Justiça Federal é um claro exemplo desta tendência: 'A utilização dos Comitês de Resolução de Disputas (*Dispute Boards*), com a inserção da respectiva cláusula contratual, é recomendável para os contratos de construção ou de obras de infraestruturas, como mecanismo voltado para a prevenção de litígios e redução dos custos correlatos, permitindo a imediata resolução de conflitos surgidos no curso da execução dos contratos'" (OLIVEIRA, Pedro Ribeiro de. Formas e características dos *dispute boards* – considerações úteis na sua escolha. *In*: SION, Alexandre Oheb (Coord.). *Empreendimentos de infraestrutura e de capital intensivo*: desafios jurídicos. Belo Horizonte: Del Rey, 2017. p. 180).

nº 752/2016), a qual dispôs, em seu art. 31, que as controvérsias surgidas em decorrência dos contratos por ela regulamentados podem ser submetidas a arbitragem ou a outros mecanismos alternativos de solução de controvérsias. Em caminho semelhante, a redação de alguns contratos para construção e operação dos Estádios da Copa do Mundo de 2014 continham previsão de arbitragem, combinada com mediação ou outros instrumentos autocompositivos, de utilização facultativa.[264]

No ambiente acadêmico internacional, existe extensa bibliografia voltada ao estudo das melhores combinações dos instrumentos de solução de disputas no contrato.[265] A ideia central de tais *papers* é compreender em que medida o manejo da conciliação, mediação e arbitragem pode ajudar a boa governança ao longo da execução dos liames obrigacionais.

No caso brasileiro, contudo, a maior preocupação dos estudiosos reside na previsão de arbitragem nas avenças. Pode-se atribuir esse fato ao seu caráter heterocompositivo, privado e adjudicatório, ou seja, o fato de um conflito em contrato público ser solucionado, de forma definitiva, por um tribunal arbitral composto por agentes privados despertou, inicialmente, atenção e preocupação, até que se compreendesse o alcance, as limitações e vantagens de tal instituto. Não seria exagerado afirmar, sem juízo de valor, que o labor de redação da minuta do capítulo de solução de controvérsias contratuais se preocupa predominantemente com a cláusula arbitral, enxergando os demais instrumentos como acessórios.[266]

---

[264] Para uma descrição das cláusulas de soluções de disputas nos contratos para construção e operação dos estádios da Copa do Mundo, podem ser destacados dois trabalhos acadêmicos: OLIVEIRA, Beatriz Lancia Noronha de. *A arbitragem nos contratos de parceria público-privada.* Dissertação de Mestrado em Direito. Orientador: Professor Dr. Gustavo Justino de Oliveira. Universidade de São Paulo, 2012, p. 136 e ss. e ESCOBAR, Marcelo Ricardo. *Arbitragem tributária no Brasil.* São Paulo: Almedina Brasil, 2017. p. 197 e ss.

[265] "A mediação é geralmente entendida como um processo autocompositivo de solução de disputas, que ainda está ganhando popularidade nos Estados Unidos e em outros lugares. Não é um substituto para a adjudicação judicial, mas aumenta a possibilidade de as partes resolverem sua disputa por meio de um acordo mutuamente aceitável e não por um pedido vinculante de terceiros. A arbitragem internacional, por outro lado, é considerada um substituto da adjudicação judicial. Seu objetivo é principalmente superar os perigos e os problemas relacionados ao litígio internacional. É sugerido que uma combinação desses processos deveria ser buscada para alcançar o melhor de ambos os sistemas na resolução de disputas internacionais" (PETER, James T. Med-Arb in International Arbitration. *The American Review of International Arbitration*, v. 83, n. 8, 1997). Para um resumo das principais correntes doutrinárias em torno das diversas combinações entre mediação e arbitragem em um contrato, cf. ELLIOT, David C. Med-arb: fraught with danger or ripe with opportunity? *Alberta Law Review*, v. 34, n. 163, jun. 1995.

[266] Para exemplificar o quanto afirmado, cabe recordar que a Exposição de Motivos da Medida Provisória nº 752/2016 (convertida na Lei federal nº 13.488/2017) se refere exclusivamente

A partir dessa premissa, é necessário que se compreenda os efeitos da introdução da cláusula compromissória nos contratos em geral, a partir da doutrina da arbitragem internacional, aplicável aos procedimentos domésticos nesse quesito.

3.1.3.1 Os efeitos da cláusula arbitral na compreensão de Philippe Fouchard, Emmanuel Gaillard e Berthold Goldman

A tradicional obra de Fouchard, Gaillard e Goldman sobre arbitragem internacional traz uma classificação em relação aos efeitos da cláusula arbitral.[267] Segundo os autores, existem efeitos positivos e negativos do instrumento compromissório. Essa proposta metodológica pressupõe a autonomia de tal cláusula em relação ao contrato, hoje admitida por muitos ordenamentos jurídicos, como o brasileiro.[268]

Na compreensão dos autores, a cláusula compromissória obriga seus signatários a submeterem suas disputas à arbitragem, em razão de sua obrigatoriedade:[269]

> A obrigação de submeter as disputas inseridas em uma cláusula compromissória à arbitragem resulta de uma aplicação correta do princípio de que as partes devem seguir o contrato. Tal princípio, expresso pela máxima do *pacta sunt servanda* é provavelmente uma das mais reconhecidas regras de direito contratual internacional. Consequentemente, o princípio de que a cláusula compromissória é obrigatória tem sido aceito como uma regra de arbitragem comercial internacional. As cortes francesas, por exemplo, nunca determinaram o direito aplicável nos casos em que havia cláusula de arbitragem obrigatória.

à arbitragem, a despeito do texto de tal instrumento normativo fazer menção também aos demais mecanismos privados de solução de disputas. Em reforço, não é incomum encontrar contratos de concessão de infraestruturas que fazem menção exclusivamente à arbitragem, sem referência aos demais instrumentos de solução de disputas (por exemplo, podem ser mencionadas as minutas de contratos de concessão aeroportuária da Agência Nacional de Aviação Civil – ANAC, para os aeroportos de Fortaleza, Salvador, Florianópolis e Porto Alegre. Disponível em: http://www.anac.gov.br/assuntos/paginas-tematicas/concessoes/concessoes_em_andamento. Acesso em: 15 jun. 2017). Contudo, até o presente momento, não foi possível localizar um contrato público que contivesse previsão de mediação, conciliação ou negociação, sem a correspondente previsão de arbitragem.

[267] FOUCHARD, Philippe; GAILLARD, Emmanuel; GOLDMAN, Berthold. *International Commercial Arbitration*. Netherlands: Kluwer Law International, 1999. p. 381 e ss.

[268] De acordo com o art. 8º da Lei federal nº 9.307/1996. Sobre essa característica da cláusula compromissória, cf. CAHALI, Francisco José. *Curso de arbitragem*, p. 175.

[269] FOUCHARD, Philippe; GAILLARD, Emmanuel; GOLDMAN, Berthold. *International Commercial Arbitration*, p. 382.

Uma relevante consequência positiva da cláusula arbitral é conferir jurisdição ao tribunal arbitral para todas as disputas sujeitas ao seu alcance. A cláusula compromissória tem a aptidão de determinar quais questões podem ser examinadas e decididas pelo painel de julgadores, de acordo com os limites propostos. Além disso, tal disposição contratual também permite ao tribunal decidir a respeito de sua própria jurisdição. Trata-se do denominado princípio da Competência-Competência (ou "Kompetenz-Kompetenz", em alemão), o qual se encontra incorporado ao ordenamento jurídico brasileiro (parágrafo único do art. 8º da Lei federal nº 9.307/1996) e em alguns estatutos arbitrais internacionais, como a Lei Modelo da UNCITRAL (§3º do art. 16).[270]

Conforme observado por Philippe Fouchard, Emmanuel Gaillard e Berthold Goldman, o princípio da competência-competência funciona como instrumento para conferir poder aos árbitros para julgarem sua própria jurisdição e para serem os primeiros a se manifestar sobre essa questão, como uma regra de prioridade cronológica.[271]

Por sua vez, o efeito negativo da cláusula arbitral decorre do princípio de que as cortes estatais não possuem jurisdição sobre as questões submetidas à arbitragem, previsto na Lei Modelo da UNCITRAL (§1º do art. 8º) e na Convenção de Nova Iorque (§3º do art. II).[272] De acordo com a compreensão dos autores em estudo, seria uma decorrência desse postulado que os juízes estatais não poderiam reconhecer de ofício sua incompetência em razão da existência de cláusula compromissória, lição incorporada pelo Novo Código de Processo Civil (§5º do art. 337 da Lei federal nº 13.105, de 16 de março de 2015).[273]

---

[270] "Em associação a essa regra e com vista a proporcionar maior viabilidade à sua imposição em casos concretos, também constitui ponto pacífico na doutrina a *Kompetenz-Kompetenz*, que é a competência do próprio árbitro para em primeiro lugar decidir sobre a concreta existência da jurisdição arbitral, sempre que a arbitragem já esteja instaurada" (DINAMARCO, Cândido Rangel. *A arbitragem na teoria geral do processo*. São Paulo: Malheiros, 2013. p. 94).

[271] FOUCHARD, Philippe; GAILLARD, Emmanuel; GOLDMAN, Berthold. *International Commercial Arbitration*, p. 401.

[272] "3. O tribunal de um Estado signatário, quando de posse de ação sobre matéria com relação à qual as partes tenham estabelecido acordo nos termos do presente artigo, a pedido de uma delas, encaminhará as partes à arbitragem, a menos que constate que tal acordo é nulo e sem efeitos, inoperante ou inexequível."

[273] "Considerando que na arbitragem, por definição, o acordo das partes é o que determina a solução do litígio por essa via, sempre será possível aos litigantes acordarem em submeter a contenda às cortes estatais. Seria como uma renúncia, ainda que implícita, à cláusula arbitral" (FOUCHARD, Philippe; GAILLARD, Emmanuel; GOLDMAN, Berthold. *International Commercial Arbitration*, p. 405).

Após o estudo dos efeitos da cláusula de arbitragem na visão de importantes autores estrangeiros, cabe apresentar ao leitor como tais efeitos se manifestaram em três momentos históricos na redação dos contratos públicos, o que será feito a seguir.

3.1.3.2 A primeira fase: o cumprimento das diretrizes dos financiadores internacionais

Em um primeiro momento, a cláusula arbitral, assim como as cláusulas dos demais métodos de solução de disputas, que compunham capítulo próprio do contrato, foram inseridas em avenças de infraestrutura por uma exigência de organismos financiadores multilaterais. Essa etapa pode ser identificada a partir do julgamento pela constitucionalidade da lei de arbitragem até os primeiros anos do século XXI (2001 a 2008, aproximadamente).[274]

Em tais casos, parte dos custos de obras contratadas ou projetos estruturados foi bancada com recursos do Banco Internacional para Reconstrução e Desenvolvimento – BIRD, do Banco Interamericano de Desenvolvimento – BID e de outras agências de fomento. Trata-se de fenômeno de escala nacional.

Nesse contexto, por exemplo, o Banco Mundial recomendava a adoção da arbitragem comercial internacional em contratos de aquisição de bens e obras que contam com seu financiamento, de acordo com o item 2.43 das Diretrizes para Aquisições Financiadas por Empréstimos do BIRD e Créditos da AID (versão de maio de 2004, revisada em 1º de outubro de 2006).[275]

Conforme esclarecido pela *Entrevistada E* da pesquisa empírica do presente trabalho, a exigência de cláusula compromissória é prática consolidada pelo Banco Mundial, em projetos por todo o Brasil, em período anterior ao advento da Lei federal nº 13.129/2015:

---

[274] A constitucionalidade da lei de arbitragem foi abordada no item 2.1.1 *supra*.

[275] "As condições do contrato deverão conter dispositivos sobre a legislação aplicável e o foro para solução de controvérsias. A arbitragem comercial internacional apresenta vantagens práticas em relação a outros métodos de solução de disputas. Por esse motivo, o Banco recomenda aos Mutuários o uso desse tipo de arbitragem nos contratos de aquisição de bens e obras. O Banco não poderá ser instituído como árbitro ou ser solicitado a designá-lo. No caso de contratos de obras, de fornecimento e instalação, bem como do tipo empreitada integral, a cláusula relativa à solução de controvérsias também deverá estabelecer mecanismos tais como conselhos de exame de controvérsias ou árbitros, cuja atuação visa possibilitar uma solução mais rápida."

No caso do Governo do Estado da Bahia, como já era um cliente consolidado nosso, já havia ocorrido essa discussão sobre a utilização da cláusula arbitral em outros projetos. Para eles não era nenhuma novidade. Inclusive, tínhamos consultores jurídicos locais que colaboravam com essa parte. Em Curitiba foi semelhante. Quando se trata de uma contratação nossa do IFC, mesmo antes da alteração da lei de arbitragem, era uma recomendação, como requisito para a assinatura do contrato, a existência da cláusula arbitral. Para a contratação do IFC, a previsão da cláusula arbitral era uma espécie de *deal-breaker*.

Esse momento histórico significou um desafio em relação ao uso da arbitragem em contratos com a Administração Pública, tendo em vista que a redação do capítulo de solução de disputas, em geral, decorria de uma minuta padrão da entidade financiadora internacional, redigida em inglês e traduzida para o idioma nacional de forma descuidada, o que gerava o risco de problemas interpretativos para sua utilização.[276]

Além disso, a justificativa para o uso de métodos diferenciados de soluções de disputas, em geral, não decorria de sua adequação ao caso concreto, mas sim da possibilidade de adoção de padrões (*guidelines*) dos organismos financiadores multilaterais nos contratos viabilizados pelo financiamento, nos termos do §5º do art. 42 da Lei federal nº 8.666/1993.[277]

---

[276] Como exemplo, pode ser mencionado o Contrato nº STM 008/2008, celebrado pelo Estado de São Paulo para fornecimento e instalação de sistemas de sinalização de via, controle de tráfego, telecomunicações e suprimento de energia elétrica para as linhas "a" e "f" da Companhia Paulista de Trens Metropolitanos (CPTM), cuja entidade responsável pela nomeação de árbitros sequer existe. Na temática da redação equivocada de cláusulas arbitrais, há o precedente do Superior Tribunal de Justiça, que reconheceu a competência do Poder Judiciário de primeira instância para dirimir conflito de competência positivo entre duas câmaras arbitrais, diante da redação defeituosa da cláusula. Sobre tal precedente, cf. LOPES, Christian Sahb Batista. Jurisprudência estatal nacional comentada. Cláusula patológica. Dúvida sobre instituição arbitral escolhida. Potencial conflito positivo de competência. Superior Tribunal de Justiça. Conflito de Competência n. 113.260-SP. *Revista Brasileira de Arbitragem*, São Paulo: Kluwer, n. 31, p. 92-107, 2011.

[277] "§5º Para a realização de obras, prestação de serviços ou aquisição de bens com recursos provenientes de financiamento ou doação oriundos de agência oficial de cooperação estrangeira ou organismo financeiro multilateral de que o Brasil seja parte, poderão ser admitidas, na respectiva licitação, as condições decorrentes de acordos, protocolos, convenções ou tratados internacionais aprovados pelo Congresso Nacional, bem como as normas e procedimentos daquelas entidades, inclusive quanto ao critério de seleção da proposta mais vantajosa para a administração, o qual poderá contemplar, além do preço, outros fatores de avaliação, desde que por elas exigidos para a obtenção do financiamento ou da doação, e que também não conflitem com o princípio do julgamento objetivo e sejam objeto de despacho motivado do órgão executor do contrato, despacho esse ratificado pela autoridade imediatamente superior."

Eugênia Marolla exemplifica alguns contratos celebrados pelo Estado de São Paulo de acordo com essas diretrizes:[278]

> A arbitragem vem sendo efetivamente prevista e utilizada nos contratos envolvendo financiamentos externos. Exemplo disso é o contrato celebrado pelo Metrô de São Paulo e a empresa Alstom para a instalação de CBTC (sigla em inglês para Controle de Trens Baseado em Comunicação). O contrato celebrado com base na Lei 8.666/93 previu a utilização de arbitragem. Procedimento arbitral foi iniciado no ano de 2013 para tratar de divergências e prejuízos sofridos pelo Estado. Também o contrato de Empreitada de Construção Completa n. 413121202 (contrato "turn-key"), celebrado em 01.10.2003 pela Companhia do Metropolitano de São Paulo – Metrô e o Consórcio Via Amarela (que reúne as empreiteiras responsáveis pelas obras de implantação do Lote 2 da Linha 4 – Linha Amarela, do Metrô, da Cidade de São Paulo), onde foi instaurada para dirimir controvérsias sobre a existência de custos adicionais decorrentes da alteração da metodologia construtiva do trecho da obra (…). Este contrato foi financiado pelo Banco mundial.

De acordo com a compreensão da autora, sob o ponto de vista dos requisitos objetivos e subjetivos (direito patrimonial e capacidade de contratar), não existe qualquer diferença entre os contratos administrativos que dependem de financiamento internacional e aqueles que não o utilizam. O que os distingue são as diretrizes de política monetária e comércio exterior e algumas exigências legais, como autorização do Chefe do Poder Executivo.[279]

3.1.3.3 A segunda fase: o uso indiscriminado da cláusula arbitral

É possível identificar um segundo momento de utilização da cláusula de arbitragem nos contratos públicos de infraestrutura. A partir de um momento de recuperação econômica, após a mitigação dos efeitos da crise no mercado financeiro ocorrida no segundo semestre de 2008, diversas nações retomaram programas de investimentos. No

---

[278] MAROLLA, Eugênia Cristina Cleto. *Arbitragem e os contratos da Administração Pública*. Rio de Janeiro: Lumen Juris, 2016. p. 83. Em tal período, também podem ser mencionados os contratos cujo objeto era a execução, pelo regime de empreitada por preços unitários, das obras de Ampliação da Calha do Rio Tietê, Fase II, referentes ao Projeto de Despoluição da Bacia do Rio Tietê. Foram duas avenças celebradas pelo Departamento de Águas e Energia Elétrica do Estado de São Paulo, com apoio do *Japan Official Development Assistance* (contratos n. 2002/22/00039.5 e 2002/22/00040.1).

[279] MAROLLA, Eugênia Cristina Cleto. *Arbitragem e os contratos da Administração Pública*, p. 84.

Brasil, esse fenômeno foi reforçado pelo advento da Copa do Mundo de 2014 e pelos Jogos Olímpicos de 2016.

Referido período pode ser delimitado entre os anos de 2009 e 2015 (até a promulgação da Lei federal nº 13.129/2015, que alterou a Lei brasileira de arbitragem). Nesse período, foram celebrados importantes contratos para construção e operação de estádios para a Copa do Mundo de 2014 e realizados relevantes projetos de Parceria Público--Privada (por exemplo, Concessão Administrativa para construção e gestão de complexo penitenciário em Minas Gerais – 2009; Concessão Administrativa do Porto Maravilha no Rio de Janeiro – 2010; Concessão Patrocinada da Linha 6 do Metrô de São Paulo – 2013, entre outros).

O que parece ter caracterizado a redação dos contratos em tal intervalo de tempo, no que tange especificamente à cláusula de solução de disputas e de arbitragem, é a tentativa de dispor sobre tal tema, sem a necessária expertise. Nessa etapa, a cláusula compromissória já não era mais uma obrigação imposta pelas entidades multilaterais de financiamento, mas uma opção legitimamente exercida pela Administração Pública.

Assim, alguns contratos supramencionados apresentaram cláusulas compromissórias patológicas ou com redação imperfeita.[280]

Dentro dessa temática, foi firmado em 2011 o contrato de concessão administrativa para construção e operação do estádio Arena das Dunas, em Natal, Rio Grande do Norte. Trata-se de avença celebrada pelo prazo de 20 anos, no valor de R$ 400.000.000,00 (quatrocentos milhões de reais). Mencionado empreendimento trouxe um capítulo de solução de disputas contratuais, com previsão do uso da arbitragem. Na redação contratual, chama a atenção do leitor a seguinte cláusula:

> 50.1.4. A resolução por meio de arbitragem de eventuais conflitos que possam surgir entre as PARTES em matéria de aplicação, interpretação ou integração das regras por que se rege a CONCESSÃO ADMINISTRATIVA

---

[280] Conforme destaca José Carlos Fernández Rozas: "A cláusula patológica pode surgir diante de uma variedade de circunstâncias, tais como a designação do procedimento de arbitragem revogado; a falta de vontade clara e definitiva de submeter o litígio à arbitragem; a renúncia de proteção judicial em relação a juízes e cortes; designação defeituosa da instituição responsável pela administração da arbitragem, a concordância de submissão à arbitragem como método de resolução de eventuais litígios decorrentes do contrato, com a escolha do foro judicial; bem como a previsão de procedimento de arbitragem impossível ou difícil de aplicar, tais como prazos excessivamente curtos para prolação da sentença, ou estabelecimento de um procedimento para a nomeação de árbitros excessivamente complicado" (ROZAS, José Carlos Fernández. El convenio arbitral: entre la estabilidad y el desatino. *Estudios de arbitraje*: libro homenaje al profesor Patricio Aylwin Azocar. Santiago: Editorial Jurídica de Chile, 2006. p. 697-725).

não excluirá a apreciação destes conflitos pelo Poder Judiciário, nos termos do Inciso XXXV, do artigo 5º da Constituição Federal.

Como pode ser notado, o contrato previu o uso da arbitragem, mas, ao mesmo tempo, manteve o direito de acesso ao Poder Judiciário para solução de qualquer conflito. Ao que parece, caso a parte se sinta insatisfeita com a decisão arbitral, sempre poderá recorrer ao Judiciário. Na compreensão defendida no presente trabalho, o uso da arbitragem se presta como método diferenciado de solução de disputas, de caráter definitivo, com exclusão da possibilidade de apreciação pelo Poder Judiciário estatal, em relação aos conflitos que envolvam direitos patrimoniais disponíveis previstos na avença. Diante disso, não se pode concordar com a redação do instrumento supramencionado.

Por sua vez, o contrato de Concessão Administrativa para reconstrução e operação da Arena Fonte Nova, em Salvador, foi celebrado em 2009, para vigorar por um período de 35 anos. A avença traz um capítulo de solução de disputas contratuais, com previsão de peritagem técnica e arbitragem. No que concerne à arbitragem, foi previsto o procedimento regido pelo Regulamento da Câmara de Comércio Internacional, com sede em Salvador. Nesse caso, pode ser destacada a seguinte patologia na redação do instrumento:

> iii) o Tribunal Arbitral será constituído por 3 (três) árbitros, cabendo a cada uma das Partes a escolha de um árbitro *titular e respectivo suplente, de acordo com os prazos previstos no Regulamento*. Os árbitros indicados pelas partes deverão escolher em conjunto o nome do terceiro árbitro, a quem caberá a presidência do Tribunal Arbitral. Se qualquer das partes deixar de indicar árbitro e/ou suplente, ao Presidente da Câmara de Comércio Internacional caberá fazer essa nomeação. Da mesma forma, caso os árbitros indicados não cheguem a um consenso quanto à indicação do terceiro árbitro, caberá ao Presidente da Câmara fazê-lo. (g.n.)

A presença de árbitros suplentes não é prevista no regulamento da Câmara de Comércio Internacional.[281] Não parece claro qual a função de tais agentes (se seriam substitutos dos titulares, em caso de impossibilidade temporária de prática de ato processual; ou se assumiriam a composição do tribunal, em caso de impugnação do árbitro titular). Em uma percepção preliminar, quer parecer que a Administração Pública transpôs para o contrato a praxe de dispor sobre

---

[281] Os arts. 13 a 15, que dispõem sobre a formação do Tribunal Arbitral, nada mencionam a respeito.

a composição de colegiados administrativos com membros titulares e suplentes. No caso de tribunais arbitrais, trata-se de algo pouco claro.[282]

No contexto das infraestruturas urbanísticas, o contrato celebrado em 2010 pela Companhia de Desenvolvimento Urbano da Área do Porto do Rio de Janeiro, para prestação de serviços, em regime de PPP, visando à revitalização, manutenção e operação da Área de Especial Interesse Urbanístico Portuária, precedida da execução de obras públicas (Porto Maravilha), contém previsão de resolução de disputas por peritagem técnica e arbitragem. No caso do instrumento adjudicatório, foram previstos os seguintes termos:

> Instituição da Arbitragem. Qualquer disputa ou controvérsia relativa à interpretação ou execução do Contrato, ou de qualquer forma oriunda ou associada a ele, e que não seja dirimida amigavelmente na forma da Cláusula 41 acima ou cuja resolução por Peritagem não seja acatada voluntariamente por uma das Partes, deverá ser resolvida de forma definitiva por meio de processo arbitral ("Arbitragem"), que terá início mediante comunicação remetida por uma Parte à outra, requerendo a instalação de tribunal arbitral composto por três árbitros ("Tribunal Arbitral") e indicando detalhadamente a matéria em torno da qual gira a controvérsia, utilizando como parâmetro as regras arbitrais estabelecidas no Regulamento da Corte de Arbitragem da Câmara de Comércio Internacional ("Regulamento Arbitral") e em consonância com os seguintes preceitos.

A cláusula supramencionada menciona que o regulamento da Câmara de Comércio Internacional será utilizado como "parâmetro" das regras arbitrais do procedimento, sem especificar o que isso significa. Nesse caso, caberá a interpretação de que se trata de arbitragem conduzida pela CCI, nos termos de seu regulamento, por se tratar da leitura mais razoável ao caso. As patologias em torno de cláusulas que preveem o uso da CCI são frequentes ao redor do mundo e já foram

---

[282] A mesma previsão pode ser encontrada no contrato para reforma e operação do estádio Mineirão, em Belo Horizonte, celebrado em 2010, a um custo de R$ 771.739.248,13, pelo prazo de 27 anos. Conforme previsto na avença: "39.7. O Tribunal Arbitral será composto por 3 (três) membros titulares e 3 (três) suplentes, cabendo a cada parte indicar um titular e um suplente. O terceiro árbitro e seu suplente serão escolhidos de comum acordo pelos dois titulares indicados pelas partes, devendo ter experiência mínima de 10 (dez) anos e registro profissional no Brasil na especialidade objeto de controvérsia. A presidência do Tribunal Arbitral caberá ao terceiro árbitro". Entre as instituições nacionais, a Câmara de Comércio Brasil-Canadá prevê a indicação de árbitros suplentes de forma facultativa, no item 4.4 do artigo 4º de seu Regulamento.

abordadas na obra de Philippe Fouchard, Emmanuel Gaillard e Berthold Goldman.[283]

3.1.3.4 A terceira fase: o aprimoramento da cláusula arbitral

O terceiro período pode ser identificado pelo amadurecimento no uso das cláusulas de soluções de disputas contratuais, em especial a cláusula compromissória, bem como por um estudo mais aprofundado das formas de implementação da arbitragem com participação da Administração Pública.

Na compreensão defendida no presente estudo, essa etapa se inaugura em 2015, a partir da promulgação i) da Lei federal nº 13.129/2015, que reformou a Lei de Arbitragem brasileira e previu expressamente a possibilidade de a Administração Pública se submeter à arbitragem; ii) da Lei federal nº 13.140/2015, marco regulatório da mediação; iii) do Decreto federal nº 8.465/2015 (que dispõe sobre arbitragem no Setor Portuário); e iv) da Lei federal nº 13.448/2017 (que estabelece diretrizes gerais para prorrogação e relicitação dos contratos de parceria nos setores aeroportuário, rodoviário e ferroviário).[284]

Como já mencionado ao longo deste trabalho, a Lei federal nº 13.129/2015 previu que a arbitragem com participação da Administração Pública será realizada em respeito ao princípio da publicidade e com vedação ao uso da equidade. Trata-se de elemento que já estava previsto em muitos contratos celebrados por entes públicos. Em reforço, o uso da publicidade, já abordado no Capítulo 2 da presente obra (item 2.3.2), se tornou matéria recomendada por enunciado da 1ª Jornada de Prevenção e Solução Extrajudicial de Litígios, organizada pelo Conselho da Justiça Federal, o qual propôs a utilização da Lei de Acesso à Informação como parâmetro de disponibilização de informações.[285]

---

[283] "Na arbitragem internacional, é um erro relativamente comum se referir à Câmara de Comércio Internacional 'de Gênova', 'de Zurique' ou 'de Viena', ao passo que a sede da ICC está localizada em Paris. (...). Da mesma forma, no Caso ICC n. 5103, foi decidido que a referência a uma câmara não existente, denominada 'Seção Internacional da Câmara de Comércio de Paris' deveria ser interpretada como uma referência válida à ICC de Paris" (FOUCHARD, Philippe; GAILLARD, Emmanuel; GOLDMAN, Berthold. *International Commercial Arbitration*, p. 264).

[284] Como já mencionado no Capítulo 2 (item 2.1.1), a Lei nº 13.129/2015 não inovou ao prever a possibilidade de a Administração Pública se sujeitar à arbitragem, mas apenas positivou essa possibilidade, fortalecendo a segurança jurídica dos gestores públicos e agentes privados em torno da questão.

[285] "4 Na arbitragem, cabe à Administração Pública promover a publicidade prevista no art. 2º, §3º, da Lei n. 9.307/1996, observado o disposto na Lei n. 12.527/2011, podendo

Outro item que se consolidou com o amadurecimento das cláusulas arbitrais em contratos públicos foi o uso de arbitragem institucional. Hoje, o Decreto federal nº 8.465/2015 (que dispõe sobre arbitragem no Setor Portuário) afirma que deverá ser dada preferência para a arbitragem institucional, de modo que a escolha pelo procedimento *ad hoc* deverá ser tratada como exceção, devidamente justificada (§1º do art. 4º).

Sobre a temática da arbitrabilidade objetiva, foi conferido tratamento próprio pela Lei nº 13.448/2017, a qual apresentou um elenco das matérias consideradas direitos patrimoniais disponíveis (questões relacionadas à recomposição do equilíbrio econômico-financeiro dos contratos; cálculo de indenizações decorrentes de extinção ou de transferência do contrato de concessão e o inadimplemento de obrigações contratuais por qualquer das partes).[286] Ao que parece, o rol apresentado tende a abarcar qualquer tema da gestão contratual que possa ser objeto de litígio, dado o uso de expressões de amplo conteúdo semântico. Todavia, considerando o objetivo de facilitar o manejo da arbitragem, acredita-se que se trata de rol meramente exemplificativo, dado que qualquer questão relacionada a direitos patrimoniais disponíveis poderá ser solucionada por julgadores privados.

Um ponto ainda controvertido é a forma de escolha das câmaras arbitrais. Nesse tema, a Lei federal nº 13.448/2017 inovou, ao prever que Ato do Poder Executivo regulamentará o credenciamento de câmaras arbitrais para as finalidades sujeitas à sua disciplina jurídica.[287]

Na prática das contratações públicas, o credenciamento é um instrumento prévio à inexigibilidade de licitação, quando o objeto ou serviço a ser fornecido é prestado de forma indistinta por todas as empresas, com uniformidade de preços. Trata-se de ato convocatório

---

ser mitigada nos casos de sigilo previstos em lei, a juízo do árbitro" (*1ª Jornada de Prevenção e Solução Extrajudicial de Litígios, realizada entre os dias 22 e 23 de agosto de 2016 pelo Conselho da Justiça Federal*. Disponível em: http://www.cjf.jus.br/cjf/corregedoria-da-justica-federal/centro-de-estudos-judiciarios-1/publicacoes-1/cjf/corregedoria-da-justica-federal/centro-de-estudos-judiciarios-1/prevencao-e-solucao-extrajudicial-de-litigios/?_authenticator=60c7f30ef0d8002d17dbe298563b6fa2849c6669. Acesso em: 16 jun. 2017).

[286] Novamente, destaca-se o trabalho exercido no bojo do Conselho da Justiça Federal, ao editar enunciado sobre o tema: "13 Podem ser objeto de arbitragem relacionada à Administração Pública, dentre outros, litígios relativos: I – ao inadimplemento de obrigações contratuais por qualquer das partes; II – à recomposição do equilíbrio econômico-financeiro dos contratos, cláusulas financeiras e econômicas" (*1ª Jornada de Prevenção e Solução Extrajudicial de Litígios, realizada entre os dias 22 e 23 de agosto de 2016 pelo Conselho da Justiça Federal*).

[287] Já existem estudos que defendem a possibilidade do uso do credenciamento para seleção de câmaras arbitrais. Nesse sentido, cf. ALVES, Marcus Vinicius Armani. *A Fazenda Pública na arbitragem*. Dissertação de Mestrado. Faculdade de Direito da Universidade de São Paulo. Orientador: Professor Dr. Marcelo José Magalhães Bonício. São Paulo, 2016. p. 184.

que deverá estabelecer os critérios objetivos de qualificação, como se licitação fosse, não se podendo credenciar os interessados por uma avaliação meramente subjetiva da autoridade administrativa.

No credenciamento não há apresentação de propostas, pois o valor a ser pago já foi fixado pela Administração, ou seja, não há competição entre os credenciados, os quais poderão ser escolhidos mediante sorteio ou revezamento.

Como pode ser notado, o credenciamento usualmente utilizado pelas contratações públicas não encontra aderência com as atividades exercidas pelas câmaras arbitrais. Isso porque não se pode afirmar que todos os *players* nessa atividade sejam idênticos e igualmente capazes de atender as partes em litígio, o que permitiria a padronização de preços e a escolha indistinta pela Administração Pública. Usualmente, o credenciamento é manejado para serviços básicos, contratados com muita frequência, com grande quantidade de prestadores igualmente capacitados no mercado. Seu manejo é comum para escolha de restaurantes para alimentação de funcionários públicos ou contratação de contadores, para conferência de cálculos em ações judiciais.

Caso o Governo Federal opte por manejar o credenciamento da forma descrita acima, haverá o risco de seleção adversa, pois apenas as câmaras arbitrais pequenas e pouco experientes poderiam aceitar se submeter aos critérios de qualificação e preços predeterminados pela Administração Pública.[288] A expectativa dos estudiosos do tema é de que o credenciamento seja regulamentado de outra forma, como uma espécie de catálogo sujeito a determinados requisitos de qualificação, mas com critérios definidos para escolha das instituições arbitrais e sujeição aos preços de mercado.

Como mencionado, a opção pelo credenciamento pressupõe a escolha da câmara arbitral por inexigibilidade de licitação, o que não parece ser o caminho apropriado. A competição por preço e qualidade entre as entidades que gerenciam procedimentos privados de solução de disputas é cabível, em tese. Contudo, sua inconveniência é evidente. Não se poderia imaginar a instauração de um procedimento licitatório, com todas as fases e potenciais recursos, no bojo de um litígio contratual. Para casos dessa natureza, existem as hipóteses de dispensa de licitação, arroladas nos incisos do art. 24 da Lei nº 8.666/1993.[289] Assim, o Governo

---

[288] AKERLOF, George A. The market for 'lemons': quality uncertainty and the market mechanism. *Quarterly Journal of Economics (The MIT Press)*, v. 84, n. 3, p. 488-500, 1970.

[289] Sobre a distinção entre dispensa e inexigibilidade de licitação: "A diferença básica entre as duas hipóteses está no fato de que, na dispensa, há possibilidade de competição que

Federal teria caminhado melhor se acrescentasse mais uma hipótese de dispensa de licitação na Lei de Licitações e Contratos, para escolhas de câmaras arbitrais pela Administração Pública.[290]

Em contraposição ao credenciamento, o Decreto do Estado do Rio de Janeiro nº 46.245, de 19 de fevereiro de 2018, regulamentou a adoção da arbitragem para dirimir os conflitos que envolvam sua Administração Direta ou entidades descentralizadas, com a previsão de um cadastramento de câmaras arbitrais, a ser realizado pela Administração Pública com base em diversos critérios (representação no Estado do Rio de Janeiro, constituição regular pelo prazo mínimo de cinco anos e reconhecida idoneidade e experiência na administração de procedimentos arbitrais), de modo que a parte privada poderá realizar a escolha, dentre as instituições devidamente cadastradas.

Feita a exposição sobre os instrumentos legislativos mais recentes que afetam diretamente a redação da cláusula de solução de disputas, em especial a cláusula arbitral, cabe trazer a previsão contida nos recentes contratos de Parceria Público-Privada celebrados pelo Estado de São Paulo, por ocasião de uma cláusula padrão ofertada por sua Procuradoria-Geral. Trata-se de exemplo de postura institucional de um ente federativo, a partir da iniciativa de seu órgão de advocacia pública, no intuito de fomentar o uso de métodos adequados de solução de disputas em contratos públicos.

Seguindo as tendências recentes, o Estado de São Paulo fez a opção pela arbitragem institucional. A partir dessa premissa, duas questões precisaram ser verificadas: i) Qual câmara arbitral seria indicada para o conflito e ii) Quem faria essa indicação. Nas arbitragens institucionais decorrentes das PPP paulistas, a ideia era ter um critério para seleção

---

justifique a licitação; de modo que a lei faculta a dispensa, que fica inserida na competência discricionária da Administração. Nos casos de inexigibilidade, não há possibilidade de competição, porque só existe um objeto ou uma pessoa que atenda às necessidades da Administração; a licitação é, portanto, inviável" (DI PIETRO, Maria Sylvia Zanella. *Direito administrativo*. 14. ed. São Paulo: Atlas, 2002. p. 320-321).

[290] Cabe destacar também o posicionamento de juristas que defendem a utilização da Lei federal nº 13.019/2014 para vinculação da Administração Pública e da Câmara Arbitral por meio de parceria voluntária. Cf. OLIVEIRA, Gustavo Justino de; SCHWARSTMANN, Guilherme Baptista. Arbitragem público-privada no Brasil: a especialidade do litígio administrativo e as especificidades do procedimento arbitral. *Revista de Arbitragem e Mediação*, v. 44, p. 150-171, jan.-mar. 2015. Há, ainda, recentes acórdãos proferidos pelo Tribunal de Justiça de São Paulo, que consideraram não aplicável qualquer procedimento de dispensa ou inexigibilidade para escolha de câmaras arbitrais, através da compreensão de que o relacionamento entre a Administração Pública e a instituição arbitral não se sujeita à Lei federal de Licitações e Contratos. Cf: Autos nº 100.5222-88.2016.8.26.0286 e 100557-98.2016.8.26.0286, rel. Des. Coimbra Schmidt, 7ª Câmara de Direito Público. J. 26.03.2018.

das câmaras, que possibilitasse a designação de instituições adequadas para os conflitos públicos.[291]

Diante das vicissitudes encontradas para uma indicação apriorística de uma câmara arbitral para todas as minutas contratuais dos projetos de PPP paulistas (com o risco de que os órgãos de controle enxergassem algum tipo de direcionamento) e pelo desafio em escolher uma instituição que julgará um litígio que poderá ocorrer somente após 30 anos de execução contratual, optou-se por não indicar a câmara arbitral de início, diferindo-se a escolha para o momento em que o litígio surgisse, com base em alguns critérios indicados na minuta contratual, como a adaptação do regulamento às arbitragens com a Administração Pública (permitindo-se, por exemplo, a publicidade do procedimento) e a presença de uma lista de árbitros que contemplasse especialistas no litígio específico. Caso a Administração Pública não fizesse a escolha da câmara no prazo estipulado, o contratado poderia fazê-lo.

Um importante desafio a ser enfrentado pela Administração Pública, no caso de ausência de indicação da câmara de arbitragem na minuta contratual, é a forma de contratação da câmara. Como dito acima, as atividades desempenhadas por tais entidades seriam, em tese, sujeitas ao regulamento da Lei federal nº 8.666/1993, por se enquadrarem no conceito de serviço de tal diploma normativo.[292] Todavia, seria inviável instaurar um procedimento licitatório no contexto de um litígio contratual, com publicação de edital, julgamento de propostas, impugnações, entre outros atos. A esperança dos elaboradores da cláusula-padrão era de que o mercado de câmaras arbitrais pudesse se aprimorar a ponto de viabilizar a escolha por inexigibilidade de licitação, diante da especialização de tais entidades. Contudo, essa expectativa não foi atendida até o momento, razão pela qual a previsão

---

[291] JUNQUEIRA, André Rodrigues; OLIVEIRA, Mariana Beatriz Tadeu de; SANTOS, Michele Manaia. Cláusula de solução de controvérsias em contratos de parceria público-privada: estudo de casos e proposta de redação. *Revista da Procuradoria-Geral do Estado de São Paulo*, n. 77/78, p. 285-314, jan.-dez. 2013.

[292] O autor já apresentou seu posicionamento em outra publicação: "De acordo com a lei federal de licitações, serviço é 'toda e qualquer atividade destinada a obter determinada utilidade de interesse para a Administração, tais como: demolição, conserto, instalação, montagem, operação, conservação, reparação, adaptação, manutenção, transporte, locação de bens, publicidade, seguro ou trabalhos técnico-profissionais'. Verifica-se que o conceito da lei é bem abrangente, principalmente pelo uso da expressão 'qualquer atividade destinada a obter determinada utilidade para a Administração'. Dessa maneira, o oferecimento de espaço para audiências, oitiva de testemunhas, gravações e *coffe break* são atividades que parecem se enquadrar em referido conceito legal" (MASTROBUONO, Cristina; JUNQUEIRA, André Rodrigues. A escolha da Câmara de Arbitragem pela Administração Pública. *Revista de Arbitragem e Mediação*, ano 13, v. 48, p. 122, jan.-mar. 2016).

legislativa de dispensa de licitação tem se mostrado necessária, como mencionado acima.

Em sentido diverso, foi compreendido que a atividade de árbitro não se sujeita aos ditames da Lei federal de licitações e contratos, tendo em vista que tal profissional não é um prestador de serviços. Ele não trabalha em favor de uma das partes, com o intuito de trazer qualquer vantagem a quem o indica. Seu ofício é direcionado à boa prestação jurisdicional, com atuação independente e autônoma. Como destacado em parecer proferido pela Procuradoria-Geral do Estado de São Paulo, o árbitro não exerce apenas uma avaliação, mas sim um julgamento, de natureza vinculante, que será substitutivo da vontade das partes e que não poderá ser questionado, em seu mérito, perante o Poder Judiciário.[293]

A cláusula de arbitragem sugerida pela Procuradoria-Geral do Estado de São Paulo e utilizada em parte dos contratos de PPP celebrados entre 2013 e 2015 consolidou o modelo pelo procedimento institucional, para uso em todas as hipóteses (independentemente da existência de instituição financiadora que a imponha) com uma interpretação ampliativa acerca dos direitos patrimoniais disponíveis. No que concerne à indicação da câmara arbitral no momento do litígio pelo Estado-contratante, diversas críticas foram apresentadas em consultas públicas, audiências públicas e no meio acadêmico,[294] o que tem fomentado a apresentação de propostas alternativas.[295]

3.1.3.5 A compreensão do Superior Tribunal de Justiça e do Tribunal de Contas da União

O olhar externo sobre a cláusula de solução de disputas dos contratos da Administração Pública demonstra que os órgãos de controle ainda não firmaram um entendimento consolidado em torno da controvérsia, o que pode comprometer a segurança jurídica e dificultar a atuação do gestor público.

---

[293] O Parecer GPG nº 01/2015 da Procuradoria-Geral do Estado compreendeu que a atividade de indicação de árbitros, para comporem Tribunal Arbitral *Ad Hoc*, não se sujeita ao regramento da Lei federal nº 8.666, de 21 de junho de 1993. Em sentido semelhante, cf. JUSTEN FILHO, Marçal. Administração Pública e arbitragem: o vínculo com a Câmara de Arbitragem e os árbitros. *Revista Brasileira de Advocacia*, n. 1, 2016.

[294] ALVES, Marcus Vinicius Armani. *A Fazenda Pública na arbitragem*, p. 116.

[295] As recentes concessões rodoviárias da Agência Reguladora dos Transportes de São Paulo – ARTESP (Lote Rodovias do Centro-Oeste Paulista e Rodovia dos Calçados) apresentaram minutas contratuais com cláusula compromissória que indicava a Câmara de Arbitragem e Mediação da Câmara de Comércio Brasil-Canadá. Disponível em: http://www.artesp. sp.gov.br/transparencia-novas-concessoes-rodovias.html. Acesso em: 16 jun. 2017.

CAPÍTULO 3
MÉTODOS DE SOLUÇÃO DE DISPUTAS EM CONTRATOS DA ADMINISTRAÇÃO | 165

Nesse quesito, pode ser destacada a divergência de entendimento entre o Tribunal de Contas da União (TCU) e o Superior Tribunal de Justiça (STJ) quanto à validade da cláusula de arbitragem nos contratos públicos. Cabe destacar que a comparação entre essas duas cortes se justifica em razão da relevância do TCU como órgão de controle dos contratos celebrados pela União e do STJ como instância jurisdicional de interpretação da lei federal.[296]

A avaliação de editais e contratos realizada pelo Tribunal de Contas da União, tradicionalmente, explicitava um viés restritivo quanto ao manejo da arbitragem pelos entes públicos, inclusive para as empresas estatais. Isso porque a compreensão da Corte de Contas federal era pela necessidade de autorização legislativa específica para introdução da cláusula compromissória na minuta de contrato, posicionamento que encontrava respaldo doutrinário minoritário em momento anterior ao advento da Lei nº 13.129/2015.[297]

Nesse ponto, pode ser mencionado o Acórdão nº 286/1993, anterior à Lei de Arbitragem, mas que serviu como referência para outros julgados, conforme apontam os estudos dedicados ao tema.[298] Tratava-se de consulta formulada pelo Ministério de Minas e Energia sobre a possibilidade de introdução de cláusula arbitral em contratos celebrados entre a Hidrelétrica do São Francisco e seus fornecedores de insumos. Em tal oportunidade, a Corte de Contas compreendeu pela ausência de arbitrabilidade subjetiva e objetiva das entidades que integram a Administração Pública, com base no argumento da

---

[296] As cortes estaduais e municipais tiveram poucas oportunidades de se manifestarem sobre arbitragem, até o presente momento, de modo que ainda não é possível mencionar qualquer "jurisprudência" ou entendimento consolidado sobre o tema. Por ora, é possível destacar o exame realizado pelo Tribunal de Contas do Estado de São Paulo no bojo do acordo celebrado nos autos do procedimento arbitral ICC nº 19.241/CA, que extinguiu o litígio no contrato celebrado entre o Estado de São Paulo e empresa privada para modernização do sistema de sinalização em linhas metroviárias. Em tal oportunidade, a área técnica do TCE/SP compreendeu pela inviabilidade de utilização da arbitragem no caso concreto, por envolver direitos indisponíveis, e suposta descaracterização do instrumento contratual, em razão do acordo celebrado em sede arbitral (TC nº 030613-026-08 – procedimento ainda pendente de apreciação definitiva pela Corte de Contas estadual).

[297] BARROSO, Luís Roberto. Sociedade de economia mista prestadora de serviço público. Cláusula arbitral inserida em contrato administrativo sem prévia autorização legal. Invalidade. *In*: BARROSO, Luís Roberto. *Temas de direito constitucional*. Rio de Janeiro: Renovar, 2003. t. III, p. 615-616. Em sentido semelhante, enxergando a previsão de foro contida no §2º do art. 55 da Lei nº 8.666/1993 como um obstáculo à utilização de arbitragem, cf. MEDEIROS, Suzana Domingues. Arbitragem envolvendo o Estado no direito brasileiro. *Revista de Direito Administrativo*, n. 233, p. 71-101, jul.-set. 2003.

[298] ESCOBAR, Marcelo Ricardo. *Arbitragem tributária no Brasil*, p. 176 e MAROLLA, Eugênia Cristina Cleto. *Arbitragem e os contratos da Administração Pública*, p. 70.

legalidade estrita, dado que não havia à época expressa autorização legal para o uso de tal instituto por entes estatais. Essa compreensão foi corroborada nos Acórdãos nº 584/2003 e nº 537/2006.[299]

Passados alguns anos, o Tribunal de Contas da União apresentou posicionamento diferente. Nos autos da Tomada de Contas nº 006.588/209-8, o ministro relator Benjamin Zymler apresentou seu entendimento sobre a possibilidade de adoção de cláusula arbitral em contratos celebrados por sociedade de economia mista, desde que essa opção seja devidamente justificada, de modo a seguir comprovada prática de mercado.[300]

Ao que parece, tal julgado (o qual ainda não pode ser considerado jurisprudência da Corte) compreende ser necessária uma justificativa técnica para adoção de cláusula arbitral nas minutas contratuais, a qual deve estar presente no processo que antecede a publicação do aviso de licitação, devidamente comprovada, inclusive através da emissão de parecer jurídico. Essa demonstração deve explicitar, em concreto, os ganhos esperados por essa modalidade de solução de conflitos.

Em outra oportunidade, o TCU compreendeu pela possibilidade de utilização de cláusula compromissória nos contratos de concessão aeroportuária em Guarulhos, Campinas e Brasília, desde que os conflitos versem sobre questões de cunho patrimonial, como permitido pela lei.[301]

Em paralelo, no contexto do Superior Tribunal de Justiça ainda não se pode concluir pela existência de uma jurisprudência acerca da utilização de cláusulas com métodos diferenciados de solução de disputas em contratos com a Administração Pública.

Em geral, os precedentes do STJ compreendem pela possibilidade de submissão de litígios com entidades da Administração Pública à arbitragem, mas os julgados encontrados versam sobre empresas estatais. O acórdão proferido no Recurso Especial nº 612.439/RS (*DOU* 14.09.2006 – caso "AES Uruguaiana"), de relatoria do então Ministro Luiz Fux, é uma das decisões mais importantes sobre arbitragem no STJ. Em seu voto, o ministro relator entendeu que a indisponibilidade do interesse público não implica na indisponibilidade do patrimônio público.

---

[299] Especificamente sobre a compreensão do TCU quanto à restrição ao uso de arbitragem para pleitos de recomposição do equilíbrio econômico-financeiro dos contratos, cabe destacar o artigo doutrinário que analisa o Acórdão nº 2.573/2012 do Plenário da Corte. Cf: CARVALHO, André Castro. Restrições à Arbitragem pelo Tribunal de Contas da União: comentários ao acórdão TCU-Plenário 2.573/2012. Revista de Arbitragem e Mediação. v. 36, p. 325-357, jan.-mar. 2013.

[300] TC nº 006.588/2009-8. Data da sessão: 14.08.2013.

[301] TC nº 032.786/2011-5. Data da sessão: 09.02.2012.

Ao comentar referida decisão, Marcelo Escobar pontua:[302]

Das razões de decidir, extraímos que o STJ se posicionou quanto: (i) ao caráter híbrido da arbitragem – contratual e jurisdicional; (ii) reconhecimento da força cogente da cláusula arbitral; e (iii) possibilidade de uma sociedade de economia mista celebrar contrato de compra e venda com cláusula compromissória, por não envolver interesse público primário, portanto disponíveis.

Em sentido semelhante, o Recurso Especial nº 606.345/RS (julgamento conjuntamente com o precedente supramencionado) versava sobre a validade de cláusula compromissória contida em contrato de comercialização de potência de energia elétrica, celebrado entre uma empresa estatal e uma companhia privada geradora de energia. Esse liame obrigacional havia sido viabilizado por financiamento internacional, de modo que o organismo multilateral havia exigido a introdução de cláusula compromissória na avença. Surgido o litígio, houve resistência da estatal em aderir ao sistema privado de solução de contendas, o que foi considerado ilegítimo pelo STJ.

Os julgados mencionados acima, tanto pelo Tribunal de Contas da União quanto pelo Superior Tribunal de Justiça, são representativos do "estado da arte" do tema em tais cortes. Não se pode falar na existência de uma jurisprudência sedimentada sobre a utilização da cláusula arbitral em contratos públicos, dado que poucos casos foram examinados, sendo a maioria deles sobre sociedades de economia mista. De uma maneira geral, quer parecer que o TCU e o STJ caminham para reconhecer a viabilidade da arbitragem para o Poder Público, o que deve se intensificar pelo incremento de leis que autorizam a solução de controvérsias administrativas por essa via.

3.2 Análise da eficiência da cláusula arbitral nas contratações públicas

O estudo realizado até o momento se preocupou em verificar o contexto institucional dos empreendimentos públicos na área de infraestruturas (Capítulo 1), o histórico da arbitragem com participação da Administração Pública (Capítulo 2) e a retrospectiva das cláusulas de soluções de disputas utilizadas em contratos celebrados pelo Estado

---

[302] ESCOBAR, Marcelo Ricardo. *Arbitragem tributária no Brasil*, p. 183.

(Capítulo 3, primeira parte). A partir desse item, o objeto de investigação será a eficiência do uso da cláusula compromissória, no capítulo de solução de disputas, nas avenças celebradas pela Administração Pública.

Como um conceito geral para o presente trabalho, considera-se eficiência "a propriedade que a sociedade tem de obter o máximo possível a partir de seus recursos escassos" (conceito do economista da Universidade de Harvard Gregory Mankiw)[303] ou, de forma mais específica, pode ser encontrada eficiência econômica quando "não é possível aumentar a produção de um bem sem reduzir a de outro".[304] Em uma sociedade capitalista, naturalmente caracterizada pela existência de necessidades infinitas e recursos escassos, a ideia de eficiência está presente nas relações comerciais como forma de alocar custos de forma racional e evitar desperdícios. O conflito entre pretensões humanas e as limitações para atendê-las é resumido por Fábio Nusdeo:[305]

> Ao oposto do que ocorre com as necessidades humanas, os recursos com que conta a humanidade para satisfazê-las apresentam-se finitos e severamente limitados. Tal limitação é insuperável, malgrado os sucessos da tecnologia em empurrar sempre adiante o ponto de ruptura, quando o exaurimento dos bens disponíveis à espécie humana levaria, senão ao colapso, pelo menos à progressiva estagnação de todo o processo econômico, o qual, em última análise, consiste na administração dos recursos escassos à disposição dos habitantes deste planeta. Sim, porque os recursos são sempre escassos, em maior ou menor grau, não importa.

Nas relações econômicas públicas a situação não é diferente. As necessidades estatais, em especial no objetivo de atender aos anseios dos cidadãos, precisam se compatibilizar com a insuficiência de recursos. Ao contratar, o Estado deve se valer de instrumentos que possibilitem a execução das atividades a preços compatíveis com seu orçamento, por parceiros que prestem um serviço com a melhor qualidade possível.[306]

---

[303] MANKIW, Gregory N. *Introdução à economia*. Tradução da 6ª edição norte-americana por Allan Hastings e Elisete Paes e Lima. São Paulo: Cengage Learning, 2016. Cabe destacar que existe uma abordagem de eficiência mais específica para a Análise Econômica do Direito, que será explanada no Capítulo 4 (item 4.5).

[304] SOUSA, João Ramos de. Análise econômica do direito – parte I. *Sub Judice (Revista Trimestral)*, Coimbra: Almedina, n. 33, p. 181, 2005.

[305] NUSDEO, Fábio. *Curso de economia*. 5. ed. São Paulo: RT, 2008. p. 25.

[306] Conforme previsto na Lei nº 8.666/1993: "Art. 3º A licitação destina-se a garantir a observância do princípio constitucional da isonomia, a seleção da proposta mais vantajosa para a administração e a promoção do desenvolvimento nacional sustentável e será processada e julgada em estrita conformidade com os princípios básicos da legalidade, da impessoalidade,

A partir desse desafio, pretende-se compreender em que medida o uso da arbitragem pode contribuir com a eficiência contratual e como tal instituto pode induzir contratações mais vantajosas e fomentar comportamentos cooperativos das partes contratuais.

Para realização dessa tarefa, se faz necessário o manejo de alguma base teórica, que permita a comparação entre o instituto da arbitragem e o mecanismo tradicional de solução de disputas, no contexto da relação contratual. No desenvolvimento desse trabalho, a aproximação entre o Direito e a Economia pode ser frutífera.

3.2.1 Formas de aproximação entre o Direito e a Economia

Conforme apontam Ejan Mackaay e Stéphane Rousseau, a ideia de recorrer a conceitos econômicos para compreender o direito não é nova. Seu uso já era comum em trabalhos dos filósofos iluministas do século XVIII e estudiosos europeus do século XIX. Entretanto, a partir de 1950, economistas norte-americanos passaram a utilizar ferramentas da análise econômica fora do campo tradicional de sua ciência (como no espectro jurídico) de forma mais intensa e estruturada.[307] O objetivo era verificar em que medida poderiam ser compreendidos e sistematizados os reflexos de uma disciplina jurídica sobre a economia e os efeitos de uma política econômica sobre o ordenamento jurídico.

Trata-se de método de estudo (ou corrente doutrinária) denominado Análise Econômica do Direito (ou, em inglês, *Law and Economics*), que busca "utilizar a Economia para compreender fenômenos que a maioria das pessoas diria não serem fenômenos econômicos".[308]

Na definição apresentada por Ivo Gico Jr.:[309]

> A Análise Econômica do Direito, portanto, é o campo do conhecimento humano que tem por objetivo empregar os variados ferramentais teóricos e empíricos econômicos e das ciências afins para expandir a compreensão e o alcance do direito e aperfeiçoar o desenvolvimento, a

---

da moralidade, da igualdade, da publicidade, da probidade administrativa, da vinculação ao instrumento convocatório, do julgamento objetivo e dos que lhes são correlatos."

[307] MACKAAY, Ejan; ROUSSEAU, Stéphane. *Análise econômica do direito*. 2. ed. Tradução de Rachel Sztajn. São Paulo: Atlas, 2015. p. 8.

[308] RODRIGUES, Vasco. *Análise econômica do direito*. 2. ed. Coimbra: Almedina, 2016. p. 34.

[309] GICO JR., Ivo. Introdução ao direito e economia. *In*: TIMM, Luciano Benetti (Org.). *Direito e economia no Brasil*. 2. ed. São Paulo: Atlas, 2014. p. 1-33, citação na página 2.

aplicação e a avaliação de normas jurídicas, principalmente com relação às suas consequências.

Referida metodologia se inaugurou nos Estados Unidos da América por iniciativa de economistas (com destaque para o estudo publicado em 1960 por Ronald Coase sobre o custo social).[310] Referido economista, ganhador do prêmio Nobel em 1991, demonstrou como a introdução de custos de transação (posteriormente aprimorada pela Nova Economia Institucional) na análise econômica determina as formas organizacionais e as instituições do ambiente social. Segundo seu teorema, em um mundo hipotético sem custos de transação, os agentes negociarão os direitos, independentemente de sua distribuição inicial, de modo a chegar a sua alocação eficiente.[311]

Um dos primeiros juristas a se ocupar com o estudo do *Law and Economics* foi Guido Calabresi, da Universidade de Yale, que demonstrou a importância de impactos econômicos da alocação de recursos para a regulação da responsabilidade civil, seja em âmbito legislativo ou judicial. Sua obra inseriu explicitamente a análise econômica em questões jurídicas, apontando que uma análise jurídica adequada não prescinde do tratamento econômico das questões.[312]

De acordo com o *paper* do professor da Universidade de Toronto Michael Trebilcock, durante muitos anos a academia ignorou o impacto de uma regulamentação jurídica sobre a economia e o impacto da economia sobre a regulamentação jurídica, de modo que, até o início dos anos 60 do século XX, os estudos dos autores norte-americanos nessa temática eram focados apenas em temas relacionados ao direito antitruste, regulação de serviços públicos e questões tributárias.[313] A situação se transforma a partir da contribuição de Richard Posner, que, ao publicar o livro *Economic Analysis of Law* em 1973, desperta o

---

[310] Os estudos pioneiros em tal disciplina são de COASE, Ronald. The Problem of Social Cost. *The Journal of Law and Economics*, v. III, out. 1960; acompanhado por CALABRESI, Guido. Property Rules, Liability Rules, and Inalienability: one view of the Cathedral. *Harvard Law Review*, n. 85, p. 1089-1128, 1972 e POSNER, Richard. *Economic Analysis of Law*. 9. ed. Wolters Kluwer Law & Business, 2014. Em Portugal, pode ser destacado o trabalho de RODRIGUES, Vasco. *Análise económica do direito* cit. e ARAÚJO, Fernando. *Análise económica do direito*: programa e guia de estudo. Coimbra: Almedina, 2008. No Brasil, destaca-se o trabalho de ZYLBERSZTAJN, Décio; SZTAJN, Raquel. *Direito e economia*. Rio de Janeiro: Elsevier, 2005.

[311] COASE, Ronald. The Problem of Social Cost, p. 10.

[312] CALABRESI, Guido. Transaction Costs, Resource Allocation and Liability Rules: a comment. *The Journal of Law and Economics*, v. 11, n. 1, abr. 1968.

[313] TREBILCOCK, Michael. The Lessons and Limits of Law and Economics (versão revisada do artigo: An introduction to law and economics). 23. *Monash Law Review*, 123, 1997.

interesse de juristas e economistas às implicações econômicas de todos os aspectos do ordenamento jurídico.

Cabe pontuar que a Análise Econômica do Direito correspondeu a uma (dentre outras) vertente de compreensão do Direito desenvolvido nos Estados Unidos da América no pós-Guerra. No contexto global, diante do manejo (equivocado) do positivismo jurídico para atender pretensões políticas em regimes de exceção durante a Segunda Guerra Mundial, os estudiosos perceberam a necessidade de desenvolver teorias que agregassem algum conteúdo valorativo ou empirismo aferível ao ordenamento jurídico. Como decorrência dessa vontade, desenvolvem-se o pós-positivismo e a sociologia jurídica,[314] a Análise Econômica do Direito, o movimento do *Critical Legal Studies*,[315] entre outras correntes. Cada teoria continha suas próprias premissas e métodos de trabalho, mas havia uma origem comum entre elas, relacionadas à revisão do positivismo kelseniano.

Alguns pressupostos metodológicos da Análise Econômica do Direito merecem ser destacados, em razão de sua pertinência com a presente obra.

O primeiro deles são os *Custos de Transação*, caracterizados como os custos com os quais os agentes se deparam toda vez que necessitam recorrer ao mercado, como os custos de negociar, redigir e garantir que um contrato será cumprido.[316] Na economia neoclássica, os estudiosos voltam sua atenção exclusivamente para os custos de produção, sem considerar os demais elementos das operações econômicas (por uma visão do mercado de informação plena), o que se mostrou equivocado

---

[314] Uma abordagem do conceito de justiça em âmbito constitucional, a partir de uma influência da sociologia jurídica, pode ser encontrada na obra de Marcelo Neves: "Mas como se constroem as racionalidades particulares de que são vinculadas transversalmente mediante Constituição estatal? Do lado direito, cabe definir a sua racionalidade específica como 'justiça'. Essa implica, em relação ao sistema jurídico, a 'consciência jurídica' no plano da autorreferência (fechamento normativo) e a 'adequação' ou 'adequada complexidade' à sociedade (abertura cognitiva), especialmente nos processos de decisão de casos jurídicos, sendo caracterizada como uma 'fórmula de contingência' porque motiva a ação e a comunicação no âmbito jurídico" (NEVES, Marcelo. *Transconstitucionalismo*. São Paulo: Martins Fontes, 2009. p. 63).

[315] O movimento do *Critical Legal Studies* se desenvolveu nos Estados Unidos, a partir dos anos 70 do século XX, nas Universidades de Harvard e Yale, em especial pelos trabalhos de Roberto Mangabeira Unger e Mark Tushnet, em contraposição à Análise Econômica do Direito. Referida escola pregava a fundamentação do direito em práticas morais substantivas, afastando-se do racionalismo e do protótipo da maximização das riquezas de Posner. Sobre os contrapontos entre as duas escolas, cf. GODOY, Arnaldo Sampaio de Moraes. *Introdução ao movimento do* critical legal studies. Porto Alegre: Sergio Antonio Fabris, 2005. p. 60.

[316] WILLIAMSON, Oliver. Transaction Cost Economics and Organization Theory. *In:* SMELSER, N. J.; SWEDBERG, R. (Ed.). *The Handbook of Economic Sociology*. Princeton: Princeton University Press, 1994.

pelos institucionalistas, os quais consideram que a análise econômica deve ser realizada a partir dos pressupostos da racionalidade limitada, incertezas e oportunismo.

Na opinião dos institucionalistas, os custos de transação surgem, principalmente, devido ao fato de os agentes não disporem de plena informação para tomarem decisões. Trata-se de um dado estrutural da realidade.

Um importante postulado da Análise Econômica do Direito é o *Teorema de Coase*.[317] Referida diretriz afirma que, quando os custos de transação são baixos, é possível resolver a maior parte das colisões de direitos. Inversamente, quando os custos são elevados, os agentes econômicos devem se valer do Estado, ou outros adjudicadores.

O Teorema de Coase contribuiu para a visão de que os agentes econômicos podem cuidar de seus interesses de forma mais eficiente através do compartilhamento de informações claras, com propostas atrativas para ambas as partes.[318]

Para o autor, o principal equívoco estaria em elencar um dos agentes em litígio como a causa exclusiva do problema, já que ambos os envolvidos podem ser responsáveis por parcela do prejuízo e isso precisa ser levado em consideração no processo de resolução do problema. Ronald Coase desenvolve o exemplo no qual o agricultor tem parte de sua plantação destruída pela invasão dos bois de um vizinho. Nesse caso, a depender do custo marginal dos danos diante do valor do custo de transação, poderia ser mais vantajoso construir uma cerca ou simplesmente deixar que os bois destruíssem a plantação, com posterior fixação de uma indenização.[319]

O referido teorema vem defender a diminuição do papel do Estado na economia, de sorte que sua intervenção deveria ocorrer em casos de

---

[317] COASE, Ronald. The Problem of Social Cost, p. 15.

[318] Coase apresenta diversos casos levados a cabo aos tribunais para justificar a aplicação de seu teorema, demonstrando como o recurso a um terceiro adjudicador pode trazer desvantagens no cenário econômico mais abrangente; como *Sturges vs. Bridgman*, no qual o barulho do maquinário de um confeiteiro incomoda seu vizinho médico durante as consultas, e *Adams vs. Ursell*, em que um estabelecimento que vendia peixe frito foi instalado em um bairro de classe elevada, causando reclamações dos moradores devido ao cheiro do peixe. Diante das dificuldades em se resolver a questão por composição, em razão dos altos custos de transação, a questão foi encaminhada ao Poder Judiciário. No primeiro caso, o médico ganhou o direito de impedir o funcionamento do maquinário do confeiteiro e no segundo o dono do estabelecimento que vendia peixes fritos foi impedido de comercializar em determinadas áreas (COASE, Ronald. The Problem of Social Cost, p. 23 e ss.).

[319] COASE, Ronald. The Problem of Social Cost, p. 30. Cabe mencionar que essa abordagem, focada em custos e precificação de danos, se contrapõe à abordagem da teoria do bem-estar social. Cf. PIGOU, Arthur. *The Economics of Welfare*. London: Macmilan, 1920.

elevados custos de transação. Por essa teoria, a intervenção do Estado precisa ser duplamente justificada, ou seja, devem ser demonstradas a ineficiência do mercado e a eficiência da sua própria intervenção.

Outro pressuposto metodológico aprofundado pelos autores da Análise Econômica do Direito é a denominada *Tragédia dos Comuns*, caracterizada como situação na qual os indivíduos, agindo de forma independente no consumo de um bem comum, acabam por se comportar de modo destrutivo, esgotando-o.[320] Trata-se de fenômeno estudado inicialmente por Garrett Hardin, em artigo publicado em 1968.[321]

Carolina Leister sintetiza a abordagem a ser dada para evitar a tragédia dos comuns:

> De qualquer modo, o problema da tragédia dos comuns consiste em como controlar e racionalizar o uso do recurso comum de tal modo a evitar sua destruição e garantir seu uso sustentável ao longo do tempo. Quatro possíveis alternativas são aventadas como meios para solucionar esse problema: (i) controle central, *i.e.*, centralização da ação coletiva por meio de um agente exógeno, mas instituído pela coletividade, que é o fiador da resolução estabelecida entre as partes; (ii) privatização, transformando o recurso comum em privado, e por este meio criando um incentivo para o controle individual do uso do recurso. De modo que os indivíduos passariam a ter o interesse de preservá-la; (iii) regulamentação pelos próprios interessados em uma forma de contrato ou autogoverno; (iv) combinações possíveis das alternativas anteriores.

Esse conjunto de premissas teóricas é pertinente à abordagem que se pretende realizar, pois se verificará em que medida a cláusula arbitral poderá reduzir custos de transação das operações econômicas, o que facilitaria a resolução de conflitos pelas partes. Em paralelo, o recurso ao Poder Judiciário para resolução de conflitos com os quais tal órgão não possui a expertise e estrutura necessária provocaria externalidades negativas para toda a sociedade usuária do sistema de justiça estatal.[322]

---

[320] LEISTER, Carolina; CHIAPPIN, J. R. N. A concepção contratualista clássica, o modelo da tragédia dos comuns e as condições de emergência e estabilidade na cooperação Hobbes. *Berkeley Program in Law and Economics*. UC Berkeley. Publicado em 23.05.2007. Disponível em: http://escholarship.org/uc/item/3n07b7zq#page-3. Acesso em: 1º jul. 2017.

[321] HARDIN, Garrett. The Tragedy of Commons. *Science*, v. 162, n. 3859, p. 1243-1248, dez. 1968.

[322] A tese de doutorado do economista Ivo Gico Jr. demonstra como a falta de investimento da estrutura do Poder Judiciário e a ausência de especialização de instâncias causam efeitos negativos para todo o sistema de justiça nacional: "Nesse sentido, demonstramos como, teoricamente, a sobreutilização do Judiciário brasileiro pode ser o resultado indesejável de um subinvestimento em capital jurídico por parte dos magistrados. Esse subinvestimento

Uma importante divergência doutrinária entre as correntes da Análise Econômica do Direito é aquela decorrente da perspectiva positivista da Escola de Chicago (mais focada com a descrição dos fenômenos), em contraposição à posição prescritiva da Escola de Yale, preocupada em propor mudanças para o aperfeiçoamento das normas. A partir dessa distinção de pressupostos, diversos estudos se desenvolveram.[323] Essas duas abordagens têm como consequência duas linhas de investigação dos estudiosos na Análise Econômica do Direito: (i) quais as consequências geradas pelo cumprimento de um conjunto de regras (análise positiva) e (ii) qual regra jurídica deveria ser adotada em determinada hipótese (análise normativa). Nas palavras de Ivo Gico Jr.:[324]

> Por outro lado, os juseconomistas têm como principal característica considerar o direito enquanto um conjunto de regras que estabelecem custos e benefícios para os agentes que pautam seus comportamentos em função de tais incentivos. Assim, a abordagem juseconômica investiga as causas e as consequências das regras jurídicas e de suas organizações na tentativa de prever como cidadãos e agentes políticos se comportarão diante de uma dada regra e como alterarão seu comportamento caso essa regra seja alterada. Nesse sentido, a normatividade do direito não apenas não é pressuposta como muitas vezes é negada, isto é, admite-se que as regras jurídicas enquanto incentivos – em algum caso concreto – podem ser simplesmente ignoradas pelos agentes envolvidos.

---

decorre tanto da ausência de incentivos individuais para o investimento em produção e manutenção de jurisprudência, quanto da inexistência de mecanismos que reduzam os custos de coordenação entre magistrados e de monitoramento pelos pares e pela população em geral. Em termos gerais, as questões básicas a serem tratadas são: (i) quem estabelece as regras jurídicas a serem aplicadas; (ii) quais são os mecanismos de monitoramento dos magistrados, para garantir que as regras escolhidas estão sendo aplicadas; e (iii) quais as consequências processuais e para o magistrado do descumprimento das regras escolhidas. Algumas ideias podem ser aventadas" (GICO JR., Ivo. *A tragédia do Judiciário*: subinvestimento em capital jurídico e sobreutilização do Judiciário. Tese de Doutorado em Economia. Departamento de Economia da Universidade de Brasília, Brasília, 2012. p. 127).

[323] "A distinção, talvez, explique a relevância do trabalho de Richard Posner que, de modo sistemático, organizou a ligação entre Direito e Economia. O trabalho de Posner, considerado marco de 'fundação' da denominada Escola de Chicago, ou escola positivista, tem como contraponto os estudos de Guido Calabresi, da Escola de Yale, também denominada normativista. Às duas correntes incorpora-se a Escola da *Public Choice* (Escolha Pública, cujo foco está voltado para a Ciência Política), a que se segue a Escola denominada Economia Institucional e, mais recentemente, a da Nova Economia Institucional, na qual se destacam Douglas North e Steven Medema" (SZTAJN, Rachel. *Law and Economics*. *In*: ZYLBERSZTAJN, Décio; SZTAJN, Raquel. *Direito e economia*, p. 77).

[324] GICO JR., Ivo. Metodologia e epistemologia da análise econômica do direito. *Economic Analysis of Law Review*, v. 1, n. 1, p. 20, jan.-jun. 2010.

Como pode ser notado, não existe apenas "uma" Análise Econômica do Direito. Trata-se de abordagem teórica que se pulverizou em diversas correntes e métodos de análise.

Em tempos recentes, já foi possível compreender que a Análise Econômica do Direito passou por fases evolutivas. Na classificação de Ejan Mackaay e Stéphane Rousseau, a primeira etapa é denominada lançamento (1957-1972), posteriormente houve a fase de aceitação do paradigma (1972-1980), o debate sobre seus fundamentos (1980-1982) e o movimento ampliado (1982 em diante).[325] Cada uma dessas fases apresenta postulados metodológicos diversos para explicação do nexo entre Direito e Economia.

Para a finalidade deste estudo, foi feita uma opção pela abordagem de uma importante vertente de tal metodologia de estudos, denominada de *New Institucional Law and Economics* (Nova Economia Institucional), o estudo do Direito, Economia e Organizações, que inclui o papel desempenhado pelas instituições e organizações sociais, propondo a interação contínua entre normas, de acordo com a base teórica fornecida pelo trabalho de Douglas North e Oliver Williamson.

De acordo com essa perspectiva, a análise econômica precisa considerar o ambiente normativo no qual os agentes atuam, sob pena de obter conclusões equivocadas, por desconsiderar a regulamentação imposta pelo Direito ao comportamento dos agentes econômicos. Oliver Williamson, professor da Universidade de Berkeley, se vale da Teoria dos Custos de Transação (aprofundando-a) para desenvolver as ideias da Nova Economia Institucional.[326] O autor ressalta a importância das instituições (o que já era feito por seus antecessores), mas destaca que estas são suscetíveis de análise (contribuição de sua teoria).

A base teórica desenvolvida por Williamson promove uma análise conjunta do Direito, Economia e Organizações, para possibilitar uma avaliação da complexidade das operações econômicas dispostas nos contratos contemporâneos. Sua teoria econômica buscou dialogar com a teoria jurídica dos contratos relacionais de Ian Macneil, apresentada anteriormente no item 3.1.1. Em seu *paper* publicado em 1979, Williamson busca complementar as três visões do contrato expostas por Macneil (contrato clássico, contrato neoclássico e contrato relacional) com as estruturas de governança de sua teoria. Conforme apontado pelo autor:[327]

---

[325] MACKAAY, Ejan; ROUSSEAU, Stéphane. *Análise econômica do direito*, p. 9.

[326] WILLIAMSON, Oliver. Transaction-Cost Economics: The Governance of Contractual Relations. *The Journal of Law and Economics*, v. 22, n. 2, p. 233-261, out. 1979.

[327] *Ibidem*, p. 239.

A discussão das três modalidades contratuais de Macneil revela que os contratos são um bem mais variado e complexo do que é comumente compreendido. Isso sugere que as estruturas de governança – a matriz institucional dentro dos quais as transações são negociadas e executadas – variam com a natureza da transação. Mas as dimensões críticas do contrato não são expressamente identificadas e os propósitos da governança não são declarados. A harmonização de interesses parece ser uma importante função de governança, mas isso não é explícito em sua discussão.

Em razão de o estudo empírico proposto nesta obra ter como objeto contratos tipicamente relacionais (o que já foi exposto no início do presente capítulo), a teoria da Nova Economia Institucional merece ser considerada, por sua proposta em complementar a Teoria dos Contratos Relacionais e fornecer o ferramental econômico para compreensão de tais liames obrigacionais. Para consecução desse trabalho, a cláusula compromissória será abordada dentro de uma das categorias de análise propostas por Williamson.

A abordagem da Nova Economia Institucional no contexto das cláusulas arbitrais dos contratos da Administração Pública será objeto de estudo no próximo item, que demonstrará como a arbitragem pode ser compreendida no conceito e instituição, de acordo com tal teoria.

3.2.2   A arbitragem como instituição

A aproximação entre Direito e Economia para o estudo da utilização da arbitragem em contratos pode apresentar resultados bastante relevantes. Essa metodologia de trabalho já foi empregada em trabalhos acadêmicos no Brasil por Selma Lemes, especificamente no campo da Análise Econômica do Direito,[328] por Rafael Bicca Machado, por uma perspectiva da Sociologia Econômica do Direito (com suporte na teoria de Albert O. Hirschman),[329] entre outros estudos.[330]

---

[328] LEMES, Selma. *Arbitragem na Administração Pública*: fundamentos jurídicos e eficiência econômica. São Paulo: Quartier Latin, 2007. Vale mencionar que a autora também se vale da Nova Economia Institucional, como exposto no presente trabalho.

[329] MACHADO, Rafael Bicca. *A arbitragem empresarial no Brasil*: uma análise pela nova sociologia econômica do direito. Porto Alegre: Livraria do Advogado, 2009.

[330] SALAMA, Bruno Meyerhof. Análise econômica da arbitragem. *In:* TIMM, Luciano Benetti (Org.). *Direito e economia no Brasil*. 2. ed. São Paulo: Atlas, 2014. p. 382-390. PUGLIESE, Antônio Celso Fonseca; SALAMA, Bruno Meyerhof. A economia da arbitragem: escolha racional e geração de valor. *In:* JOBIM, Eduardo; MACHADO, Rafael Bicca. *Arbitragem no Brasil*: aspectos jurídicos relevantes. São Paulo: Quartier Latin, 2008. p. 74-85. WOLANIUK, Silvia de Lima Hist. *Arbitragem, Administração Pública e parcerias público-privadas*: uma análise

No direito norte-americano o tema é estudado há bastante tempo, sob as premissas de seu sistema jurídico. Muitos acadêmicos defendem os métodos diferenciados de solução de disputas contratuais e destacam duas principais razões para a adoção de cláusula arbitral nos contratos. Afirmam que a arbitragem poderá reduzir os custos de transação relacionados à prestação jurisdicional e que sua utilização fomenta um sistema de incentivos à execução dos contratos.[331] Nessa seara, o trabalho de Catherine Rogers, da *Penn State Law University*, merece destaque, por combinar vantagens e pontos críticos da arbitragem internacional, em especial sob o ponto de vista de seu componente ético.[332]

Cabe pontuar, contudo, que nos ordenamentos jurídicos estrangeiros o instituto da arbitragem encontra seu espaço em realidade distinta e os métodos estatais de soluções de disputas possuem níveis de eficiência diferenciados, se comparados ao Brasil. Assim, as motivações para uso da arbitragem em território nacional não são as mesmas dos Estados Unidos da América. A partir desse dado, a utilização de base teórica estrangeira não visa simplesmente replicar estudos já produzidos em outro país para *cases* nacionais, mas sim verificar em que medida pressupostos metodológicos que aproximam Direito e Economia podem ser úteis para averiguar a eficiência do uso da arbitragem em contratos públicos brasileiros.

A proposta a ser desenvolvida parte de uma premissa de estudo acolhida recentemente em Tese de Doutorado defendida em 2016 na Universidade de São Paulo. Maria da Graça Ferraz de Almeida Prado professa o reconhecimento da arbitragem como uma instituição. Com suporte no pensamento de Paul Joskow e Oliver Williamson, a autora afirma que qualquer forma de solução de disputas, que, tal como o Poder Judiciário, garanta o cumprimento de leis e contratos, pode ser tomada também em sua perspectiva institucional.[333]

---

sob a perspectiva do direito administrativo econômico. 2009. Dissertação de Mestrado. Orientadora: Prof. Dra. Ângela Cássia Costaldello. Universidade Federal do Paraná, Curitiba, 2009.

[331] DAVIS, Joshua. Expected Value of Arbitration. *Oklahoma Law Review*, v. 57, n. 47, p. 47-125. SHAVELL, Steven. Alternative Dispute Resolution: an economic analysis. *Journal of Legal Studies*, v. XXIV, n. 1, jan. 1995.

[332] ROGERS, Catherine. *Ethics in International Arbitration*. Oxford: Oxford University Press, 2014. ROGERS, Catherine. Transparency in International Commercial Arbitration. *Kansas Law Review*, v. 54, n. 1301, 2006. ROGERS, Catherine. Fit and Function in legal Ethics: Developing a Code of Conduct for International Arbitration. Penn State Law Research Paper. *Michigan Journal of International Law*, v. 23, n. 341, 2002.

[333] PRADO, Maria da Graça Ferraz de Almeida. *A economia da arbitragem*: abordagem contratual e institucional. Tese de Doutorado. Faculdade de Direito da Universidade de São Paulo. Orientador: Professor Dr. Fábio Nusdeo. São Paulo, 2016, p. 24.

Isso significa que a arbitragem pode ser enxergada no plano institucional, em um contexto macroeconômico, para aprimorar o desenvolvimento social e a segurança jurídica, bem como na perspectiva da governança contratual, no espectro dos contratantes para redução dos custos de transação.

Na compreensão apresentada em tal tese, a previsão de arbitragem é capaz de atenuar as incertezas presentes no mundo dos contratos, de acordo com os ensinamentos dos autores da Nova Economia Institucional, em especial Oliver Williamson, ao funcionar como estrutura de governança contratual empregada pelos contratantes para reduzir o oportunismo e gerar confiança nas transações econômicas. Conforme as palavras da autora:[334]

> É nesse exato sentido que não apenas WILLIAMSON, mas também outros autores filiados à NEI chamam a atenção à importância de serem criados mecanismos de governança contratual que, adequando-se às particularidades de cada transação econômica, sejam capazes de lidar, reduzir e compensar a vulnerabilidade própria ao mundo dos negócios. Segundo essa corrente de pensamento, cláusulas contratuais servem como verdadeiro contraponto ao oportunismo das partes, reduzindo conflitos do mundo real por meio da coordenação contratual e de um aprendizado constante.

Ao realizar a ligação entre os contratos de longo prazo e os mecanismos de solução de disputas contratuais, Oliver Williamson destaca que liames obrigacionais complexos tendem a ser naturalmente incompletos, de modo que as chances de ocorrência de um litígio são consideráveis. Nesse cenário, a arbitragem é compreendida em sua perspectiva institucional, como mecanismo importante para manutenção da execução contratual, ainda que o conflito esteja em andamento. De acordo com o autor:[335]

> Como observa Macneil, "duas características comuns dos contratos de longo prazo são a existência de lacunas no planejamento e a presença de uma série de processos e técnicas utilizadas pelos gestores para criar flexibilidade em vez de deixar lacunas ou tentar planejar de forma rígida". O recurso a terceiros para resolver disputas e avaliar pleitos muitas vezes tem vantagens em relação aos litígios no atendimento dessas funções de

---

[334] PRADO, Maria da Graça Ferraz de Almeida. *A economia da arbitragem*: abordagem contratual e institucional, p. 19.

[335] WILLIAMSON, Oliver. Transaction-Cost Economics, p. 233-261.

flexibilidade e preenchimento de lacunas. As observações de Lon Fuller sobre diferenças processuais entre arbitragem e litígio são instrutivas. (...)

Um reconhecimento de que o mundo é complexo, que os acordos estão incompletos e que alguns contratos nunca serão alcançados, a menos que ambas as partes tenham confiança no mecanismo de liquidação, assim, caracterizam o direito do contrato neoclássico. Uma importante diferença entre arbitragem e litígio estatal que contribui para as diferenças processuais descritas pela Fuller é que, enquanto a continuidade (pelo menos a conclusão do contrato) é presumida nos mecanismos de arbitragem, essa presunção é muito mais fraca no litígio estatal.

A perspectiva institucional explicitada acima será objeto de verificação prática no capítulo seguinte, dedicado ao estudo dos contratos de PPP do Estado de São Paulo. A ideia será obter dados que comprovem resultados institucionais positivos na presença da cláusula arbitral em tais contratos, ou que não confirmem essa hipótese investigativa.

3.3 Consequências para a arbitragem com participação da Administração Pública

A arbitragem com participação da Administração Pública é tema novo no Direito brasileiro. Sua abordagem acadêmica começou a ganhar fôlego nos últimos dez anos e as experiências práticas de litígios ainda são esparsas. Todavia, a introdução da cláusula compromissória tem ocorrido com frequência no campo dos contratos de infraestrutura, sem que os agentes envolvidos no procedimento de modelagem de tais liames obrigacionais tenham a consciência do alcance da utilização de métodos diferenciados de solução de disputas nos empreendimentos públicos, sob a perspectiva da eficiência da execução da avença.[336]

Assim, os próximos itens examinarão três possíveis abordagens teóricas sobre as vantagens da arbitragem. O primeiro deles se relaciona diretamente com a teoria da Nova Economia Institucional, explorada no item anterior, ao investigar a aptidão da cláusula compromissória em criar um ambiente cooperativo entre os contratantes, apto a sinalizar maior transparência de relacionamento e continuidade da execução contratual, caso ocorra o litígio. O segundo ponto está compreendido em uma perspectiva financeira estrita, comparando-se o dispêndio

---

[336] Essa realidade ficará mais clara no próximo capítulo, ao longo da análise das Atas de Reunião do Conselho Gestor de PPP do Estado de São Paulo.

financeiro das partes pelo uso do instrumento privado de solução de disputas contratuais com o recurso ao Poder Judiciário estatal. Por fim, será apresentada uma exposição raramente feita nos estudos sobre arbitragem, acerca da possibilidade de introdução da cláusula compromissória na matriz de riscos do contrato.

3.3.1 Indicação de um ambiente cooperativo entre as partes

A existência de um cenário menos adversarial entre as partes em litígio costuma ser apontado como um elemento a gerar eficiência na arbitragem. Chega-se a apontar tal instituto adjudicatório como um indicativo de conduta consensual entre as partes contratuais.[337]

Isso porque a arbitragem tende a se desenvolver em um ambiente de maior discrição (ainda que o procedimento seja público), com menos formalidades e presença de regulamentos simples e sem previsão de instâncias recursais. Esses elementos favorecem a consecução de negociações e a realização de acordos. Como apontam Alessandra Nascimento Mourão, Anita Pissolito Campos e outras, o cenário em que se encontram as partes pode facilitar ou impedir a comunicação e a subsequente obtenção de uma solução pacífica da contenda. Baseadas na metodologia do Programa de Negociação da Universidade de Harvard, as autoras exemplificam como determinadas organizações forenses tradicionais fomentam a litigiosidade e prejudicam as partes.[338]

---

[337] "Quando projetada na solução de *conflitos administrativos*, a consensualidade enseja a previsão de determinados instrumentos para dirimi-los de forma negociada, sem a necessidade de manejo da autoridade estatal para decidir unilateralmente. Quanto à Administração Pública diretamente interessada no conflito, figurando como parte ao lado do administrado, apresenta-se a mediação, a conciliação e arbitragem como mecanismos consensuais. Porém, a Administração Pública pode figurar como o ente competente para dirimir conflitos envolvendo administrados no âmbito do processo administrativo (geralmente regulados, como no caso de concessionária e usuário de serviço público). Também nesta hipótese de mediação ativa dos conflitos pela Administração Pública estar-se-ia diante da consensualidade, formalizada na conciliação ou mediação entre os administrados promovida pela própria Administração" (PALMA, Juliana Bonacorsi de. *Atuação administrativa consensual*: estudo dos acordos substitutivos no processo administrativo sancionador. Dissertação de Mestrado. Faculdade de Direito da Universidade de São Paulo, 2010. p. 88).

[338] "Um exemplo desses equívocos são as situações em que as partes não estão ouvindo. Não raro, observam-se, em audiências e reuniões, os advogados envolvidos no caso falando ao mesmo tempo, de forma firme e eloquente, imaginando que estão sendo ouvidos e que alcançarão o objetivo pretendido de convencer o outro. Ora, quando situações desse tipo ocorrem, a única certeza que se tem é de que nenhuma das partes está ouvindo a outra – pois estão se manifestando simultaneamente – e nem os demais presentes estão conseguindo ouvir a ambos, já que a tarefa de ouvir e compreender dois discursos simultâneos é árdua,

Contudo, o ambiente cooperativo não se limita a um *locus* de consecução de acordos, como será exposto a seguir.

Nos contratos celebrados com a Administração Pública, em que a minuta contratual constitui um anexo ao edital de licitação, a representar uma escolha por adesão do particular interessado no certame,[339] a presença da cláusula compromissória pode, em princípio, indicar um intuito cooperativo, no sentido de solucionar divergências obrigacionais de maneira mais adequada. Assim, a inserção da previsão de arbitragem poderia gerar o conforto de que o Poder Judiciário não seria utilizado para solução do litígio, com potenciais ganhos de tempo, eficiência e tecnicidade decisória.

No plano da execução da avença, a verificação de tais expectativas dependerá da forma como a Administração Pública compreenderá a previsão de arbitragem no contrato. Se o foro arbitral for devidamente utilizado e respeitado, sem quaisquer recursos procrastinatórios perante o Poder Judiciário, a sinalização cooperativa estará atendida. Caso contrário, as partes poderão se deparar com um ambiente antieconômico e até menos previsível que a tradicional previsão de cláusula de foro comum (estatal).

Nessa ordem de ideias, a *Entrevistada E* da pesquisa empírica realizada neste trabalho, ao comentar se a consultoria exercida pelo IFC já indicou cláusula de foro comum, em detrimento da arbitragem, apresentou o seguinte comentário:

> Não, porque o IFC entende que mesmo que haja esses problemas, que existem no mundo inteiro, pelo menos é um problema conhecido. A grande dificuldade para o investidor estrangeiro é lidar com o desconhecido. O estrangeiro conhece o ambiente das arbitragens internacionais, que tem inúmeros problemas, mas são questões por ele conhecidas. O mesmo não ocorre em relação ao Poder Judiciário brasileiro, totalmente desconhecido do investidor estrangeiro.
>
> Nas oportunidades em que atuei ao lado do público, também era favorável à utilização da arbitragem, porque considero que dá mais conforto ao privado se submeter à arbitragem, do que enfrentar o Poder Judiciário que é uma grande caixinha de surpresas em muitos momentos.

---

senão impossível" (MOURÃO, Alessandra Nascimento; CAMPOS, Anita Pissolito et al. *Fundamentos da negociação para o ambiente jurídico*. São Paulo: Saraiva, 2014. p. 53).

[339] Certamente, em muitos casos, o particular participa da redação da minuta contratual, apresentando sugestões e propostas de redação, o que será abordado no capítulo seguinte, na descrição dos procedimentos de manifestação de interesse da iniciativa privada.

Como pode ser percebido, a opção pela arbitragem pode representar um caminho de segurança, que se confirmará pelo respeito aos instrumentos institucionais próprios de tal instituto e pela não utilização de medidas antiarbitragem. Caso estejam presentes esses elementos, quer parecer que se desenvolverá uma trajetória cooperativa entre as partes, a demonstrar que os conflitos serão dirimidos pela via privada, com respeito às decisões tomadas pelos julgadores e pelo regulamento procedimental.

A presença de um cenário convidativo aos métodos adequados de solução de disputas (e de obtenção de potenciais acordos) tende a fomentar a eficiência das contratações públicas, pois um ambiente institucionalizado e seguro atrairá bons investidores aos empreendimentos estatais, como sinalizado pelo depoimento supramencionado.

3.3.2 Redução de custos para as partes?

Com a promulgação da Lei brasileira de Arbitragem, as primeiras abordagens sobre o tema passaram a professar duas potenciais vantagens do seu uso: i) de que seu manejo poderia "desafogar o Poder Judiciário", que já se encontrava assoberbado de trabalho, em razão da litigância de massa;[340] e ii) de que a arbitragem traria menos custos às partes, se comparado ao Processo Judicial estatal. Ao que parece, ambas as teses se mostraram equivocadas ao longo dos anos.

O presente estudo verificou que, ao menos até o momento, o campo de utilização da arbitragem no Brasil tem sido restrito e não

---

[340] "A arbitragem não desafoga o Poder Judiciário, isso não é verdadeiro. É uma falsidade que não tem tamanho. Em um sistema multiportas, temos mecanismos adequados para determinadas coisas. Então o que estamos fazendo com a arbitragem é abrir portas que antigamente não existiam. E muitos desses casos que hoje são julgados aqui no Brasil iam para o exterior. A gente mandava tudo para a Câmara de Comércio Internacional, ou de Paris ou de Miami. Elas não chegavam no judiciário do mesmo jeito. Essas causas mais delicadas de construção, de pequenas hidrelétricas, de contatos sofisticados iam tudo pra fora. Não para o Poder Judiciário.
E depois de quantas arbitragens estamos falando? Para você ter uma ideia, a Câmara de Comércio Brasil-Canadá, que é uma das mais ativas em SP em termos estatísticos, teve 100 causas durante um ano. Cem causas em relação a todos aqueles milhões de processos, não chega nem a ser uma gota d'água no oceano. Então, não estamos falando em desafogar o Judiciário. Estamos falando em criar um país para o futuro. Estamos dizendo que o Brasil vai ser um país como os países evoluídos que têm um sistema multiportas. Isto sim que é evolução. Mas não quer dizer desafogar o poder judiciário, que padece de outros problemas que a arbitragem não vai resolver" (CARMONA. Carlos Alberto. *Arbitragem não vai desafogar o Judiciário*. Entrevista concedida ao Conselho Arbitral do Estado de São Paulo. Disponível em: http://www.caesp.org.br/arbitragem-nao-vai-desafogar-o-judiciario-diz--carlos-carmona/. Acesso em: 16 jul. 2017).

se confunde com aquele no qual se multiplicam os litígios de massa perante o Poder Judiciário. A partir dos estudos realizados para elaboração desta obra, compreendeu-se que a arbitragem encontrou sua "vocação" no ambiente das relações jurídicas complexas, com maior valor agregado em disputa (especialmente no campo da construção civil, infraestruturas e Direito societário).[341] É nessa seara que as partes reconhecem maiores vantagens em renunciar ao aparato estatal para composição do conflito. Obviamente, como já exposto, o sistema privado de solução de disputas pode ser empregado em qualquer relação que envolva direitos disponíveis, mas os demandantes dos métodos adjudicatórios acabaram por utilizá-lo de forma mais restrita no Brasil.

O segundo ponto supramencionado justifica esse estado de coisas, como será demonstrado a seguir.

A realização de um comparativo entre os custos do procedimento arbitral em relação ao processo judicial estatal demonstra que, em geral, o método privado tende a ser mais dispendioso. Assim, a assunção de maiores custos se justifica nas hipóteses em que as vantagens diretas da arbitragem em concreto (especialização de julgadores e menor tempo de julgamento – item 2.2.1 *supra*) se mostram mais necessárias ou em ambientes nos quais os litigantes estejam dispostos a pagar caro por um melhor serviço prestado (o que não é o caso da maior parte das ações presentes no Poder Judiciário, com partes hipossuficientes – casos previdenciários, trabalhistas e consumeristas, por exemplo).

A ideia de que a arbitragem é mais dispendiosa em relação ao processo estatal se contrapõe à tese apresentada por Selma Lemes em seu doutoramento, ao desenvolver um caso hipotético em litígio com participação de sociedade de economia mista.[342]

---

[341] "As questões societárias representam o maior volume de arbitragens processadas. Em duas Câmaras pesquisadas (AMCHAM e CAM) representou o volume de 40% dos casos entrantes em 2013. Também a CIESP/FIESP foram quase 26% dos casos e na CCBC 33% no mesmo período. No ano de 2012, na AMCHAM representou 59% dos casos entrantes. No âmbito das questões societárias abordam-se matérias vinculadas aos acordos de acionistas e outras pendências entre sócios vinculadas à administração da sociedade. O segundo volume de casos submetidos à arbitragem refere-se a matérias de construção civil e energia. Nesta área a líder é a CAMARB com quase 67% (66,66%) dos casos entrantes processados em 2012 e, em 2013, foram 42% na citada Câmara. Apreende-se também da pesquisa, que enquanto algumas Câmaras têm certo foco setorial, como é o caso da CAMARB e AMCHAM, acima citadas (o que não as impede de tratar de outros tipos de litígios) as Câmaras citadas com maior número de arbitragens, CCBC e CIESP/FIESP em 2012/2013 possuem percentuais razoáveis distribuídos entre as áreas de fornecimento de bens e serviços, contratos de energia e construção civil e empresarial em geral" (LEMES, Selma. *Números mostram maior aceitação da arbitragem no Brasil*. Disponível em: http://www.conjur.com.br/2014-abr-10/selma-lemes-numeros-mostram-maior-aceitacao-arbitragem-brasil. Acesso em: 16 jul. 2017).

[342] LEMES, Selma. *Arbitragem na Administração Pública*, p. 176-178.

Em referido exemplo, uma sociedade de economia mista é acionada em razão do descumprimento de um contrato celebrado com empresa contratada para prestação de serviços. O inadimplemento contratual em questão é de R$ 480.000,00 (quatrocentos e oitenta mil reais). Para julgamento da causa, foi selecionada a Câmara de Arbitragem Empresarial Brasil (CAMARB), com procedimento de árbitro único (especialista técnico, o que dispensou a necessidade de perícia). Nesse caso, o custo da arbitragem foi de R$ 19.500,00 (dezenove mil e quinhentos reais), considerando os valores de taxa de administração e registro cobrados pela câmara à época. Foi considerado o período de julgamento de sete meses.

Ao se estabelecer um paralelo com o Poder Judiciário, valendo-se do mesmo exemplo, Selma Lemes aponta que os custos do processo ultrapassariam o valor de 30 mil reais, considerando o pagamento de R$ 4.800,00 (quatro mil e oitocentos reais) de taxa judiciária, R$ 9.600,00 (nove mil e seiscentos reais) para o preparo da apelação e R$ 20.000,00 (vinte mil reais) a título de prova pericial. Foi considerado um período de dois anos para a prolação da sentença e de quatro anos para o julgamento da apelação.[343]

Por fim, o exemplo da autora ainda faz menção a um custo de oportunidade em relação ao pagamento devido à empresa demandante que, por receber de forma mais célere na arbitragem, faria a recomposição de seu fluxo de caixa e teria disponibilidade para realizar novos investimentos.

As premissas de trabalho de Selma Lemes tendem a convergir para confirmação de sua tese, no sentido de que os custos com a arbitragem são menores se comparados ao processo judicial estatal. Contudo, se os pressupostos forem diferentes, os resultados também serão, de sorte que não se pode adotar o exemplo da autora como uma prática apta à generalização, que permitiria considerar a arbitragem sempre menos custosa.

Sabe-se, por exemplo, que a maior parte das arbitragens de grande porte conta, atualmente, com tribunais formados por três árbitros, sendo que tais profissionais costumam ser juristas, portanto, em caso de requerimento de prova pericial, será necessário o assistente técnico.

---

[343] Conforme as considerações da autora: "Com efeito, considerando que: a) o custo da taxa judicial fora recolhida integralmente no primeiro ano; b) o custo da perícia concentrado no final do primeiro ano; e c) o custo do preparo da apelação será arcado no final do segundo ano, pode-se aferir que esse valor no final do segundo ano, considerando uma inflação de 7% para cada ano, representaria R$ 37.886,00" (LEMES, Selma. *Arbitragem na Administração Pública*, p. 177).

Além disso, casos que envolvem contratos de infraestruturas financiados por organismos multilaterais recomendam a adoção de cláusula que preveja a submissão dos litígios às câmaras internacionais, que realizam cobrança em moeda estrangeira, portanto, as partes ficam sujeitas ao risco cambial. Igualmente, tem sido cada vez mais raro que os complexos litígios em contratos relacionais possam ser solucionados no tempo previsto pelo regulamento das câmaras (na CAMARB, 60 dias após a apresentação das alegações finais). Para corroborar essa afirmação, cabe trazer o comentário do *Entrevistado A*, ao ser questionado sobre o prazo de duração dos procedimentos arbitrais em que atuou:[344]

> Os litígios da companhia são muito complexos, de modo que a prorrogação foi necessária, não por uma ineficiência dos árbitros, mas pela própria complexidade do processo, que foi se manifestando ao longo da instrução.
> A prorrogação ocorreu na maioria dos casos, mas era necessária. Talvez apenas em nossa arbitragem *ad hoc* o prazo está sendo cumprido, pois a questão é exclusivamente de direito.

Outro ponto a ser levantado diz respeito à natureza jurídica da entidade governamental escolhida no exemplo de Selma Lemes. Isso porque as sociedades de economia mista devem realizar pagamento prévio de custas processuais perante o Poder Judiciário, o que não ocorre com as entidades da Administração Direta e autarquias.[345] Ainda assim, ao final do procedimento as pessoas jurídicas de direito público realizam seus pagamentos pecuniários condenatórios por meio do procedimento constitucional de precatórios, previsto no art. 100 da Constituição Federal.[346]

---

[344] Em sentido semelhante, a *Entrevistada C* confirmou que os procedimentos arbitrais em que atua provavelmente se estenderão para além do prazo previsto no regulamento da câmara escolhida, em razão da complexidade do litígio.

[345] De acordo com a Lei federal nº 13.105/2015 (Novo Código de Processo Civil): "Art. 91. As despesas dos atos processuais praticados a requerimento da Fazenda Pública, do Ministério Público ou da Defensoria Pública serão pagas ao final pelo vencido. §1º As perícias requeridas pela Fazenda Pública, pelo Ministério Público ou pela Defensoria Pública poderão ser realizadas por entidade pública ou, havendo previsão orçamentária, ter os valores adiantados por aquele que requerer a prova. §2º Não havendo previsão orçamentária no exercício financeiro para adiantamento dos honorários periciais, eles serão pagos no exercício seguinte ou ao final, pelo vencido, caso o processo se encerre antes do adiantamento a ser feito pelo ente público". Igualmente, a Lei federal nº 9.494/1997 determina: "Art. 1º-A. Estão dispensadas de depósito prévio, para interposição de recurso, as pessoas jurídicas de direito público federais, estaduais, distritais e municipais".

[346] Vide item 2.3.1.

Por fim, a análise do custo de oportunidade parte do ponto de vista de que a entidade governamental em litígio será condenada a um pagamento devido ao contratado, o que nem sempre se verifica. Assim, caso o pleito indenizatório seja julgado improcedente, não se poderá cogitar em perda de receita da entidade privada.

Se o mesmo caso criado por Selma Lemes fosse submetido à Corte de Comércio Internacional (CCI) em 2017, em um procedimento com três árbitros, convertendo-se o valor da causa para dólares,[347] o cenário de custas procedimentais seria o seguinte:

Requested estimation	
Amount in dispute	146282
Number of arbitrators	3
Year (scale)	2017
Fees per arbitrator	
Min	$4987
Avg	$12169
Max	$19351
Advance on costs (without arbitrator expenses)	
Average fees multiplied by number of arbitrators	$36507
Administrative expenses	$7024
Total	$43531

Fonte: https://iccwbo.org/dispute-resolution-services/arbitration/costs-and-payments/cost-calculator/.

Cabe destacar que esse valor não engloba os custos com perícia técnica, tampouco os custos de oportunidade mencionados por Selma Lemes.

Admitindo-se que mencionado litígio fosse proposto contra entidade da Administração Direta, perante o Poder Judiciário, a Fazenda Pública estaria dispensada do pagamento prévio de custas processuais, o que seria realizado apenas em caso de condenação. Igualmente, o novo Código de Processo Civil permitiu que os honorários periciais seguissem a mesma sistemática de pagamento.

Como já havia sido exposto no segundo capítulo (item 2.2.1), o caso hipotético examinado por Selma Lemes não reflete as situações

---

[347] Considerando-se R$ 480.000,00 equivalente a US$ 146.282,00 em 8 de julho de 2017.

geralmente vivenciadas nas arbitragens no setor de infraestruturas (presença de câmaras arbitrais internacionais e tribunais formados por três juristas), tampouco suas premissas permitem uma generalização para todos os casos (principalmente se a parte pública não for empresa estatal, mas uma pessoa jurídica de direito público interno, por exemplo).

De acordo com os pressupostos aqui apresentados (utilização da CCI em arbitragem envolvendo a Administração Direta), caso, ao final, o pleito apresentado pelo contratado seja julgado improcedente, não se poderia falar em perda de custos de oportunidade. Se a mesma demanda fosse encaminhada ao Poder Judiciário, com o mesmo resultado de julgamento, não haveria cobrança de custas processuais para a Fazenda Pública. Nesse caso, a utilização da Justiça estatal seria gratuita e a arbitragem deveras custosa.

O contraponto apresentado acima demonstra que não se pode afirmar *a priori* qual método de solução de disputas é menos custoso. Isso dependerá de cada caso, das premissas adotadas e do resultado do litígio. Dado esse cenário de incertezas, o dispêndio financeiro com a utilização da arbitragem parece ser fato que pouco influencia a avaliação da eficiência da cláusula compromissória. Essa afirmação será objeto de verificação empírica no capítulo seguinte.

Ao que parece, existe uma conjuntura econômica mais abrangente que traz reflexos no ambiente contratual, a qual será exposta no item a seguir.

3.3.3 Introdução da cláusula compromissória na matriz de riscos do contrato

O item 1.4.2 *supra* apresentou ao leitor o conceito de risco para as finalidades do presente trabalho (a partir da teoria econômica de Frank Knight, professor da Universidade de Chicago, que posteriormente foi absorvida pela teoria econômica), o qual é essencial aos projetos de infraestrutura, para determinação de uma equação de responsabilidades entre as partes, a chamada matriz de riscos.

Como mencionado naquela oportunidade, a ideia da matriz de riscos é apresentar às partes um elenco de ocorrências contratuais que podem dificultar a execução do contrato. Tais eventos podem ser classificados em endógenos ou exógenos, de modo que os primeiros se referem àqueles cuja responsabilidade pode ser atribuída a uma das partes contratantes e os segundos são os riscos que não podem ser controlados pelas partes. Essa compreensão é descrita pelo professor da Faculdade de Economia, Administração e Ciências Contábeis da Universidade de São Paulo, Francisco Anuatti Neto, que assim a define:[348]

> Analisaremos os riscos presentes num contrato de concessão classifican-do-os em endógenos e exógenos. Os primeiros são aqueles que podem ser reduzidos pela identificação e atribuição de seu controle à parte que possua o incentivo adequado para diminuir ao máximo sua exposição a eles. Arranjos institucionais são eficientes em reduzir riscos específicos do objeto da concessão se alocam cada parcela do risco à parte que melhor possa controlá-la. Exógenos são os riscos que não podem ser controlados pelas partes de um contrato – a origem deles não pode ser alterada pela ação direta dos envolvidos. Assim, a alocação de um risco exógeno não terá efeito sobre sua magnitude; o único critério econômico para sua alocação é atribuí-lo à parte com menor custo para dele defender-se.

Dentro de uma lógica aplicada aos contratos de infraestruturas, a obra de Peter Thompson e John Perry apresenta alguns preceitos básicos para alocação de riscos, que precisam ser levados em consideração pelos responsáveis pela modelagem do empreendimento.[349] Segundo tais estudiosos, cada fator de risco tem um custo correspondente, que precisa ser identificado e assumido por uma parte contratual, em alguma fase do empreendimento. Igualmente, o risco deve pertencer à parte mais capacitada a suportar seu impacto e não se deve esperar que nenhum agente assuma riscos não equacionados à sua expectativa de retorno financeiro. Ainda assim, parte dos riscos deve ser compartilhada entre os contratantes. Por fim, o risco residual deve ser suportado pelo proprietário do ativo em negociação.

Nessa ordem de ideias, partindo das premissas de tais autores, as principais técnicas para contornar os fatores de risco contidos nos contratos são: (a) exclusão do risco, (b) transferência do risco, (c) mitigação do risco e (d) aceitação do risco.[350]

---

[348] ANUATTI NETO, Francisco; MELLO, Maria Tereza Leopardi. Arbitragem e o risco regulatório em contratos de concessão. *III Seminário Brasileiro da Nova Economia Institucional*, p. 589-605, maio de 2015. Disponível em: https://www.researchgate.net/profile/Francisco_Anuatti_Neto/publication/275771514_ARBITRAGEM_E_RISCO_REGULATORIO_EM_CONTRATOS_DE_CONCESSAO/links/554697650cf23ff71686d81a.pdf. Acesso em: 9 jul. 2017.

[349] THOMPSON, Peter; PERRY, John. *Engineering construction risks*: a guide to project risk analysis and assessment. London: Thomas Telford, 1998. p. 125 e ss. Em sentido semelhante, cabe relembrar o já citado jurista português especializado no tema: MELO, Pedro. *A distribuição do risco nos contratos de concessão de obras públicas*. Coimbra: Almedina, 2011. p. 64.

[350] No mesmo sentido, cf. RICARDINO, Roberto. *Administração de contrato em projetos de construção civil no Brasil*: um estudo da interface com o processo de análise de risco. Dissertação de

A *exclusão do risco* significa extirpar do empreendimento o fator de risco que não seja significativo ou não aplicável à situação concreta. Para consecução desse desiderato, uma das partes contratuais pode realizar obras ou serviços auxiliares, previamente ao início da avença, embutindo esse custo na proposta econômica do certame licitatório, por exemplo.

Por sua vez, a *transferência do risco* significa a atribuição da responsabilidade financeira pela ocorrência de um evento a outra parte, que poderá ser um sócio, um subcontratado ou uma companhia seguradora (que forneça um pagamento pela ocorrência do sinistro).[351] Esse *modus operandi* também provocará incremento de custos pela parte responsável.

Na mesma linha de raciocínio, a *mitigação do risco* consiste na adoção de técnicas para reduzir a probabilidade da ocorrência de um evento danoso à relação contratual entre as partes. Pode-se chegar em bons resultados, por exemplo, pela realização de testes prévios de engenharia ou pela organização de um cronograma contratual mais conservador. Os empreendimentos públicos na área de infraestruturas, em geral, costumam se valer de dois procedimentos para mitigação de riscos: i) a exigência de maiores requisitos de habilitação técnica e jurídica, bem como de qualificação econômico-financeira, para os certames; e ii) o estabelecimento de um procedimento prévio de perguntas e respostas, no qual os licitantes podem solicitar maiores esclarecimentos ao Estado, no intuito de apresentar uma proposta mais aderente às expectativas governamentais.[352]

Por fim, a *aceitação do risco* envolve a opção consciente de que determinado evento danoso possui razoáveis condições de ocorrer, de modo que um dos agentes fará um fundo de reserva para fazer frente aos prejuízos relacionados ao evento. Nesse caso, o pressuposto é utilizar essa reserva financeira para cobrir o prejuízo. Essa hipótese difere da contratação do seguro, que pressupõe um dispêndio certo em relação ao

---

Mestrado em Engenharia Civil. Escola Politécnica da Universidade de São Paulo. Orientador: Professor Dr. Cláudio Tavares Alencar. São Paulo, 2007. p. 57-58.

[351] Esse exemplo é abordado em RIBEIRO, Maurício Portugal. *Concessões de PPPs*: melhores práticas em licitações e contratos. São Paulo: Atlas, 2011. p. 84 e ss.

[352] O procedimento prévio de esclarecimentos entre os interessados no certame licitatório é prática bastante corriqueira na área de infraestruturas e recomendado, inclusive para os projetos financiados pelo Banco Mundial (são os denominados *Requests and Clearances*). No entanto, no cenário brasileiro, esse expediente, por vezes, acaba por aumentar as incertezas entre as partes contratuais, pela elaboração de perguntas maliciosas, que possam induzir o gestor público em contradições ou pelo fornecimento de respostas lacônicas ou incompletas, que acabam por manter o empreendedor privado em dúvida sobre determinado ponto.

valor da apólice e um desembolso eventual, para o caso de sinistro. Na hipótese de constituição do fundo, a ocorrência do dispêndio financeiro (que poderá onerar o fundo de forma total ou parcial) é incerta.

A partir das técnicas utilizadas para contornar os fatores de riscos nos contratos, cabe examinar em que medida a presença da cláusula arbitral pode constituir um fator para equacionamento dos riscos contratuais. Trata-se de abordagem admitida em outros trabalhos acadêmicos, mas sem o merecido aprofundamento.[353]

Nesse sentido, existem dois riscos já reconhecidos por especialistas, inclusive por acadêmicos de outros ramos do conhecimento científico,[354] que são o *risco de uma solução inadequada para um conflito contratual* e o *risco de paralisação da execução contratual pelo advento do litígio*. Como já pontuado no capítulo segundo desta obra (item 2.2.1), sabe-se que os magistrados do Poder Judiciário, em geral, possuem uma formação generalista e poucos estão acostumados com os temas que permeiam os projetos públicos na área de infraestruturas. Além disso, a sobrecarga de trabalho nas varas judiciárias, decorrente da intensificação da litigância de massa, tende a reduzir a qualidade da prestação jurisdicional.

Esses fatores podem dificultar o exercício adequado da função jurisdicional pelo magistrado. O excesso de trabalho, em muitos casos, não permite que o juiz da causa se debruce sobre os autos e consuma seu tempo com o estudo adequado do conflito. Igualmente, essa realidade não possibilita a especialização de juízos para um maior cuidado com temas complexos. Em geral, as varas judiciárias recebem procedimentos

---

[353] "Seria a arbitragem uma alternativa para mitigar riscos contratuais? Pode-se afirmar que a cláusula compromissória minimiza os custos de transação? A previsão de arbitragem nos contratos é um incentivo para as partes cumprirem sua parte na relação, uma vez que existe a previsão de um meio célere e especializado de solução de controvérsias.
A principal razão de tal assertiva é que a cláusula compromissória reduz os custos de transação referentes à prestação jurisdicional. Custos para resolver controvérsias no Poder Judiciário são extremamente elevados, levando-se em conta a morosidade, formalismo exacerbado e publicidade das informações" (GONÇALVES, Tatiana de Oliveira. *Arbitragem em contratos*: análise econômica. Dissertação de Mestrado em Direito. Orientador: Professor Dr. Jason Soares de Albergaria Neto. Faculdade Milton Campos, Nova Lima, Minas Gerais, 2010. p. 61). No mesmo sentido: "No enfoque que ora nos interessa, a arbitragem é um mecanismo que reduz os riscos judiciais da contratação, na medida em que (analisando especificamente o que ocorre no Brasil) possibilitaria uma solução mais célere dos conflitos entre concessionário e concedente do que aquela que, eventualmente, tomaria o Judiciário" (PEREZ, Marcos Augusto. *O risco no contrato de concessão de serviço público*. Belo Horizonte: Fórum, 2006. p. 182).

[354] CARDOSO, Manuel Jorge Rodrigues Moutinho. *Gestão de risco de conflito contratual na prestação de serviços no sector da construção*. Dissertação de Mestrado em Engenharia Civil. Orientador: Professor Dr. João Porto. Universidade do Porto, Portugal, 2009. p. 119.

sobre assuntos variados. A partir dessa premissa, é possível afirmar que nos contratos de infraestrutura com cláusula de foro comum as partes aceitam o risco de uma solução tecnicamente inadequada para o conflito.[355]

Igualmente, ao utilizar o Poder Judiciário estatal como instância final de solução de disputas, as partes assumem grande potencial de paralisação da execução contratual pelo advento do litígio. Isso porque a ausência de um ambiente cooperativo entre as partes, a estrutura adversarial do processo estatal e o distanciamento do magistrado em relação à lide propiciam um cenário apto ao deferimento genérico de uma medida liminar para paralisação da execução da avença (das obras, por exemplo) até a emissão da sentença (o que pode levar alguns anos).[356] O comportamento esperado do juiz, em tais casos, é a prolação de medida que mantenha o "estado das coisas" até que seja possível formar uma convicção a respeito do conflito.

Sob outra perspectiva, a escolha da cláusula compromissória nos contratos públicos de infraestrutura pode representar uma opção das partes por uma mitigação de riscos, ao pressupor que a arbitragem cria um cenário institucional de redução das chances de solução inadequada do conflito ou paralisação da execução da avença.

As hipóteses supramencionadas serão objeto de verificação empírica no próximo capítulo, dedicado ao estudo de caso das Parcerias Público-Privadas do Estado de São Paulo. A representação gráfica da proposta de Matriz de Risco específica para o modelo de solução de disputas contratuais pode ser sintetizada da seguinte maneira:

---

[355] Por exemplo, uma sentença que desrespeite as obrigações entre as partes contidas em cláusulas contratuais; que desconsidere comportamentos dolosos ou não cooperativos; que não compreenda as premissas econômicas de um modelo contratual; entre outros problemas.

[356] O que se verifica na arbitragem é exatamente o contrário, ou seja, julgadores com autorização para conceder ordens processuais para impedir a paralisação de obras: "À guisa de ilustração mostra-se representativo o exemplo verificado com a construção do Túnel sob o Canal da Mancha, resultante de Acordo Internacional firmado em 1986, entre a Grã-Bretanha e a França que, entre outras avenças, redundou em contrato de concessão para exploração de serviços por particulares. Nesta negociação a arbitragem teve papel importante, pois as partes recorreram à arbitragem por várias vezes, para fixar as alterações imediatas no contrato exigidas no curso da obra, transferindo para o final da execução as avaliações dos direitos e deveres das partes. Os árbitros foram autorizados pelas partes a conceder medidas cautelares, que impediram a paralisação das obras que, se ocorrentes, encareceriam ou até inviabilizariam o empreendimento" (LEMES, Selma. Arbitragem na concessão de serviços públicos – arbitrabilidade objetiva. Confidencialidade ou publicidade processual? *Revista de Direito Mercantil*, n. 134, p. 148-163, abr.-jun. 2004).

Quadro 3 – Matriz de risco para cláusula de
solução de disputas contratuais

Técnicas para tratamento do risco contratual	Cláusula de Foro comum	Cláusula Compromissória
Exclusão	—	—
Transferência	—	—
Mitigação	—	•
Aceitação	•	—

Fonte: Elaboração própria.

3.4 Sínteses parciais

O presente capítulo apresentou uma evolução da cláusula de solução de disputas nos contratos públicos de infraestruturas, que constituem liames obrigacionais de alta complexidade de cunho relacional. As dificuldades enfrentadas pelos gestores governamentais para a implementação de seus empreendimentos justificam um tratamento adequado ao sistema de resolução de litígios, que precisa ser eficiente, pois provavelmente será utilizado ao longo da execução da avença, em um cenário de incompletude contratual.

Assim, negociação, conciliação, mediação e arbitragem podem estar contidas em um capítulo próprio para resolução de controvérsias, em paralelo à tradicional cláusula de foro comum para determinadas hipóteses. A experiência estrangeira demonstra que o uso de ADR tende a ser positivo em contratações públicas de alta complexidade.

Especificamente quanto à cláusula compromissória, os empreendimentos brasileiros passaram por períodos de evolução. Inicialmente, a previsão de arbitragem era uma obrigação imposta por organismos financiadores multilaterais. Em um segundo momento, o método privado de solução de disputas passou a ser previsto de maneira indiscriminada, inclusive pela redação de cláusulas patológicas. O atual momento demonstra um aprimoramento da cláusula arbitral, para que tal instrumento possa ser manejado de forma eficaz pelas partes contratuais.

No campo da eficiência das contratações públicas, a aproximação entre direito e economia pode ser útil ao estudo do tema. A metodologia da Análise Econômica do Direito, em especial a vertente da Nova Economia Institucional, revela a compreensão da arbitragem como instituição e como elemento a indicar um comportamento cooperativo entre as partes. Nesse cenário, a eventual redução financeira de custos imediatos pelo uso da arbitragem, em detrimento do processo judicial estatal, não se verifica em todas as situações e não permite conclusões aplicáveis aos casos em geral.

Contudo, o estudo do tema permite apresentar uma hipótese de trabalho, que será avaliada empiricamente no próximo capítulo: a possibilidade de elaboração de uma matriz de risco contratual específica para a cláusula de solução de disputas, na qual a opção pelo Poder Judiciário indicaria a aceitação consciente de determinadas desvantagens pelas partes e o uso da cláusula compromissória representaria uma tentativa de mitigação de tais vicissitudes.

CAPÍTULO 4

ESTUDO DE CASO: AS PARCERIAS PÚBLICO-PRIVADAS DO ESTADO DE SÃO PAULO

Após a exposição do histórico dos contratos celebrados pela Administração Pública (Capítulo 1), da revisitação bibliográfica da arbitragem com participação de entidades estatais (Capítulo 2) e do estudo da cláusula de solução de disputas, com previsão de arbitragem, nos contratos das pessoas jurídicas de direito público, sob o enfoque da eficiência econômica e da teoria do risco (Capítulo 3), será apresentada a análise de caso sobre as Parcerias Público-Privadas (PPP) do Estado de São Paulo.

A escolha das PPP paulistas como objeto de estudo se justifica pela quantidade significativa de contratos assinados (muitos com o serviço concedido em plena operação),[357] pela existência de um ambiente institucionalizado para elaboração de projetos e redação de contratos e pela presença de atores dispostos a apresentar um depoimento sobre sua experiência profissional. A conjugação desses elementos permite a realização de uma pesquisa mais consistente e apta à obtenção de dados úteis à comunidade científica e profissional.

A partir do campo de pesquisa escolhido, pretende-se verificar se a opção pela arbitragem trouxe as potenciais vantagens apontadas no Capítulo 3, em especial a mitigação de risco contratual, a criação de um ambiente cooperativo entre as partes e a redução dos custos de transação.

---

[357] De acordo com informação oficial de sua Secretaria de Governo, o Estado de São Paulo já celebrou 11 contratos de PPP. Disponível em: http://www.governo.sp.gov.br/PEDppp/PROJETOS/Projetos% 20Contratados%20de%20Parcerias%20Públicos-Privadas.pdf. Acesso em: 7 set. 2017.

Inicialmente, o leitor será apresentado à metodologia de pesquisa empírica escolhida para a presente obra. Posteriormente, será explicitado o procedimento prévio à celebração de um contrato de PPP no Estado de São Paulo. Em momento subsequente, serão detalhadas as avenças já firmadas pelo governo paulista, classificadas por período e grau de maturidade do projeto. Com base nesse levantamento e na coleta de entrevistas e bases documentais, serão apresentadas as conclusões da pesquisa.

4.1 Metodologia e objetivos da pesquisa

Como mencionado inicialmente, a proposta da pesquisa empírica terá como objeto de análise a metodologia de solução de disputas contratuais, nos contratos de PPP celebrados pelo Estado de São Paulo. Em específico, será estudada a escolha da arbitragem como sistema heterocompositivo de resolução de conflitos em tais avenças.

O objetivo central da pesquisa será responder às seguintes indagações:

(i) A arbitragem é um instrumento adequado à resolução de conflitos em contratos com a Administração Pública? Em que medida e para quais modalidades de contratação?

(ii) A Administração Pública tem condições de realizar uma opção consciente pela arbitragem ou pela cláusula de foro convencional nas contratações públicas?

(iii) Quais as vantagens propiciadas pela resolução de conflitos estatais por arbitragem? Existem ganhos de eficiência ou melhoria no relacionamento das partes decorrentes dessa escolha?

Para consecução desse desiderato, o estudo de caso se comprometeu com a coleta de informações de campo, de forma qualitativa, em razão das características do objeto de estudo. Sabe-se que a pesquisa qualitativa é mais apropriada para casos nos quais se pode verificar a presença ou falta de um fato, em contraste com a observação quantitativa, que envolve uma avaliação de graus sobre a incidência de determinado fenômeno social.[358] Ao que parece, a aproximação qualitativa possui aderência com a amostra de dados a serem avaliados (conjunto de 11 contratos, celebrados em curto espaço de tempo, que não permitiriam a obtenção de informações estatísticas) e com as indagações que se

---

[358] KIRK, Jerome; MILLER, Marc. *Reliability and Validity in Qualitative Ressearch*. Beverly Hills: Sage Publications, 1986. p. 9.

pretende responder (relacionadas com a eficiência em abstrato de determinado instituto jurídico, a ser equacionado em uma matriz).

Lisa Webley, professora de pesquisa jurídica empírica da Universidade de Westminster, ao dissertar sobre os métodos de pesquisa qualitativa em geral, afirma que a coleta de informações pode ser realizada através de três métodos, os quais podem ser utilizados individualmente ou de forma combinada: observação direta, entrevistas aprofundadas e estudo de documentos.[359]

Em consideração aos ensinamentos de tal autora, o estudo privilegiará as três abordagens supramencionadas. A observação direta decorre da experiência profissional do pesquisador com as arbitragens que envolveram o Estado de São Paulo, na qual teve a oportunidade de atuar com advogado público e auxiliar na redação das minutas contratuais dos empreendimentos de PPP estaduais.

Por sua vez, as entrevistas foram realizadas com agentes que militaram em arbitragens com participação estatal ou que atuaram na elaboração de projetos de Parcerias Público-Privadas no Estado de São Paulo. A escolha por essa metodologia investigativa decorre de uma opção atenta à complexidade do objeto da pesquisa, a qual não busca apenas obter informações aptas à generalização, mas sim interagir com os entrevistados, na tentativa de compreender as escolhas públicas atinentes à arbitragem.

Em paralelo, também foi desenvolvido estudo específico sobre a documentação dos processos de contratação das Parcerias Público-Privadas, com o objetivo de desvendar em que medida foram ponderados os potenciais incentivos decorrentes da utilização da arbitragem para o modelo de contratação. Em tal trabalho, foram avaliados os pareceres de órgãos técnicos e jurídicos responsáveis pela estruturação dos empreendimentos, os estudos econômicos contratados pelo Estado, minutas de editais, entre outros elementos.

Em relação às entrevistas, optou-se pelo formato semiestruturado, em razão de sua maior flexibilidade, de modo a fornecer ao entrevistado um roteiro com perguntas abertas, permitindo o compartilhamento de informações relevantes sobre o tema, que não estejam no roteiro previamente definido (Apêndice A).[360]

---

[359] WEBLEY, Lisa. Qualitative approaches to empirical legal research. *In:* CANE, Peter; KRITZER, Hebert M. *The Oxford Handbook of Empirical Legal Research.* Oxford: Oxford University Press, 2013. p. 928.

[360] Nesse sentido, acolhe-se o posicionamento de Ludmila Mendonça Lopes Ribeiro e Márcio Grijó Vilarouca, que defendem ser "importante salientar que *as entrevistas não se destinam a*

Os entrevistados foram selecionados de acordo com a pertinência de suas atividades profissionais com as arbitragens Público-Privadas paulistas nas PPP (seja no momento da elaboração do modelo jurídico e econômico da parceria ou no acompanhamento dos litígios propriamente ditos). Nessa toada, o pesquisador procurou formar um elenco de agentes diversificado, que pudessem apresentar seus pontos de vista em conformidade com a experiência vivenciada com os métodos de solução de disputas contratuais.

O objetivo inicial era compor um conjunto de entrevistados misto, tendo como parâmetro a origem do vínculo profissional (sendo metade do setor público e metade da iniciativa privada). Contudo, ao longo do desenvolvimento da pesquisa, os escândalos de corrupção deflagrados pelas Operações Policiais contra agentes políticos e empreiteiras de obras públicas criaram um desafio adicional ao pesquisador. Isso porque a obtenção de informações através de entrevistas em um ambiente cercado por inquéritos e ações penais restringiu a disponibilidade de certas pessoas (em especial da iniciativa privada) em colaborar e apresentar um depoimento para um trabalho científico.

Diante dessas vicissitudes, optou-se pela escolha de entrevistados que representassem, cada qual, uma perspectiva institucional dos interesses em torno dos contratos de PPP paulistas e que pudessem apresentar uma exposição sincera acerca da arbitragem em tais avenças. Essa proposta limitou a quantidade de entrevistados, mas não comprometeu a qualidade da pesquisa, dado que o levantamento documental foi deveras aprofundado e os agentes eleitos depositaram confiança no pesquisador e forneceram informações relevantes e com valor à sistematização acadêmica.

Os nomes dos entrevistados foram preservados, mas o cargo ocupado e a instituição que representam serão divulgados a seguir, com base em expressa autorização conferida por escrito ao pesquisador.

Assim, o pesquisador colheu o depoimento das seguintes pessoas: i) Coordenador da área contenciosa da Gerência Jurídica da Companhia do Metropolitano (*Entrevistado A*); (ii) Diretora da Companhia Paulista de Parcerias (*Entrevistada B*); (iii) Gerente do Departamento Judicial

---

coletar dados, mas a produzi-los, já que os fatos sociais, categoria dentro da qual se incluem os fatos jurídicos, não existem de maneira independente do meio pelo qual são interpretados, ou seja, é falacioso acreditar na ideia de algo 'dado', que desconsidera *a participação do sujeito na construção da observação e do objeto de estudo*" (Quando devo fazer pesquisa por meio de entrevistas, e como fazer. *In*: QUEIROZ, Rafael Mafei Rabelo; FEFERBAUM, Marina (Coord.). *Metodologia jurídica*: um roteiro prático para trabalhos de conclusão de curso. São Paulo: Saraiva, 2012. p. 215).

da Companhia de Saneamento Básico do Estado (*Entrevistada C*); (iv) Advogado da iniciativa privada, que atuou em diversos procedimentos arbitrais do Estado de São Paulo e de entidades da Administração Indireta (*Entrevistado D*); e (v) Consultora da *International Finance Corporation*, entidade vinculada ao Banco Mundial, que presta consultorias em projetos de infraestruturas em países em desenvolvimento (*Entrevistada E*).

Os resultados obtidos permitiram o levantamento do ponto de vista das principais instituições envolvidas nos projetos de infraestruturas governamentais: o setor público, o agente privado, a instituição garantidora dos contratos e a consultoria técnica, vinculada ao organismo financiador multilateral.

Todas as entrevistas foram gravadas e transcritas pelo pesquisador, mediante Termo de Consentimento (Apêndice B).

Ao final, os dados produzidos pela pesquisa empírica serão cotejados com os pressupostos teóricos apresentados no Capítulo 3 *supra*, na tentativa de verificar se a previsão de arbitragem foi apta a gerar eficiência na contratação pública, inclusive com a possibilidade de sua introdução em uma matriz de riscos. Vale destacar que a utilização de pressupostos da Análise Econômica do Direito em investigações empíricas é amplamente recomendada por estudos internacionais, como aponta Íñigo Ortiz de Urbina Gimeno, professor da Universidade Complutense de Madrid, mas ainda é pouco praticada no Brasil.[361]

4.2 O procedimento prévio à contratação de uma PPP em São Paulo

Antes de adentrar no estudo de cada empreendimento, é relevante explicitar as etapas prévias à assinatura de um contrato de PPP no Estado de São Paulo. Em razão da complexidade do objeto a ser contratado

---

[361] "Sem dúvida, (nos Estados Unidos) a generalização do uso da abordagem da Análise Econômica do Direito na investigação do real funcionamento dos sistemas jurídicos tem contribuído para um impressionante avanço no estudo do direito vivo (*law and action*). Enquanto isso, em outros lugares, em especial na Europa, a dogmática jurídica centrada nos textos de lei e em sua hermenêutica (*law in books*) ocupa uma posição de esmagadora hegemonia. (...). Nada nos obriga a renunciar à dogmática, que deve seguir sendo parte essencial da análise jurídica. Mas também nada nos obriga a considerar que esta abordagem acaba com aquela. Colocar as coisas nesses termos seria sim uma ideologia" (GIMENO, Íñigo Ortiz de Urbina. El análisis económico del derecho: ¿método útil, o ideologia nefasta? *In*: COURTIS, Christian. *Observar la ley*: ensayos sobre metodologia de la investigación jurídica. Madrid: Editorial Trota, 2006. p. 345).

e do nível de investimentos necessários, o procedimento conta com a participação de diversos órgãos, com atribuições definidas, conforme será exposto a seguir.

O Programa Estadual de Parcerias Público-Privadas foi instituído pela Lei nº 11.688, de 19 de maio de 2004, que define as PPP como "mecanismos de colaboração entre o Estado e agentes do setor privado, remunerados segundo critérios de desempenho, em prazo compatível com a amortização dos investimentos realizados". Trata-se de instrumento normativo que traz balizamentos gerais, que foram posteriormente complementados por decretos e pela própria Lei federal nº 11.079/2004.[362]

Referida lei estadual criou o Conselho Gestor do PPP, cujas atribuições foram especificadas no Decreto estadual nº 48.867, de 10 de agosto de 2004, e cuja composição atual é disciplinada pelo Decreto Estadual nº 64.100, de 29 de janeiro de 2019. Trata-se de instância política, composta por Secretários de Estado das Pastas estratégicas e pelo Procurador-Geral do Estado, com atribuições amplas para os empreendimentos, como definir as prioridades e supervisionar as atividades do Programa de PPP, deliberar sobre a proposta preliminar de projetos, escolher a forma de contratação de estudos técnicos, entre outras competências.

Por conseguinte, o decreto supramencionado criou a Unidade de PPP, órgão de perfil técnico, responsável pelo acompanhamento dos estudos relativos a projetos de PPP, cuja proposta preliminar já tenha sido submetida ao Conselho Gestor, manifestando-se formalmente sobre os seus resultados, cabendo-lhe opinar sobre as propostas preliminares de parcerias e preparar o relatório semestral a ser remetido à Assembleia Legislativa sobre as atividades do Programa de PPP.[363]

Outro importante órgão é a Comissão de Acompanhamento de Contratos de Parcerias Público-Privadas (CAC-PPP), disciplinada pelo Decreto estadual nº 62.540, de 11 de abril de 2017. Referida comissão

---

[362] Conforme nos ensina Fernando Dias Menezes de Almeida, a Lei Paulista "reveste-se de grande utilidade por haver, no limite de normas específicas próprias da competência estadual, disciplinado de modo sistemático esse importante mecanismo do direito administrativo e por haver criado instrumentos institucionais de sua aplicação, propiciando a segurança jurídica necessária para a atração dos parceiros privados" (ALMEIDA, Fernando Dias Menezes de. As Parcerias Público-Privadas e sua aplicação pelo Estado de São Paulo. *In:* SUNDFELD, Carlos Ari (Coord.). *Parcerias Público-Privadas.* 2. ed. São Paulo: Malheiros, 2011. p. 581).

[363] Inicialmente, a Unidade de PPP era vinculada à Secretaria de Planejamento. Contudo, o Decreto estadual nº 61.035, de 1 de janeiro de 2015, alterou essa situação, vinculando referido órgão à Secretaria de Governo do Estado.

foi estruturada com a missão de exercer o monitoramento da execução de todos os contratos de Parcerias Público-Privadas celebrados pela Administração Direta e Indireta. A CAC-PPP é composta por cinco membros, componentes dos seguintes órgãos/entidades: Secretaria da Fazenda, Companhia Paulista de Parcerias, Secretaria de Planejamento e Gestão, Secretaria de Governo e Procuradoria-Geral do Estado.

Inicialmente, o Decreto estadual nº 57.289, de 30 de agosto de 2011, detalhava o procedimento de apresentação, análise e aproveitamento de propostas, estudos e projetos pela iniciativa privada, com vistas à inclusão de projetos no Programa de Parcerias Público-Privadas. Posteriormente, referido instrumento normativo foi substituído pelo Decreto estadual nº 61.371, de 21 de julho de 2015, que trouxe um maior detalhamento das etapas procedimentais de apresentação de estudos pela iniciativa privada, prevendo fases de enquadramento preliminar, chamamento público e modelagem. Além da maior especificação dessas etapas, tal decreto ampliou o escopo da regulamentação em análise, para englobar PPP e concessões comuns.

De acordo com o procedimento em vigor, qualquer pessoa, associação ou sociedade empresária pode apresentar uma proposta ao Estado, descrevendo os problemas concretos que justificam a parceria proposta, com indicação da modalidade de contratação a ser utilizada e avaliação econômica preliminar.

Endossada a proposta pelo Secretário Executivo, será formado Comitê de Análise Preliminar pelo Conselho Gestor de PPP ou pelo Conselho Gestor do Programa Estadual de Desestatização, com a finalidade de aprofundar a análise apresentada. Após a aprovação da proposta preliminar, será formado Grupo de Trabalho com a finalidade de acompanhar o procedimento, até o ato que marque o início da eficácia do contrato de parceria a ser celebrado. Nesse momento, referidos colegiados avaliarão a conveniência em realizar um chamamento público, para que outros interessados possam contribuir com a proposta, ou recomendarão o deferimento da autorização exclusiva para realização de estudos.

Passadas essas etapas, as propostas serão avaliadas, selecionadas e poderão ser aprovadas pelo Conselho Gestor de PPP, para posterior publicação do aviso de licitação.

Os órgãos e entidades públicas supramencionados desempenham um papel relevante de coordenação e estruturação dos projetos. Contudo, essa atividade não é suficiente para o sucesso de empreendimentos complexos, que demandam intensos investimentos para prestação de serviços públicos essenciais. Com o objetivo de trazer transparência na formulação de políticas públicas, reduzir riscos de corrupção e captura e aprimorar a qualidade dos arranjos institucionais contemplados nas Parcerias Público-Privadas, faz-se necessária a presença de formas de interação com a iniciativa privada.

A participação de agentes privados na elaboração de projetos de PPP consolidou-se no Brasil,[364] de modo que, atualmente, pode-se afirmar que a estrutura procedimental para elaboração de edital, minuta de contrato de concessão e documentos relacionados conta com diálogos público-privados na maior parte dos entes federativos.

Cabe destacar que esse recente fenômeno já dispunha de autorização legislativa desde o advento da Lei federal nº 8.987/1995, a qual prevê que eventuais estudos, investigações e projetos de utilidade para a licitação, realizados pelo poder concedente ou pelo setor privado, mediante autorização prévia, seriam ressarcidos pelo vencedor da licitação. Por sua vez, a Lei federal nº 9.074/1995 previu que, nas concessões e permissões de serviço público, os autores dos projetos básico e executivo podem participar da licitação ou da execução de obras ou serviços. Esses permissivos legais constituíram o fundamento inicial para o surgimento dos Procedimentos de Manifestação de Interesse (PMI), Manifestação de Interesse da Iniciativa Privada (PMI) ou das Propostas Não Solicitadas (PNS) para projetos de PPP.[365]

Para facilitar o recebimento de propostas de parcerias pela iniciativa privada, que possam seguir o procedimento do Decreto nº

---

[364] "No âmbito político-econômico, o Procedimento de Manifestação de Interesse surge como ferramenta que, recém-chegada do exterior, é empregado com frequência cada vez maior pela Administração Pública brasileira, sobretudo sob o manto legítimo das potenciais vantagens de eficiência econômica que percebe aos projetos concessórios. O procedimento qualifica-se como uma técnica consoante à busca pelo aprimoramento dos métodos de trepasse, aos particulares, da prestação de utilidades públicas. Amolda-se, portanto, à tendência delegativa de atividades sob a titularidade do Estado brasileiro, notada pelo ressurgimento do instituto das concessões, iniciada a partir da crise fiscal e incapacidade de financiamento de atividades estatais, cuja origem remete ao acúmulo desmedido de atividades no século XX. Além disso, insere-se em contexto político-social cujo diálogo entre a Administração Pública e os particulares é inevitável e necessário, pelo que conserva, no mínimo, aptidão para institucionalizar esse relacionamento prévio à licitação pública. Assim, atribui autonomia jurídica, com procedimento administrativo próprio e exposição peculiar, ao que comumente se denomina por fase interna da licitação pública, ou seja, em momento bastante preliminar do processo de contratação pública" (SCHIEFLER, Gustavo Henrique de Carvalho. *Procedimento de Manifestação de Interesse (PMI)*: solicitação e apresentação de estudos e projetos para a estruturação de concessões comuns e parcerias público-privadas. Dissertação de Mestrado em Direito. Universidade Federal de Santa Catarina. Santa Catarina, 2013. p. 469).

[365] MASTROBUONO, Cristina. MIP/PMI – A parceria na relação público-privada. *In:* SENNES, Ricardo (Org.). *Novos rumos para a infraestrutura*. São Paulo: Lex Produtos Jurídicos, 2014. p. 185.

61.371/2015 acima detalhado, o Estado de São Paulo desenvolveu uma "Plataforma Digital de Parcerias", no endereço eletrônico da Secretaria de Governo. Trata-se de sistema eletrônico, no qual o interessado pode fazer o *upload* de uma proposição ao Governo, com estudos que demonstram meios para solução de algum problema ou uma forma mais adequada para prestação de um serviço, no formato de concessão comum ou PPP. Gustavo Schiefler questiona a efetividade dessa ferramenta, dada a escassez de informações disponibilizadas ao público.[366]

Em linhas gerais, esse é o procedimento para elaboração de projetos de parcerias, com a colaboração do setor privado. Após a explicitação de tais etapas, os próximos tópicos cuidarão da análise das cláusulas arbitrais nos empreendimentos já contratados pelo Estado de São Paulo

4.3 As Parcerias Público-Privadas do Estado de São Paulo

Os próximos itens farão uma breve exposição dos contratos de PPP celebrados pelo Estado de São Paulo, com enfoque no capítulo de solução de disputas contratuais, em especial a cláusula de arbitragem.

Com o objetivo de sistematizar a exposição, os contratos foram agrupados em três itens. Inicialmente será apresentado o primeiro contrato de PPP celebrado pelo Estado (Linha 4 de Metrô), que representou uma primeira experiência para todos os atores envolvidos no empreendimento e, como tal, funcionou como um "laboratório" para experimentação de novos arranjos institucionais.

Em seguida, o leitor será apresentado à única PPP que não contém cláusula de arbitragem: a concessão administrativa para reforma e manutenção dos trens da Linha 8 da Companhia Paulista de Trens Metropolitanos.

Em um item próprio, serão examinadas as duas parcerias firmadas pela Companhia de Saneamento Básico do Estado, com suas peculiaridades em relação à cláusula de solução de disputas contratuais.

Por fim, os demais contratos serão estudados em um item à parte, por se encontrarem dentro do propósito de padronização da

---

[366] SCHIEFLER, Gustavo Henrique de Carvalho. *Diálogos público-privados*: da opacidade à visibilidade na administração pública. Tese de Doutorado em Direito. Orientador: Prof. Dr. Gustavo Justino de Oliveira. Universidade de São Paulo. São Paulo, 2016. p. 257.

cláusula de solução de disputas, proposta pela Procuradoria-Geral do Estado em 2013.

Cabe destacar que a carteira de projetos de PPP do Estado de São Paulo é dinâmica. Frequentemente o Governo recebe sugestões da iniciativa privada, opta pelo arquivamento de proposições em fase de análise preliminar, ou revisita propostas antigas que haviam sido descartadas por gestões políticas anteriores. Assim, o presente trabalho optou por estabelecer seu marco temporal de análise no primeiro trimestre de 2016, explicitando o cenário existente em tal momento. Igualmente, as entrevistas e os documentos estudados foram coletados até esse marco temporal.

O quadro a seguir, extraído do *paper* de Cláudia Polto da Cunha e Tomás Bruginski de Paula, apresenta os contratos analisados na presente obra, organizados conforme a fase de implantação (Quadro 4).

Quadro 4 – Lista dos projetos de PPP analisados

Listagem dos Projetos
Projetos em fase operacional
1. Concessão Patrocinada na Linha 4 (Amarela) do Metrô – fase 1 2. Estação de tratamento de Água Taiaçupeba (SABESP) 3. PPP para manutenção e modernização dos trens da Linha 8 (Diamante) da CPTM 4. PPP da Fábrica de Medicamentos da FURP em Américo Brasiliense 5. PPP do SIM da Baixada Santista
Projetos em fase inicial de execução de investimentos
1. Concessão patrocinada da Linha 6 do Metrô 2. Concessão Patrocinada da Linha 18 do Metrô 3. PPP do Sistema Produtor São Lourenço (SABESP) 4. Concessão Administrativa dos Complexos Hospitalares de São Paulo, Sorocaba e São José dos Campos 5. PPP da Rodovia dos Tamoios, que prevê a construção do trecho de serra e da Nova Tamoios e a operação integral da rodovia e contornos de Caraguatatuba e São Sebastião 6. PPP da Habitação para o centro de São Paulo

Fonte: CUNHA, Cláudia Polto da; PAULA, Tomás Bruginski de. O Programa de PPP do Estado de São Paulo. *In*: PASTORE, Afonso Celso. *Infraestrutura*: eficiência e ética. Rio de Janeiro: Elsevier, 2017. p. 263-280.

4.3.1 O início: Linha 4 de Metrô

O contrato da Linha 4 do Metrô de São Paulo foi a primeira Parceria Público-Privada paulista, com instrumento celebrado em 29 de novembro de 2006, para operação da Linha Amarela pelo período de 30 anos, a partir de sua entrada em operação.

Trata-se de um projeto de infraestrutura arrojado e complexo, por envolver a interface entre diferentes contratos, para operação de uma linha de metrô. Isso porque o objeto do contrato de PPP é a operação da linha e o fornecimento de material rodante e sistemas de sinalização, de comunicação e de controle e supervisão. Por sua vez, o Estado de São Paulo, por meio da Companhia do Metropolitano, se responsabilizou pelas obras civis, fornecimento de sistemas de energia, telecomunicações, auxiliares, de arrecadação, entre outros. Tais atividades foram contratadas pelo regime tradicional da Lei federal nº 8.666/1993.

Um empreendimento dessa envergadura não poderia se sustentar exclusivamente com recursos do Tesouro estadual, de modo que contou com financiamento internacional, contraído pelo Estado de São Paulo com o Banco Interamericano para Reconstrução e Desenvolvimento (BIRD). Em razão do fornecimento de recursos pelo organismo multilateral, parte das condições de modelagem jurídica da infraestrutura foi imposta pelo financiador, o que é permitido pelo §5º do art. 42 da Lei federal nº 8.666/1993.

Em recente dissertação, defendida na Faculdade de Direito da Universidade de São Paulo, foram destacados os principais pontos críticos do projeto da Linha 4 de Metrô: contratação de garantias exequíveis; definição de um sistema tarifário viável do ponto de vista financeiro e político; construção de um sistema de pagamentos confiável e líquido e divisão adequada de riscos.[367]

No que concerne ao sistema de garantias, o Estado de São Paulo se valeu de sua empresa estatal, cujo objeto social é a prestação de garantia em contratos de PPP. Trata-se da Companhia Paulista de Parcerias (CPP), que, em referido projeto, ofereceu o penhor de quotas de fundo de investimento constituído para esse fim.

Por sua vez, quanto ao sistema tarifário, foi adotada sistemática de diferenciação tarifária entre a tarifa política (paga pelos usuários) e a tarifa contratual (devida pelo Estado à concessionária). Além disso, o contrato prevê a criação de uma Câmara de Compensação e Pagamentos, através da qual seriam geridos os valores tarifários

---

[367] PAULA, Pedro do Carmo Baumgratz de. *As Parcerias Público-Privadas de Metrô em São Paulo*: as empresas estatais e o aprendizado institucional no financiamento da infraestrutura de serviços públicos no Brasil. Dissertação de Mestrado. Orientador: Professor Diogo Rosenthal Coutinho. Universidade de São Paulo. Faculdade de Direito. São Paulo, 2014. p. 52.

devidos à concessionária da Linha 4 e às empresas estatais que atuam no sistema metropolitano (Companhia do Metropolitano e Companhia Paulista de Trens Metropolitanos).

A despeito da previsão supramencionada, o Estado de São Paulo optou por aderir ao sistema de integração tarifária entre os ônibus e a rede metroferroviária, decorrente da criação do "Bilhete Único" em 2004, com o estabelecimento de preferência em relação aos valores devidos ao concessionário da Linha 4.

Como pode ser notado, a preocupação dos agentes responsáveis pela modelagem do projeto em questão era fornecer o máximo de segurança possível aos *players* que disputariam a licitação, no sentido de que haveria liquidez tarifária e de que eventual inadimplemento do parceiro público seria assegurado por um sistema de garantias adequado.[368]

---

[368] O modelo inicial da concessão foi apresentado por Jurandir Fernandes (Secretário de Estado dos Transportes Metropolitanos à época) em reunião do Conselho Gestor de PPP ocorrida em 2005. Pelo teor de sua exposição, observa-se que o tema das soluções de disputas contratuais não foi objeto de discussões em tal colegiado: "Abrindo a reunião, o Senhor Presidente do Conselho Gestor do PPP convida o Senhor Secretário dos Transportes Metropolitanos para que proceda a exposição do resultado dos estudos técnicos relativos ao Modelo de Concessão da Exploração Comercial do Serviço de Transporte da Linha 4 – Amarela do Metrô, mormente no que se refere às Diretrizes para elaboração do Edital de Concorrência. O Senhor Secretário dos Transportes Metropolitanos, por sua vez, comunica que, inicialmente, será exibido um filme que mostra a evolução da implantação da rede do Metrô de São Paulo, e sua configuração atual. Concluída essa apresentação, o Senhor Secretário dos Transportes Metropolitanos passa a palavra ao responsável técnico pelo projeto para que exponha os pontos centrais relacionados à proposta de Modelo de Concessão Patrocinada da Linha 4 – amarela do Metrô. Preliminarmente, o expositor lembra que a referida linha, ligando o bairro da Luz até Taboão da Serra, será implantada em 2 fases. A Fase I, já licitada, prossegue, com início de operação previsto para 2008, contempla a construção dos 12,8 km de túneis e via permanente, das estações Butantã, Pinheiros, Faria Lima, Paulista, República e Luz, da estrutura das estações intermediárias (Fradique Coutinho, Oscar Freire e Higienópolis), bem como do pátio de manutenção Vila Sônia, obras estas a serem viabilizadas com recursos públicos. Ainda na Fase I, acrescenta, ficarão a cargo do setor privado a instalação do material rodante e alguns sistemas, como os de comunicação móvel de voz e dados, de controle do pátio e de controle e supervisão centralizado. A Fase II, por outro lado, que deverá começar a operar em 2012, envolverá, segundo o expositor, recursos públicos para a implantação das Estações Vila Sônia, Morumbi, acabamento das estações intermediárias e demais sistemas complementares, ficando a cargo do parceiro privado, os investimentos relacionados ao material rodante adicional e complementar aos sistemas citados na Fase I. Por conseguinte, observa, integram as obrigações da concessão, os investimentos a serem realizados pelo parceiro privado, nas Fases I e II, tal como explicitado acima. Ao informar que o prazo da concessão para a exploração dos serviços de transporte de passageiros da Linha 4 – Amarela, em toda a sua extensão, será de 30 anos, observa, também, que a operação do trecho da linha, de Vila Sônia até Taboão da Serra, a ser implementada futuramente, poderá ser complementada utilizando-se ônibus, sem cobrança adicional de tarifa. Na sequência, o expositor esclarece que o tipo de contratação que mais se ajusta ao empreendimento é a parceria público-privada, na modalidade de concessão patrocinada, tendo em vista a necessidade de contraprestação pecuniária pelo

Além disso, o contrato prevê um capítulo de solução de disputas contratuais, com a previsão de Comissão Técnica (de cunho não vinculante) e arbitragem como método heterocompositivo de solução de controvérsias. Trata-se de exigência do organismo financiador, previsto, inclusive, em suas *Guidelines*. Eis o teor da cláusula:

35.11. Eventuais divergências entre as partes, relativamente às matérias abaixo relacionadas, que não tenham sido solucionadas amigavelmente pelo procedimento de mediação, serão obrigatoriamente dirimidas por meio de arbitragem, na forma da Lei n. 9.307/96:

- reconhecimento do direito e determinação do montante respectivo da recomposição do equilíbrio econômico-financeiro, em favor de qualquer das partes, em todas as situações previstas no CONTRATO;
- implantação e funcionamento do sistema de ARRECADAÇÃO CENTRALIZADA, bem como a repartição de arrecadação;
- reconhecimento de hipóteses de inadimplemento contratual do PODER CONCEDENTE ou das partes intervenientes e anuentes;
- cálculo e aplicação do reajuste tarifário previsto no CONTRATO;
- acionamento dos mecanismos de garantia estipulados no CONTRATO;
- definição do número de trens que deverão ser adquiridos pela CONCESSIONÁRIA para operação da FASE II, tendo em vista o resultado dos ESTUDOS DE REPROJEÇÃO DE DEMANDA;
- aplicação dos mecanismos de mitigação de riscos previstos na Cláusula Décima Primeira;
- valor da indenização no caso de extinção da CONCESSÃO;
- inconformismo de qualquer das partes com a decisão do Comitê de Mediação, nas hipóteses previstas no item 20.5.3 da Cláusula Vigésima; e
- qualquer divergência entre as partes quanto aos termos do Programa de Desmobilização previsto no item 23.2 da Cláusula Vigésima Terceira.

35.12. O PODER CONCEDENTE e a CONCESSIONÁRIA poderão, de comum acordo, submeter ainda à arbitragem outras controvérsias

---

Estado, bem como o oferecimento de garantias e de compartilhamento de riscos entre as partes. Continuando, mostra que, segundo o critério de julgamento a ser adotado na licitação para a escolha do parceiro, deverá vencer a concorrência, o licitante cuja proposta signifique menor participação do investimento público no total estimado para a Fase I, desonerando-se, assim, o Estado. Conforme demonstra o responsável técnico do projeto, a necessidade de recursos calculada no modelo é da ordem de US$ 1,3 bilhão, assim distribuídos: Fase I) US$ 734 milhões de investimentos públicos (dos quais US$ 680 milhões, correspondentes às obras civis a contratadas) e US$ 184 milhões de investimento privado; e Fase II) US$ 188 milhões em recursos públicos e US$ 156 milhões a serem investidos pelo parceiro privado. Nesse particular, informa que, o cumprimento de acordo firmado com o Banco Mundial, requer, do parceiro privado, participação nos investimentos de, no mínimo, US$ 150 milhões" (Ata da 8ª Reunião do Conselho Gestor de PPP. *Diário Oficial do Estado de São Paulo*, 17 de dezembro de 2005, p. 3).

relacionadas com a interpretação ou execução do CONTRATO, delimitando claramente o seu objeto no compromisso arbitral.

35.13. A arbitragem será instaurada e administrada pela Câmara de Comércio Internacional (CCI), conforme as regras de seu Regulamento, devendo ser realizada no Brasil e em língua portuguesa, e aplicar o direito brasileiro.

35.14. Sem prejuízo da propositura da ação de execução específica prevista no artigo 7º da Lei n. 9.307/96, a parte que recusar a assinatura do compromisso arbitral, após devidamente intimada, incorrerá também a multa cominatória no valor de R$ 50.000,00 (cinquenta mil reais) por dia de atraso, até que cumpra efetivamente a obrigação. A multa cominatória ficará sujeita a reajuste periódico, na mesma data e pelo mesmo índice aplicável à TARIFA DE REMUNERAÇÃO.

35.15. O Tribunal Arbitral será composto por 3 (três) membros titulares e 3 (três) suplentes, cabendo a cada parte indicar um titular e um suplente. O terceiro árbitro e seu suplente serão escolhidos de comum acordo pelos dois titulares indicados pelas partes, devendo ter experiência mínima de 10 (dez) anos e registro profissional no Brasil na especialidade objeto da controvérsia. A presidência do Tribunal Arbitral caberá ao terceiro árbitro.

35.16. Não havendo consenso entre os membros titulares escolhidos por cada parte, o Terceiro Árbitro e seu suplente serão indicados pela Câmara de Comércio Internacional (CCI), observados os requisitos do item anterior.

35.16.1. A parte vencida no procedimento de arbitragem arcará com todos os custos do procedimento, incluindo os honorários dos árbitros.

35.17. Caso seja necessária a obtenção de medidas coercitivas ou de urgência antes da constituição do Tribunal Arbitral, ou mesmo durante o procedimento amigável de solução de divergências, as partes poderão requerê-las diretamente ao Poder Judiciário. Caso tais medidas se façam necessárias após a constituição do Tribunal Arbitral, deverão ser solicitadas nos termos do artigo 22, §4º da Lei n. 9.307/96.

35.18. Será competente o foro Central da Comarca do Estado de São Paulo para dirimir qualquer controvérsia não sujeita à arbitragem nos termos do CONTRATO, assim como para apreciar as medidas judiciais previstas no item anterior ou a ação de execução específica prevista no artigo 7º da Lei n. 9.307/96.

As decisões do painel de arbitragem serão definitivas para o impasse e vincularão as partes.

O empreendimento da Linha 4 do Metrô (contrato de PPP celebrado pelo Estado e contratos de obras firmados pela Companhia do Metropolitano) passou por dificuldades de gestão e por alguns litígios.[369]

---

[369] O primeiro deles foi exposto no item 2.1.2.3 *supra*. Posteriormente, foi instaurado outro litígio pelo consórcio responsável pelas obras civis da fase 2 da Linha, em razão de divergências em

Ao que parece, o desafio do Governo foi harmonizar os cronogramas dos contratos de obras civis com a Parceria Público-Privada para operação da Linha. Recentemente, a avença celebrada com o consórcio Corsán-Corviam Construcción S/A para as obras civis da segunda fase da Linha Amarela foi rescindida[370] em razão de atrasos na execução de obras. Os efeitos decorrentes desse ato estatal estão em discussão arbitral, instaurada perante a Câmara de Comércio Internacional (Processo nº 21.331/ASM).[371]

No que diz respeito ao contrato de PPP, uma das principais controvérsias existentes versa sobre pleito de reequilíbrio econômico-financeiro decorrente de modificações contratuais que causaram aumento das despesas pré-operacionais em função de extensão de prazo para início da operação comercial plena, perdas de receita e investimentos adicionais devido ao subfaseamento da inauguração das estações, incidência de tributos não contemplados na proposta econômico-financeira original (ICMS e ISS) e readequação do cronograma de investimentos da concessionária. Trata-se de dívida reconhecida pelo Estado, mas não adimplida até o momento, conforme consta no Anexo de Riscos Fiscais da Lei de Diretrizes Orçamentárias.[372]

---

torno do cronograma contratual, em trâmite perante a Câmara Portuguesa de Arbitragem, atualmente em fase pericial, conforme relato do *Entrevistado A*.

[370] Referido ato de rescisão contratual foi veiculado em manchetes nos principais meios de comunicação. Como exemplo, podem ser mencionadas a reportagem no *Jornal Valor Econômico* de 30 de julho de 2015. Disponível em: http://www.valor.com.br/politica/4157236/rescisao-de-contrato-da-linha-4-do-metro-vai-atrasar-obra-em-1-ano. Acesso em: 9 set. 2017; bem como a matéria veiculada pela agência Reuters em 31 de julho de 2015. Disponível em: http://br.reuters.com/article/businessNews/idBRKCN0Q42R520150731. Acesso em: 9 set. 2017.

[371] O conteúdo parcial da controvérsia pôde ser conhecido pelo acesso aos autos da Ação Judicial nº 1050020-91.2015.8.26.0053 (13ª Vara da Fazenda Pública de São Paulo) proposta pelas empresas que compõem o consórcio contratado, com o objetivo de obter provimento judicial interruptivo da prescrição.

[372] "No que concerne a possíveis dispêndios decorrentes de eventuais obrigações de reequilíbrio econômico-financeiro nos contratos de PPP do Estado, cabe notar que, em 10.08.2010, a concessionária Via Quatro S.A. apresentou pedido de recomposição do equilíbrio econômico-financeiro do contrato, alegando perdas relativamente à situação inicial do contrato, decorrentes de aumento das despesas pré-operacionais em função de extensão de prazo para início da operação comercial plena; perdas de receita e investimentos adicionais devido ao subfaseamento da inauguração das estações; incidência de tributos não contemplados na proposta econômico-financeira original (ICMS e ISS); e readequação do cronograma de investimentos da concessionária.

O pedido inicial foi complementado em 2011, inclusive levando em conta as datas finais de entrega das estações e início de operação. O pedido de reequilíbrio teve sua pertinência reconhecida pela Comissão de Monitoramento das Concessões e Permissões de Serviços Públicos dos Sistemas de Transportes de Passageiros, vinculada à Secretaria de Transportes Metropolitanos. Porém, até a presente data, não foram definidos o montante a ser compen-

Em face de tal inadimplemento (reconhecido pelo Estado) e de divergências relacionadas a critérios de atualização dos valores, foi instaurado, em setembro de 2017, procedimento arbitral perante a Corte de Comércio Internacional, ainda em fase inicial de instrução (Processo nº 22.990/JPA).

Há ainda a possibilidade de instauração de outro conflito arbitral, decorrente de novos pleitos contra o Estado. Conforme Ata da Assembleia Geral Extraordinária da Concessionária da Linha 4 do Metrô de São Paulo, realizada em 6 de julho de 2017, e publicada nos meios de comunicação oficial, os acionistas deliberaram pela instauração de procedimento de mediação e de arbitragem, se necessário, contra o Estado de São Paulo, para obtenção de reequilíbrio econômico-financeiro da concessão (Anexo F).

O que se percebe pela evolução da execução contratual e pelo advento de novos litígios são as dificuldades operacionais decorrentes da interface entre um contrato para realização das obras e outro para operação da PPP. A assunção das obras de túneis e estações pelo Estado, como uma opção para tornar a concessão patrocinada mais atrativa para o mercado, acabou por criar descompassos de cronogramas entre contratos coligados, celebrados com pessoas distintas. Esse é um dos aprendizados institucionais desse modelo, que abriram espaço para a adoção do projeto de concessão "integral" da Linha 6 do Metrô (vide item 4.3.4 a seguir).

4.3.2 A opção pela cláusula de foro tradicional: Linha 8 da CPTM

O contrato de concessão administrativa para prestação de serviços de manutenção preventiva, corretiva, revisão geral e a modernização da frota da Linha 8 (Diamante) da Companhia Paulista de Trens Metropolitanos (CPTM) foi celebrado em 19 de março de 2010, para

---

sado, bem como a forma de recomposição por parte do Estado, que é uma prerrogativa da Administração e levará em conta as disponibilidades orçamentárias. Visto que o pedido de reequilíbrio decorreu de iniciativa da concessionária, a recomposição do equilíbrio econômico-financeiro deverá necessariamente considerar em favor do poder concedente: os ganhos econômicos extraordinários que não decorram diretamente da sua eficiência empresarial, propiciados por alterações tecnológicas ou pela modernização, expansão ou racionalização dos serviços; os ganhos econômicos efetivos decorrentes da redução do risco de crédito dos financiamentos" (Relatório de Riscos Fiscais Decorrentes de Parcerias Público-Privadas. *Diário Oficial do Estado de São Paulo*, 5 de julho de 2013, Caderno Legislativo, p. 26).

prestação de serviços pelo prazo de 20 anos, com investimento total de R$ 993 milhões.[373]

Trata-se de um projeto mais simples na perspectiva operacional, por envolver apenas investimentos na infraestrutura dos trens, de modo que a operação da linha permaneceu a cargo da CPTM, que figura como entidade contratante da PPP.

Assim como na Linha 4 de Metrô, referido contrato contou com uma estrutura complexa de garantias contratuais, instrumentalizadas por direitos creditórios da "Receita Tarifária Centralizada da CPTM", que corresponde à participação a que tem direito a estatal na distribuição dos recursos arrecadados por meio do sistema de bilhetagem eletrônica (SBE) com cartão inteligente, no âmbito da integração operacional e tarifária entre os sistemas de transporte coletivo urbano de passageiros sobre pneus e trilhos. Em referido projeto, a Companhia Paulista de Parcerias assumiu o papel de fiadora da CPTM em relação à obrigação de pagamento da contraprestação pecuniária, até o limite máximo previsto no contrato.

No que concerne ao capítulo de solução de divergências contratuais, foi mantida a previsão de uma Comissão Técnica, para solução de demandas específicas, sem caráter vinculante. Contudo, para os casos em que não houver concordância das partes, foi prevista a cláusula de foro convencional, nos seguintes termos: "É competente para dirimir as questões relativas a este Contrato o foro da Capital do Estado de São Paulo".

Durante o trabalho investigativo realizado para verificar as razões que justificaram a não inclusão de cláusula compromissória em referido contrato, foi encontrado o Parecer nº 19/2009 da Consultoria Jurídica da Secretaria dos Transportes Metropolitanos, que, ao analisar a minuta inicial do instrumento obrigacional, pontuou:

> Deve ser eliminada a hipótese de adoção do Juízo Arbitral e da frase "conforme o caso" da subcláusula 35.6. Na opinião formada no âmbito do Grupo que examinou o presente edital, o interesse público não fica adequadamente defendido no mecanismo de arbitragem, por envolver interesses patrimoniais indisponíveis.

Como pode ser verificado, a peça opinativa em questão compreendeu que todo o contrato envolve direitos patrimoniais

---

[373] Disponível em: http://www.parcerias.sp.gov.br/Parcerias/docs/Carteira%20de%20 Projetos%20PPP_agosto.pdf. Acesso em: 24 mar. 2016.

indisponíveis e que, portanto, eventuais conflitos dele decorrentes deveriam se submeter ao Poder Judiciário. A afirmação contida no parecer não se esforçou para apresentar justificativas aptas a embasar sua tese. Ao que parece, a indisponibilidade dos direitos versados em contrato seria um axioma, que sequer precisaria ser justificado.[374]

Em razão da recomendação contida no parecer emitido pela Procuradoria-Geral do Estado, a previsão de arbitragem foi retirada da minuta contratual, nos termos transcritos acima.

Na tentativa de verificar eventuais motivações para utilização da cláusula de foro comum em tal empreendimento, foi realizado questionamento para a *Entrevistada B*, que assim se pronunciou:

> **Em sua vivência, a senhora se recorda de alguma discussão em torno da cláusula arbitral nesses projetos, principalmente nos contratos que optaram pela cláusula de foro comum, como esse da Linha 8 da CPTM?**
> Não. Na verdade, não era um tema central do Grupo de Trabalho, pelo menos nas discussões em que eu participei. No grupo de trabalho, na fase de refinamento, no exame das minutas de edital, em que se examinavam as cláusulas diretamente e que os Procuradores atuavam, esse tema era mais discutido. Na fase de elaboração de minuta de edital e contrato, nós costumávamos dividir por tópicos, de modo que ficava a cargo da CPP a parte de garantias e outras questões de equilíbrio econômico-financeiro, fluxo de caixa marginal etc. Já a Procuradoria auxiliava nas outras cláusulas e o setorial naquilo que fosse mais técnico, focado na discussão da modelagem mesmo. A questão da arbitragem não era um tema central nesse momento, somente quando ia para o refinamento do projeto, mas eu acompanhava um pouco à distancia essa parte, ou seja, não era um tema presente em meu trabalho.

Em razão do depoimento apresentado pela então Diretora da CPP, diligenciou-se junto à Procuradoria-Geral do Estado, na tentativa de obter um pronunciamento dos advogados públicos que atuaram no Grupo de Trabalho responsável pela revisão da minuta de edital e contrato. Tais agentes não foram localizados, pois já haviam se aposentado da carreira, e as pessoas que atualmente ocupam seus postos não forneceram maiores informações para localização de tais pessoas.

---

[374] "Axioma (usado, orginalmente, como sinônimo de postulado) denota uma proposição cuja veracidade é aceita por todos, dado que não é nem possível nem necessário prová-la. Por isso mesmo são os axiomas aplicáveis exclusivamente por meio da lógica, e deduzidos sem a intervenção de pontos de vista materiais" (ÁVILA, Humberto. Repensando o princípio da supremacia do interesse público sobre o particular. *Revista Trimestral de Direito Público*, São Paulo, v. 24, p. 159-180, 1998).

Pelo que pode ser diligenciado ao longo da presente pesquisa empírica, quer parecer que a recomendação apresentada pela PGE, no sentido da exclusão da cláusula arbitral, não causou qualquer preocupação aos gestores públicos e agentes políticos, que acataram a recomendação sem maiores questionamentos. Após as contribuições apresentadas em Audiência Pública, a minuta final de edital e contrato foi aprovada pelo Conselho Gestor de PPP em sua vigésima sexta reunião, com ata publicada no Diário Oficial do Estado em 6 de maio de 2009. Em tal oportunidade, diversas alterações foram realizadas por ocasião da participação popular, mas a cláusula de foro comum se manteve incólume.[375]

Referido contrato de PPP se encontra em vigor há sete anos e, até o presente momento, a cláusula de solução de disputas contratuais não foi utilizada.

---

[375] "De posse da palavra, o Senhor Secretário dos Transportes Metropolitanos iniciou sua exposição justificando que, no que concerne à PPP 'Trens Dedicados à Linha 8 Diamante da CPTM', as alterações a seguir apresentadas permeiam algumas sugestões oferecidas na ocasião da Audiência Pública realizada aos trinta e um dias do mês de outubro de dois mil e oito; bem como resultam de revisões efetuadas em consequência de ajustes sugeridos sobre o processo de Licitação apresentados durante o período de Consulta Pública. Prosseguindo, relatou que também com o propósito de se adequar às recentes mudanças no cenário econômico brasileiro e internacional, bem como de se manter a viabilidade econômico-financeira do projeto, propõe-se a adoção de algumas novas premissas para a modelagem anteriormente aprovada, quais sejam: i) Alteração do prazo da Concessão para 20 anos, tendo sido anteriormente estabelecido em 30 anos; ii) Eliminação da obrigação de fornecimento de 12 novos trens de 08 carros que deveriam ser entregues até o ano 21, reduzindo-se a frota de trens modernizados – novos/reformados de 48 trens de 08 carros para 36 trens de 08 carros; iii) Inclusão na primeira etapa do processo de modernização da opção de fornecimento de 12 novos trens de 08 carros em substituição a reforma de 96 carros da frota denominada 'Série 5000' para formação de 12 trens de 08 carros, devendo manter-se inalterado o cronograma de entrega e o fluxo financeiro do referido projeto; iv) Supressão da etapa precedente ao preço, de classificação das propostas técnicas, como condicionante do certame licitatório; v) Inserção da metodologia de execução na fase de habilitação, mantendo-se o mecanismo de inversão de fases para a referida Licitação. Encerrada sua exposição, o Senhor Secretário dos Transportes Metropolitanos endereçou ao Conselho Gestor de PPP solicitação para aprovação das alterações apresentadas na presente ocasião, respectivas à modelagem do projeto acima referido. Aberta a discussão e dirimidas as dúvidas existentes, o Senhor Presidente do Conselho Gestor de PPP submete o assunto à deliberação dos Senhores Conselheiros, os quais decidem, por unanimidade, recomendar ao Senhor Governador do Estado à aprovação da modelagem nas condições e forma ora propostas; bem como a autorização para a publicação do Edital para fins de Licitação. Nada mais havendo a ser discutido, o Presidente do Conselho Gestor do PPP, agradecendo a presença de todos, deu por encerrada a reunião, da qual eu, Maria Elizabeth Domingues Cechin, Secretária Executiva do Conselho Gestor de PPP, lavrei a presente ata que, lida e achada conforme, segue assinada pelos presentes" (Ata da 26ª Reunião do Conselho Gestor de PPP. *Diário Oficial do Estado de São Paulo*, 6 de maio de 2009, p. 2).

4.3.3 As Parcerias Público-Privadas da Companhia de Saneamento Básico do Estado de São Paulo

A Companhia de Saneamento Básico do Estado de São Paulo (SABESP) é uma sociedade de economia mista estadual responsável pelo fornecimento de água, coleta e tratamento de esgotos de 364 municípios do Estado de São Paulo.

Atualmente, o relacionamento dos titulares dos serviços de saneamento com a SABESP ocorre,[376] em geral, por meio de contratos de programa para a prestação de serviços públicos municipais de abastecimento de água e esgotamento sanitário.[377]

Referidos instrumentos, em geral, decorrem de convênios de cooperação celebrados entre o Estado de São Paulo e os Municípios, segundo os quais os partícipes assumem o compromisso de gestão conjunta das atividades de planejamento e investimento do sistema de saneamento básico do Município conveniado, objetivando o oferecimento universal e adequado dos serviços de abastecimento de água e esgotamento sanitário em seu território.

A companhia possui capital aberto e integra o segmento do Novo Mercado da Bolsa de Valores, Mercadorias e Futuros de São Paulo e também possui suas ações listadas na Bolsa de Nova York (*American Depositary Receipts* – ADR Nível III). De acordo com dados apresentados pela estatal, seus investimentos correspondem a 27% dos aportes em saneamento básico no Brasil.[378]

---

[376] A Constituição Federal de 1988 previu ser competência comum da União, dos Estados, do Distrito Federal e dos Municípios a promoção de programas de construção de moradias e a melhoria das condições habitacionais e de *saneamento básico*. Trata-se de norma de cooperação entre entes federativos, mas que não fixa a titularidade do serviço. No âmbito do Estado de São Paulo, foi sedimentado o entendimento de que a titularidade para prestação de serviço de saneamento básico em Regiões Metropolitanas e Aglomerações Urbanas é do Estado de São Paulo. Essa foi a compreensão apresentada em diversos precedentes da Procuradoria-Geral do Estado. Para os Municípios que não integram regiões metropolitanas ou aglomerações urbanas, a titularidade dos serviços é do ente local. Na literatura específica, cf. SOUZA, Rodrigo Pagani de. Planejamento dos serviços de saneamento básico na Lei federal n. 11.445, de 5 de janeiro de 2007. *In:* MOTA, Carolina (Org.). *Saneamento básico no Brasil*: aspectos jurídicos da lei federal n. 11.445/07. São Paulo: Quartier Latin, 2010. p. 25-52.

[377] "O contrato de programa tem bases legais, além do artigo 241 da Constituição da República e das Leis federais n. 11.107/05 e n. 11.445/07, na Lei Complementar estadual n. 1.025/07, nos Decretos estaduais n. 52.445/07, n. 50.470/06, n. 41.446/96 e nas leis autorizativas municipais de delegação da prestação dos serviços municipais de abastecimento de água e esgotamento sanitário" (HOHMANN, Ana Carolina Cavalcanti. *O contrato de programa na Lei federal n. 11. 107/2005*. Dissertação de Mestrado. Faculdade de Direito. Universidade de São Paulo. Orientador: Prof. Dr. Gustavo Justino de Oliveira. São Paulo, 2011. p. 164).

[378] Disponível em: http://site.sabesp.com.br/site/interna/Default.aspx?secaoId=505. Acesso em: 8 set. 2017.

Para fazer frente a essa expressiva responsabilidade social com o saneamento básico, a SABESP necessitou ampliar seus investimentos em melhorias no atendimento dos serviços prestados, o que foi realizado através de parcerias com a iniciativa privada.

Em 18 de junho de 2008, a estatal paulista assinou contrato de concessão administrativa para prestação de serviços de manutenção de barragens, inspeção e manutenção de túneis e canais de interligação de barragens, manutenção civil e eletromecânica em unidades integrantes do sistema, tratamento e disposição final do lodo gerado na produção de água tratada, serviços auxiliares, ampliação da capacidade da Estação de Tratamento de Água de Taiaçupeba, construção das adutoras e de outras utilidades do Sistema Produtor Alto Tietê. O investimento total do empreendimento foi de R$ 310 milhões.

No que concerne ao capítulo de resolução de disputas contratuais, foi prevista a constituição de uma Comissão Técnica, a ser formada por três membros, para solução de divergências pontuais. Referido órgão deverá proferir parecer sobre o tema em discussão, o qual não possui natureza vinculante.

O contrato de PPP ainda prevê uma Comissão interna econômico-financeira, para análise de eventuais fatos com repercussão dessa natureza, constituída pelo Superintendente de Auditoria, pelo Superintendente de Controladoria Econômico-Financeira, pelo Superintendente de Finanças e pelo Superintendente Jurídico da SABESP.

Por fim, o contrato contempla a arbitragem para os litígios que não sejam solucionados pelos mecanismos supramencionados. Eis o teor da cláusula arbitral:

> 49.1. A submissão de qualquer questão à solução prevista nesta cláusula não exonera as PARTES do pontual e tempestivo cumprimento das disposições do CONTRATO DE CONCESSÃO e das determinações da SABESP a ele atinentes, nem permite qualquer interrupção do desenvolvimento das atividades objeto da CONCESSÃO ADMINISTRATIVA, que deverão continuar a processar-se nos termos em vigor à data de submissão da questão, assim permanecendo até que uma decisão final seja obtida relativamente à matéria em causa.
>
> 49.2. A SPE obriga-se a dar imediato conhecimento à SABESP da ocorrência de qualquer conflito ou litígio e a prestar-lhe toda e qualquer informação relevante relativa à sua evolução.
>
> 49.3. Para dirimir conflitos e litígios aos quais não se aplicam os mecanismos de solução de conflitos técnicos previsto anteriormente ou que não tenham sido solucionados por meio dos mecanismos mencionados nas cláusulas 46 e 47, as PARTES obrigam-se a resolver por meio de arbitragem toda e qualquer disputa ou controvérsia que possa surgir

entre elas, relacionada ou oriunda, em especial, da aplicação, validade, eficácia, interpretação, violação e seus efeitos, das disposições contidas neste CONTRATO DE CONCESSÃO, nas Leis Federais: Lei n. 11.079, de 30/12/2004; Lei n. 9.074, de 07/07/95; Lei n. 8.666, de 21/06/93 e suas alterações e a Lei Estadual n. 11.688, de 19/05/04 regulamentada pelo Decreto 48.867, de 10/08/04.

49.4. Eventuais divergências entre as PARTES, relativamente às matérias abaixo relacionadas, que não tenham sido relacionadas amigavelmente pelo procedimento de mediação, serão obrigatoriamente dirimidas por meio de arbitragem, na forma da Lei n. 9.307/96:

a) reconhecimento do direito e determinação do montante respectivo da recomposição do equilíbrio econômico-financeiro, em favor de qualquer das partes, em todas as situações previstas no CONTRATO;

b) reconhecimento de hipóteses de inadimplemento contratual da SABESP ou das partes intervenientes e anuentes;

c) cálculo e aplicação do reajuste previsto no CONTRATO;

d) acionamento dos mecanismos de garantia estipulados no CONTRATO;

e) valor da indenização no caso de extinção da CONCESSÃO;

f) inconformismo de qualquer das PARTES com a decisão da COMISSÃO técnica;

49.5. A SABESP e a SPE poderão, de comum acordo, submeter ainda à arbitragem outras controvérsias relacionadas com a interpretação ou execução do CONTRATO, delimitando claramente o seu objeto no compromisso arbitral.

49.6. A arbitragem será conduzida junto à Câmara de Arbitragem do Mercado instituída pela BOVESPA, de conformidade com o Regulamento de referida Câmara, observada a ressalva aplicável aos direitos indisponíveis.

49.7. Sem prejuízo da propositura de ação de execução específica prevista no artigo 7º da Lei n. 9.307/96, a parte que recusar a assinatura do compromisso arbitral, após devidamente intimada, incorrerá também na multa cominatória no valor de R$ 50.000,00 (cinquenta mil reais) por dia de atraso, até que cumpra efetivamente a obrigação. A multa cominatória ficará sujeita a reajuste periódico, na mesma data e pelo mesmo índice aplicável ao PREÇO UNITÁRIO.

49.8. O Tribunal Arbitral será composto por 3 (três) membros titulares e 3 (três) suplentes, cabendo a cada parte indicar um titular a um suplente. O terceiro árbitro e seu suplente serão escolhidos de comum acordo pelos dois titulares indicados pelas partes, devendo ter experiência mínima de 10 (dez) anos e registro profissional no Brasil na especialidade objeto da controvérsia. A presidência do Tribunal Arbitral caberá ao terceiro árbitro.

49.9. A parte vencida no procedimento de arbitragem arcará com todos os custos do procedimento, incluindo os honorários dos árbitros.

49.10. Caso seja necessária a obtenção de medidas coercitivas ou de urgência antes da constituição do Tribunal Arbitral, ou mesmo durante o procedimento amigável de solução de divergências, as partes poderão requerê-las diretamente ao Poder Judiciário. Caso tais medidas se façam necessárias após a constituição do Tribunal Arbitral, deverão ser solicitadas nos termos do artigo 22, §4º da Lei n. 9.307/96.

49.11. Será competente o Foro Central da Comarca do Estado de São Paulo para dirimir quaisquer controvérsias não sujeita à arbitragem nos termos do CONTRATO, assim como para apreciar as medidas judiciais previstas no item anterior ou a ação de execução específica prevista no artigo 7º da Lei n. 9.307/96.

49.12. As decisões do painel de arbitragem serão definitivas para o impasse e vincularão as partes.

Outra importante Parceria Público-Privada formalizada pela SABESP foi a do Sistema Produtor São Lourenço, concessão administrativa para prestação de serviços de operação do sistema de desidratação, secagem e disposição final do lodo e manutenção de tal empreendimento.

Referido contrato foi assinado em 20 de agosto de 2013, com investimento total de R$ 2,2 bilhões, com prazo de concessão por 25 anos.

Em tal PPP, o capítulo de solução de controvérsias contratuais é muito semelhante em relação ao projeto do Alto Tietê, com duas diferenças básicas: i) a Comissão Econômico-Financeira é mista, composta por representantes indicados pelas partes e um terceiro membro indicado de comum acordo entre as partes; ii) a opção pela arbitragem prevista em contrato não afirma se o procedimento será institucional ou *ad hoc*.

Foi realizado trabalho investigativo na tentativa de verificar as razões de alteração da cláusula de solução de disputas contratuais, em especial a opção pela arbitragem institucional da Câmara de Arbitragem do Mercado, instituída pela Bolsa de Valores do Estado (BOVESPA), para a PPP do Alto Tietê e por uma cláusula vazia na PPP do Sistema Produtor São Lourenço.

Pelo estudo das Atas do Conselho Gestor de PPP, quer parecer que esse aspecto não foi objeto de preocupação dos integrantes de tal colegiado. A reunião que formalizou o modelo contratual da PPP do Alto Tietê com previsão de cláusula compromissória, com indicação da Câmara de Arbitragem do Mercado, contou com exposição apresentada pelo Diretor-Presidente da estatal à época, aprovada sem ressalvas por tal órgão.[379]

---

[379] "Outros pontos importantes na definição da modelagem e mencionados pelo expositor foram os seguintes: 1) Ressarcimento dos Estudos, previsto na legislação pertinente, será efetuado apenas aos pareceres jurídicos, estimados com base em pesquisas de mercado; 2) Extinção da Concessão, que poderá ocorrer nas seguintes formas: i) advento do termo contratual; ii) encampação; iii) caducidade; iv) rescisão; v) anulação; e vi) falência; 3) *Instrumentos para*

Indagou-se à *Entrevistada C* as razões de escolha de cada modelo contratual, no que diz respeito ao capítulo de solução de disputas. Pelo teor de suas respostas, trata-se de opção aleatória:

> **Com reação às PPP da SABESP, a senhora sabe se houve alguma discussão sobre a redação da cláusula arbitral? Pergunto isso porque as duas PPP da SABESP possuem cláusula arbitral, mas a redação é diferente. Em uma delas foi escolhida a câmara da Bovespa e na outra não há escolha de câmara...**
> Salvo engano, há escolha da FIESP.
> **A senhora sabe se houve alguma discussão pela introdução dessas cláusulas?**
> Não. Não houve. Creio que tenha sido aleatório.
> **Não houve qualquer avaliação de custos?**
> Não.

Ao que parece, a opção pela Câmara de Arbitragem administrada pela BOVESPA não se pautou em critérios técnicos. Talvez, de fato, tenha sido uma escolha aleatória, ou personalíssima, baseada em critérios de proximidade pessoal entre os dirigentes dessa instituição arbitral e agentes governamentais. Ou, ainda, a SABESP pode ter replicado sua

---

Solução de Controvérsias: i) Instituição de Comitês Técnico e Financeiro, composto de três integrantes (1 da SPE, 1 da SABESP e 1 nomeado por ambos) para soluções de caráter gerencial e operacional; e ii) Arbitragem através da Câmara de Arbitragem da BOVESPA, em controvérsias de maior peso; 4) 'Step in rights' (o direito do financiador de intervir na execução do contrato de PPP, para sanar irregularidades e preservar o projeto), previamente autorizado pela SABESP, nas condições pactuadas entre a SPE e o Financiador, visando promover a reestruturação financeira da SPE e assegurar a continuidade da prestação dos serviços; e 5) Cronograma Indicativo contemplando as seguintes ações: i) Publicação do edital em jornais de circulação nacional e internacional, até final de junho de 2006; ii) Realização da 1ª sessão pública para recebimento dos envelopes e abertura da proposta técnica, em início de agosto de 2006; iii) Realização da 2ª sessão pública para abertura da proposta financeira, entre final de agosto e início de setembro de 2006; iv) Realização da 3ª sessão pública para abertura dos documentos de habilitação, em meados de setembro de 2006; e v) assinatura do contrato em outubro de 2006. Abertos os debates, os Senhores Conselheiros enfatizam, de início, o grande interesse público envolvido na execução do projeto, tendo em vista que, além de ser responsável pelo fornecimento de água a aproximadamente 15% da população da RMSP, possibilitará a ampliação da capacidade da Estação de Tratamento de Águas do Reservatório de Taiaçupeba, dos atuais 10 m3/s para 15 m3/s de água tratada, agregando serviços acessórios para os quais a SABESP não possui suficiente expertise, sem contar na inovação tecnológica associada ao tratamento e à disposição final do lodo resultante de produção de água, o que contribuirá para a solução de um importante passivo ambiental da empresa" (g.n.) (Ata da 13ª Reunião do Conselho Gestor de PPP. *Diário Oficial do Estado de São Paulo,* 8 de agosto de 2006, p. 3).

adesão à referida câmara arbitral, quando de sua entrada no Novo Mercado da BM&F BOVESPA, para o contrato de PPP em questão.[380]

Sabe-se que a PPP do Sistema Alto Tietê conta com uma arbitragem recentemente instaurada, para discussão de pleito de reequilíbrio econômico-financeiro suscitado pela contratada. Por sua vez, não se tem notícia de qualquer procedimento de solução de disputas na PPP do Sistema São Lourenço.

4.3.4 A tentativa de uniformização: Linha 6 e Linha 18 do Metrô, Fundação para o Remédio Popular, Complexos Hospitalares, SIM da Baixada Santista, Rodovia dos Tamoios e Habitação Popular

A partir do ano de 2013 os empreendimentos de PPP do Estado de São Paulo ganharam arranjos mais complexos e os atores envolvidos na elaboração dos modelos econômicos e na redação das minutas de editais e contratos passaram a agregar experiência dos projetos iniciais e aplicá-la no cotidiano dos grupos de trabalho. Era o final de uma das gestões do Governador Geraldo Alckmin (2011-2014) e havia muito trabalho a ser feito.

A primeira parceria estruturada nesse momento histórico foi a Linha 6 (Laranja) do Metrô. Trata-se de projeto emblemático, por ser a primeira linha metroviária a ser implementada integralmente por PPP, na modalidade de concessão patrocinada. A ideia, naquele momento, era superar as vicissitudes encontradas na gestão da Linha 4, apontadas no item 4.3.1 (parte final). Conforme o relato contido na pesquisa de Pedro de Paula:[381]

> A pauta política do governo estadual e os problemas de adequação temporal e de integração da linha 4 foram pontos consensuais entre os entrevistados. Contudo, esse consenso de motivos não representou convergência de opiniões sobre as alternativas jurídicas.

---

[380] Sobre a adesão das sociedades de economia mista à listagem do Novo Mercado da BM&F BOVESPA, com assunção de compromissos de governança corporativa (dentre eles, a solução de controvérsias pela via arbitral), cf. PINTO JR., Mario Engler. O novo mercado da Bovespa e o compromisso da sociedade de economia mista com práticas de boa governança corporativa. *Revista de Direito Mercantil Industrial, Econômico e Financeiro*, v. 128, p. 54-60, 2002.

[381] PAULA, Pedro do Carmo Baumgratz de. *As Parcerias Público-Privadas de Metrô em São Paulo*, p. 83.

Para parte dos entrevistados, os problemas contados pela separação do escopo no contrato da linha 4, aliados à pauta política, indicavam que a melhor opção era uma PPP integral, envolvendo a totalidade das obras e da operação do serviço.

A Linha Laranja passou a ser conhecida como "Linha das Universidades", por prever a construção de estações em locais próximos a importantes estabelecimentos de ensino (PUC, Mackenzie, FAAP e FGV). Seu percurso partiria da Estação São Joaquim (Linha 1) até a Vila Brasilândia, por cerca de 18 quilômetros de extensão e 15 estações.

O aviso de licitação da PPP foi publicado inicialmente no primeiro semestre de 2013. A sessão para recebimento das propostas ocorreu em 30 de julho de 2013, mas o certame restou deserto, pois não apareceram interessados. Tal fato foi noticiado na mídia na época, de modo que foi ressaltado o caráter inovador do empreendimento, que proporcionou insegurança ao mercado.[382]

Diante disso, o modelo econômico foi reformulado, pela assunção de riscos adicionais pelo parceiro público e com aperfeiçoamentos de redação contratual. Um dos pontos objeto de alteração foi a cláusula compromissória contida na minuta da avença.

Para a realização dessa tarefa, um grupo constituído na Procuradoria-Geral do Estado se debruçou sobre o tema e apresentou uma proposta-padrão de cláusula de solução de disputas, a ser utilizada nos contratos de PPP.[383]

A cláusula de solução de disputas da minuta do primeiro contrato continha a previsão de arbitragem sem indicação de câmara, tampouco critérios para sua escolha. Com a republicação do edital, a minuta contratual foi adequada para estabelecer critérios mínimos para escolha

---

[382] Linha 6 do Metrô de SP não tem interessados e deve ter atraso. *Folha de São Paulo*, 30 de julho de 2013. Disponível em: http://www1.folha.uol.com.br/cotidiano/2013/07/1319357-linha-6-do-metro-de-sp-nao-tem-interessados-e-deve-ter-atraso.shtml. Acesso em: 9 set. 2017.

[383] Referida cláusula-modelo foi exposta em detalhes no item 3.1.3.4 *supra*. De acordo com os autores da proposta: "Verifica-se, de todo o exposto, a necessidade premente de adoção de um modelo de Arbitragem padrão para as parcerias público-privadas no Estado de São Paulo, tanto como forma de garantir uma coerência dentro da Administração, como para oferecer maior segurança para a execução futura destes contratos. Entendemos que deve ser formulada uma cláusula compromissória padrão a ser inserida nos futuros Contratos de PPPs, como maneira de se uniformizar a gestão futura destes contratos" (JUNQUEIRA, André Rodrigues; OLIVEIRA, Mariana Beatriz Tadeu de; SANTOS, Michele Manaia. Cláusula de solução de controvérsias em contratos de Parceria Público-Privada: estudo de casos e proposta de redação. *Revista da Procuradoria-Geral do Estado de São Paulo*, n. 77/78, p. 285-314, jan.-dez. 2013).

da instituição arbitral, com o objetivo de atender a sugestões dos *players* de mercado. O parecer jurídico que aprovou a republicação do aviso de licitação contou com a seguinte justificativa:[384]

> 29. Por fim, procedeu-se a grande alteração na cláusula da arbitragem, pretendendo deixar claro que será escolhida instituição para promovê-la, e que o regulamento adotado será o da referida instituição. Optou-se, no entanto, por deixar a eleição da Câmara em aberto, considerando ser temerário vincular a Administração Pública desde já a uma instituição, sem identificar qual a natureza da causa em disputa (uma vez que as Câmaras caminham para a especialização). Por fim, é sabido que existe um movimento das instituições arbitrais para se adequarem às arbitragens com o Poder Público, de maneira que se torna mais propício aguardar o momento em que uma arbitragem seja requerida, para então se identificar aquela que melhor estará preparada para o caso concreto.

Passados alguns meses, o edital foi republicado, com apresentação de proposta pelo consórcio integrado pelas empresas UTC Participações S.A., Queiroz Galvão Desenvolvimento de Negócios S.A., Fundo de Investimentos e Participações – Linha 6 e OM Linha 6 Participações, as quais formaram o Consórcio Move São Paulo.

Ao que parece, a adequação do contrato propiciou maior confiança aos investidores interessados. Contudo, em razão da peculiar crise econômica vivenciada pelo país no momento, aliada aos escândalos de corrupção em que parte das empresas que compõem a Move São Paulo se envolveu, sobreveio uma insuficiência de recursos por parte da concessionária, principalmente pela não liberação da verba de financiamento do Banco Nacional de Desenvolvimento Econômico e Social (BNDES).[385]

Diante de tais circunstâncias, as obras foram paralisadas e o consórcio contratado não logrou êxito em conseguir a assunção dos compromissos contratuais por outro investidor. Assim, a Administração instaurou procedimento de caducidade do contrato, o que levou a concessionária a apresentar pleito perante o Poder Judiciário (para obter provimento judicial que declare a rescisão da avença) e pelo método

---

[384] Parecer GPG nº 04/2013 da Procuradoria-Geral do Estado de São Paulo.

[385] Disponível em: http://www.valor.com.br/empresas/5058590/move-sao-paulo-tem-oferta-de-empresa-estrangeira-por-metrodiz-governo. Acesso em: 9 set. 2017.

privado de solução de controvérsias (com requerimento de pagamento de indenizações que entende devidas).[386]

Em sequência ao empreendimento da Linha 6 do Metrô, outros projetos foram estruturados no âmbito do Conselho Gestor de PPP e da Unidade de PPP.

Em 28 de março de 2013 foi firmado contrato de concessão administrativa pela Fundação para o Remédio Popular, para produção de medicamentos genéricos e manutenção da fábrica de propriedade de tal entidade, situada na cidade de Américo Brasiliense. A avença foi celebrada pelo prazo de 15 (quinze) anos, com investimentos da ordem de R$ 362 milhões.

Na sequência, em 22 de agosto de 2014 foi assinada a concessão patrocinada para construção e operação da Linha 18 do Metrô, em sistema de monotrilho, para interligar São Paulo com a região do ABC Paulista. O prazo contratual é de 25 anos e os investimentos previstos são de R$ 4,2 bilhões.

A Carteira de Projetos de PPP também desenvolveu uma ação na área hospitalar, com a assinatura, em 2 de setembro de 2014, da concessão administrativa para a construção e operação de três hospitais (São Paulo, Sorocaba e São José dos Campos). Trata-se de modelo inspirado na PPP do Hospital do Subúrbio de Salvador (Bahia), para realização de obras civis e gestão dos serviços não hospitalares, com investimentos de R$ 772 milhões. Conforme a exposição de Fernando Marcato:[387]

---

[386] "Na sequência, o Secretário da STM colocou em evidência o Contrato de Concessão Patrocinada para os serviços de instalação, operação e manutenção da Linha 06 – Laranja do Metrô, fazendo um breve relato sobre seu empreendimento. Continuou explicando que a Concessionária Move São Paulo informou em setembro de 2016 ter paralisado as obras da Linha 06, alegando dificuldade na obtenção de longo prazo junto ao BNDES, o que causou descumprimento do contrato, acarretando penalizações à SPE, por meio da aplicação de multas, que aguardam julgamento de Recurso Administrativo interposto pela Concessionária. Prosseguiu esclarecendo que a STM vinha monitorando as tratativas de reestruturação societária da SPE, que atenderia as condições do BNDES para liberação da linha de crédito. Com a notícia da não concretização societária intentada, a qual vinha sendo apoiada pelo GESP, a Concessionária foi notificada para em 30 dias retomar as obras do projeto, sob pena de rescisão do contrato. Finalizada a exposição e acolhidas as considerações, os Conselheiros, por unanimidade, autorizaram o Setorial a tomar as providências, inclusive judiciais, cabíveis, visando à melhor solução de encaminhamento ao Contrato de Concessão Patrocinada da Linha 06 Laranja" (Ata da 80ª Reunião do Conselho Gestor de PPP. *Diário Oficial do Estado de São Paulo*, 10 de março de 2018, p. 8).

[387] MARCATO, Fernando Soares; COHEN, Isadora Chansky. Garantias públicas nos contratos de Parcerias Público-Privadas. *In*: CARVALHO, André Castro (Org.). *Manual de* Project Finance *no Direito Brasileiro*. São Paulo: Quartier Latin, 2016. p. 493.

O Projeto Hospitais consistiu em uma parceria público-privada, na modalidade concessão administrativa, para fornecimento de equipamentos e prestação de serviços não assistenciais ("Bata Cinza") e das atividades de conservação e manutenção de infraestrutura – a ser construída e disponibilizada pelo próprio parceiro privado – de três complexos hospitalares no Estado de São Paulo. O prazo contratual é de 20 anos. As receitas do Projeto Hospitais são, quase que integralmente, representadas pelos pagamentos públicos devidos a título de aporte de recursos públicos, durante a fase de investimentos iniciais, e contraprestação pecuniária, durante a fase operacional.

Outra PPP de grande relevância para o Governo e para a população foi a concessão patrocinada da Rodovia dos Tamoios.[388] Nesse empreendimento, o parceiro privado assumiu a operação e manutenção da Rodovia SP-099 e contornos de Caraguatatuba e São Sebastião, bem como a construção do trecho de Serra de tal rodovia. Novamente, o Estado celebrou uma PPP, assumindo parte das atividades construtivas para si (reforma do trecho de Planalto da Rodovia dos Tamoios, realizada mediante contrato de obra, regido pela Lei federal nº 8.666/1993). As especificidades dessa contratação, em especial o sistema de garantias públicas, já foram comentadas em estudos especializados,[389] inclusive em *papers* internacionais.[390] Nesse projeto, o prazo contratual foi firmado em 30 anos, com investimentos de R$ 3,9 bilhões.

Em 2015 foram assinados dois contratos de PPP, sendo um na área de habitação popular, para a construção de mais de 3.000 moradias

---

[388] Para conhecimento de todos os aspectos relevantes do modelo contratual da PPP Tamoios, cf. REZENDE, Adriana Mazieiro et al. Concessão patrocinada da Rodovia dos Tamoios (SP 099). Exame da minuta de edital e contrato. *Boletim do Centro de Estudos da PGE/SP*, n. 5, p. 37-70, 2014.

[389] CUNHA, Cláudia Polto da; PAULA, Tomás Bruginski de. O Programa de PPP do Estado de São Paulo. *In*: PASTORE, Afonso Celso. *Infraestrutura*: eficiência e ética. Rio de Janeiro: Elsevier, 2017. p. 263-280.

[390] "Inovação: O projeto *greenfield* (a construção do novo trecho de serra) permite a transferência da capacidade de inovação do setor privado para o público. A principal vantagem diz respeito ao fato de que o governo não precisa fornecer os detalhes específicos sobre como o trecho de serra precisa ser construído, mas apenas oferece as condições básicas sobre como o serviço público precisa ser oferecido pelo parceiro privado. (*Design Built Operate and Transfer model*).
Custos e otimização da vida útil do projeto: No *Design Build Operate and Transfer Model* (DBOT), o empreiteiro está em uma posição privilegiada para prover técnicas de projeto e construção no sentido de reduzir os custos de implementação e operação e aumentar a vida útil do bem, o que dificilmente seria viável em uma contratação pública tradicional" (MARMO, Felipe Babbini; ACAUAN FILHO, Afonso Dutra. Case Study of Tamoios Highway Complex Concession. *In*: CARVALHO, André Castro (Org.). *Manual de Project Finance no Direito Brasileiro*. São Paulo: Quartier Latin, 2016. p. 667).

populares e prestação de serviços de apoio à gestão condominial, gestão da carteira de mutuários e serviços pré-ocupação e pós-ocupação. O contrato foi assinado em 23 de março de 2015, com prazo de 20 anos e investimento de R$ 919 milhões. O segundo foi firmado em 23 junho de 2015, para concessão patrocinada do Sistema Integrado Metropolitano para a Região Metropolitana da Baixada Santista. Trata-se de empreendimento que congrega duas categorias de modais (veículo leve sobre trilhos – VLT e ônibus) para atendimento de municípios do Litoral-sul de São Paulo. O prazo da concessão é de 20 anos, com investimento de R$ 666 milhões.[391]

Em todas as PPP firmadas a partir da Linha 6 do Metrô foi adotada a cláusula de arbitragem padronizada (apresentada no item 3.1.3.4 *supra*), desenvolvida por um grupo de estudos da Procuradoria-Geral do Estado (arbitragem institucional, com câmara arbitral a ser escolhida pelo Poder Concedente no momento do conflito, de acordo com determinados requisitos previstos em contrato). A única exceção foi a PPP da Habitação, cuja cláusula 43.2 da avença previu a escolha da câmara arbitral por consenso entre as partes.

A uniformização instrumentalizada pelo Estado a partir de 2013 para a redação das cláusulas de soluções de disputas contratuais parece ser positiva, por gerar previsibilidade e segurança jurídica para o mercado, investidores e contratados. Os efeitos da redação proposta, bem como o acerto ou desacerto das opções engendradas pela Administração paulista nesse tema serão analisados nos próximos tópicos.

4.4 Os resultados da pesquisa

A partir desse momento o leitor terá acesso às conclusões da pesquisa empírica realizada. Após a apresentação do arcabouço de contratos do estudo de caso, da metodologia de pesquisa, do conjunto de documentos estudados e dos entrevistados escolhidos, caberá demonstrar os resultados alcançados, com destaque para a contribuição

---

[391] Para uma exposição do modelo contratual do SIM da Baixada Santista, cf. MIGUEL, Luiz Felipe Hadlich. Mobilidade urbana e parcerias público-privadas: ainda existe esperança! *In:* CUNHA FILHO, Alexandre J. Carneiro da et al. (Org.). *Direito urbanístico*: ensaios por uma cidade sustentável. São Paulo: Quartier Latin, 2016. p. 173-182. Vale ressaltar que o caráter inovador dessa PPP, que combinou dois modais em um modelo econômico diferenciado, foi vencedor de prêmio concedido pela *International Association of Public Transport*, no Congresso de 2017, realizado no Canadá. Disponível em: http://www.fnp.org.br/noticias/item/1515-vlt-da-baixada-santista-e-premiado-internacionalmente. Acesso em: 10 set. 2017.

desta obra ao estudo da arbitragem com participação da Administração Pública.

Inicialmente, será relevante compreender em que medida a opção pela arbitragem nas Parcerias Público-Privadas celebradas pelo Estado de São Paulo foi consciente, objeto de reflexão e avaliação de suas potenciais vantagens pelos gestores públicos. Em momento subsequente, será discutido o acerto ou desacerto das escolhas pelos métodos de solução de disputas contratuais, com base nas experiências já ocorridas.

Após a realização dessa reflexão, será possível apresentar uma proposta de avalição da cláusula arbitral como instrumento mitigador de riscos nos contratos, com a verificação dos casos em que se recomenda sua utilização. Essa temática será abordada no derradeiro item do presente capítulo.

4.4.1 A cláusula arbitral foi uma escolha consciente?

As entrevistas concedidas pelos agentes que participaram da elaboração do modelo econômico e jurídico das PPP demonstraram que a redação da cláusula arbitral foi tema de pouca relevância no contexto global do projeto. Por vezes, a *Entrevistada B* e a *Entrevistada E* pontuaram que o tema não foi discutido, ou foi muito pouco discutido nos grupos de trabalho responsáveis pela elaboração da minuta de edital e contrato.[392]

Pela análise das atas do Conselho Gestor de PPP, percebe-se que, desde o projeto na Linha 4 de Metrô, a questão foi incluída em pauta exclusivamente na Décima Terceira Reunião do Colegiado, no momento de deliberação sobre o modelo contratual da PPP do Alto Tietê (SABESP). Após a readequação do edital da Linha 6 do Metrô em 2013, que redefiniu a cláusula compromissória a partir de estudos ocorridos na Procuradoria-Geral do Estado, o tema não foi mais incluído nas pautas de reuniões.

Pelo teor da documentação colhida e pelas informações produzidas a partir da pesquisa realizada, quer parecer que a introdução da cláusula arbitral nos contratos de PPP de São Paulo não foi uma escolha amadurecida por um instrumento mais apropriado à solução

---

[392] Como já mencionado, nas palavras da *Entrevistada B*: "Na verdade não era um tema central do Grupo de Trabalho, pelo menos nas discussões em que eu participei". Em sentido semelhante, a *Entrevistada E*, ao ser questionada se o IFC desenvolvia estudos para demonstrar a importância do uso da arbitragem nos contratos, afirmou: "Eu pessoalmente não desenvolvi estudos nesse sentido. Fiz apenas um estudo acadêmico, olhando mais a onda da arbitragem na América Latina, um trabalho mais descritivo".

de disputas contratuais. Os agentes integrantes do Conselho Gestor de PPP, a quem competem as decisões de condução da política estadual de parcerias com a iniciativa privada e a deliberação sobre os temas gerais dos projetos integrantes da "carteira" paulista, pareceram indiferentes ao tema. No contexto dos grupos de trabalho responsáveis pela elaboração das minutas de edital e contrato, o assunto em tela recebeu um enfoque marginal, a exemplo do ocorrido pela descrição da PPP da Linha 8 da CPTM no item 4.3.2 *supra*. No caso desses grupos, novamente a tentativa de sistematização da questão a partir da republicação do edital da Linha 6 do Metrô reduziu eventual polêmica em torno do tema, no contexto governamental.[393]

Nos procedimentos de participação popular nas PPP, o tema da arbitragem também foi pouco discutido. No curso do expediente de verificação das respostas apresentadas pelo Estado ao longo das Consultas Públicas, a questão foi levantada no bojo do projeto da Linha 6, através de dois questionamentos, que pareceram não concordar com a escolha da câmara arbitral *a posteriori*.[394] Em sentido semelhante, na PPP dos Complexos Hospitalares, as considerações apresentadas por empresa interessada, no Chamamento Público da Manifestação de Interesse da Iniciativa Privada, discordaram da metodologia de indicação

---

[393] No ambiente acadêmico, todavia, a proposta de cláusula arbitral da Procuradoria-Geral do Estado incrementou o debate sobre a questão. Disponível em: http://justicaprivada.org.br/2015/08/11/sao-paulo-padroniza-clausula-arbitral-em-contratos-de-ppps-e-gera-polemica/. Acesso em: 24 set. 2017.

[394] "Processo STM nº 00070/2012. *Questão 45*: Considerando que nem mesmo naqueles contratos de concessão em que o procedimento arbitral é obrigatório por força de lei há previsão de procedimento arbitral adaptado à administração (como, por exemplo, na concessão de transporte aquaviário ou no mercado Atacadista de Energia). Verifica-se que tal previsão gera incertezas, uma vez que o contrato não dispõe quais são os procedimentos e como devem ser adaptados ao Poder Público. Entendemos que o regulamento a ser utilizado será aquele da câmara arbitral escolhida, independentemente de possuir os 'Regulamentos adaptados às arbitragens com o Poder Público'. Este entendimento está correto? *Resposta*: Vide cláusulas 54.7 e 54.8. O Poder Concedente escolherá a câmara arbitral dentre as instituições de notório conhecimento e que tenham, preferencialmente, experiência na matéria objeto do litígio a ser dirimido e regulamento adaptado às arbitragens com o Poder Público. O procedimento arbitral observará o Regulamento da Câmara de Arbitragem adotada, bem como o disposto na Lei nº 9.307/96 e subsequentes alterações, assim como as disposições constantes deste Contrato. *Questão 160*: Tendo em vista que não há na Minuta do Contrato definição da câmara de arbitragem e regulamento, solicitamos informarem qual a câmara de arbitragem e regulamento a serem adotados. Entendemos que, quanto ao método de nomeação dos árbitros, serão nomeados três árbitros, sendo que caberá a cada uma das partes nomear um árbitro e a estes nomear conjuntamente o terceiro árbitro. Solicitamos a confirmação desse entendimento. *Resposta*: Ratificamos o quanto disposto na Cláusula 54 da minuta do Contrato."

da câmara arbitral prevista na minuta contratual e da vedação ao uso da equidade nos julgamentos de arbitragens.[395]

Pelo resultado da pesquisa realizada, é possível afirmar que a escolha pela resolução de disputas contratuais através de arbitragem não foi consciente nos projetos de PPP do Estado de São Paulo. Ao que parece, a Administração Pública aderiu a uma tendência de mercado, baseada em sugestões colhidas nos procedimentos de manifestação de interesses, ou pela recomendação de consultorias especializadas. Com essa afirmação, não se pretende desmerecer a opção pela arbitragem, tampouco afirmar que se tratou de uma escolha a esmo. Apenas, após todo o levantamento efetuado, não se verificou a existência de qualquer estudo apto a demonstrar as vantagens dos métodos diferenciados de solução de disputas para cada empreendimento.

Diante do exposto, comprova-se a plausibilidade da assertiva de que a cláusula arbitral é a *midnight clause*, utilizando uma expressão cunhada por autores estrangeiros para representar a cláusula redigida no final da noite, como último elemento do contrato, sem a devida atenção e cuidado.[396]

---

[395] Chamamento Público nº 007/2012 – Parceria Público-Privada (PPP) de Complexos Hospitalares. "*Item 50.2*: Sugere-se que o Poder Concedente faça constar do Contrato, desde a sua celebração, qual a Câmara Arbitral à qual serão submetidas as controvérsias eventualmente surgidas entre as Partes ao longo da execução do Contrato. A uma, porque o procedimento de indicação unilateral da Câmara Arbitral pelo Poder Concedente após a celebração do Contrato e após o surgimento da controvérsia, sem a participação da Concessionária, pode ser objeto de questionamentos sobre sua legalidade, o que coloca em risco a instauração do Tribunal caso necessária.

A duas, porque o prazo de 15 dias para que o Poder Público indique a Câmara Arbitral é muito exíguo e pode ser facilmente descumprido pelo Poder Concedente, o que transfere para a concessionária a prerrogativa de indicar a Câmara Arbitral, colocando em risco a lisura do procedimento e os próprios interesses do Poder Concedente, caso a escolha do privado recaia sobre Câmara Arbitral não confiável. Vale ressaltar que as Câmaras Arbitrais sobrevivem basicamente da confiabilidade de seu corpo de árbitros e da transparência e clareza de suas regras e procedimentos, razão pela qual devem ser escolhidas antes da celebração dos contratos, em momento em que os interesses das Partes estão relativamente alinhados, evitando-se assim a contaminação da escolha pelo interesse em jogo quando do surgimento da controvérsia. *Item 50.4*: Sugere-se alterar a cláusula para prever que a decisão possa ocorrer também por equidade, viabilizando, assim, que os árbitros possam se utilizar de paradigmas internacionais relacionados a questões de complexidade similar e parâmetros internacionais conhecidos para a solução das controvérsias que venham a surgir ao longo da execução do contrato. É sabido que as parcerias público-privadas na área de saúde no Brasil ainda são poucas, não havendo, portanto, experiências e paradigmas suficientes para informar as decisões dos árbitros em caso de litígio."

[396] REDFERN, Alan; HUNTER, Martin. *Redfern and Hunter on international arbitration*: student version. 5. ed. Inglaterra: Oxford University Press, 2009. p. 86.

4.4.2 A cláusula arbitral foi uma escolha adequada?

A ausência de critérios técnicos para a escolha dos métodos de solução de disputas nos contratos não indica, necessariamente, que se tratou de uma opção inadequada. Em muitos casos, o atendimento a uma percepção geral de mercado, pautada em sensibilidade, intuição e boas experiências anteriores, pode gerar resultados práticos adequados, a despeito da inexistência de uma metodologia prévia de eficiência econômica ou redução de custos.

Essa característica ganha significado no contexto da pesquisa, na qual foi verificado um "espaço amostral" ainda reduzido de litígios público-privados em contratos de PPP de infraestruturas. Diante disso, é difícil obter um dado estatístico seguro sobre a verificação das propagadas vantagens da arbitragem em concreto.

Por essa razão, muitas vezes a escolha pela arbitragem se justificou pelo "conforto" fornecido ao investidor privado, o que proporcionou certa imunidade às já conhecidas desvantagens e ineficiências do Poder Judiciário.[397] Acredita-se que esse sentimento pode ser uma decorrência da redução de assimetrias de informações e da indicação de um ambiente cooperativo entre as partes na arbitragem. Tais elementos tendem a influenciar o comportamento do empreendedor privado, o que pode ser transposto para uma matriz de riscos entre as partes contratuais.

O que se pretende, nesse momento, é verificar se as premissas teóricas desta obra, em especial aquelas desenvolvidas no item 3.3 *supra*, se confirmaram na prática do Programa de PPP paulista.

Nessa ordem de ideias, no contexto da etapa de elaboração das minutas contratuais, o projeto da PPP da Linha 6 do Metrô foi relevante. Como demonstrado anteriormente (item 4.3.4), o edital de licitação, inicialmente, restou deserto. Isso porque aponta-se que o mercado considerou que o empreendimento comportava grande quantidade de riscos alocados ao setor privado, dentre eles o próprio risco judicial, dado que a cláusula compromissória, inicialmente, previa que, em caso de divergência entre as partes sobre a escolha da câmara, a questão seria

---

[397] Novamente, trago aqui a contribuição da *Entrevistada E*, que, ao ser questionada sobre as razões pelas quais o IFC recomenda a cláusula arbitral nos projetos em que assessora, pontuou: "Nas oportunidades em que atuei ao lado do público, também era favorável à utilização da arbitragem, porque considero que dá mais conforto ao privado se submeter à arbitragem, do que enfrentar o Poder Judiciário que é uma grande caixinha de surpresas em muitos momentos".

decidida pelo Poder Judiciário.[398] Com a alteração dessa sistemática e previsão da escolha da instituição de arbitragem por ato interno da Administração Pública (aliado a diversas alterações das minutas de edital e contrato), o certame foi retomado com sucesso, com apresentação de proposta pelo consórcio posteriormente contratado.

No que diz respeito aos procedimentos arbitrais já ocorridos, os litígios das etapas de obras civis da Linha 4 de Metrô, já relatados ao longo desta pesquisa, presenciaram a adequação da solução das disputas pela via privada. Isso porque os contratos de obras civis possuíam um cronograma vinculado com a execução do contrato de PPP de tal linha metroviária, de modo que o atraso na construção de túneis e estações prejudicaria a concessão patrocinada, com diversas consequências danosas ao Estado e à sociedade. Dessa forma, a opção por um método de solução de disputas mais célere foi importante nesse contexto, no qual existiam contratos coligados.

Sob a perspectiva do relacionamento entre as partes e do grau de litigiosidade ao longo da execução contratual, o relato apresentado por dois entrevistados contrariou a expectativa de que a arbitragem poderia favorecer um comportamento mais sadio na convivência público-privada. Nesse sentido, o *Entrevistado A*, ao relatar as consequências do procedimento privado de solução de disputas para a gestão do contrato, afirmou:

> De início eu destaco uma interferência prévia. A própria pendência de uma arbitragem tem uma grande influência, muito maior que a demanda judicial, que fica afastada, em um mundo à parte.
>
> A arbitragem, por se propor a uma solução célere, tem sempre algum documento para ser discutido, ou analisado, o que faz com que a área jurídica e gestora tenham uma constante interface. Essa pendência prejudica bastante. A execução contratual fica bem afetada, pois os gestores sempre ficam com dúvida se uma determinada decisão de gestão poderá impactar no processo arbitral. Eles questionam: "Se eu assinar uma ata de reunião, isso pode impactar?". No processo judicial, é apresentada uma defesa, com os subsídios da área gestora e o processo fica no judiciário, afastado das partes, em um mundo à parte, salvo decisões que cautelarmente determinam a paralisação de obras. Na

---

[398] Na primeira versão da minuta contratual, a cláusula que dispunha sobre a escolha da câmara arbitral foi redigida da seguinte forma: "Não havendo acordo entre as partes sobre a forma de instituir a arbitragem, fica eleito o foro da Fazenda Pública da Comarca da Capital para conhecer de medidas cautelares em preparação ao procedimento arbitral, nos termos do artigo 7º da Lei n. 9.307/96".

arbitragem, a influência na execução contratual é bem ruim, o que faz como que o contrato seja executado por advogados.

Por sua vez, o *Entrevistado D* considerou que o relacionamento entre as partes contratuais se manteve indiferente após a conclusão das arbitragens em que atuou. Além disso, tal agente destacou uma piora no relacionamento entre as partes após o procedimento de mediação da Linha 4 de Metrô.[399]

Por fim, em relação ao contrato de PPP da Linha 8 da CPTM (único celebrado com cláusula de foro convencional), não se tem notícia de que a ausência da previsão de arbitragem tenha provocado algum efeito ao longo da execução contratual. Igualmente, as avenças celebradas após a uniformização da cláusula arbitral (item 4.3.4) não contam, até o presente momento, com procedimentos arbitrais instaurados, a despeito de contemplarem dificuldades de execução e divergências entre as partes.[400]

---

[399] De acordo com seu depoimento: "Não houve qualquer influência. Ocorreu na mediação da Linha 4, em que o relacionamento piorou, pois nas reuniões os gestores se encontravam para discutir e os mediadores não faziam nada. Chegamos ao ponto das partes substituírem os mediadores, mas isso não resolveu o problema. Eu, como advogado, tentei interferir, dizendo que não era assim que se fazia mediação".

[400] Como exemplo de contrato que enfrenta dificuldades de gestão, pode ser destacada a concessão administrativa para administração da fábrica e produção de medicamentos na indústria farmacêutica de Américo Brasiliense, cujos problemas foram discutidos na 77ª Reunião do Conselho Gestor de PPP, com proposta de revisão do contrato, sem qualquer menção de submissão do conflito a arbitragem: "Dando continuidade à ordem do dia, o Presidente do CGPPP passou a palavra à Subsecretária de Parcerias e Inovação, Karla Bertocco Trindade, que inteirou os Conselheiros sobre o andamento dos projetos de PPP já contratados, destacando o andamento da PPP 'Indústria Farmacêutica de Américo Brasiliense/IFAB da Fundação para o Remédio Popular 'Chopin Tavares de Lima' (FURP)'. Relatou que, em 09/02/2017, foi encaminhado Ofício UPPP n. 001/2017, à FURP, solicitando esclarecimentos quanto aos pontos relacionados à execução do contrato de concessão administrativa, sendo respondido por meio do Ofício FURP URPPP n. 03/2017 de 07/04/2017, que fundamentou o Relatório elaborado pela Unidade de Parcerias Público-Privadas (UPPP), datado de 17/07/2017. A seguir passou a palavra ao Superintendente da FURP, Durval de Moraes Júnior, que fez uma breve caracterização das condições contratuais, discorreu sobre os eventos e as tratativas institucionais carreadas junto à Concessionária. Apresentou os trabalhos que vêm sendo realizados por Grupo de Trabalho com integrantes da FURP, Companhia Paulista de Parcerias-CPP, Secretaria do Governo, Unidade de PPP e Procuradoria-Geral do Estado-PGE. Contextualizou a conjuntura em que o contrato de PPP está inserido. Diante deste cenário, a FURP desenhou uma proposta de revisão do contrato, a qual merecerá análise aprofundada para subsequente ressubmissão ao CGPPP para aprovação e encaminhamento. Na sequência, depois de esclarecidas as dúvidas e avaliadas as considerações, o Presidente do CGPPP, sugeriu que, antes dos Conselheiros decidirem os próximos passos com respeito a este contrato, seria previdente que os representantes do Setorial e da FURP, acompanhados pela Assessoria Jurídica do Estado e por representantes da Unidade de PPP, tomassem as providências necessárias à solução discutida e retornassem a este Conselho numa próxima oportunidade, relatando os resultados obtidos, bem como os eventuais valores envolvidos

A partir da exposição desse retrato empírico, serão apresentadas algumas proposições teóricas que resultarão na conclusão do estudo.

4.5 Análise da eficiência na utilização da arbitragem (o método de avaliação de Kaldor-Hicks)

O item 3.2 do Capítulo 3 se preocupou em trazer ao leitor um conceito amplo de eficiência, retirado da obra de Gregory Mankiw, que atende aos propósitos gerais da pesquisa. Contudo, existe uma abordagem de eficiência que também precisa ser explorada, por ser bastante utilizada na Análise Econômica do Direito.

Vilfredo Pareto foi um economista, sociólogo e engenheiro italiano do século XIX. É atribuída a tal pensador a compreensão de otimização de benefícios em operações econômicas. São as chamadas *melhorias de Pareto* e ótimos *de Pareto*.

O professor português Vasco Rodrigues nos explica tais conceitos da seguinte forma:[401]

> Suponhamos a possibilidade de alterar uma determinada situação, por exemplo, modificando a legislação em vigor. Esta alteração constitui uma *melhoria de Pareto* se beneficia, pelo menos, uma pessoa e não prejudica ninguém. Quando assim acontece, os economistas dizem que a situação resultante da alteração é superior à situação inicial ou mais eficiente do que essa situação. Este parece ser o critério menos subjetivo para comparar duas situações. A sua grande vantagem é a de dispensar o decisor de quaisquer comparações interpessoais: tudo o que é necessário, para o aplicar, é saber se cada um dos indivíduos potencialmente afetados considera que a alteração o beneficia, o prejudica ou sobre si não tem mais impacto. Alguns autores atribuem mesmo uma conotação ética a este critério de avaliação: presumivelmente, se um indivíduo não souber a posição que lhe vai caber na sociedade, preferirá a situação resultante da melhoria de Pareto à situação anterior.
>
> Suponhamos que, depois de uma primeira melhoria de Pareto, era, de novo, possível aumentar a utilidade de uma pessoa sem prejudicar ninguém. Esta segunda alteração constituiria uma nova melhoria de Pareto. E outras poderiam existir. No entanto, depois de uma sucessão de melhorias de Pareto, acabará inevitavelmente por se atingir uma situação

---

para implementação da solução. Tal recomendação foi seguida, por unanimidade, pelos Conselheiros do CGPPP" (Ata da 77ª Reunião Ordinária do Conselho Gestor de PPP. *Diário Oficial do Estado de São Paulo*, 15 de agosto de 2017, p. 1).

[401] RODRIGUES, Vasco. *Análise econômica do direito*. 2. ed. Coimbra: Almedina. p. 24.

em que já não é possível aumentar a utilidade de mais ninguém sem prejudicar outrem. Diz-se então que esta situação é um ótimo de Pareto ou, para evitar o conteúdo valorativo da palavra "ótimo", Pareto-eficiente.

Como nos ensina o autor português, a metodologia de Pareto não tem qualquer relação com o critério de justiça, tão caro aos operadores do Direito. Na verdade, a percepção dos fenômenos econômicos sob essa ótica pode permitir a preferência por situações injustas ou não corretas (por um critério de senso comum).

Em diversas hipóteses, o estudo de uma operação comercial pode ter vários Paretos-eficientes. No exemplo dado por Vasco Rodrigues, se duas pessoas com fome tiverem que distribuir dois quilos de arroz, pode-se imaginar uma distribuição igualitária, cada qual com um quilo; ou apenas uma delas poderia se apropriar de todo o alimento. Em ambos os casos haveria um ótimo de Pareto, pois não seria possível aumentar a satisfação de quem recebeu arroz sem prejudicar a satisfação do outro, seja quando o outro receber um quilo do alimento ou nenhum alimento.[402]

Para superar esse impasse, os economistas desenvolveram o teste da compensação, o qual professa que, diante de uma alteração na situação de agentes econômicos, deve-se verificar o quanto a pessoa beneficiada estaria apta a pagar pelo benefício e quanto a pessoa prejudicada estaria disposta a pagar pela manutenção da situação, evitando seu prejuízo. Se o primeiro valor for superior, haverá uma melhoria a ser implementada. Caso contrário, deverá ser mantido o *status quo*.

Essa proposta de análise é conhecida como critério de Kaldor-Hicks, em homenagem aos seus criadores, John Hicks e Nicholas Kaldor.[403] Trata-se de metodologia bastante utilizada na economia de bem-estar e para escolhas empresariais.

Em contraponto, cabe mencionar que o uso do critério de Kaldor--Hicks tem sido criticado para avaliação de políticas públicas, em especial para casos levados ao Poder Judiciário. O economista Edward Stringham afirma que não se pode manejá-lo com o objetivo de verificar o princípio da compensação para todos os potenciais prejudicados por uma política pública, para descobrir o quanto estariam dispostos a pagar pela não ocorrência de seu prejuízo pessoal.[404] De fato, essa crítica tem seu valor

---

[402] RODRIGUES, Vasco. *Análise económica do direito*, p. 25.

[403] HICKS, John. The Foundations of Welfare Economics. *The Economic Journal*, v. 49, n. 196, p. 696-712; KALDOR, Nicholas. Welfare Propositions in Economics and Interpersonal Comparisons of Utility. *The Economic Journal*, v. 49, n. 195, p. 549-552.

[404] "A eficiência de Kaldor-Hicks é um padrão inutilizável. Para implementar políticas eficientes de Kaldor-Hicks, o governo exigiria sabedoria além da sua compreensão. Os preços apenas

e já havia sido apresentada outrora.[405] Todavia, para o estudo de caso contido no presente trabalho, quer parecer que a metodologia em apreço pode ser útil em um cenário no qual foi realizado o comparativo entre vantagens e desvantagens para partes contratantes, em um contexto no qual o Estado é considerado um agente sujeito a trocas econômicas, ainda que pretenda, ao final, atender as necessidades da população usuária do serviço público que será contratado.

Assim, o teste de compensação poderia ser realizado pela apresentação de duas minutas contratuais no certame licitatório, uma contendo a cláusula compromissória e outra com a cláusula de foro convencional. Ao licitante caberia ofertar duas propostas de preço na competição, uma para cada minuta disponibilizada pela Administração Pública. Aos integrantes da comissão de licitação caberia sempre optar pela proposta de preço de valor mais baixo, independentemente do método de solução de disputas contratuais escolhido pelo proponente.

A proposta supramencionada permitiria que a entidade interessada em vencer o certame licitatório pudesse oferecer um valor atrativo para adjudicar o objeto a ser contratado, com a previsão de arbitragem no instrumento obrigacional (menor tarifa, maior valor de outorga ou menor contraprestação, por exemplo). No mesmo sentido, algum *player* de mercado contrário aos métodos privados de solução de disputas poderia apresentar melhor preço para a utilização da minuta contratual com previsão de cláusula de foro comum. Ao que parece, a adoção dessa metodologia demandaria algum aperfeiçoamento legislativo, a ser realizado no procedimento previsto na Lei federal nº 8.666/1993.

Essa proposta coloca em prática a utilização do teste da compensação para escolha dos instrumentos de solução de disputas contratuais, na tentativa de verificar em que medida o mercado estaria disposto a despender maiores recursos para que a arbitragem estivesse prevista no contrato celebrado com o Estado ou se haveria uma preferência

---

fornecem evidências de disponibilidade passada para pagar e não podem ser usados para formular políticas futuras. Para realmente descobrir a vontade de pagar, o governo precisaria ler mentes para determinar o quanto cada pessoa valoraria todos os possíveis estados do mundo, uma façanha que nunca pode ser alcançada. Por estas razões, Kaldor-Hicks deve ser rejeitado como meio de julgar a política" (STRINGHAM, Edward. Kaldor-Hicks Efficiency and the Problem of Central Planning. *The Quarterly Journal of Austrian Economics*, v. 4, n. 2, p. 41-50, Summer 2001).

[405] MARKOVITS, Richard. A Constructive Critique of the Traditional Definition and use of the Concept of "The effect of a choice on allocative (economic) efficiency": Why the Kaldor-Hicks test, the Coase Theorem, and virtually all law-and-economics welfare arguments are wrong. *University of Illinois Law Review*, v. 485, p. 485-505, 1993.

pela utilização do Poder Judiciário, com o oferecimento de preços mais atrativos para impedir a introdução da cláusula compromissória na avença. A adoção desse critério poderia lograr êxito em verificar, em concreto, se a previsão do método privado de solução de disputas reduziria o valor das contratações.

Certamente a utilização desse teste, da forma como proposto acima, não está imune a algumas vicissitudes. Em primeiro plano, cabe mencionar que a proposta parte da premissa de que o Estado seria indiferente na escolha do método de solução de disputas do contrato. Assim, não haveria um juízo governamental valorativo sobre a opção pelo Poder Judiciário ou da arbitragem. A Administração Pública contrataria a proposta de preço mais baixa, independentemente da escolha feita pelo privado em relação à solução de divergências da avença. Sob um ponto de vista crítico, existem dúvidas se essa seria a postura esperada de um governo que se estruturou para elaborar os melhores modelos de contratações de infraestruturas.

Além disso, não se ignora a prática de agentes que participam de certames licitatórios e adjudicam o objeto contratado com uma proposta de preço sabiamente irrealizável, com o intuito de solicitar o reequilíbrio econômico-financeiro em momento posterior. No caso em apreço, o oferecimento de condições diferenciadas para celebração de contrato com cláusula compromissória poderia ensejar a tentativa de "recuperação" desse crédito através de falsos pleitos de revisão contratual.[406]

Para fazer frente a essas ponderações, deve ser destacado que a utilização do teste de compensação poderia ocorrer em um momento inicial, no qual a Administração Pública ainda tem dificuldades em avaliar as vantagens na utilização da arbitragem nos contratos celebrados. Após um período de maturação, no qual já fosse possível verificar em que medida os valores ofertados em licitação, pela utilização da cláusula compromissória na minuta contratual, representariam ganhos de eficiência para o Estado contratante, este poderia realizar sua opção pelo método de solução de disputas de forma prévia e fundamentada, durante a elaboração do modelo jurídico e econômico da contratação, incluindo a arbitragem na matriz de riscos, como será proposto adiante.

Sobre as propostas apresentadas pelos participantes dos certames licitatórios em descompasso com a realidade econômica, que futuramente

---

[406] Sobre o tema, com explicação da forma como empresas instrumentalizam os chamados "jogos de planilhas", cf. LEITÃO, Antônio Jorge. *Obras públicas*: artimanhas e conluios. 4. ed. São Paulo: Leud, 2013. p. 133 e ss.

culminarão com a apresentação de pleitos de reequilíbrio contratual, através da manipulação de elementos econômicos da execução da avença, trata-se de problema abrangente, que demandaria estudo específico e que pode ocorrer independentemente do método de solução de divergências contido no contrato.

Após essas considerações, os próximos itens se ocuparão em apresentar consequências da utilização da arbitragem nos contratos de PPP do Estado de São Paulo e as propostas de delimitação do uso de tal instituto.

4.5.1 A cláusula compromissória como um instrumento mitigador de risco do contrato

O terceiro capítulo desta obra examinou três abordagens teóricas sobre potenciais vantagens na utilização da arbitragem em contratos. A primeira delas se refere à possibilidade de a cláusula compromissória criar um ambiente de menor litigância entre os contratantes, apto a aproximar as partes e fomentar a continuidade da execução contratual, caso ocorra o litígio. O segundo ponto está compreendido em uma perspectiva financeira estrita, comparando-se o dispêndio financeiro das partes pelo uso do instrumento privado de solução de disputas contratuais com o Poder Judiciário estatal. Ao final, foi apresentada a possibilidade de introdução da cláusula compromissória na matriz de riscos do contrato.

Ao se testar a aplicabilidade dos pressupostos teóricos supramencionados no campo do estudo de caso escolhido, foi possível verificar que a cláusula compromissória nem sempre foi apta a criar um ambiente cooperativo entre as partes contratuais quando da ocorrência do litígio. Os depoimentos apresentados pelos *Entrevistados A* e *D* demonstraram que o advento da arbitragem tornou o relacionamento entre os gestores contratuais mais adversarial. Isso foi justificado pela maior proximidade da arbitragem com as especificações técnicas da avença, pelo desenvolvimento dinâmico do litígio e pelo desprendimento dos julgadores privados com temas processuais, tão caros aos magistrados estatais.[407] Em especial, o *Entrevistado A* relatou que o advento da arbitragem criou um ambiente de desconfiança na gestão contratual, que passou a contar com apoio diuturno de advogados para todas as decisões.

---

[407] Sabe-se que é comum o êxito judicial de demandas da Fazenda Pública pelo reconhecimento de preclusão, inépcia da petição inicial, ilegitimidade de parte e outros temas correlatos, o que raramente ocorre na arbitragem.

No que diz respeito à possível redução de custos pelo uso da arbitragem em detrimento do Poder Judiciário, foi demonstrado no item 3.2.2 como essa avaliação depende de elementos do caso concreto (câmara arbitral escolhida, quantidade de árbitros, formação profissional dos árbitros, necessidade de perícia, valor em disputa, resultado do litígio, entre outros elementos). A multiplicidade de variáveis obriga a concluir pela impossibilidade de estabelecer uma regra sobre qual método de solução de disputas gera um litígio menos custoso às partes.

Caberia, assim, realizar uma verificação de custos pelo uso da cláusula arbitral na celebração do contrato, através da possibilidade de redução de propostas de preços em licitações, pelo uso do método de teste de compensação de Kaldor-Hicks, na tentativa de desvendar se o setor privado estaria disposto a ofertar preços mais atrativos à Administração Pública para celebrar contratos com previsão de cláusula compromissória (item 4.5 *supra*).

Por fim, cabe compreender se a arbitragem pode ser enxergada no plano institucional, em um contexto macroeconômico, para aprimorar o desenvolvimento social e a segurança jurídica, bem como na perspectiva da governança contratual, no espectro dos contratantes para redução dos custos de transação. Nesse quesito, a pesquisa empírica comprovou as premissas teóricas, o que permite introduzir a cláusula compromissória na matriz de riscos contratuais.

Como demonstrado, o paradigmático caso da republicação do edital de licitação da Linha 6 do Metrô demonstrou como a introdução de uma cláusula compromissória redigida de forma adequada foi apta a gerar segurança aos investidores e contribuiu na viabilização de um empreendimento de relevância nacional. Igualmente, os depoimentos colhidos nas entrevistas, em especial pela *Entrevistada E*, demonstraram como a presença da cláusula de arbitragem nos empreendimentos de infraestrutura é aspecto intransponível para atração do investidor estrangeiro e para a obtenção de recursos perante entidades financiadoras multilaterais.[408]

Após a pesquisa realizada, pode-se afirmar que a presença da cláusula compromissória é elemento necessário para contratos celebrados pela Administração Pública, nas modalidades de concessão e PPP, bem como para empreendimentos na área de infraestruturas públicas em geral e para contratos de alta complexidade técnica, cujos conflitos não

---

[408] Os procedimentos de participação popular nos projetos de PPP também corroboraram essa assertiva, em especial as manifestações na MIP da PPP dos Complexos Hospitalares, como supramencionado.

possam ser solucionados pela mera aplicação de regras jurídicas gerais ou critérios tradicionais de hermenêutica, mas demandem intensa dilação probatória e sofisticação na argumentação jurídica, para verificar qual parte possui "o melhor Direito".

Por ser elemento que pode impactar no sucesso de um projeto de parceria entre o Estado e a iniciativa privada, a cláusula compromissória merece ser incluída na matriz de riscos do contrato, na forma como proposto no desenvolvimento teórico realizado no item 3.3.3 *supra*. Para tal, recomenda-se que todos os empreendimentos públicos, que possam ser subsumidos às categorias mencionadas no parágrafo anterior, contenham matriz de riscos nos autos do processo de contratação. Esse documento deverá especificar um item para os riscos judiciais, decorrentes das vicissitudes já conhecidas do Poder Judiciário brasileiro (excesso de processos em curso, morosidade, falta de estrutura e formação generalista dos magistrados), os quais poderão afastar potenciais interessados no certame licitatório ou gerar dificuldades em futuro litígio contratual. Assim, a cláusula arbitral seria compreendida como elemento mitigador desse risco, por delimitar um foro teoricamente especializado e neutro para resolução de contendas relativas a direitos patrimoniais disponíveis.

Nessa toada, a ausência da cláusula compromissória em tais projetos indicará que existe um risco judicial, sem o correspondente mecanismo para sua mitigação ou alocação por alguma parte contratual.

Acredita-se que essa proposta de análise reflete o contexto macroeconômico desempenhado pela arbitragem como mecanismo de solução de disputas em contratos celebrados pela Administração Pública. Ao optar por tal instituto, o Estado sinaliza ao mercado a assunção de um compromisso por segurança jurídica (considerando a maior previsibilidade de prazo para resolução do conflito e potencial especialidade dos julgadores) e transparência na condução da contratação (sob a perspectiva de que o contratante está disposto a solucionar quaisquer dissabores entre as partes, sem a intenção de procrastinar a discussão perante o Poder Judiciário estatal). Para o plano da gestão contratual, haveria um cenário de redução dos custos de transação, por favorecer o cumprimento da avença, na forma como exposto no item 3.2.1 *supra*.[409]

---

[409] Como já mencionado, acredita-se que a solução das divergências nos contratos de obra da Linha 4 do Metrô tenha servido como instrumento de redução dos custos de transação do empreendimento em geral. Isso porque a emissão de uma decisão para o conflito em tempo hábil foi capaz de inibir novos atrasos no contrato de PPP para operação da linha,

4.5.2 Delimitação dos contratos públicos em que se recomenda a utilização de cláusula compromissória

Como exposto ao longo da presente obra, a previsão de solução de disputas por arbitragem nos contratos celebrados pela Administração Pública representa importante instrumento para gerar confiança no mercado e garantir maior previsibilidade acerca do transcurso procedimental de eventuais pleitos. Em reforço, trata-se de mecanismo de política macroeconômica e de governança contratual.

Todavia, também foi ressaltado que o manejo da arbitragem tende a gerar custos elevados, a depender do valor da causa, da quantidade de árbitros e da câmara escolhida para administrar o conflito.

Sob o ponto de vista aqui defendido, a arbitragem, como qualquer método de solução de disputas, tem vantagens e problemas, de modo que é necessário avaliar sob quais circunstâncias o seu uso se mostra mais adequado, tendo em vista que, em certos casos, o Poder Judiciário estatal atende as demandas das partes contraentes de forma razoavelmente satisfatória. Em outras hipóteses, a arbitragem poderia ser útil, mas o seu manejo é deveras dispendioso nas circunstâncias da contratação.

Na perspectiva do atendimento aos pressupostos de política econômica, para uma demanda do setor privado, que gera conforto aos *players* de mercado e tem o condão de atrair investimentos (especialmente estrangeiros), a cláusula compromissória deve ser introduzida em todas as *contratações relacionadas a programas de desestatização e transferência de atividades desempenhadas pelo Poder Público* à *iniciativa privada* (em especial os contratos de concessão e PPP, delineados no Capítulo 1). Independentemente de o empreendimento envolver recursos de organismo financiador multilateral, a arbitragem deve ser o instrumento heterocompositivo ordinário de solução de disputas em tais avenças. Nessa seara, a cláusula compromissória cumpre seu papel mitigador de riscos da contratação, de sinalização estatal por transparência na execução da avença e de cumprimento das obrigações assumidas junto ao setor privado.

Igualmente, a cláusula compromissória merece estar presente nos *empreendimentos públicos financiados via Project Finance*. Como conceituado

---

reduzindo custos de transação e favorecendo a execução do liame obrigacional entre as partes. Igualmente, o fato de haver diversos conflitos em sede administrativa nos contratos de PPP celebrados pelo Estado de São Paulo, mas com poucas arbitragens instauradas, pode indicar a presença de um fator de governança, para que as partes recorram ao método heterocompositivo de solução de disputas como *ultima ratio*.

no capítulo introdutório desta obra, os projetos que se valem de suas receitas operacionais para constituição de garantias demandam arranjos contratuais complexos, cujos potenciais litígios demandam solução em um foro especializado, composto por julgadores conhecedores da matéria. Em sentido semelhante, cabe transcrever a opinião de Gustavo Justino de Oliveira e Caio Cesar Figueiroa:[410]

> Na contramão deste perverso panorama de incertezas regulatórias e de um Judiciário incapaz de garantir segurança ao particular para promover novos investimentos, recentemente foi promulgada a Lei n. 13.129/2015, promovendo essenciais alterações na Lei Geral de Arbitragem, deixando expressamente prevista a possibilidade de a Administração Pública atuar como parte em procedimentos arbitrais. Ademais, também foram regulamentados os critérios para utilização da arbitragem visando dirimir litígios no âmbito do setor portuário, nos termos do Decreto n. 8.465/2015. Toda esta recente inovação normativa vai ao encontro da ideia de que a arbitragem pode impactar positivamente nos contratos públicos de infraestrutura, mas, mais do que isso, a arbitragem pode ser ferramenta essencial em modelos de negócio de alta complexidade, como o *Project Finance*.

Nesse caso, a complexidade que justifica a adoção da arbitragem decorre tanto do modelo de garantia, ainda pouco explorado no Direito brasileiro, quanto pelo fato de que o *Project Finance* costuma ser estruturado para contratações de obras civis de grande porte ou operações de empreendimentos públicos de infraestrutura (em geral, através de concessões ou PPP). Assim, as características técnicas do objeto contratado demandam a presença de um foro capacitado à solução de divergências entre as partes.

Ainda no espectro das especificidades técnicas da contratação, haverá recomendação para uso da cláusula compromissória *sempre que se pretender o desenvolvimento de novas tecnologias ou customização de produtos, cuja racionalidade da Lei nº 8.666/93 for inapta a regulamentar o conjunto de direitos e obrigações entre as partes*. Foi explicitado, no item 1.2.1 *supra*, que a aquisição de produtos singulares, com quantidade extremamente reduzida de fornecedores, é sempre um problema para a Administração Pública. Isso porque, se o projeto básico apresentar elementos necessários e suficientes para caracterizar a obra ou o serviço

---

[410] OLIVEIRA, Gustavo Justino de; FIGUEIROA, Caio Cesar. Impactos econômicos da cláusula compromissória de arbitragem no *Project Finance. In:* CARVALHO, André Castro (Org.). *Manual de* Project Finance *no Direito Brasileiro*. São Paulo: Quartier Latin, 2016. p. 557.

(inciso IX do art. 6º da Lei nº 8.666/1993), haverá o risco de direcionamento do empreendimento a um único fornecedor. Por outro lado, se o projeto básico for deveras conciso, haverá o risco de aquisição de uma solução que não atenda aos objetivos da contratação.

Como exemplo já mencionado nesta obra, pode ser destacada a aquisição de um sistema de sinalização para uma linha metroviária pelo Estado. Trata-se de contratação muito singular, cuja especificação contratual representa um desafio ao gestor público, dado que o edital não conseguirá elencar todas as peculiaridades técnicas necessárias à operação da via de metrô, sem direcionar o certame a uma das poucas empresas fornecedoras no mundo. Para esses casos, a delimitação do objeto contratado tende a ocorrer após a formalização do liame obrigacional entre as partes, oportunidade na qual o Estado poderá demonstrar os requisitos para atingimento da *performance* contratual.[411]

Contratações dessa natureza demandam uma fina sintonia entre as partes, para o desenvolvimento do objeto contratado. Nesses casos, a relação jurídica entre os gestores não se resguardará exclusivamente na Lei nº 8.666/1993, mas em outros diplomas, inclusive em diretrizes internacionais, que apresentam melhores práticas para o desenvolvimento do escopo pretendido. Desse modo, o conjunto de obrigações e os objetivos do empreendimento somente podem ser vislumbrados por especialistas no tema, o que demanda o uso da arbitragem para solução de eventuais conflitos. Inclusive, esse foi o caminho seguido pelo Estado de São Paulo, ao buscar a solução de litígio pela via arbitral (Procedimento ICC nº 19.241/CA, Câmara de Comércio Internacional), no contrato para implementação do novo sistema de sinalização das Linhas 1, 2 e 3 do Metrô de São Paulo (vide item 3.1.3.2 *supra*).

Por fim, como critério residual para o uso da cláusula compromissória, merece ser considerado o valor do contrato. Como sabido, o valor da avença representa uma estimativa do dispêndio financeiro ao longo de sua execução, de modo que os instrumentos obrigacionais de elevado valor costumam versar sobre investimentos relevantes ao Estado ou despesas operacionais com serviços importantes aos cidadãos. As externalidades positivas geradas com tais contratos demandam um sistema eficiente e capacitado para solução de disputas e, ao mesmo

---

[411] Nesse caso, o Termo de Referência da contratação apenas apresentará diretrizes mínimas a serem seguidas pelas empresas interessadas. Cabe destacar que esse *modus operandi* no procedimento de contratação ainda não conta com previsão explícita na legislação nacional, de modo que sua utilização costuma decorrer das diretrizes das entidades financiadoras estrangeiras.

tempo, justificam os gastos com despesas administrativas das câmaras arbitrais, honorários de árbitros e peritos, entre outros valores. Dentro de um parâmetro razoável, quer parecer ser *recomendável a cláusula compromissória para contratos públicos superiores a 10 milhões de reais*.

O valor supramencionado teve como inspiração a previsão mínima para justificar a celebração de um contrato de PPP, como previsto no §4º do art. 2º da Lei nº 11.079/2004. Pressupõe-se que esse montante de investimento privado, que é o mínimo para conceber o arranjo contratual complexo das Parcerias Público-Privadas, também poderá nortear a possibilidade de inclusão da cláusula de arbitragem, em conjunto com outras variáveis econômicas.[412]

O quadro a seguir resume as hipóteses em que se recomenda a introdução da cláusula compromissória em contratos públicos.

Quadro 5 – Contratos públicos em que se
recomenda a cláusula compromissória

Tipos de contratos	Justificativa para a cláusula compromissória
Desestatizações (em especial, concessões comuns e PPP)	Mitigação de riscos na contratação, sinalização estatal por transparência e pelo cumprimento dos compromissos assumidos junto ao mercado
Empreendimentos públicos financiados via *Project Finance*	Complexidade de arranjos financeiros e do objeto contratual
Desenvolvimento de novas tecnologias ou customização de produtos e serviços	Incompletude da legislação nacional para regulamentar os direitos e obrigações entre as partes
Contratos celebrados por valor acima de R$ 10 milhões	Analogia com a Lei federal de PPP e indício de que se trata de empreendimento relevante ao Estado

Fonte: Elaboração própria.

---

[412] "A Lei das PPPs foi editada para conceber alternativas de financiamento privado para a implantação, expansão ou recuperação da infraestrutura pública. Pretendeu-se obtê-lo sem gerar o tradicional endividamento estatal, por meio de contratos puramente financeiros, com a posterior contratação de empreiteira para a execução de obra e, ao final, a assunção da infraestrutura pela própria Administração. Assim, para cumprir os objetivos políticos do programa de PPP, seus contratos não podem limitar-se apenas à execução de serviços ou obras. Devem, necessariamente, incluir o investimento privado. Os 20 milhões de Reais são o montante de investimento privado considerado mínimo pela lei para justificar a outorga, ao contratado, dos benefícios do regime da concessão – o prazo longo, as proteções especiais em caso de rescisão etc." (SUNDFELD, Carlos Ari. Guia jurídico das Parcerias Público-Privadas. *In:* SUNDFELD, Carlos Ari (Org.) *Parcerias Público-Privadas*. 2. ed. São Paulo: Malheiros, 2011. p. 36).

Como pode ser notado, o conjunto de propostas contidas neste item, para delimitar os casos em que se recomenda a utilização de cláusula compromissória em contratos públicos, acaba por "desaguar" em um amplo conceito de infraestruturas públicas, apresentado no item 1.3 *supra*. Em geral, as atividades desempenhadas pelo Estado, diretamente ou em seu nome, que criem condições para o desenvolvimento de inúmeras outras atividades, são instrumentalizadas por contratos de concessão comum ou PPP, em valores superiores a 20 milhões de reais, estruturados mediante *Project Finance*, cujo objeto envolve desenvolvimento tecnológico específico.[413]

A convergência entre o conceito de infraestruturas públicas e o conjunto de atribuições que justificam a presença da cláusula compromissória em um contrato reforça a relevância do instituto privado de solução de disputas para o desenvolvimento econômico e social do país.

4.6   Sínteses parciais

O Capítulo 4 se ocupou do estudo de caso proposto no presente trabalho. As Parcerias Público-Privadas celebradas pelo Estado de São Paulo foram apresentadas ao leitor, classificadas em conformidade com a cláusula de solução de disputas utilizada em cada avença.

Igualmente, demonstrou-se a metodologia empregada na pesquisa empírica, que buscou a coleta de informações nos documentos que fundamentaram a elaboração dos modelos econômicos e jurídicos de cada PPP. Foram levantadas as atas de reuniões do Conselho Gestor de PPP, relatórios técnicos elaborados pela Comissão de Acompanhamento de Contratos de PPP, notas explicativas construídas pelos grupos de trabalho constituídos para cada projeto, pareceres da Procuradoria-Geral do Estado, contribuições apresentadas em procedimentos de participação popular, minutas de editais e contratos, entre outros documentos.

Além disso, foram realizadas entrevistas com agentes representativos das instituições que participam do desenvolvimento dos projetos de PPP: setor público, iniciativa privada, consultor independente representante de organismo financiador multilateral e agente de empresa responsável pela concessão de garantias contratuais.

---

[413] Há contratos, todavia, que se enquadram em apenas um (ou alguns) dos critérios apresentados neste item e que, de acordo com a proposta aqui defendida, devem conter cláusula arbitral, ainda que não tenham como objeto o desenvolvimento de infraestruturas públicas.

Com base nas informações levantadas e nos dados produzidos, foi possível verificar que a opção pela cláusula compromissória nos contratos de PPP de São Paulo não decorreu de uma escolha amadurecida, que tivesse avaliado as potenciais vantagens dos métodos privados de solução de disputas contratuais. Ao que parece, a eleição da arbitragem refletiu uma tendência de mercado, pautada principalmente em uma percepção receptiva do setor privado, que gerou o necessário conforto aos *players* que participaram dos certames licitatórios.

A despeito do fato acima narrado, a escolha da arbitragem se revelou adequada em termos gerais e propiciou consequências positivas nas contratações. Para corroborar essa afirmação, o exemplo da Linha 6 do Metrô foi emblemático, cujo certame restou inicialmente deserto. Com o aperfeiçoamento da minuta contratual, em especial em relação à distribuição de riscos entre as partes e pela forma de escolha da instituição arbitral responsável pela administração de litígios, o edital foi republicado e o objeto contratual foi adjudicado ao consórcio vencedor.

Diante da ausência de critérios de avaliação pelo setor público quanto ao impacto da cláusula arbitral no valor das contratações, apresentou-se a proposta de adoção do teste de compensação (baseado na ideia de eficiência de Kaldor-Hicks) para os certames licitatórios. Para tal, a Administração apresentaria duas minutas contratuais ao mercado, uma contendo a cláusula compromissória e outra com a opção pelo foro convencional. Ao proponente caberia ofertar seu preço na licitação para ambas as opções e o Estado escolheria a mais vantajosa. Em princípio, a incorporação dessa sugestão demandaria alteração legislativa no procedimento contido na Lei federal de Licitações e Contratos.

O presente trabalho defende que a cláusula compromissória é apta a gerar efeitos macroeconômicos positivos e mitigar o risco judicial entre as partes, principalmente através da sinalização estatal por transparência e intenção no cumprimento de obrigações pactuadas e pelo afastamento do aparato judiciário estatal (com suas conhecidas deficiências). No plano da governança contratual, a garantia por maior previsibilidade procedimental na arbitragem é verificável, mas a redução de custos do litígio e a melhoria no relacionamento entre gestores contratuais foram premissas teóricas não confirmadas pelos dados da pesquisa empírica.

As vantagens pelo uso da arbitragem não permitem generalizar a utilização desse instituto para qualquer contrato celebrado pela Administração Pública. Com base nos estudos realizados, compreende-se relevante a introdução da cláusula compromissória em procedimentos de desestatização (em especial, concessões comuns e PPP), empreendimentos estruturados via *Project Finance*, contratos que demandam desenvolvimento tecnológico ou customização e produtos ou serviços e obrigações assumidas por valores acima de R$ 10 milhões. Em suma, os empreendimentos para implementação de infraestruturas públicas merecem conter cláusula de arbitragem no instrumento jurídico formalizado entre o público e o privado.

CONCLUSÕES

1) O contrato pode ser conceituado como negócio jurídico bilateral ou plurilateral, para constituição, transmissão e extinção de direitos. Inicialmente, a Teoria do Direito debruçava sua atenção nas avenças celebras entre partes privadas, conferindo pouca importância aos liames obrigacionais formalizados por pessoas jurídicas de direito público.

2) Durante muitos anos, os doutrinadores de Direito do Estado questionaram a possibilidade de a Administração Pública formalizar contratos. Havia certa controvérsia em torno da celebração de atos negociais no contexto do regime jurídico publicístico. Aos poucos, os ordenamentos jurídicos ocidentais passaram a aceitar essa possibilidade, cada qual com suas peculiaridades, de modo que o Brasil seguiu o mesmo caminho.

3) Em território nacional, o regime do contrato da Administração Pública era inicialmente dotado de baixa densidade normativa, o que conferia liberdade às partes para disporem sobre seus direitos e obrigações. Com o passar dos anos, houve uma transição para um sistema formalista, no qual a maior parte das obrigações passou a ser disciplinada no edital de licitação e (praticamente) desapareceu a distinção entre o contrato administrativo (para execução de serviços públicos, dotado de cláusulas exorbitantes) e o contrato privado celebrado pelo Estado (com igualdade entre partes). Nessa toada, a adoção de um regime jurídico único trouxe uma disciplina geral para as avenças celebradas pela Administração Pública, parcialmente derrogatória do Direito comum, independentemente do objeto contratado. A promulgação da Lei federal nº 8.666/93 é um retrato dessa realidade.

4) Essa situação se revelou inadequada para a formalização de parcerias entre Estado e iniciativa privada, especialmente para contratações mais complexas, que não poderiam se amoldar à metodologia

da Lei federal de licitações e contratos, que havia sido redigida para contratos de obras civis de médio porte.

5) Contudo, a partir do final do século XX, no contexto de abertura econômica e da intensificação dos processos de desestatização para prestação de serviços públicos, foram promulgadas novas leis, para permitir a transferência de atividades à iniciativa privada. Destacam-se a Lei federal de Concessões e a Lei federal das Parcerias Público-Privadas, as quais criaram um ambiente mais confortável ao investidor interessado em projetos públicos. A despeito de ainda persistir a chamada "maldição do regime jurídico único", compreende-se que tais marcos regulatórios atenuaram a rigidez procedimental da Lei federal nº 8.666/93, facilitando a consecução de compromissos obrigacionais de longo prazo. O conceito de infraestruturas públicas e os arranjos jurídicos e econômicos dele decorrentes assumem importância na execução dos grandes projetos, mas o aparato judicial estatal se revelou pouco preparado para julgar os litígios de tais avenças.

6) A situação descrita acima demonstra a importância na adoção de métodos diferenciados de solução de disputas para determinados contratos. Nesse contexto, passa a ser estudada a arbitragem na Administração Pública. Trata-se de instrumento heterocompositivo de natureza privada, no qual as partes têm a liberdade de elegerem o julgador do litígio e disporem sobre regras procedimentais. Ao final, a sentença proferida será vinculante às partes, com natureza de título executivo.

7) Inicialmente, os primeiros contratos de concessão celebrados pelo Brasil no século XIX, para viabilizar a operação de ferrovias, continham cláusula de solução de disputas por arbitragem. Esse era o instituto conhecido pelos investidores ingleses da época e que gerava conforto para formalização de um liame de longo prazo em um país com Poder Judiciário incipiente. Pelo transcorrer dos anos, com a intensificação dos aspectos formais na regulamentação do contrato administrativo e com o desenvolvimento de seu regime jurídico único, passou-se a demandar (desnecessariamente) previsão legislativa expressa para submissão do Estado à arbitragem (ausente na Lei federal nº 8.666/93). Com a abertura econômica do final do século XX, diversos instrumentos normativos passaram a prever a possibilidade do uso de arbitragem em contratos públicos, para conflitos que envolvessem direitos patrimoniais disponíveis.

8) Existem três precedentes que demonstram a evolução do instituto de solução de disputas com participação da Administração Pública: Caso Lage, Caso Copel e Caso METRÔ/SP. Nos três litígios,

houve o manejo de medidas antiarbitragem, as quais foram rejeitadas no Poder Judiciário, que ratificou a legalidade e a legitimidade do juízo arbitral realizado.

9) O estudo do Direito Comparado, em conjunto com as convenções internacionais existentes sobre o tema e com as contribuições da doutrina nacional, fornece subsídios para afirmar que a Administração Pública não deve ser contemplada com um tratamento diferenciado quando atua em arbitragens. Nesse sentido, as prerrogativas processuais da Fazenda Pública, contidas no Código de Processo Civil, não são aderentes com a forma privada de solução de disputas. Ressalva-se a necessidade de submissão da sentença arbitral ao regime de pagamentos por precatório e a publicidade como regra para os atos da Administração Pública, por força dos artigos 100 e 37 da Constituição Federal. No que diz respeito à intervenção de terceiros, trata-se de questão tormentosa para as arbitragens em geral, de modo que não há posicionamento doutrinário ou jurisprudencial (inclusive das cortes internacionais) seguro sobre o tema.

10) Com o exame da possibilidade de o Estado se submeter à arbitragem, se mostrou necessário estudar a evolução da cláusula de solução de disputas nos contratos públicos de infraestruturas, para verificação de vantagens e contingências em torno do tema.

11) As dificuldades enfrentadas pelos gestores governamentais para a implementação de empreendimentos de infraestruturas justificam um tratamento cuidadoso ao sistema de resolução de litígios, que precisa ser eficiente, pois provavelmente será utilizado ao longo da execução da avença, em um cenário de incompletude contratual.

12) Assim, negociação, conciliação, mediação e arbitragem podem estar contidas em um capítulo próprio para resolução de controvérsias, em paralelo à tradicional cláusula de foro comum para determinadas hipóteses. A experiência estrangeira demonstra que o uso de ADR tende a ser positivo em contratações públicas de alta complexidade. Especificamente quanto à cláusula compromissória, os empreendimentos brasileiros passaram por períodos de evolução. Inicialmente, a previsão de arbitragem era uma obrigação imposta por organismos financiadores multilaterais. Em um segundo momento, o método privado de solução de disputas passou a ser previsto de maneira indiscriminada, inclusive pela redação de cláusulas patológicas. O atual momento demonstra um aprimoramento da cláusula arbitral, para que tal instrumento possa ser manejado de forma eficaz pelas partes contratuais.

13) No campo da eficiência das contratações públicas, a aproximação entre Direito e Economia pode ser útil ao estudo do tema. A

metodologia da Análise Econômica do Direito, em especial a vertente da Nova Economia Institucional, revela a compreensão da arbitragem como instituição e como elemento apto a gerar efeitos macroeconômicos positivos. Para verificação dessa tese, procedeu-se ao estudo de caso das Parcerias Público-Privadas do Estado de São Paulo.

14) A metodologia empregada na pesquisa empírica buscou a coleta de informações nos documentos que fundamentaram a elaboração dos modelos econômicos e jurídicos de cada PPP. Foram levantadas as atas de reuniões do Conselho Gestor de PPP, relatórios técnicos elaborados pela Comissão de Acompanhamento de Contratos de PPP, notas explicativas construídas pelos grupos de trabalho constituídos para cada projeto, pareceres da Procuradoria-Geral do Estado, contribuições apresentadas em procedimentos de participação popular, minutas de editais e contratos, entre outros documentos. Igualmente, foram entrevistados agentes representativos das instituições que participam do desenvolvimento dos projetos de PPP: setor público, iniciativa privada, consultor independente representante de organismo financiador multilateral e agente de empresa responsável pela concessão de garantias contratuais

15) No conjunto de 11 contratos de PPP analisados, verificou-se que, inicialmente, não havia uniformidade na redação das cláusulas de solução de disputas. O estudo dos contratos de concessão da Linha 4 de Metrô, de manutenção dos trens da Linha 8 da CPTM e das PPP da SABESP seguiram, cada qual, uma diretriz. Após a republicação do edital da concessão patrocinada da Linha 6 de Metrô, os empreendimentos passaram a contar com uma cláusula compromissória uniforme, elaborada por integrantes da Procuradoria-Geral do Estado.

16) Com base nas informações levantadas e nos dados produzidos, foi possível concluir que a opção pela cláusula compromissória nos contratos de PPP de São Paulo não decorreu de uma escolha amadurecida, que tivesse avaliado as potenciais vantagens dos métodos privados de solução de disputas contratuais. Ao que parece, a eleição da arbitragem refletiu uma tendência de mercado, pautada principalmente em uma percepção receptiva do setor privado, que gerou o necessário conforto aos *players* que participaram dos certames licitatórios.

17) A despeito do fato acima narrado, a escolha da arbitragem se revelou adequada em termos gerais e propiciou consequências positivas nas contratações. Para corroborar essa afirmação, o exemplo da Linha 6 do Metrô foi emblemático, cujo certame restou inicialmente deserto. Com o aperfeiçoamento da minuta contratual, em especial em relação à distribuição de riscos entre as partes e pela forma de escolha da

instituição arbitral responsável pela administração de litígios, o edital foi republicado e o objeto contratual foi adjudicado ao consórcio vencedor.

18) Diante da ausência de critérios de avaliação quanto ao impacto da cláusula arbitral no valor das contratações, a adoção do teste de compensação (baseado na ideia de eficiência de Kaldor-Hicks) se mostra válido para os certames licitatórios. Para tal, a Administração apresentaria duas minutas contratuais ao mercado, uma contendo a cláusula compromissória e outra com a opção pelo foro convencional. Ao proponente, caberia ofertar seu preço na licitação para ambas as opções e o Estado escolheria a mais vantajosa. Em princípio, a incorporação dessa sugestão demandaria alteração legislativa no procedimento contido na Lei federal de Licitações e Contratos.

19) Os achados da pesquisa permitiram concluir que a cláusula compromissória é apta a gerar efeitos macroeconômicos positivos e mitigar o risco judicial entre as partes, principalmente através da sinalização estatal por transparência, intenção de cumprimento das obrigações pactuadas e pelo afastamento do aparato judiciário estatal (com suas conhecidas deficiências). Assim, a construção teórica que permitiu a elaboração do Quadro 3 (Matriz de risco para cláusula de solução de disputas contratuais) pôde ser avalizada pelo estudo de caso apresentado.

20) No plano da governança contratual, a garantia por maior previsibilidade procedimental na arbitragem é verificável, mas a redução de custos do litígio e a melhoria no relacionamento entre gestores contratuais foram premissas teóricas não confirmadas pelos dados da pesquisa empírica.

21) As vantagens pelo uso da arbitragem não permitem generalizar a utilização desse instituto para qualquer contrato celebrado pela Administração Pública. Com base nos estudos realizados, compreende-se relevante a introdução da cláusula compromissória em procedimentos de desestatização (em especial, concessões comuns e PPP), empreendimentos estruturados via *Project Finance*, contratos que demandam desenvolvimento tecnológico ou customização e produtos ou serviços e obrigações assumidas por valores acima de 10 milhões de reais. Em suma, os empreendimentos para implementação de infraestruturas públicas merecem conter cláusula de arbitragem no instrumento jurídico formalizado entre o público e o privado, conforme sintetizado pelo Quadro 5, apresentado ao final do Capítulo 4.

APÊNDICES E ANEXOS

APÊNDICE A: Planilha básica de orientação da entrevista semiestruturada

Planilha de Questionário	Respostas
Qualificação do Agente	
Atribuições Profissionais	
Projeto em que tenha atuado	
Participação em pleitos de reequilíbrio econômico-financeiro	
Participação em processo arbitral	
Comentários sobre a arbitragem	
Possível modificação no relacionamento das partes	
Custos	
Evolução da matriz de riscos	
Percepção do mercado	

APÊNDICE B: Termo de Consentimento

TERMO DE CONSENTIMENTO PARA PARTICIPAÇÃO NA PESQUISA EMPÍRICA[1]

TERMO DE CONSENTIMENTO

O senhor foi convidado para contribuir com a pesquisa de mestrado realizada por André Rodrigues Junqueira sobre o tema "Arbitragem na Administração Pública: estudo de caso sobre a eficiência do instituto nas Parcerias Público-Privadas do Estado de São Paulo", a ser apresentada perante o Departamento de Direito do Estado da Faculdade de Direito da Universidade de São Paulo, sob orientação do professor Dr. Gustavo Henrique Justino de Oliveira.

Caso o senhor concorde em contribuir com a pesquisa, será convidado a conceder uma entrevista sobre sua experiência com o tema.

Mediante sua autorização, a entrevista será gravada e transcrito e o seu teor, o qual será utilizado para fins exclusivamente acadêmicos. Uma cópia da transcrição ser-lhe-á enviada e, caso o senhor queira, poderá fazer correções, comentários suplementares ou supressões de informações.

Caso o senhor não concorde em ter seu nome citado no trabalho, a confidencialidade de todos os arquivos relacionados à pesquisa será rigorosamente mantida por intermédio da atribuição de pseudônimo a todas as falas transcritas, de forma que os dados não possam ser relacionados à sua identidade em nenhuma hipótese.

Uma cópia preenchida e assinada desse formulário de consentimento ficará em seu poder.

Eu, _____, estou de acordo em participar da pesquisa supramencionada.

---

[1] Documento redigido com base no termo desenvolvido por: DE PAULA, Pedro do Carmo Baumgratz. *As Parcerias Público-Privadas de Metrô em São Paulo*: as empresas estatais e o aprendizado institucional no financiamento da infraestrutura de serviços públicos no Brasil. Dissertação de Mestrado. Faculdade de Direito da Universidade de São Paulo. Orientador: Professor Dr. Diogo Coutinho, São Paulo, 2014.

Confidencialidade

☐ Sim, dou ao pesquisador autorização para usar meu nome ao citar o material proveniente da entrevista.

☐ Não, prefiro que meu nome não seja mencionado e que o pesquisador utilize um pseudônimo.

Autorização para trabalhos relacionados

☐ Sim, dou ao pesquisador autorização para utilizar as informações provenientes dessa entrevista em outros trabalhos acadêmicos relacionados ao tema, para além de sua dissertação de mestrado, mantidas as condições aceitas nesse termo.

☐ Não, prefiro que a entrevista seja utilizada somente para fins da dissertação.

São Paulo, _____ de _____ de 2017.

_____
Assinatura do participante

_____
Assinatura do pesquisador

APÊNDICE C: Transcrição das Entrevistas

Entrevistado A

Para iniciar, gostaria que o senhor descrevesse, em linhas gerais, respeitando a confidencialidade dos procedimentos, os procedimentos arbitrais em que tenha atuado como advogado da Companhia do Metropolitano.

Meu primeiro contato se iniciou acompanhando o trabalho de um escritório de advocacia que foi contratado para representar a Companhia do Metropolitano em uma arbitragem específica, relacionada à execução das obras civis da primeira fase da Linha 4 – Amarela. Posteriormente, nossa Gerência Jurídica entendeu que os advogados de nosso departamento deveriam realizar a defesa da empresa em suas arbitragens. A partir desse momento, nossos advogados começaram a acompanhar diretamente as arbitragens.

Hoje, temos duas arbitragens relacionadas à execução da Linha Amarela, acompanhadas por esse escritório contratado. Uma se encerrou e a outra ainda está em curso.

E essas duas são arbitragens institucionais?

Sim, uma pelo ICC (Câmara de Comércio Internacional) e outra pela Câmara Portuguesa. Temos outras três em que atuo diretamente como advogado, representando o Metrô. Uma *ad hoc*, que diz respeito à aquisição de trens, discutindo a aplicação do regime tributário do *drawback* ao contrato, outra que discute os sistemas de sinalização do Metrô e outra que diz respeito à fase 2 das obras civis da Linha 4 – Amarela. Nessas atuo como advogado.

Nos processos que se encerraram ou que estão em fase de encerramento, qual foi o resultado da arbitragem?

Na primeira, conduzida pelo escritório de advocacia externo, o contratado teve procedência de quase todos os pedidos. O outro processo que também é acompanhado por escritório externo está em fase de perícia.

Em relação às outras três, que são acompanhadas por nossa Gerência Jurídica, houve composição entre as partes em uma delas, outra está em fase de alegações finais e a última está em fase inicial do processo.

Na primeira que se encerrou, a sentença já foi cumprida pelo Metrô?

Sim, já foi cumprida. Ainda se discute um remanescente, mas no geral já foi cumprida.

Em tais procedimentos, no geral, o senhor considera que o contraditório e a ampla defesa foram respeitados, que as partes tiveram oportunidade de se manifestarem e trazerem seus argumentos e que tais argumentos foram analisados pelo tribunal arbitral?

Acredito que em um deles poderia haver uma discussão mais aprofundada, com uma dilação probatória maior. Trata-se do primeiro caso, em que a cláusula arbitral era escalonada e houve uma recomendação em sede de *dispute board*, em que a recomendação dada à época era de que houve desequilíbrio contratual em favor da contratada. Essa decisão influenciou o Tribunal Arbitral.

Na sua opinião, a existência de recomendação em sede de *dispute board* acabou suprimindo uma etapa processual na arbitragem?

Sim, essa recomendação deveria ter sido validada por outros profissionais. Nos demais procedimentos, até agora, houve paridade entre as partes, não há nada que me permita afirmar o contrário.

Nesses procedimentos, o senhor acredita que sempre existiu uma posição de imparcialidade de todos os árbitros, ou o senhor acredita que em algum momento, algum dos árbitros adotou uma postura mais favorável à parte pública ou à parte privada no litígio?

Essa questão é muito complexa, para que se possa afirmar que existe uma tendência. O que ocorre em tais procedimentos é que os árbitros não possuem o viés publicista necessário. Eu tenho a opinião de que os árbitros, quando se deparam com a administração pública, estão a colocando em pé de igualdade com o particular. Aí pode-se perguntar, mas não era esse o objetivo do processo arbitral? A questão é que a administração pública, quando opta pela solução arbitral, não está se despindo de suas prerrogativas. Inclusive há uma questão que foi judicializada em um dos nossos processos arbitrais que estão em curso, no qual justamente o particular almejou que a possibilidade de sancionar a empresa contratada dependesse de autorização da arbitragem. Segundo seu entendimento, a partir da cláusula arbitral, o Estado estaria se despindo de suas prerrogativas, as quais precisam ser manejadas para própria tutela do interesse público. Nesse caso, a partir do momento em que o contratado diz que a aplicação da multa está condicionada à análise da arbitragem, isso fere a própria Separação de Poderes, no meu modo de ver. O árbitro não poderia invadir a esfera de discricionariedade administrativa, para dizer se pode punir ou não. Isso porque a multa é um instrumento de gestão no contrato administrativo. Se a administração não puder aplicar as sanções, o contrato seria inexequível. Dessa forma, o que falta aos árbitros é essa visão de que os interesses tutelados sobressaem aos interesses das partes. Não estamos falando de faculdades processuais, mas dos poderes da Administração Pública como gestora contratual.

Isso porque nesse caso, a interpretação dada pela contratada era de que a propositura do processo arbitral impediria que a Administração Pública exercesse suas atribuições como gestora contratual, como se fosse uma empresa privada? Na sua opinião, a pendência do processo arbitral não retira essas prerrogativas da administração pública?

Sim, isso porque parte das prerrogativas deriva da própria lei e da Constituição Federal.

Devemos nos ater ao fato de que o contrato administrativo possui cláusulas exorbitantes e instrumentos inerentes às avencas por adesão, as quais devem ser respeitadas.

Na sua percepção, nas arbitragens em que o senhor atuou, os árbitros têm se comportado, em geral, como se fosse uma arbitragem entre dois entes privados?

Sim. Talvez o tempo traga uma opinião diferenciada, mas a maior parte dos árbitros atuantes hoje estão acostumados a atuar em favor das empresas privadas, muitas vezes litigando contra o próprio Estado, de modo que falta essa visão a tais profissionais.

Nos procedimentos que o senhor atuou, os processos respeitaram o prazo de regulamento para proferir sentença?

Os litígios do Metrô são muito complexos, de modo que a prorrogação foi necessária, não por uma ineficiência dos árbitros, mas pela própria complexidade do processo, que foi se manifestando ao longo da instrução.

A prorrogação ocorreu na maioria dos casos, mas era necessária. Talvez apenas na arbitragem *ad hoc* o prazo esteja sendo cumprido, pois a questão é exclusivamente de direito.

Como o senhor avalia a questão dos custos? As arbitragens trouxeram maiores custos processuais, ou menores custos processuais?

Maiores custos. Isso porque os valores cobrados pelas câmaras foram elevados. No judiciário existe um teto de valor para cobrança de custas, o que não ocorre em relação aos valores cobrados pelas câmaras.

Nas arbitragens em que eu atuei, os custos foram mais elevados, se compararmos com os custos de um processo judicial da mesma natureza.

O senhor acredita que a existência da cláusula arbitral em tais contratos serviu como um incentivo ao litígio, um inibidor ao litígio ou foi neutra? A existência da cláusula influenciou o comportamento das partes em relação aos pedidos de reequilíbrio contratual?

Voltando ao tema das cláusulas escalonadas, mencionadas anteriormente, acredito que haveria ali uma questão que pudesse amenizar o risco da arbitragem, através da realização dos *dispute board*. Contudo, essa prática não foi bem-sucedida na companhia.

No meu modo de ver, a cláusula arbitral foi indiferente, até mesmo pela novidade do tema. Precisamos de mais resultados, para dizer se o particular ou a parte pública terá mais chances de vencer na arbitragem.

O que se diz, em geral, é que como a arbitragem é mais rápida, poderia servir como incentivo ao particular para ir para o litígio. O que o senhor acha?

Talvez poderia servir como um incentivo em tese, contudo essa afirmação não reflete a nossa experiência, até o momento. Da mesma forma, os altos custos não inibiram as empresas que se encontram em dificuldade financeira de buscarem a arbitragem em nossos contratos.

Diversos aspectos podem ser considerados nesse tema. Existe a questão, já mencionada, de que os árbitros são mais privatistas, o que pode influenciar o contratado a buscar a arbitragem.

Outro ponto relevante é que a arbitragem busca sempre uma interdisciplinaridade, inclusive na formação do painel arbitral. A tendência de formar painéis exclusivos de juristas é grande, dado que as listas das Câmaras contêm quase exclusivamente advogados. Contudo, acho que a arbitragem tende a ganhar com a formação de painéis híbridos.

Em relação à execução contratual, houve alguma mudança na relação das partes, para melhor ou pior?

De início eu destaco uma interferência prévia. A própria pendência de uma arbitragem tem uma grande influência, muito maior que a demanda judicial, que fica afastada, em um mundo à parte.

A arbitragem, por se propor a uma solução célere, tem sempre algum documento para ser discutido, ou analisado, o que faz com que a área jurídica e gestora tenham uma constante interface. Essa pendência prejudica bastante. A execução contratual fica bem afetada, pois os gestores sempre ficam com dívida se uma determinada decisão de gestão poderá impactar no processo arbitral. Eles questionam: "Se eu assinar uma ata de reunião, isso pode impactar?". No processo judicial, é apresentada uma defesa, com os subsídios da área gestora e o processo fica no judiciário, afastado das partes, em um mundo à parte, salvo decisões que cautelarmente determinam a paralisação de obras. Na arbitragem, a influência na execução contratual é bem ruim, o que faz com que o contrato seja executado por advogados.

É interessante o seu comentário, pois o que muitos alegam é que, comparando ambos os processos, o judicial está sujeito a liminares que prejudicam o interesse público relacionado à execução do contrato e a arbitragem não, pois o contrato continua em curso. Na sua opinião, não é assim?

Em minha experiência no Metrô, o grau de litigiosidade aumenta. No processo judicial, o conflito fica em um meio à parte. Na arbitragem, necessita-se de uma expertise diferenciada, de modo que existe uma preocupação da área gestora de que qualquer atuação pode comprometer o processo como um todo. Dessa forma, não compartilho dessa visão, pois em muitos casos a influência é muito grande, inviabilizando a tomada de decisões para o contrato.

E em relação ao momento posterior à sentença. O que muda em relação às partes?

Na maior parte dos casos que enfrentamos, o escopo contratual já estava quase cumprido. Para mim, cada caso é um caso.

Em geral, a decisão de uma arbitragem não influencia os demais contratos da companhia, ainda que celebrados com a mesma contratada, pois as equipes gestoras são diferentes, de modo que o conflito em um contrato não influenciará os demais.

Entrevistada B

Em quais projetos de Parceria Público-Privada a senhora atuou nos últimos anos no âmbito da modelagem jurídica?

Inicialmente, participei da PPP da Linha 4, na época em que atuava no Gabinete do Procurador-Geral. Posteriormente, pude atuar em tal projeto pela CPP.

Também participei, na condição de diretora da CPP, da PPP de Itaiaçupeba (SABESP), Linha 8 da CPTM e depois em todos os demais contratos de PPP em vigor, como Linha 6, Linha 18, FURP, integrando o grupo de trabalho que discutia simultaneamente a modelagem jurídica, a modelagem econômico-financeira e os aspectos de garantia, porque a questão era muito transversal, de modo que nós acompanhávamos toda a discussão.

Nesse universo de contratos, a senhora se recorda quais tinham a cláusula arbitral e quais não tinham?

Eu quero crer que todos tinham a cláusula arbitral, não tenho certeza absoluta, mas nos mais recentes todos têm.

Pela minha lembrança, quase todos têm, mas um dos que não têm, de que me recordo agora, é o da Linha 8 da CPTM.

Sim, é verdade.

Em sua vivência, a senhora se recorda de alguma discussão em torno da cláusula arbitral nesses projetos, principalmente nos contratos que optaram pela cláusula de foro comum, como esse da Linha 8 da CPTM?

Não. Na verdade, não era um tema central do Grupo de Trabalho, pelo menos nas discussões em que eu participei. No grupo de trabalho, na fase de refinamento, no exame das minutas de edital, em que se examinavam as cláusulas diretamente e que os Procuradores atuavam diretamente esse tema era mais discutido. Na fase de elaboração de minuta de edital e contrato, nós costumávamos dividir por tópicos, de modo que ficava a cargo da CPP a parte de garantias e outras questões de equilíbrio econômico-financeiro, fluxo de caixa marginal, e nós ficávamos mais nesses aspectos. Já a Procuradoria auxiliava nas outras cláusulas e o setorial naquilo que fosse mais técnico, focado na discussão da modelagem mesmo. A questão da arbitragem não era um tema central, depois quando ia para o refinamento sim, mas eu acompanhava um pouco à distância, ou seja, não era um tema que interferia na modelagem.

E naquelas modelagens em que havia o financiamento internacional, isso chegou a ser discutido ou não?

Não, nem mesmo nas conversas com os financiadores, Banco Mundial ou mesmo BNDES também não eram cláusulas em que a gente tinha algum input dos financiadores com algo importante para a financiabilidade do projeto, não houve qualquer sensibilidade dessas.

E também não houve nada em relação aos *players* de mercado ou às pessoas em geral que contribuíam em audiências públicas?

Não, nunca foi um tema em que nós tenhamos recebido um input específico.

Desses contratos, quais tiveram ou têm pedido de reequilíbrio econômico-financeiro?

Temos o da Linha 4, em função de cronograma e subfaseamento.

Esse é um pedido que está em andamento?

Sim.

Tivemos outros anteriores?

Da Linha 4 sim, mas não era em relação à PPP, mas ao contrato de obra. Da PPP é o primeiro.

Em relação aos da Itaiaçupeba, esse é um que a gente não acompanha pela CPP, pois não tem garantia pela CPP, mas o Dr. Tomás (outro diretor), que faz parte da comissão de acompanhamento, em conversas com ele, eu sei que essa discussão se colocou em tal PPP, por uma discussão de indicadores de desempenho, no pagamento por performance, uma indicação sobre o pagamento desses indicadores. Não sei se exatamente se isso gerou pedido de reequilíbrio ou se só foi uma fase prévia de discussão da forma de aplicação. Porque as outras PPPs em andamento, tem muita discussão sobre a possibilidade de pleitos de reequilíbrio, mas nada materializado pelo que eu saiba, até mesmo porque isso ocorre mais no âmbito da Comissão de Acompanhamento.

E esse pedido que está em análise na Linha 4, em que etapa está?

Ele está em uma etapa que reconhecerá o pedido por parte do Estado, analisando uma quantificação desse valor, referente ao subfaseamento e equipamentos adicionais. A discussão também está na forma de pagamento. Se esse pagamento será feito pela concessão de prazo, se via ser pago na tarifa ou outras formas.

Mas é exatamente o quantum que a concessionária quis e pleiteou?
Exatamente.

E essa resposta será dada formalmente pela CMCP?
Eu entendo que isso deve passar pelo Conselho Gestor de PPP. A CMCP opina, mas o Conselho Gestor de PPP que autoriza o reconhecimento. Porque tudo ficou na esfera administrativa. Com a CMCP, PGE e apoio da FIPECAFI para quantificação dos valores.

E nas reuniões que a senhora tenha participado, seja para avaliar esse pedido de reequilíbrio ou outros apresentados em outros contratos, em algum momento foi levado o tema da cláusula arbitral para essas discussões? Ou seja, o pleito precisa ser atendido porque a arbitragem tende a ser desfavorável ou não? Esse contrato tem cláusula de foro, como então podemos fazer uma briga no judiciário mais duradora por conta disso? Era levado em consideração esse tema ou ele era ignorado nas análises e simplesmente focavam no pedido de reequilíbrio?
Olha, até onde eu participei, isso não era avaliado. Agora me vem à lembrança uma discussão que não tem a ver com o contrato de PPP, mas com o contrato de obras da Linha 4, na época em que eu fazia parte do Conselho de Administração do Metrô. Então essa discussão se colocou porque o pleito de reequilíbrio do contrato de obras já estava em arbitragem e nós acompanhamos no âmbito do conselho, a própria decisão, os aspectos que foram colocados, mas em uma linha de acompanhamento da decisão, até porque não tinha muita alternativa, a cláusula já estava posta, o processo já existia em curso. Tinha uma discussão sobre a possibilidade de depósito do incontroverso e sobre como cumprir essa decisão, porque ela não entrou em um nível de detalhamento a respeito. Ela entrou na linha de quem tem razão ou não tem razão, mas ela não entrou nessa discussão de como você apura a diferença pela alteração do método construtivo. A decisão não entrou no detalhe do custo econômico de um método construtivo em comparação com outro custo. Houve um inconformismo, pois se considerou que a simples mudança em um método construtivo por si só gera um prejuízo. No âmbito do conselho do metrô houve uma reação muito irritada com essa decisão de arbitragem.

Você estava no conselho quando saiu essa decisão?
Sim, estava. Teve um inconformismo muito grande, uma frustração de expectativas, pois a decisão não entrou no detalhe que se esperava que uma decisão arbitral pudesse entrar.

Pelo que eu pude estudar e pelo que conversei com outras pessoas, o que eles diziam é que se aproveitou uma decisão de um *dispute board* que havia nesse contrato e se adotou uma inversão do ônus da prova no processo arbitral, ou seja, caberia ao metrô comprovar que a alteração do método construtivo não gerou um reequilíbrio no contrato e não a concessionária comprovar que a alteração gerou um desequilíbrio.

Então esse era o sentimento dos conselheiros na época?
Exatamente.

Com relação à cláusula que foi adotada a partir de 2014, com a republicação do edital da PPP da Linha 6, a PGE fez uma cláusula padrão que foi adotada a partir de então para todos os contratos. Qual a sua avaliação sobre essa cláusula?
Não tenho uma opinião formada, até porque não é um tema pelo qual eu transite muito. Eu vi que ela ensejou uma série de críticas do setor privado, nada que tenha rebatido aqui e que tenha trazido algum efeito no sentido de inibir a participação do setor privado em razão da cláusula ou mesmo que eles tenham precificado de alguma forma diferente, em momento algum. O que eu acompanhei, até por acessar os canais jurídicos, foi a discussão da escolha mesmo.

Mas do ponto de vista jurídico e não de um reflexo econômico que eventualmente tenha impactados para os licitantes?
Não, nenhum efeito nesse sentido.

Entrevistada C

Peço que a senhora descreva, em linhas gerais, respeitada a confidencialidade dos procedimentos, em quais processos arbitrais a senhora atuou.
Eu atuei nos três processos de arbitragem da SABESP. Dois deles versam sobre contratos administrativos e um outro é uma discussão geral sobre um contrato mais remoto.

Esses procedimentos ainda estão em andamento ou já se encerraram?
Os três estão em andamento.

Em nenhum deles teve qualquer resultado, ainda que por sentença parcial?
Ainda não.

Esses são os únicos procedimentos arbitrais da empresa?
Sim, são os únicos. Já houve um que eu tive conhecimento, mas eu não participei como advogada, que foi uma questão envolvendo honorários entre as partes e terminando em acordo.

E ele já se encerrou há algum tempo?
Sim, já faz algum tempo.

Na sua percepção, tais procedimentos estão respeitando o contraditório e a ampla defesa? Os argumentos levados pelas partes estão sendo considerados pelo tribunal, ou ainda não foi possível obter essa percepção?
Olha, eu considero que o contraditório e a ampla defesa, em tese, estão sendo facultados. Entretanto, a condição de impossibilidade de discussão da posição do árbitro é o que mais me incomoda. Em dois casos nossos, foi utilizado árbitro único por imposição contratual. No outro caso houve imposição do árbitro pelo judiciário, pois foi necessária ação judicial para instauração da arbitragem.

A arbitragem se instaurou mediante ação judicial, por discordância da SABESP com a instauração?
Sim. E nos demais casos houve concordância, em razão da previsão contratual.

Nesses casos, a SABESP anuiu e o árbitro foi indicado por consenso das partes?

Não. Houve a nomeação pela própria câmara com concordância das partes.

E a câmara já era prevista no contrato?
Sim.

E você poderia dizer qual era?
Não. Essa parte não posso dizer.

Pelos procedimentos que estão em andamento, a senhora tem notado alguma perspectiva ou tendência dos árbitros em favorecer a parte privada ou a parte pública, ou eles estão tendo uma postura de isonomia?
Olha, eu considero que, por ora, tem havido uma condição de neutralidade. Contudo, em nosso primeiro procedimento eu acho que ocorreu uma condição, não de favorecimento, mas de desconhecimento por parte dos árbitros. Faltou certo traquejo com o tema e as partes. Então isso levou à condição de parecer haver uma posição tendenciosa do árbitro. Agora uma coisa que eu senti em todos os casos é que eles não estão acostumados com contrato administrativo.

Muitos dizem isso para mim...
A maior parte dos profissionais mais acostumada com o contrato de direito privado e com pessoas envolvidas no direito privado, principalmente pela insistência no consenso e em se chegar a uma composição das partes, de modo que, muitas vezes, em razão do objeto discutido, é inviável ter essa postura com a administração. Além disso, aquelas cláusulas excepcionais típicas de contratos administrativos, oriundas da própria imposição da lei de licitações, não são consideradas pelos árbitros. Isso é a maior dificuldade que se tem.

Isso é o que muitos tem dito para mim também...
E, principalmente em razão dessa condição, fica impossível ter acesso a um outro julgador, outra instância, como se tem no Poder Judiciário, que você pode ir ao tribunal e utilizar de todos os meios legais para se insurgir.

Nesses procedimentos, o tempo para o julgamento previsto, tanto no regulamento quanto no termo de arbitragem, está sendo respeitado?
Isso sim.

Todos têm um prazo para conclusão. Isso é observado?

Sim, porque todos os prazos fixados na arbitragem no termo arbitral inicial estão sendo cumpridos rigidamente.

Imagino que os prazos para apresentação das peças sejam cumpridos, mas normalmente há um prazo para conclusão do processo e emissão da sentença. Ainda não se chegou a esse nível?

Não, nas que eu estou acompanhando, não.

Nos regulamentos há um prazo curto, normalmente de seis meses, para conclusão do procedimento. Por enquanto está dentro disso?

Sim, porque nossos atuais casos estão em fase inicial de instrução, com a realização de perícias de alta complexidade

Dessa forma, a tendência é que o prazo seja prorrogado?

Sim.

Como advogada, qual a sua percepção em relação aos custos que estão sendo cobrados?

Os custos são altíssimos.

Mas eles compensam em relação ao que vocês têm como prestação jurisdicional?

Eu considero como algo desproporcional.

A existência da cláusula arbitral nesses contratos pode, de alguma forma, ter incentivado a parte privada a buscar o litígio, por saber que ela teria mais chances de vencer na arbitragem, em relação ao judiciário, ou essa percepção não existe?

Eu acho que não. Porque nós já tivemos contratos em que tinha a faculdade da arbitragem e a parte utilizou o judiciário.

Preferiu o judiciário?

Sim.

E a SABESP não se opôs?

Não.

Isso aconteceu muitas vezes?

Sim. Muitas vezes, porque esses contratos que hoje são objeto de arbitragem têm cláusulas assemelhadas a casos que nós temos aqui no contencioso, perante o Poder Judiciário, e as empresas optaram pelo judiciário.

Por custo?

Eu acredito que por dois motivos: primeiro o custo e pelas possibilidades recursais. Essa foi a minha percepção.

Em relação ao procedimento arbitral já encerrado, a senhora tem alguma notícia sobre a relação entre as partes após o encerramento do conflito; se melhorou ou se manteve?

Não. Não teve influência alguma.

Com reação às PPPs da SABESP, a senhora sabe se houve alguma discussão sobre a redação da cláusula arbitral? Pergunto isso porque as duas PPPs da SABESP possuem cláusula arbitral, mas a redação é diferente. Em uma delas foi escolhida a câmara da Bovespa e na outra não há escolha de câmara...

Salvo engano, há escolha da FIESP.

A senhora sabe se houve alguma discussão pela introdução dessas cláusulas?

Não. Não houve. Creio que tenha sido aleatório.

Não houve qualquer avaliação de custos?

Não.

No geral, a senhora recomenda a arbitragem ou prefere o Poder Judiciário?

Eu prefiro o Poder Judiciário.

Por quê?

Em razão dos custos, porque os contratos que contêm cláusula arbitral são contratos de longo prazo e possuem valor muito alto, portanto, a resolução de um conflito por arbitragem implicaria em custos muito altos, em relação às verbas que se tem que dispender para a câmara arbitral.

E a suposta existência de um julgador especialista no conflito não se verificou na sua experiência?

Não, pelo contrário. Na minha experiência, os julgadores não têm muito traquejo com as matérias de direito público.

Entrevistado D

Considerações iniciais do entrevistado: Nós tivemos experiências boas e ruins. O ambiente de arbitragem no Brasil não é bom, independentemente de ser arbitragem pública ou privada. Hoje temos poucos escritórios trabalhando com isso, formando um "clube", o que não é salutar.

Nosso escritório é um *outsider* nessa matéria, pois não fazemos parte de tal "clube". Nas arbitragens são sempre os mesmos árbitros, o que não é bom.

O senhor considera que as chances de conflito de interesses são grandes?

É o que nos parece. Nos parece que são poucos os árbitros que têm, como os juízes, a capacidade de julgar. Os juízes no Brasil têm muitos problemas, mas eles têm uma formação para decidir que muitos árbitros não possuem. A consequência é que não temos decisões de qualidade, mesmo as decisões finais ou interlocutórias. Temos decisões em matéria de provas, como foi o caso o Metrô, em que seria necessária uma decisão mais adequada.

Peço a licença para começarmos com os questionamentos da entrevista. Gostaria que o senhor descrevesse, em linhas gerais e respeitando a confidencialidade dos procedimentos, em quais arbitragens com participação do Poder Público o senhor atuou.

Posso falar sobre alguns procedimentos que se tornaram públicos, pelo advento de ações judiciais. Nós atuamos em dois procedimentos do Metrô de São Paulo (um encerrado e outro em curso), dois procedimentos do Departamento de Águas e Energia Elétrica (DAEE) já encerrados e outros dois dessa autarquia, que estão em curso.

Em relação aos processos já encerrados, qual foi o resultado?

Muito diferentes. No Metrô, o resultado foi muito ruim. Nós perdemos. No DAEE, os dois procedimentos (já encerrados, que se tornaram públicos pelo fato de o cumprimento da sentença ser discutido judicialmente) se referiam aos contratos de obra da calha do Rio Tietê e houve intensa discussão pericial. Era um processo extremamente complexo, como se fossem várias arbitragens em uma só. Nós, com o auxílio de nosso assistente técnico, conseguimos convencer o Tribunal de que 60% dos pleitos eram improcedentes.

Portanto, houve uma sucumbência parcial, de modo que a maior parte nós ganhamos. Consideramos a experiência positiva, pois a decisão foi bem fundamentada. O Tribunal foi muito cuidadoso com a fundamentação. A decisão estava tecnicamente correta, a despeito de não concordamos com seu inteiro teor.

Gostaria de saber se, na sua percepção, tais procedimentos respeitaram o contraditório e a ampla defesa e se os argumentos das partes foram analisados pelo tribunal.

Nos procedimentos do DAEE sim e de forma minuciosa. Os árbitros fizeram questão de ir ponto a ponto. Em relação ao procedimento do Metrô que se encerrou isso não ocorreu, pois havia uma prova de engenharia de custo que não foi deferida, pois os árbitros entenderam que bastava a análise contábil.

Por sua vez, em relação ao procedimento do Metrô que está em andamento, notamos um cuidado muito grande dos árbitros.

A primeira arbitragem do Metrô era sobre o método construtivo?

Sim. Era uma discussão que pode ser sintetizada de uma forma muito simples. O projeto original previa a construção por Shield (tatuzão). O custo para trazer essa máquina era altíssimo. Com o tempo, o custo inicial se dilui. O consórcio solicitou, ao longo da execução contratual, a alteração do método para NATM, que era mais barato no início, mas com o tempo ficaria mais caro, pois demandaria mais mão de obra. Foram chamados *Expert Witness* e o assunto foi debatido não como uma prova, mas como uma "grande informação". Tais especialistas disseram que os métodos construtivos se equivalem após quatro quilômetros.

Diante de tal informação, nós solicitamos uma prova de engenharia de custo. Contudo, o Tribunal indeferiu tal requerimento, considerando necessário apenas a contabilidade do consórcio, a qual nada dizia a respeito. Em determinado momento, o perito fixou tal custo adicional em R$ 236 milhões, sem que houvesse uma verificação na contabilidade do consórcio.

E nesse caso já havia ocorrido um *Dispute Board*?

Sim, nós fomos contratados para esse procedimento. A junta prevista em tal contrato decorria de uma cláusula UNCITRAL, o que não é o mais adequado para o direito brasileiro e demandou muita negociação no compromisso arbitral. Creio que o correto seja utilizar uma cláusula mais completa possível, para evitar uma discussão prejudicial ao próprio litígio.

Para os conflitos com o Poder Público, creio que a aplicação do nosso direito seja impositiva, e a sede da arbitragem deve ser no Brasil.

E como foi a mediação da Linha Quatro?

Era um painel de engenheiros desinteressados, que proferiu uma decisão fluida, do tipo: "sentem e conversem".

Nós esperávamos uma postura proativa dos mediadores. A junta foi mal constituída e acabou sendo trocada várias vezes. Houve um erro das partes na nomeação dessas pessoas e um erro de percepção dos mediadores sobre o seu próprio papel. Ao final, a decisão foi inócua.

Pela sua percepção geral, nos procedimentos em que o senhor atuou foi verificada alguma tendência dos árbitros em favorecer a parte privada ou a parte pública?

Eu seria leviano se dissesse isso, mas o que me preocupa é aquele "clube". Na minha percepção, precisamos ter sempre muito cuidado com aqueles formulários que os árbitros preenchem, para declarar suas atividades e, dentro do possível, questionar os árbitros sobre suas atividades profissionais, se participaram de outros procedimentos etc. O pressuposto é que se há algo que incomode as partes, o árbitro deve ser afastado, não como a suspeição do judiciário, para saber se existe um posicionamento histórico daquele árbitro em relação à administração pública.

Pode ser que alguns profissionais tenham alguma tendência em defender posições contrárias ao Estado. Em minha percepção, a Administração Pública deve buscar um Tribunal isento e tranquilo, que ouça e permita às partes a produção de provas e decida. Eu prefiro árbitros que tenham uma formação em lógica ou em filosofia. Um árbitro que tenha uma formação mais profunda é mais interessante do que o árbitro muito focado em direito administrativo. Nesse sentido, o laudo do DAEE foi positivo pela presença do Professor Tércio Sampaio Ferraz Jr. no painel. Notamos na sentença uma boa concatenação dos fatos e direito. Ainda que não concordasse com tudo, eu respeito a decisão porque ela é lógica e é uma síntese justa. Quando é assim, a arbitragem funciona bem.

O tribunal pode ter apoio de alguém, para dividir a compreensão do assunto (um secretário, ou assistente), mas o importante é ter alguém que seja apto a decidir.

Nesses procedimentos em que o senhor atuou, o prazo para emissão da sentença foi respeitado?

Primeiro precisamos ter em mente que existe o prazo previsto em regulamento, que é um prazo curto, que não costuma ser respeitado, e temos o prazo previsto no Termo de Arbitragem.

O que percebemos é que o primeiro momento em que o prazo é prorrogado é no Termo de Arbitragem, que se encerra com réplica ou tréplica. Nos regulamentos em geral, como da CCI, permite-se a prorrogação, por solicitação dos árbitros. Nos casos dos litígios em que atuamos, a complexidade da discussão demandou a prorrogação do prazo.

Em sua percepção, então, essa prorrogação ocorre pela complexidade da matéria e não por uma demora dos árbitros?

Eu não saberia dizer nesses procedimentos que são especiais. Na arbitragem em geral nós temos percebido um sério problema de árbitros que pegam mais serviço do que conseguem.

Temos a notícia de que hoje temos árbitros com cinquenta arbitragens...

Nós tivemos um caso de um árbitro que indicamos que nos ligou no dia seguinte e afirmou que tinha um conjunto de atividades e me disse que só teria disponibilidade em determinado período. Em minha opinião, o que falta é uma sinceridade nesse sentido. Nós precisamos de pessoas que saibam decidir e que tenham disponibilidade. Precisamos de alguém com notório saber e que consiga decidir.

Então o senhor percebe uma certa sobrecarga de trabalho por conta da atividade dos árbitros que têm assumido muito trabalho?

Sim. Pelo fato de os árbitros assumirem muitas arbitragens, com pessoas restritas ao "clubinho". Há grandes profissionais que poderiam ser indicados como árbitros, mas essas pessoas não são nomeadas.

No meu entendimento, a Câmara poderia auxiliar com essa atividade, no sentido de ampliar o rol de árbitros. O processo não pode ficar dois terços nas mãos dos árbitros para decisão e um terço nas mãos do perito e partes (já fizemos essa estatística em um processo nosso). Nesse caso, o processo que deveria durar um ano e meio durou três.

O senhor tem achado que as câmaras estão com uma postura favorável a ampliar o rol de árbitros ou não?

Eu acho que as câmaras ainda não perceberam o problema. Eles não perceberam que esse "clubinho" é ruim. Eu fiz essa exposição para um colega meu, afirmando que transformaram a arbitragem em um negócio, um clubinho fechado que explora a atividade. Ele me disse: mas isso é ruim? Entendo que postura desvirtua o instituto e traz prejuízos a todos.

Qual a sua percepção em relação aos custos?
Caríssimos.

Mas eles têm compensado, em relação aos custos baixos do processo judicial? Considerando o fator tempo...
Por terem transformado em um negócio, sim. Na condição de advogados contratados por entidades públicas ficamos em uma situação difícil, considerando uma remuneração de 100 reais.

Quanto aos árbitros, peritos e câmara a remuneração é altíssima. Considerações: em um contrato que preveja CCI, a remuneração é em dólares. Considerando a atual realidade, não interessa à administração pública ter a remuneração vinculada ao dólar. Por exemplo, temos a câmara do Mercado (da Bovespa) que possui um regime interessante. A Câmara recebe 5 mil reais por mês enquanto durar o processo. Trata-se de regime muito mais claro que o CCI, que cobra 120 mil dólares iniciais para cada uma das partes e, posteriormente, poderá cobrar mais 210 mil dólares, em razão da duração do processo, porque o regulamento permite. Isso não é adequado para a administração.

Acredito que a Administração Pública deve ter uma certa preocupação com o tema, pois existem exageros e distorções nos preços praticados pelas câmaras.

Comparando os valores que são cobrados hoje com os baixos custos do processo comum, aliado ao fator tempo, o senhor ainda enxerga uma vantagem nesse quesito?
No judiciário o tempo varia muito. Nós temos varas da fazenda pública que funcionam bem em que proferem sentença em prazo semelhante ao de uma arbitragem.

Posteriormente temos o grau recursal...
Temos, mas hoje no Tribunal de Justiça profere acórdão no prazo de três anos, em média.

Além disso, na maior parte dos casos a Administração Pública é a demandada. Eu, na posição de réu, se tiver que responder por alguma coisa e pagar, prefiro que demore. Não digo que isso é certo do ponto de vista social, econômico e se isso é vantajoso para as contratações públicas em geral. Contudo, do ponto de vista do processo, esperar pela decisão pode gerar uma vantagem para a Administração Pública. Só não sei avaliar, pela qualidade dos contratados da Administração Pública (hoje grande parte deles está sendo investigada).

Na sua percepção, a existência da cláusula arbitral nos contratos públicos pode ter influenciado as partes a buscar o litígio ou inibido as partes a requerer a instauração do procedimento arbitral?

Isso não interfere. A conclusão é a seguinte: terminou uma obra pública, virá o pedido de reequilíbrio e isso se tornará um processo arbitral, judicial ou deferimento administrativo. É sempre assim.

No próprio caso da PPP da Linha 4 isso ocorreu...

Exatamente.

O senhor acredita, pelos processos em que atuou, que o relacionamento dos gestores contratuais melhorou, piorou ou se manteve após o encerramento da arbitragem? A arbitragem, de alguma forma, fomentou o melhor relacionamento das partes ou não houve interferência, comparando com o processo judicial?

Não houve qualquer influência. Ocorreu na mediação da Linha 4, em que o relacionamento piorou, pois nas reuniões os gestores se encontravam para discutir e os mediadores não faziam nada. Chegamos ao ponto de as partes substituírem os mediadores, mas isso não resolveu o problema. Eu, como advogado, tentei interferir, dizendo que não era assim que se fazia mediação.

Na arbitragem, não é muito comum a oitiva de testemunhas. Esse relacionamento entre as partes não melhora, nem piora, se mantém.

Entrevistada E

Por gentileza, descreva, em linhas gerais, em quais projetos a senhora atuou como consultora pelo IFC/Banco Mundial.

Quando eu entrei no IFC já existiam alguns projetos em curso em que tive a oportunidade de atuar, como o projeto de concessão florestal, cujo cliente era a União; o projeto de PPP de resíduos sólidos de Curitiba e uma PPP para concessão rodoviária do Estado da Bahia, que é a Rota do Feijão. Além disso tive a oportunidade de atuar no projeto de venda do controle da Celg, em Goiás.

Nesse conjunto de casos, quais contratos continham cláusula arbitral?

Nos projetos de Curitiba e da Bahia a minuta contratual continha cláusula arbitral. Inclusive, a própria contratação do IFC já tinha cláusula arbitral. A desestatização da Celg eu não acompanhei até o final, de modo que não sei se constou tal cláusula.

Em tais casos, a introdução da cláusula arbitral era feita por recomendação dos financiadores ou investidores estrangeiros ou era uma opção do próprio ente público contratante?

No caso do Governo do Estado da Bahia, como já era um cliente consolidado nosso, já havia ocorrido essa discussão sobre a utilização da cláusula arbitral em outros projetos. Para eles não era nenhuma novidade. Inclusive, tínhamos consultores jurídicos locais que colaboravam com essa parte. Em Curitiba foi semelhante. Quando se trata de uma contratação nossa do IFC, mesmo antes da alteração da lei de arbitragem, era uma recomendação, como requisito para a assinatura do contrato, a existência da cláusula arbitral. Para a contratação do IFC, a previsão da cláusula arbitral era uma espécie de *deal-breaker*.

Agora, nas concessões de São Paulo em que nós estamos trabalhando, também é uma recomendação nossa que haja cláusula arbitral.

Qual fator é levado em consideração pelo investidor estrangeiro para solicitação da introdução da cláusula arbitral nos contratos? Custos, maior qualidade da decisão, menor tempo para julgamento do conflito?

Sobre o investidor estrangeiro, nós temos uma opinião mais particular para esse projeto de São Paulo, porque a contratação do IFC tem esse objetivo específico de atrair o investidor estrangeiro, tanto que nós não temos consultores jurídicos domésticos/brasileiros para ajudar na modelagem. Contratamos exclusivamente um escritório internacional para recomendar exatamente o que faltava, para que, aos olhos do investidor estrangeiro, esse projeto possa ser atraente.

A partir disso, eu diria que há dois blocos de razões pelas quais o investidor estrangeiro quer arbitragem. O primeiro é o conjunto dessas coisas que você falou: custos, qualidade, possibilidade de contratar os advogados que ele já conhece para atuar no caso e o segundo é o desconhecimento institucional e técnico do que acontece no Brasil. O investidor estrangeiro que muda de país conforme a atratividade do projeto, por mais experimentado que ele seja, não vai ter o mesmo grau de conhecimento do diálogo local que um investidor brasileiro, de modo que ele se sente mais à vontade para transitar em um ambiente institucional internacionalizado.

O IFC possui estudos que demonstram essas vantagens na utilização da cláusula arbitral?

Eu pessoalmente não desenvolvi estudos nesse sentido. Fiz apenas um estudo acadêmico, olhando mais a onda da arbitragem na América Latina, um trabalho mais descritivo. Contudo, posso verificar junto à instituição, para ver o que o IFC já fez. No caso das concessões de São Paulo, nós contratamos um escritório específico para fazer essa abordagem para a gente.

O IFC costuma recomendar um modelo de cláusula arbitral padrão ou a cláusula varia conforme as recomendações do investidor estrangeiro?

Isso vai variar muito em cada projeto, de acordo com o consultor jurídico de cada projeto. O primeiro caso em que atuamos foi uma concessão rodoviária, em que houve um aprendizado institucional e em cada projeto a percepção foi variando e se aperfeiçoando. Nós não temos um pacote, uma cláusula padrão.

Em conversas com outros entrevistados, vinculados ao setor público, foi relatado que o cenário da arbitragem brasileiro apresenta diversos problemas, como conflitos de interesse entre os árbitros, ou mesmo desconhecimento das questões de direito público por esses profissionais. Tais agentes ainda mencionaram que o Poder Judiciário brasileiro não apresenta alguns problemas perceptíveis em outros países em desenvolvimento. O IFC já levou em consideração a possibilidade de não recomendar a utilização da arbitragem, em razão das características do Poder Judiciário brasileiro ou das peculiaridades do mercado de arbitragem brasileiro?

Não, porque o IFC entende que mesmo que haja esses problemas, que existem no mundo inteiro, pelo menos é um problema conhecido. A grande dificuldade para o investidor estrangeiro é lidar com o desconhecido. O estrangeiro conhece o ambiente das arbitragens internacionais, que têm inúmeros problemas, mas são questões por ele conhecidas. O mesmo não ocorre em relação ao Poder Judiciário brasileiro, totalmente desconhecido do investidor estrangeiro.

Nas oportunidades em que atuei ao lado do público, também era favorável à utilização da arbitragem, porque considero que dá mais conforto ao privado se submeter à arbitragem, do que enfrentar o Poder Judiciário que é uma grande caixinha de surpresas em muitos momentos.

Qual o modelo de cláusula arbitral recomendada pelo investidor estrangeiro? Institucional ou *ad hoc*? Câmaras nacionais ou internacionais? Idioma? Com publicidade ou sigilo?

Nesse projeto específico das concessões rodoviárias de São Paulo, ele prefere um ambiente institucionalizado, internacionalizado, em que ele conheça as regras.

Isso não significa que ele não se sinta à vontade para participar de uma arbitragem em uma câmara nacional renomada. O que ele menos quer são surpresas, quanto mais familiar a ele melhor. O importante é que sejam riscos mensuráveis. Além disso a arbitragem bilíngue é apontada como algo vantajoso, primeiro pela capacidade de compreensão mais completa e melhor participação no procedimento, segundo pela possibilidade de utilizar de seus recursos humanos, que muitas vezes são apenas em inglês, para participar do procedimento, para ficar menos dependente dos escritórios de advocacia locais.

E existe algum desconforto com a possibilidade de a arbitragem ser pública?

Não. Nós não tivemos nenhum levantamento quanto a isso não. Isso não parece ser um problema.

De acordo com sua experiência, a senhora acredita que a existência da cláusula arbitral influenciou o comportamento das partes em relação aos pleitos de reequilíbrio econômico-financeiro, como um incentivo ou fator de inibição para que a parte privada apresentasse seus pleitos ou para que a parte pública deferisse/negasse tais pedidos? E o relacionamento das partes após o conflito, como ficou?

Em regra, o trabalho do IFC termina com a assinatura do contrato de concessão. Contudo, realizamos alguns acompanhamentos periódicos, para verificar a situação dos contratos, como ocorreu com o Hospital do Subúrbio, que já ganhou diversos prêmios. Contudo, não tenho como dar uma resposta a essa pergunta, porque os projetos ainda estão muito recentes.

No que diz respeito às contratações do IFC, nós nuca entramos em uma arbitragem. Quando ocorre alguma dificuldade com a contratação, nós procuramos sair antes que ocorra qualquer tipo de litígio.

ANEXO A: Parecer da Procuradoria-Geral do Estado GPG n. 4/2013 (republicação do edital da PPP da Linha 6 de Metrô – EXCERTO)

"29. Por fim, procedeu-se a grande alteração na cláusula da arbitragem, pretendendo deixar claro que será escolhida instituição para promovê-la, e que o regulamento adotado será o da referida instituição. Optou-se, no entanto, por deixar a eleição da Câmara em aberto, considerando ser temerário vincular a Administração Pública desde já a uma instituição, sem identificar qual a natureza da causa em disputa (uma vez que as Câmaras caminham para a especialização). Por fim, é sabido que existe um movimento das instituições arbitrais para se adequarem às arbitragens com o Poder Público, de maneira que se torna mais propício aguardar o momento em que uma arbitragem seja requerida, para então se identificar aquela que melhor estará preparada para o caso concreto."

ANEXO B: Parecer da Procuradoria-Geral do Estado CJ/ STM n. 19/2009 (PPP da Linha 8 da CPTM – EXCERTO)

"Deve ser eliminada a hipótese de adoção do Juízo Arbitral e da frase 'conforme o caso' da subcláusula 35.6. Na opinião formada no âmbito do Grupo que examinou o presente edital, o interesse público não fica adequadamente defendido no mecanismo de arbitragem, por envolver interesses patrimoniais indisponíveis."

ANEXO C: Parecer da Procuradoria-Geral do Estado GPG n. 03/2014 (PPP da Rodovia dos Tamoios – EXCERTO)

"75.4.1. O contrato traz em seu bojo cláusula compromissória prevendo que as Partes poderão levar à arbitragem qualquer controvérsia sobre direitos disponíveis que não for resolvida amigavelmente ou por adoção da solução proposta pela Junta Técnica.

75.4.2. Necessário, a esse respeito, tecer breves considerações sobre a submissão do Poder Concedente à arbitragem. O artigo 1º da Lei 9.307/96 prevê que 'as pessoas capazes de contratar poderão valer-se da arbitragem'. Atualmente, a arbitragem envolvendo o Poder Público, mormente no tocante às questões de natureza financeira, tais como pleitos de reequilíbrio, encontra respaldo doutrinário (CARMONA, Carlos Alberto. *Arbitragem e Processo: um comentário* à *Lei n. 9.307/96*. 3ª edição. São Paulo: Atlas, 2009) e jurisprudencial (No Supremo Tribunal Federal: Agravo de Instrumento n. 52.181-GB, rel. Ministro Bilac Pinto. Tribunal Pleno, j. 14.11.1973. No Superior Tribunal de Justiça: Resp. 61.439-RS e MS n. 11.308-DF), tendo se incorporado à prática das contratações públicas estaduais (PPPs das Linhas 04, 06 e 18 do Metropolitano, PPP dos Complexos Hospitalares, entre outras). No âmbito das concessões e PPPs, a solução arbitral está expressamente prevista nos artigos 23-A da Lei no 8987/95 e no artigo 11, inc. III, da Lei federal de PPPs.

75.4.3. Prevê o Contrato que a controvérsia será submetida à Câmara de Arbitragem, regularmente constituída e atuante no Brasil, a ser indicada pelo Poder Concedente em até 30 (trinta) dias contados da apresentação da controvérsia por qualquer das partes. Tendo em vista as especificidades da contratação (longa duração e impossibilidade de antever os conflitos que podem surgir) optou-se por diferir a escolha da Câmara Arbitral para um momento posterior. Dessa forma, o Poder Concedente avaliará, no momento da controvérsia, qual Câmara arbitral possui um regulamento mais bem adaptado às arbitragens estatais, especificamente no tocante às questões das custas, da publicidade dos atos, entre outras."

ANEXO D: Ata da Oitava Reunião do Conselho Gestor de PPP. *Diário Oficial do Estado de São Paulo*, 17 de dezembro de 2005, p. 3 (EXCERTO)

"O modelo inicial da concessão foi apresentado por Jurandir Fernandes (Secretário de Estado dos Transportes Metropolitanos à época) em reunião do Conselho Gestor de PPP ocorrida em 2005. Pelo teor de sua exposição, observa-se que o tema das soluções de disputas contratuais não foi objeto de discussões em tal colegiado: 'Abrindo a reunião, o Senhor Presidente do Conselho Gestor do PPP convida o Senhor Secretário dos Transportes Metropolitanos para que proceda a exposição do resultado dos estudos técnicos relativos ao Modelo de Concessão da Exploração Comercial do Serviço de Transporte da Linha 4 – Amarela do Metrô, mormente no que se refere às Diretrizes para elaboração do Edital de Concorrência. O Senhor Secretário dos Transportes Metropolitanos, por sua vez, comunica que, inicialmente, será exibido um filme que mostra a evolução da implantação da rede do Metrô de São Paulo, e sua configuração atual. Concluída essa apresentação, o Senhor Secretário dos Transportes Metropolitanos passa a palavra ao responsável técnico pelo projeto para que exponha os pontos centrais relacionados à proposta de Modelo de Concessão Patrocinada da Linha 4 – Amarela do Metrô. Preliminarmente, o expositor lembra que a referida linha, ligando o bairro da Luz até Taboão da Serra, será implantada em 2 fases. A Fase I, já licitada, prossegue, com início de operação previsto para 2008, contempla a construção dos 12,8 km de túneis e via permanente, das estações Butantã, Pinheiros, Faria Lima, Paulista, República e Luz, da estrutura das estações intermediárias (Fradique Coutinho, Oscar Freire e Higienópolis), bem como do pátio de manutenção Vila Sônia, obras estas a serem viabilizadas com recursos públicos. Ainda na Fase I, acrescenta, ficarão a cargo do setor privado a instalação do material rodante e alguns sistemas, como os de comunicação móvel de voz e dados, de controle do pátio e de controle e supervisão centralizado. A Fase II, por outro lado, que deverá começar a operar em 2012, envolverá, segundo o expositor, recursos públicos para a implantação das Estações Vila Sônia, Morumbi, acabamento das estações intermediárias e demais sistemas complementares, ficando a cargo do parceiro privado, os investimentos relacionados ao material rodante adicional e complementar aos sistemas citados na Fase I. Por conseguinte, observa, integram as obrigações da concessão, os investimentos a serem realizados pelo parceiro privado, nas Fases I e II, tal como explicitado acima. Ao informar que o prazo da concessão para a exploração dos serviços de transporte de passageiros da Linha 4 – Amarela, em toda a sua extensão, será de 30 anos, observa, também, que a operação do trecho da linha, de Vila Sônia até Taboão da Serra, a ser implementada futuramente, poderá ser complementada utilizando-se ônibus, sem cobrança adicional de tarifa. Na sequência, o expositor esclarece que o tipo de contratação que mais se ajusta ao empreendimento é a parceria público-privada, na modalidade de concessão patrocinada, tendo em vista a necessidade de contraprestação pecuniária pelo Estado, bem como o oferecimento de garantias e de compartilhamento de riscos entre as partes. Continuando, mostra que, segundo o critério de julgamento a ser adotado na licitação para a escolha do parceiro, deverá vencer a concorrência, o licitante cuja proposta signifique menor participação do investimento público no total estimado para a Fase I, desonerando-se, assim, o Estado. Conforme demonstra o responsável técnico do projeto, a necessidade de recursos calculada no modelo é da ordem de US$ 1,3 bilhão, assim distribuídos: Fase I) US$ 734 milhões de investimentos públicos (dos quais US$ 680 milhões, correspondentes às obras civis contratadas) e US$ 184 milhões de investimento privado; e Fase II) US$ 188 milhões em recursos públicos e US$ 156 milhões a serem investidos pelo parceiro privado. Nesse particular, informa que, o cumprimento de acordo firmado com o Banco Mundial, requer, do parceiro privado, participação nos investimentos de, no mínimo, US$ 150 milhões'."

ANEXO E: Relatório de Riscos Fiscais Decorrentes de Parcerias Público-Privadas. *Diário Oficial do Estado de São Paulo*, 5 de julho de 2013. Caderno Legislativo, p. 26 (EXCERTO)

"No que concerne a possíveis dispêndios decorrentes de eventuais obrigações de reequilíbrio econômico-financeiro nos contratos de PPP do Estado, cabe notar que, em 10.08.2010, a concessionária Via Quatro S.A. apresentou pedido de recomposição do equilíbrio econômico-financeiro do contrato, alegando perdas relativamente à situação inicial do contrato, decorrentes de aumento das despesas pré-operacionais em função de extensão de prazo para início da operação comercial plena; perdas de receita e investimentos adicionais devido ao subfaseamento da inauguração das estações; incidência de tributos não contemplados na proposta econômico-financeira original (ICMS e ISS); e readequação do cronograma de investimentos da concessionária.

O pedido inicial foi complementado em 2011, inclusive levando em conta as datas finais de entrega das estações e início de operação. O pedido de reequilíbrio teve sua pertinência reconhecida pela Comissão de Monitoramento das Concessões e Permissões de Serviços Públicos dos Sistemas de Transportes de Passageiros, vinculada à Secretaria de Transportes Metropolitanos. Porém, até a presente data, não foram definidos o montante a ser compensado, bem como a forma de recomposição por parte do Estado, que é uma prerrogativa da Administração e levará em conta as disponibilidades orçamentárias. Visto que o pedido de reequilíbrio decorreu de iniciativa da concessionária, a recomposição do equilíbrio econômico-financeiro deverá necessariamente considerar em favor do poder concedente: os ganhos econômicos extraordinários que não decorram diretamente da sua eficiência empresarial, propiciados por alterações tecnológicas ou pela modernização, expansão ou racionalização dos serviços; os ganhos econômicos efetivos decorrentes da redução do risco de crédito dos financiamentos."

ANEXO F: Ata da Assembleia-Geral Extraordinária da Concessionária da Linha 4 do Metrô de São Paulo, realizada em 6 de julho de 2017

CONCESSIONÁRIA DA LINHA 4 DO METRÔ DE SÃO PAULO S.A.

CNPJ/MF Nº. 07.682.638/0001-07 - NIRE Nº. 35300326032
COMPANHIA FECHADA
ATA DA ASSEMBLEIA GERAL EXTRAORDINÁRIA
REALIZADA EM 06 DE JULHO DE 2017
ATA LAVRADA SOB A FORMA DE SUMÁRIO
CONFORME FACULTA O ARTIGO 130,
PARÁGRAFO 1º, DA LEI Nº 6.404, DE 15.12.1976 ("LSA")

1. DATA, HORA E LOCAL: Em 06 de julho de 2017, às 16h00, na sede da Companhia, localizada na Rua Heitor dos Prazeres, nº. 320, Vila Sônia, São Paulo/SP. **2. PRESENÇA:** Foram cumpridas, no Livro de Presença, as formalidades exigidas pelo artigo 127 da LSA, constatando--se a presença de todos os acionistas representando a totalidade do Capital Social, conforme se verifica das assinaturas constantes e apostas no livro de "Registro de Presença de Acionistas". **3. CONVOCAÇÃO E PUBLICAÇÃO PRÉVIAS:** Os avisos de que tratam os artigos 124 e 133 da LSA foram dispensados pelo comparecimento da totalidade dos acionistas, conforme permitido pelo parágrafo 4º do artigo 133 da LSA. **4. MESA:** Assumiu a presidência dos trabalhos o Sr. Italo Roppa e o Sr. Carlos Alberto Pinto Nogueira, como secretário. **5. ORDEM DO DIA:** Deliberar sobre a instauração pela Companhia de procedimento de mediação e de arbitragem, se necessário, incluindo eventuais desdobramentos judiciais, em face do Estado de São Paulo, representado pela STM - Secretaria de Transportes Metropolitano e da Empresa Metropolitana de Transportes Urbanos de São Paulo S/A – EMTU, nos termos do Contrato de Concessão, para fins de reequilíbrio econômico-financeiro da Concessão. **6. DELIBERAÇÕES:** Os Acionistas, após discussões, por unanimidade de votos dos membros presentes e sem quaisquer restrições, conforme atribuição prevista no artigo 6º, inciso (xvii) do Estatuto Social da Companhia, deliberaram aprovar a instauração, pela Companhia, de procedimento de mediação e arbitragem, se necessário, inclusive eventuais desdobramentos judiciais, em face do Estado de São Paulo e/ou da EMTU, visando obter o reequilíbrio econômico-financeiro da Concessão, tudo conforme termos e condições apresentados nesta Assembleia. **7. ENCERRAMENTO:** Nada mais havendo a tratar, foi encerrada a Assembleia, da qual foi lavrada a presente Ata, que lida e achada conforme, é assinada por todos os presentes. São Paulo/SP, 06 de julho de 2017. Sr. Italo Roppa, Presidente, e Sr. Carlos Alberto Pinto Nogueira, Secretário. **Acionistas: (1) CCR S/A**, p. Sr. Antonio Linhares da Cunha e Sr. Leonardo Couto Vianna; **(2) RUASINVEST PARTICIPAÇÕES S/A**, p. Sr. Paulo José Dinis Ruas e Sra. Ana Lúcia Dinis Ruas Vaz; e **(3) MITSUI & CO., LTD.**, p. Shinichi Ban. Certifico que a presente é cópia fiel do original lavrado no livro de Registros de Atas das Assembleias Gerais nº. 04, às folhas 81 e 82. *Sr. Italo Roppa - Presidente; Sr. Carlos Alberto Pinto Nogueira - Secretário.* JUCESP nº 376.287/17-2 em 16.08.2017. Flávia Regina Britto Gonçalves - Secretária Geral.

ANEXO G: Ata da Vigésima Sexta Reunião do Conselho Gestor de PPP. *Diário Oficial do Estado de São Paulo*, 6 de maio de 2009, p. 2 (EXCERTO)

"De posse da palavra, o Senhor Secretário dos Transportes Metropolitanos iniciou sua exposição justificando que, no que concerne à PPP 'Trens Dedicados à Linha 8 Diamante da CPTM', as alterações a seguir apresentadas permeiam algumas sugestões oferecidas na ocasião da Audiência Pública realizada aos trinta e um dias do mês de outubro de dois mil e oito; bem como resultam de revisões efetuadas em consequência de ajustes sugeridos sobre o processo de Licitação apresentados durante o período de Consulta Pública. Prosseguindo, relatou que também com o propósito de se adequar às recentes mudanças no cenário econômico brasileiro e internacional, bem como de se manter a viabilidade econômico-financeira do projeto, propõe-se a adoção de algumas novas premissas para a modelagem anteriormente aprovada, quais sejam: i) Alteração do prazo da Concessão para 20 anos, tendo sido anteriormente estabelecido em 30 anos; ii) Eliminação da obrigação de fornecimento de 12 novos trens de 08 carros que deveriam ser entregues até o ano 21, reduzindo-se a frota de trens modernizados – novos/ reformados de 48 trens de 08 carros para 36 trens de 08 carros; iii) Inclusão na primeira etapa do processo de modernização da opção de fornecimento de 12 novos trens de 08 carros em substituição a reforma de 96 carros da frota denominada 'Série 5000' para formação de 12 trens de 08 carros, devendo manter-se inalterado o cronograma de entrega e o fluxo financeiro do referido projeto; iv) Supressão da etapa precedente ao preço, de classificação das propostas técnicas, como condicionante do certame licitatório; v) Inserção da metodologia de execução na fase de habilitação, mantendo-se o mecanismo de inversão de fases para a referida Licitação. Encerrada sua exposição, o Senhor Secretário dos Transportes Metropolitanos endereçou ao Conselho Gestor de PPP solicitação para aprovação das alterações apresentadas na presente ocasião, respectivas à modelagem do projeto acima referido. Aberta a discussão e dirimidas as dúvidas existentes, o Senhor Presidente do Conselho Gestor de PPP submete o assunto à deliberação dos Senhores Conselheiros, os quais decidem, por unanimidade, recomendar ao Senhor Governador do Estado a aprovação da modelagem nas condições e forma ora propostas; bem como a autorização para a publicação do Edital para fins de Licitação. Nada mais havendo a ser discutido, o Presidente do

Conselho Gestor do PPP, agradecendo a presença de todos, deu por encerrada a reunião, da qual eu, Maria Elizabeth Domingues Cechin, Secretária Executiva do Conselho Gestor de PPP, lavrei a presente ata que, lida e achada conforme, segue assinada pelos presentes."

ANEXO H: Ata da Décima Terceira Reunião do Conselho Gestor de PPP. *Diário Oficial do Estado de São Paulo*, 8 de agosto de 2006, p. 3 (EXCERTO)

"Outros pontos importantes na definição da modelagem e mencionados pelo expositor foram os seguintes: 1) Ressarcimento dos Estudos, previsto na legislação pertinente, será efetuado apenas aos pareceres jurídicos, estimados com base em pesquisas de mercado; 2) Extinção da Concessão, que poderá ocorrer nas seguintes formas: i) advento do termo contratual; ii) encampação; iii) caducidade; iv) rescisão; v) anulação; e vi) falência; 3) Instrumentos para Solução de Controvérsias: i) Instituição de Comitês Técnico e Financeiro, composto de três integrantes (1 da SPE, 1 da SABESP e 1 nomeado por ambos) para soluções de caráter gerencial e operacional; e ii) Arbitragem através da Câmara de Arbitragem da BOVESPA, em controvérsias de maior peso; 4) "Step in rights" (o direito do financiador de intervir na execução do contrato de PPP, para sanar irregularidades e preservar o projeto), previamente autorizado pela SABESP, nas condições pactuadas entre a SPE e o Financiador, visando promover a reestruturação financeira da SPE e assegurar a continuidade da prestação dos serviços; e 5) Cronograma Indicativo contemplando as seguintes ações: i) Publicação do edital em jornais de circulação nacional e internacional, até final de junho de 2006; ii) Realização da 1a sessão pública para recebimento dos envelopes e abertura da proposta técnica, em início de agosto de 2006; iii) Realização da 2a sessão pública para abertura da proposta financeira, entre final de agosto e início de setembro de 2006; iv) Realização da 3a sessão pública para abertura dos documentos de habilitação, em meados de setembro de 2006; e v) assinatura do contrato em outubro de 2006. Abertos os debates, os Senhores Conselheiros enfatizam, de início, o grande interesse público envolvido na execução do projeto, tendo em vista que, além de ser responsável pelo fornecimento de água a aproximadamente 15% da população da RMSP, possibilitará a ampliação da capacidade da Estação de Tratamento de Águas do Reservatório de Taiaçupeba, dos atuais 10 m3/s para 15 m3/s de água tratada, agregando serviços acessórios para os quais a SABESP não possui suficiente expertise, sem contar na inovação tecnológica associada ao tratamento e à disposição final do lodo resultante de produção de água, o que contribuirá para a solução de um importante passivo ambiental da empresa."

ANEXO I: Processo STM N. 00070/2012. Consulta Pública da PPP da Linha 6 de Metrô (EXCERTO)

"**Questão 45:** Considerando que nem mesmo naqueles contratos de concessão em que o procedimento arbitral é obrigatório por força de lei há previsão de procedimento arbitral adaptado à administração (como por exemplo, na concessão de transporte aquaviário ou no mercado Atacadista de Energia). Verifica-se que tal previsão gera incertezas, uma vez que o contrato não dispõe quais são os procedimentos e como devem ser adaptados ao Poder Público. Entendemos que o regulamento a ser utilizado será aquele da câmara arbitral escolhida, independentemente de possuir os 'Regulamentos adaptados às arbitragens com o Poder Público'. Este entendimento está correto?

Resposta: Vide cláusulas 54.7 e 54.8. O Poder Concedente escolherá a câmara arbitral dentre as instituições de notório conhecimento e que tenham, preferencialmente, experiência na matéria objeto do litígio a ser dirimido e regulamento adaptado às arbitragens com o Poder Público. O procedimento arbitral observará o Regulamento da Câmara de Arbitragem adotada, bem como o disposto na Lei n. 9.307/96 e subsequentes alterações, assim como com as disposições constantes deste Contrato."

"**Questão 160**: Tendo em vista que não há na Minuta do Contrato definição da câmara de arbitragem e regulamento solicitamos informarem qual a câmara de arbitragem e regulamento a serem adotados. Entendemos que quanto ao método de nomeação dos árbitros, serão nomeados três árbitros, sendo que caberá a cada uma das partes nomear um árbitro e a estes nomear conjuntamente o terceiro árbitro. Solicitamos a confirmação desse entendimento.

Resposta: Ratificamos o quanto disposto na Cláusula 54 da minuta do Contrato."

ANEXO J: Ata da 77ª Reunião Ordinária do Conselho Gestor de PPP. *Diário Oficial do Estado de São Paulo*, 15 de agosto de 2017, p. 1 (EXCERTO)

"Dando continuidade à ordem do dia, o Presidente do CGPPP passou a palavra à Subsecretária de Parcerias e Inovação, KARLA BERTOCCO TRINDADE, que inteirou os Conselheiros sobre o andamento dos projetos de PPP já contratados, destacando o andamento da PPP 'Indústria Farmacêutica de Américo Brasiliense/IFAB da Fundação para o Remédio Popular 'Chopin Tavares de Lima' (FURP)'. Relatou que, em 09/02/2017, foi encaminhado Ofício UPPP nº 001/2017, à FURP, solicitando esclarecimentos quanto aos pontos relacionados à execução do contrato de concessão administrativa, sendo respondido por meio do Ofício FURP URPPP nº 03/2017 de 07/04/2017, que fundamentou o Relatório elaborado pela Unidade de Parcerias Público-Privadas (UPPP), datado de 17/07/2017. A seguir passou a palavra ao Superintendente da FURP, DURVAL DE MORAES JÚNIOR, que fez uma breve caracterização das condições contratuais, discorreu sobre os eventos e as tratativas institucionais carreadas junto à Concessionária. Apresentou os trabalhos que vêm sendo realizados por Grupo de Trabalho com integrantes da FURP, Companhia Paulista de Parcerias-CPP, Secretaria do Governo, Unidade de PPP e Procuradoria-Geral do Estado-PGE. Contextualizou a conjuntura em que o contrato da PPP está inserido. Diante deste cenário, a FURP desenhou uma proposta de revisão do contrato, a qual merecerá análise aprofundada para subsequente ressubmissão ao CGPPP para aprovação e encaminhamento. Na sequência, depois de esclarecidas as dúvidas e avaliadas as considerações, o Presidente do CGPPP, sugeriu que, antes de os Conselheiros decidirem os próximos passos com respeito a este contrato, seria previdente que os representantes do Setorial e da FURP, acompanhados pela Assessoria Jurídica do Estado e por representantes da Unidade de PPP, tomassem as providências necessárias à solução discutida e retornassem a este Conselho numa próxima oportunidade, relatando os resultados obtidos, bem como os eventuais valores envolvidos para implementação da solução. Tal recomendação foi seguida, por unanimidade, pelos Conselheiros do CGPPP."

REFERÊNCIAS

ABBUD, André de Albuquerque Cavalcanti. *Homologação de sentenças arbitrais estrangeiras*. São Paulo: Atlas, 2008.

AES Summit Generation Ltd. and AES-Tisza Erömü Kft. vs. Republic of Hungary. ICSID Case ARB/07/22 (2010).

AKERLOF, George A. The market for 'lemons': quality uncertainty and the market mechanism. *Quarterly Journal of Economics (The MIT Press)*, v. 84, n. 3, p. 488-500, 1970.

ALMEIDA, Fernando Dias Menezes de. As Parcerias Público-Privadas e sua aplicação pelo Estado de São Paulo. *In*: SUNDFELD, Carlos Ari (Coord.). *Parcerias Público-Privadas*. 2. ed. São Paulo: Malheiros, 2011. p. 563-581.

ALMEIDA, Fernando Dias Menezes de. *Contrato administrativo*. São Paulo: Quartier Latin, 2012.

ALVES, Marcus Vinicius Armani. *A Fazenda Pública na arbitragem*. Dissertação de Mestrado. Faculdade de Direito da Universidade de São Paulo. Orientador: Professor Dr. Marcelo José Magalhães Bonício. São Paulo, 2016.

ALVES, Rafael Francisco. *A inadmissibilidade de medidas antiarbitragem no direito brasileiro*. São Paulo: Atlas, 2009.

AMARAL, Paulo Osternack. *Arbitragem e Administração Pública*: aspectos processuais, medidas de urgência e instrumentos de controle. Belo Horizonte: Fórum, 2012.

AMARAL, Paulo Osternack. Vantagens e desvantagens da arbitragem. *Informativo Justen, Pereira, Oliveira e Talamini*, Curitiba, n. 19, set. 2009. Disponível em: http://www.justen.com.br//informativo.php?&informativo=19&artigo=827&l=pt#. Acesso em: 2 abr. 2017.

AMARAL, Paulo Osternack. Vantagens, desvantagens e peculiaridades envolvendo a arbitragem com o Poder Público. *In*: TALAMINI, Eduardo; PEREIRA, César Augusto Guimarães (Coord.). *Arbitragem e Poder Público*. São Paulo: Saraiva, 2010. p. 329-348.

ANDREWS, Neil. Arbitration and Mediation in England. *Revista de Processo*, São Paulo, n. 175, p. 107-129, set. 2009.

ANUATTI NETO, Francisco; MELLO, Maria Tereza Leopardi. Arbitragem e o risco regulatório em contratos de concessão. *III Seminário Brasileiro da Nova Economia Institucional*, p. 589-605, maio de 2015. Disponível em: https://www.researchgate.net/profile/Francisco_Anuatti_Neto/publication/275771514_ARBITRAGEM_E_RISCO_REGULATORIO_EM_CONTRATOS_DE_CONCESSAO/links/554697650cf23ff71686d81a.pdf. Acesso em: 9 jul. 2017.

ARAÚJO, Edmir Netto de. O direito administrativo e sua história. *Revista da Faculdade de Direito da Universidade de São Paulo*, v. 95, p. 8, 2000.

ARAÚJO, Fernando. *Análise económica do direito*: programa e guia de estudo. Coimbra: Almedina, 2008.

ATA da 13ª Reunião do Conselho Gestor de PPP. *Diário Oficial do Estado de São Paulo*, 8 de agosto de 2006.

ATA da 26ª Reunião do Conselho Gestor de PPP. *Diário Oficial do Estado de São Paulo*, 6 de maio de 2009.

ATA da 77ª Reunião Ordinária do Conselho Gestor de PPP. *Diário Oficial do Estado de São Paulo*, 15 de agosto de 2017.

ÁVILA, Humberto. Repensando o princípio da supremacia do interesse público sobre o particular. *Revista Trimestral de Direito Público*, São Paulo, v. 24, p. 159-180, 1998.

BANDEIRA DE MELLO, Celso Antônio. *Curso de direito administrativo*. 31. ed. São Paulo: Malheiros, 2014.

BARROSO, Luís Roberto. Sociedade de economia mista prestadora de serviço público. Cláusula arbitral inserida em contrato administrativo sem prévia autorização legal. Invalidade. *In:* BARROSO, Luís Roberto. *Temas de direito constitucional*. Rio de Janeiro: Renovar, 2003. t. III, p. 615-650.

BENAVIDES, José Luis; REIS, Tarcila. International Arbitration and Public Contracts in Latin America. *Public Contracts and International Arbitration*. Paris: Bruyant, 2011.

BERÇAITZ, Miguel Ángel. *Teoría general de los contratos administrativos*. Buenos Aires: Depalma, 1952.

BINENBOJM, Gustavo; GAMA JR., Lauro. Projeto de Lei 3.011/2005. Conselho de Fiscalização e Disciplina da Arbitragem no Estado do Rio de Janeiro. Inconstitucionalidade. *Revista de Arbitragem e Mediação*, Revista dos Tribunais, n. 10, ano 3, p. 203-211, jul.-set. 2006.

Biwater Gauff (Tanzania) Ltd. vs. United Republic of Tanzania. ICSID Case ARB/05/22, Procedural Order 5 (Feb. 2, 2007).

BONATO, Giovanni. La Riforma Brasiliana dell'arbitrato. *Rivista Dell'Arbitrato*, anno XXVII, fasc. 1, Milano: Giuffrè, 2017.

BRIGGS, Elizabeth A. The Applicability of Arbitration in the Americas: An Avant-Garde Approach to the Panama Convention. *Inter-American Law Review*, v. 43, n. 3, p. 563-592, 2012.

BRONZATTO, Thiago. Advogados enriquecem com os Tribunais de Arbitragem. Disponível em: http://exame.abril.com.br/revista-exame/quanto-pior-melhor-para-eles/. Acesso em: 1º abr. 2017.

BUENO, Cássio Scarpinella. Amicus curiae *no processo civil brasileiro*: um terceiro enigmático. 2. ed. São Paulo: Saraiva, 2008.

BUENO, Cássio Scarpinella. Amicus curiae: *uma homenagem a Athos Gusmão Carneiro*. Disponível em: http://www.scarpinellabueno.com/images/textos-pdf/005.pdf. Acesso em: 20 abr. 2017.

CAHALI, Francisco José. *Curso de arbitragem*: mediação, conciliação, Resolução CNJ 125/2010. 5. ed. São Paulo: RT, 2015.

CALABRESI, Guido. Property Rules, Liability Rules, and Inalienability: one view of the Cathedral. *Harvard Law Review*, n. 85, p. 1089-1128, 1972.

CALABRESI, Guido. Transaction Costs, Resource Allocation and Liability Rules: a comment. *The Journal of Law and Economics*, v. 11, n. 1, abr. 1968.

CÂMARA, Jacintho Arruda. *Tarifa nas concessões*. São Paulo: Malheiros, 2009.

CAMPELLO, Carlos. A trajetória empresarial de Henrique Lage e as relações com o Estado. *XXIII Simpósio Nacional de História*. Londrina, 2005. Disponível em: http://anais. anpuh.org/wp-content/uploads/mp/pdf/ANPUH.S23.0178.pdf. Acesso em: 27 fev. 2017.

CARDOSO, Camila Mendes Vianna; MARQUES, Lucas Leite; CARVALHO, Marco Antônio; MENDES, Munique de Souza. Dec. 8.465/2015: fomento à arbitragem envolvendo a Administração Pública no setor portuário. *Revista de Arbitragem e Mediação*, ano 13, v. 48, p. 167-185, jan.-mar. 2016.

CARDOSO, Manuel Jorge Rodrigues Moutinho. *Gestão de risco de conflito contratual na prestação de serviços no sector da construção*. Dissertação de Mestrado em Engenharia Civil. Orientador: Professor Dr. João Porto. Universidade do Porto, Portugal, 2009.

CARMONA, Carlos Alberto. Arbitragem e administração pública. Primeiras reflexões sobre a arbitragem envolvendo a Administração Pública. *Revista Brasileira de Arbitragem*, ano XIII, n. 51, p. 7-21, jul.-set. 2016.

CARMONA, Carlos Alberto. *Arbitragem e processo*: um comentário à Lei n. 9.307/96. 3. ed. São Paulo: Atlas, 2009.

CARMONA. Carlos Alberto. *Arbitragem não vai desafogar o Judiciário*. Entrevista concedida ao Conselho Arbitral do Estado de São Paulo. Disponível em: http://www.caesp.org.br/ arbitragem-nao-vai-desafogar-o-judiciario-diz-carlos-carmona/. Acesso em: 16 jul. 2017.

CARVALHO, André Castro de. *Infraestrutura sob uma perspectiva pública*: instrumentos para o seu desenvolvimento. Tese de Doutorado. Faculdade de Direito da Universidade de São Paulo. Orientador: Professor Dr. José Maurício Conti. São Paulo, 2013.

CARVALHO, Ricardo Lemos M. L. de. As agências de regulação norte-americanas e sua transposição para os países da *civil law*. *In*: DI PIETRO, Maria Sylvia Zanella. *Direito regulatório*: temas polêmicos. 2. ed. Belo Horizonte: Fórum, 2004. p. 379-392.

CASELLA, Paulo Borba. Ratificação pelo Brasil da Convenção de Nova Iorque de 1958 – internacionalização do direito e relações entre o Direito Internacional e o Direito Interno. *In*: WALD, Arnoldo; LEMES, Selma (Coord.). *Arbitragem comercial internacional*: a Convenção de Nova Iorque e o direito brasileiro. São Paulo: Saraiva, 2011.

CAVALCANTI, Themistocles Brandão. *Curso de direito administrativo*. 4. ed. Rio de Janeiro: Freitas Bastos, 1956.

COASE, Ronald. The Problem of Social Cost. *The Journal of Law and Economics*, v. III, out. 1960.

CONSELHO NACIONAL DE JUSTIÇA. *1ª Jornada de Prevenção e Solução Extrajudicial de Litígios, realizada entre os dias 22 e 23 de agosto de 2016 pelo Conselho da Justiça Federal*. Disponível em: http://www.cjf.jus.br/cjf/corregedoria-da-justica-federal/ centro-de-estudos-judiciarios-1/publicacoes-1/cjf/corregedoria-da-justica-federal/ centro-de-estudos-judiciarios-1/prevencao-e-solucao-extrajudicial-de-litigios/?_ authenticator=60c7f30ef0d8002d17dbe298563b6fa2849c6669. Acesso em: 16 jun. 2017).

CUNHA, Cláudia Polto da; PAULA, Tomás Bruginski de. O Programa de PPP do Estado de São Paulo. *In*: PASTORE, Afonso Celso. *Infraestrutura*: eficiência e ética. Rio de Janeiro: Elsevier, 2017. p. 263-293.

CUNHA, Leonardo José Carneiro da. *A Fazenda Pública em juízo*. 14. ed. Rio de Janeiro: Forense, 2017.

DAVIS, Joshua. Expected Value of Arbitration. *Oklahoma Law Review*, v. 57, n. 47, p. 47-125.

DEMSETZ, Harold. Why Regulates Utilities? *Journal of Law and Economics*, v. 11, n. 1, p. 55-65, abr. 1968.

DI PIETRO, Maria Sylvia Zanella. *Parcerias na Administração Pública*: concessão, permissão, franquia, terceirização, parceria publico-privada e outras formas. 8. ed. São Paulo: Atlas, 2011.

DI PIETRO, Maria Sylvia Zanella. *Direito administrativo*. 14. ed. São Paulo: Atlas, 2002.

DI SALVO, Sílvia Helena Picarelli Gonçalves Johonsom. *O desenho institucional e procedimental da mediação na Administração Pública brasileira*: estudo de caso da Câmara de Conciliação e Arbitragem da Administração Federal – CCAF (2010-2015). Dissertação de Mestrado. Faculdade de Direito da Universidade de São Paulo. Orientador: Professor Dr. Gustavo Henrique Justino de Oliveira. São Paulo, 2016.

DIAS, Daniel Pires Novais. O *Duty do Mitigate the Loss* no direito civil brasileiro. *In*: TEPEDINO, Gustavo; FACHIN, Luiz Edson (Org.). *Doutrinas essenciais* – obrigações e contratos. São Paulo: RT. v. III, p. 683-738.

DINAMARCO, Cândido Rangel. *A arbitragem na teoria geral do processo*. São Paulo: Malheiros, 2013.

DINAMARCO, Julia. Algumas considerações sobre o caso judicial Copel v. UEG. *In*: GUILHERME, Luiz Fernando do Vale de Almeida (Coord.). *Aspectos práticos da arbitragem*. São Paulo: Quartier Latin, 2006. p. 79-104.

Dispute Board Rules. International Centre for ADR. International Chamber of Commerce. Paris, 2013.

DOLINGER, Jacob. A imunidade jurisdicional do Estado. *Revista de Informação Legislativa*, ano 19, n. 76, p. 5-64, out.-dez. 1982.

DRAHOZAL, Christopher R. In Defense of Southland: Reexamining the legislative history of the Federal Arbitration Act. *Notre Dame Law Review*, v. 78, p. 101-170, 2002.

DROMI, José Roberto. *Instituciones de derecho administrativo*. Buenos Aires: Astrea de Alfredo y Ricardo Depalma, 1978.

EBERLE, Edward J. Comparative Law. *Annual Survey of Int'L & Company Law*, v. 13, p. 93-102, 2007.

EDWARDS, Harry. Alternative Dispute Resolution: panacea or anathema? *Harvard Law Review*, v. 99, n. 3, p. 668-684, jan. 1986.

ELLIOT, David C. Med-arb: fraught with danger or ripe with opportunity? *Alberta Law Review*, v. 34, n. 163, jun. 1995.

ESCOBAR, Marcelo Ricardo. *Arbitragem tributária no Brasil*. São Paulo: Almedina Brasil, 2017.

ESQUÍVEL, José Luís. *Os contratos administrativos e a arbitragem*. Coimbra: Almedina, 2004.

ESTORINHO, Maria João. *Requiem pelo contrato administrativo*. Coimbra: Almedina, 2003.

FAORO, Raymundo. *Os donos do poder*: formação do patronato político brasileiro. 5. ed. São Paulo: Globo, 2012.

FERNANDES, Gustavo Andrey; JURKSAITIS, Guilherme Jardim. Equilíbrio econômico-financeiro em contratos administrativos de longo prazo: um diálogo necessário entre advogados e economistas. *In*: CARVALHO, André Castro; CASTRO, Leonardo F. de Moraes e. *Manual de project finance no direito brasileiro*. São Paulo: Quartier Latin, 2016. p. 683-704.

FERRAZ, Rafaela. Arbitragem comercial internacional e enunciado de súmula vinculante. *Revista de Arbitragem e Mediação*, ano 5, n. 17, p. 92-109, abr.-jun. 2008.

FERREIRA, Fernanda Meirelles. *Regulação por contrato no setor de saneamento*: o caso de Ribeirão Preto. Dissertação de Mestrado em Administração Pública e Governo. Orientadora: Professora Dra. Regina Pacheco. São Paulo: Fundação Getúlio Vargas, 2005.

FERRIS, José Ricardo e MOURA, Anna Serra e. La participación de los Estados y entidades públicas latino-americanas em Arbitraje de La Cámara de Comercio Internacional: diez años de experiência. *In*: TANZI, Attila e outros. *Derecho Internacional de las Inversiones em América Latina*. Boston: Leiden, 2016. p. 542-572.

FINNERTY, John D. *Project finance*: engenharia financeira baseada em ativos. Tradução de Carlos Henrique Trieschmann. Rio de Janeiro: Qualitymark, 1998.

FOUCHARD, Philippe; GAILLARD, Emmanuel; GOLDMAN, Berthold. *International Commercial Arbitration*. Netherlands: Kluwer Law International, 1999.

GAILLARD, Emmanuel. *Teoria jurídica da arbitragem internacional*. Tradução de Natália Mizrahi Lamas. São Paulo: Atlas, 2014.

GAIZER, François. O Conselho de Estado Francês. *Cadernos de Administração Pública*, n. 29, 1955. Disponível em: http://bibliotecadigital.fgv.br/dspace/handle/ 10438/11942. Acesso em 11 jul. 2016.

GICO JR., Ivo. *A tragédia do Judiciário*: subinvestimento em capital jurídico e sobreutilização do Judiciário. Tese de Doutorado em Economia. Departamento de Economia da Universidade de Brasília, Brasília, 2012.

GICO JR., Ivo. Introdução ao direito e economia. *In*: TIMM, Luciano Benetti (Org.). *Direito e economia no Brasil*. 2. ed. São Paulo: Atlas, 2014.

GICO JR., Ivo. Metodologia e epistemologia da análise econômica do direito. *Economic Analysis of Law Review*, v. 1, n. 1, p. 20, jan.-jun. 2010.

GIMENO, Íñigo Ortiz de Urbina. El análisis económico del derecho: ¿método útil, o ideología nefasta? *In*: COURTIS, Christian. *Observar la ley*: ensayos sobre metodología de la investigación jurídica. Madrid: Editorial Trota, 2006. p. 321-348.

GIZANG, Michael; PACHECO, Mercedes M. Privatisation in Latin America. *International Business Lawyer*, v. 24, n. 6, p. 266-270, jun. 1996.

GODOY, Arnaldo Sampaio de Moraes. *Introdução ao movimento do* critical legal studies. Porto Alegre: Sergio Antonio Fabris, 2005.

GODOY, Luciano de Souza. Arbitragem nas lides de relações público-privadas. *In*: COUTINHO, Diogo et al. (Coord.). *Direito econômico atual*. São Paulo: Método, 2015.

GOLDBERG, Stephen B. *Dispute Resolution*: Negotiation, Mediation and Other Processes. 6. ed. New York: Aspen Publishers, 2012.

GOMES, Ana Coimbra e Manuel Januário. *O contrato*. Coimbra: Almedina, 2009.

GOMES, Orlando. *Contratos*. 18. ed. Rio de Janeiro: Forense, 1999.

GOMES, Orlando. *Raízes históricas e sociológicas do Código Civil brasileiro*. São Paulo: Martins Fontes, 2006.

GONÇALVES, Tatiana de Oliveira. *Arbitragem em contratos*: análise econômica. Dissertação de Mestrado em Direito. Orientador: Professor Dr. Jason Soares de Albergaria Neto. Faculdade Milton Campos, Nova Lima, Minas Gerais, 2010.

GORDILLO, Agustín. *Tratado de derecho administrativo*. 7. ed. Belo Horizonte: Del Rey, 2003. t. 1.

GUIA do Young ICCA sobre Secretários Arbitrais. Relatório do ICCA n. 1. International Council for Commercial Arbitration. Tradução de Flavia Mange e outros, 2014.

HARDIN, Garrett. The Tragedy of Commons. *Science*, v. 162, n. 3859, p. 1243-1248, dez. 1968.

HART, Oliver; MOORE, John. Foundations of Incomplete Contracts. *National Bureau of Economic Research*. Cambridge, 1998.

HICKS, John. The Foundations of Welfare Economics. *The Economic Journal*, v. 49, n. 196, p. 696-712, 1939.

HOHMANN, Ana Carolina Cavalcanti. *O contrato de programa na Lei federal n. 11. 107/2005*. Dissertação de Mestrado. Faculdade de Direito. Universidade de São Paulo. Orientador: Prof. Dr. Gustavo Justino de Oliveira. São Paulo, 2011.

HOHMANN, Ana Carolina Cavalcanti. *O direito administrativo global e sua influência para o desenvolvimento*: regulação e segurança jurídica para o ingresso de investimentos em infraestrutura no Brasil. Tese de Doutorado. Faculdade de Direito da Universidade de São Paulo. Orientador: professor Dr. Gustavo Henrique Justino de Oliveira. São Paulo, 2016.

JORDÃO, Eduardo. *Controle judicial de uma Administração Pública complexa*: a experiência estrangeira da adaptação da intensidade do controle. São Paulo: Malheiros, 2016.

JUNQUEIRA, André Rodrigues. A influência das decisões do Supremo Tribunal Federal sobre a arbitragem: súmula vinculante e controle concentrado de constitucionalidade. *In*: ROSSATO, Luciano Alves (Org.). *Temais atuais da Advocacia Pública*. Salvador: JusPodivm, 2015. p. 185-198.

JUNQUEIRA, André Rodrigues; OLIVEIRA, Mariana Beatriz Tadeu de; SANTOS, Michele Manaia. Cláusula de solução de controvérsias em contratos de parceria público-privada: estudo de casos e proposta de redação. *Revista da Procuradoria-Geral do Estado de São Paulo*, n. 77/78, p. 285-314, jan.-dez. 2013.

JUSTEN FILHO, Marçal. Administração Pública e arbitragem: o vínculo com a Câmara de Arbitragem e os árbitros. *Revista Brasileira de Advocacia*, n. 1, 2016.

JUSTEN FILHO, Marçal; SCHWIND, Rafael Wallbach. Introdução: reflexos iniciais a partir dos 10 anos da Lei das PPP. *In*: JUSTEN FILHO, Marçal; SCHWIND, Rafael Wallbach. *Parcerias Público-Privadas*: reflexões sobre os 10 anos da Lei 11.079/2004. São Paulo: Revista dos Tribunais, 2015. p. 33-42.

KALDOR, Nicholas. Welfare Propositions in Economics and Interpersonal Comparisons of Utility. *The Economic Journal*, v. 49, n. 195, p. 549-552, 1939.

REFERÊNCIAS | 297

KIRK, Jerome; MILLER, Marc. *Reliability and Validity in Qualitative Research*. Beverly Hills: Sage Publications, 1986.

KNIGHT, Frank. *Risk, Uncertainty and Profit*. New York: Reprints of Economic Classics. Augustus M. Kelley Bookseller, 1964. 381p.

KYUN, Chung Young. A Study of Meb-Arb in the United States. *Journal of Arbitration Studies*, v. 24, n. 1, p. 85-110, 2014.

LARENZ, Karl. *Metodologia da ciência do direito*. Tradução de José Lamengo. Lisboa: Fundação Calouste Gulbekian, 2005.

LEE, João Bosco; PROCOPIAK, Maria Claudia de Assis. Obrigação da revelação do árbitro – está influenciada por aspectos culturais ou existe um verdadeiro *standard* universal? *Revista Brasileira de Arbitragem*, v. 4, n. 14, p. 9-22, abr.-jun. 2007.

LEISTER, Carolina; CHIAPPIN, J. R. N. A concepção contratualista clássica, o modelo da tragédia dos comuns e as condições de emergência e estabilidade na cooperação Hobbes. *Berkeley Program in Law and Economics*. UC Berkeley. Publicado em 23.05.2007. Disponível em: http://escholarship.org/uc/item/3n07b7zq#page-3. Acesso em: 1º jul. 2017.

LEITÃO, Antônio Jorge. *Obras públicas*: artimanhas e conluios. 4. ed. São Paulo: Leud, 2013.

LEMES, Selma. *Arbitragem na Administração Pública*: fundamentos jurídicos e eficiência econômica. São Paulo: Quartier Latin, 2007.

LEMES, Selma. Arbitragem na concessão de serviços públicos – arbitrabilidade objetiva. Confidencialidade ou publicidade processual? *Revista de Direito Mercantil*, n. 134, p. 148-163, abr.-jun. 2004.

LEMES, Selma. *Números mostram maior aceitação da arbitragem no Brasil*. Disponível em: http://www.conjur.com.br/2014-abr-10/selma-lemes-numeros-mostram-maior-aceitacao-arbitragem-brasil. Acesso em: 16 jul. 2017.

LESSA, Pedro. *Do Poder Judiciário*. Rio de Janeiro: Francisco Alves, 1915.

LEVINE, Eugenia. Amicus Curiae in International Investment Arbitration: The Implications of an Increase in Third-Party Participation. *Berkeley Journal of International Law*, v. 29, ed. 1, p. 200-224, 2011.

LEVY, Fernanda Rocha Lourenço. *Cláusulas escalonadas*: a mediação comercial no contexto da arbitragem. São Paulo: Saraiva, 2013.

Linha 6 do Metrô de SP não tem interessados e deve ter atraso. *Folha de S. Paulo*, 30 de julho de 2013. Disponível em: http://www1.folha.uol.com.br/cotidiano/2013/07/1319357-linha-6-do-metro-de-sp-nao-tem-interessados-e-deve-ter-atraso.shtml. Acesso em: 9 set. 2017.

LÔBO, Paulo Luiz Netto. *O contrato*: exigências e concepções atuais. São Paulo: Saraiva, 1986.

LOEWENSTEIN, Karl. *Brazil under Vargas*. New York: The Macmillian Company, 1942.

LOPES, Christian Sahb Batista. Jurisprudência estatal nacional comentada. Cláusula patológica. Dúvida sobre instituição arbitral escolhida. Potencial conflito positivo de competência. Superior Tribunal de Justiça. Conflito de Competência n. 113.260-SP. *Revista Brasileira de Arbitragem*, São Paulo: Kluwer, n. 31, p. 92-107, 2011.

LOPES, José Reinaldo de Lima. Do ofício ao cargo público: a difícil transformação da burocracia prebendária em burocracia constitucional. *Almanack Braziliense*, v. 3, p. 30-35, 2012.

LOPES, José Reinaldo de Lima. *O Oráculo de Delfos*: o Conselho de Estado no Brasil-Império. São Paulo: Saraiva, 2010.

LORCA NAVARRETE, Antonio María. *Comentarios a la nueva ley de arbitraje 60/2003 de 23 de diciembre*. San Sebastián: Instituto Vasco de Derecho Procesal, 2004.

LOSANO, Mario. *Os grandes sistemas jurídicos*. Tradução de Marcela Varejão. São Paulo: Martins Fontes, 2007.

MACEDO JR., Ronaldo Porto. *Contratos relacionais e defesa do consumidor*. São Paulo: Max Limonad, 1998.

MACHADO, Rafael Bicca. *A arbitragem empresarial no Brasil*: uma análise pela nova sociologia econômica do direito. Porto Alegre: Livraria do Advogado, 2009.

MACKAAY, Ejan; ROUSSEAU, Stéphane. *Análise econômica do direito*. 2. ed. Tradução de Rachel Sztajn. São Paulo: Atlas, 2015.

MACNEIL, Ian. Contracts: adjustment of long-term economic relations under classical, neoclassical, and relational contract law. *Northwestern University Law Review*, v. 72, n. 6, p. 854-905, 1978.

MAGALHÃES, José Carlos de. Do Estado na arbitragem privada. *Revista de Informação Legislativa*, ano 22, n. 86, p. 125-138, abr.-jun. 1985.

MANGE, Flávia Foz. Anti-suit Injunctions in International Arbitration: Protecting the Procedure or Pushing to Settlement? *Dispute Resolution International*, v. 4, n. 2, p. 191-218, oct. 2010.

MANKIW, Gregory N. *Introdução à economia*. Tradução da 6ª edição norte-americana por Allan Hastings e Elisete Paes e Lima. São Paulo: Cengage Learning, 2016.

MARCATO, Fernando Soares; COHEN, Isadora Chansky. Garantias públicas nos contratos de Parcerias Público-Privadas. *In*: CARVALHO, André Castro (Org.). *Manual de* Project Finance *no Direito Brasileiro*. São Paulo: Quartier Latin, 2016. p. 461-502.

MARCUS, Paulo Correa; MUELLER, Bernardo; PEREIRA, Carlos. Regulatory Governance in Brazilian Infrastructure Industries. *The Quarterly Review of Economics and Finance*, 48, p. 214, 2008.

MARKOVITS, Richard. A Constructive Critique of the Traditional Definition and use of the Concept of "The effect of a choice on allocative (economic) efficiency": Why the Kaldor-Hicks test, the Coase Theorem, and virtually all law-and-economics welfare arguments are wrong. *University of Illinois Law Review*, v. 485, p. 485-505, 1993.

MARMO, Felipe Babbini; ACAUAN FILHO, Afonso Dutra. Case Study of Tamoios Highway Complex Concession. *In*: CARVALHO, André Castro (Org.). *Manual de* Project Finance *no Direito Brasileiro*. São Paulo: Quartier Latin, 2016. p. 653-668.

MAROLLA, Eugênia Cristina Cleto. *Arbitragem e os contratos da Administração Pública*. Rio de Janeiro: Lumen Juris, 2016.

MAROLLA, Eugênia Cristina Cleto. *Concessões de serviço público*: a equação econômico-financeira dos contratos. São Paulo: Verbatim, 2011.

REFERÊNCIAS | 299

MARQUES NETO, Floriano de Azevedo. *A concessão como instituto do direito administrativo*. Tese apresentada ao concurso para provimento de cargo de Professor Titular. Faculdade de Direito. Universidade de São Paulo, 2013.

MARQUES NETO, Floriano de Azevedo. Do contrato administrativo à administração contratual. *Revista do Advogado*, n. 107, ano XXIX, p. 74-82, dez. 2009.

MARRARA, Thiago. A experiência do direito administrativo alemão: o que os brasileiros devem saber? *In:* SUNDFELD, Carlos Ari (Org.). *Contratos públicos e o direito administrativo*. São Paulo: Malheiros, 2015. p. 426-446.

MARRARA, Thiago. O princípio da publicidade: uma proposta de renovação. *In:* MARRARA, Thiago (Org.). *Princípios de direito administrativo*. São Paulo: Atlas, 2012. p. 280-300.

MARTINS, André Chateaubriand. Arbitragem e Administração Pública. *In:* CAHALI, Francisco José; RODOVALHO, Thiago; FREIRE, Alexandre. *Arbitragem*: estudos sobre a Lei n. 13.129, de 26-5-2015. São Paulo: Saraiva, 2016. p. 67-84.

MARTINS, Ricardo Marcondes. Arbitragem e Administração Pública: contribuição para o sepultamento do tema. *Interesse Público*, Belo Horizonte, Editora Fórum, ano XII, n. 64, p. 85-104, 2010.

MARTINS-COSTA, Judith. *Sistema e cláusula geral*: a boa-fé objetiva no processo obrigacional. Tese de Doutorado. Faculdade de Direito da Universidade de São Paulo. Orientador: Professor Titular Antônio Junqueira de Azevedo. São Paulo: 1996.

MASTROBUONO, Cristina. MIP/PMI – A parceria na relação público-privada. *In:* SENNES, Ricardo (Org.). *Novos rumos para a infraestrutura*. São Paulo: Lex Produtos Jurídicos, 2014. p. 183-202.

MASTROBUONO, Cristina; JUNQUEIRA, André Rodrigues. A escolha da Câmara de Arbitragem pela Administração Pública. *Revista de Arbitragem e Mediação*, ano 13, v. 48, p. 115-130, jan.-mar. 2016.

MATERLANC, Roy. Equilíbrio econômico x equilíbrio financeiro em concessões: um caso de transporte urbano de passageiros. X Congresso Internacional del CLAD sobre la Reforma del Estado y de la Administración Pública. *Anais...* Santiago: Chile, 18-21 de outubro de 2005.

MAURER, Harmut. *Elementos de direito administrativo alemão*. Tradução de Luís Afonso Heck. Porto Alegre: Sergio Antônio Fabris, 2001.

MAZZONETTO, Nathalia. *Partes e terceiros na arbitragem*. Dissertação de Mestrado. Faculdade de Direito da Universidade de São Paulo. Orientador: Professor Dr. Oreste Nestor de Souza Laspro. São Paulo, 2012.

MEDEIROS, Suzana Domingues. Arbitragem envolvendo o Estado no direito brasileiro. *Revista de Direito Administrativo*, n. 233, p. 71-101, jul.-set. 2003.

MEGNA, Bruno Lopes. *Arbitragem e Administração Pública*: o processo arbitral devido e adequado ao regime jurídico administrativo. Dissertação de Mestrado. Faculdade de Direito da Universidade de São Paulo. Orientador: Professor Associado Dr. Carlos Alberto de Salles. São Paulo, 2017.

MELO, Pedro. *A distribuição do risco nos contratos de concessão de obras públicas*. Coimbra: Almedina, 2011.

MIGUEL, Luiz Felipe Hadlich. Mobilidade urbana e parcerias público-privadas: ainda existe esperança! *In*: CUNHA FILHO, Alexandre J. Carneiro da et al. (Org.). *Direito urbanístico*: ensaios por uma cidade sustentável. São Paulo: Quartier Latin, 2016. p. 173-182.

MONTEIRO, Vera. *Concessão*. São Paulo: Malheiros, 2010.

MONTEIRO, Vera. *Licitação na modalidade de pregão*. 2. ed. São Paulo: Malheiros, 2010. passim.

MORAIS, Lecio; SAAD-FILHO, Alfredo. Da economia política à política econômica: o novo desenvolvimentismo e o governo Lula. *Revista de Economia Política*, São Paulo v. 34, n. 4, out.-dez. 2011.

MOURA, Mauro Hiane de. *A autonomia contratual da Administração Pública*. Rio de Janeiro: GZ, 2014.

MOURÃO, Alessandra Nascimento; CAMPOS, Anita Pissolito et al. *Fundamentos da negociação para o ambiente jurídico*. São Paulo: Saraiva, 2014.

MOURRE, Alexis. Are Amici curiae the proper response to the public's concerns on transparency in investment arbitration? *The Law Practice of International Courts and Tribunals*, v. 5, issue 2, p. 257-271, 2006.

MUNIZ, Petrônio R. G. *Operação Arbiter*: a história da Lei n. 9.307/96 sobre a arbitragem comercial no Brasil. Recife: Instituto Tancredo Neves, reimpressão de 2014. p. 45 e ss.

NEVES, Marcelo. *Transconstitucionalismo*. São Paulo: Martins Fontes, 2009.

NUSDEO, Fábio. *Curso de economia*. 5. ed. São Paulo: RT, 2008.

OLIVEIRA, Ana Perestrelo de. *Arbitragem de litígios com entes públicos*. 2. ed. Coimbra: Almedina, 2015.

OLIVEIRA, Beatriz Lancia Noronha de. *A arbitragem nos contratos de parceria público-privada*. Dissertação de Mestrado em Direito. Orientador: Professor Dr. Gustavo Justino de Oliveira. Universidade de São Paulo, 2012.

OLIVEIRA, Gustavo Justino de. A arbitragem e as parcerias público-privadas. *In*: SUNDFELD, Carlos Ari. *Parcerias Público-Privadas*. 2. ed. São Paulo: Malheiros, 2011. p. 598-640.

OLIVEIRA, Gustavo Justino de. Gestão privada de recursos públicos para fins públicos: o modelo das OSCIP. *In*: OLIVEIRA, Gustavo Justino. *Direito administrativo democrático*. Belo Horizonte: Fórum, 2010. p. 117-158.

OLIVEIRA, Gustavo Justino de; EID, Elie Pierre. Notas sobre o princípio da publicidade nas arbitragens envolvendo a Administração Pública. *Revista da Associação dos Procuradores do Estado do Rio de Janeiro*, Rio de Janeiro: APERJ, v. XXVI, p. 229-252, 2016.

OLIVEIRA, Gustavo Justino de; FIGUEIROA, Caio Cesar. Impactos econômicos da cláusula compromissória de arbitragem no *Project Finance*. *In*: CARVALHO, André Castro (Org.). *Manual de Project Finance no Direito Brasileiro*. São Paulo: Quartier Latin, 2016. p. 545-566.

OLIVEIRA, Gustavo Justino de; LEISTER, Carolina. Convenção arbitral no setor de hidrocarbonetos: condições de admissibilidade. *Revista de Arbitragem e Mediação*, ano 13, v. 48, p. 53-67, jan.-mar. 2016.

OLIVEIRA, Gustavo Justino de; SCHWARSTMANN, Guilherme Baptista. Arbitragem público-privada no Brasil: a especialidade do litígio administrativo e as especificidades do procedimento arbitral. *Revista de Arbitragem e Mediação*, v. 44, p. 150-171, jan.-mar. 2015.

OLIVEIRA, Gustavo Justino de; SCHWARTSMANN, Guilherme Baptista. *Novos rumos da mediação e arbitragem na Administração Pública brasileira*. Disponível em: http://www.justinodeoliveira.com.br/site/wp-content/uploads/2015/11/Mediação-e-Arbitragem-na-Administração-Pública-_Ago.2014.pdf. Acesso em: 26 fev. 2017.

OLIVEIRA, Pedro Ribeiro de. Formas e características dos *dispute boards* – considerações úteis na sua escolha. *In:* SION, Alexandre Oheb (Coord.). *Empreendimentos de infraestrutura e de capital intensivo:* desafios jurídicos. Belo Horizonte: Del Rey, 2017. p. 179-192.

PALMA, Juliana Bonacorsi de. *Atuação administrativa consensual:* estudo dos acordos substitutivos no processo administrativo sancionador. Dissertação de Mestrado. Faculdade de Direito da Universidade de São Paulo, 2010.

PAPPAS, Brian A. Med-Arb and the legalization of Alternative Dispute Resolution. *Harvard Negotiation Law Review*, v. 20, n. 157, p. 157-204, 2015.

PAULA, Pedro do Carmo Baumgratz de. *As Parcerias Público-Privadas de Metrô em São Paulo:* as empresas estatais e o aprendizado institucional no financiamento da infraestrutura de serviços públicos no Brasil. Dissertação de Mestrado. Orientador: Professor Diogo Rosenthal Coutinho. Universidade de São Paulo. Faculdade de Direito. São Paulo, 2014. p. 52.

PEREZ, Marcos Augusto. *O risco no contrato de concessão de serviço público*. Belo Horizonte: Fórum, 2006.

PETER, James T. Med-Arb in International Arbitration. *The American Review of International Arbitration*, v. 83, n. 8, 1997.

PIGOU, Arthur. *The Economics of Welfare*. London: Macmilan, 1920.

PINTO JR., Mário Engler. Confiança legítima no relacionamento entre poder público e iniciativa privada. *In:* CORRÊA, André Rodrigues; PINTO JR., Mário Engler (Org.). *Cumprimento de contratos e razão de Estado*. São Paulo: Saraiva, 2013. p. 341-362.

PINTO JR., Mário Engler. *Empresa estatal:* função econômica e dilemas societários. São Paulo: Atlas, 2010.

PINTO JR., Mário Engler. O novo mercado da Bovespa e o compromisso da sociedade de economia mista com práticas de boa governança corporativa. *Revista de Direito Mercantil Industrial, Econômico e Financeiro*, v. 128, p. 54-60, 2002.

PIRES, Luis Manuel Fonseca. O fenômeno da corrupção na história do Brasil. *In:* CUNHA FILHO, Alexandre J. Carneiro da et al. (Org.). *48 Visões sobre a corrupção*. São Paulo: Quartier Latin, 2016. p. 807-834.

PONTES DE MIRANDA, Francisco Cavalcanti. *Tratado de direito privado*. Parte geral. Rio de Janeiro: Borsoi, 1954. t. III.

POP, Andrea. Med-Arb: mode alternatif de regelement des conflits dans le Droit Compare. *Studia Universitatis Babes-Bolyai Jurisprudentia*, v. 2011, n. 1, p. 129-140, jan.-abr. 2011.

POSNER, Richard. *Economic Analysis of Law*. 9. ed. Groningen: Wolters Kluwer Law & Business, 2014.

PRADO JÚNIOR, Caio. *História econômica do Brasil.* 43. ed. São Paulo: Brasiliense, 2012.

PRADO, Lucas Navarro; RIBEIRO, Maurício Portugal. *Comentários à Lei de PPP:* fundamentos econômico-jurídicos. São Paulo: Malheiros, 2010.

PRADO, Maria da Graça Ferraz de Almeida. *A economia da arbitragem:* abordagem contratual e institucional. Tese de Doutorado. Faculdade de Direito da Universidade de São Paulo. Orientador: Professor Dr. Fábio Nusdeo. São Paulo, 2016.

PUCEIRO, Enrique Zuleta. O processo de globalização e a reforma do Estado. *In:* FARIA, José Eduardo (Org.). *Direito e globalização econômica:* implicações e perspectivas. São Paulo: Malheiros, 2015. p. 105-126.

PUGLIESE, Antônio Celso Fonseca; SALAMA, Bruno Meyerhof. A economia da arbitragem: escolha racional e geração de valor. *In:* JOBIM, Eduardo; MACHADO, Rafael Bicca. *Arbitragem no Brasil:* aspectos jurídicos relevantes. São Paulo: Quartier Latin, 2008. p. 74-87.

QUADROS, Fausto de. *A nova dimensão do direito administrativo:* o direito administrativo português na perspectiva comunitária. Coimbra: Almedina, 2001.

QUEIROZ, Rafael Mafei Rabelo; FEFERBAUM, Marina (Coord.). *Metodologia jurídica:* um roteiro prático para trabalhos de conclusão de curso. São Paulo: Saraiva, 2012.

REDFERN, Alan; HUNTER, Martin. *Redfern and Hunter on international arbitration:* student version. 5. ed. Inglaterra: Oxford University Press, 2009.

RELATÓRIO de Riscos Fiscais Decorrentes de Parcerias Público-Privadas. *Diário Oficial do Estado de São Paulo,* 5 de julho de 2013, Caderno Legislativo.

REZENDE, Adriana Mazieiro et al. Concessão patrocinada da Rodovia dos Tamoios (SP 099). Exame da minuta de edital e contrato. *Boletim do Centro de Estudos da PGE/SP,* n. 5, p. 37-70, 2014.

RIBEIRO, Diogo Albaneze Gomes. *Arbitragem no setor de energia elétrica.* Coimbra: Almedina, 2017.

RIBEIRO, Maurício Portugal. *20 Anos da Lei de Concessões. 10 Anos da Lei de PPPs: viabilizando a implantação e melhoria de infraestruturas para o desenvolvimento econômico-social.* Disponível em: https://pt.slideshare.net/portugalribeiro/10-anos-da-lei-de-ppp-20-anos-da-lei-de-concesses. Acesso em: 29 abr. 2017.

RIBEIRO, Maurício Portugal. *Concessões de PPPs:* melhores práticas em licitações e contratos. São Paulo: Atlas, 2011.

RIBEIRO, Maurício Portugal. *Concessões e PPPs:* melhores práticas em licitações e contratos. São Paulo: Atlas, 2011.

RICARDINO, Roberto. *Administração de contrato em projetos de construção civil no Brasil:* um estudo da interface com o processo de análise de risco. Dissertação de Mestrado em Engenharia Civil. Escola Politécnica da Universidade de São Paulo. Orientador: Professor Dr. Cláudio Tavares Alencar. São Paulo, 2007.

RIVERO, Jean. *Curso de direito administrativo comparado.* 2. ed. Tradução de José Cretella Júnior. São Paulo: RT, 2004.

RODRIGUES, Vasco. *Análise económica do direito.* 2. ed. Coimbra: Almedina, 2016.

ROGERS, Catherine. *Ethics in International Arbitration*. Oxford: Oxford University Press, 2014.

ROGERS, Catherine. Fit and Function in legal Ethics: Developing a Code of Conduct for International Arbitration. Penn State Law Research Paper. *Michigan Journal of International Law*, v. 23, n. 341, 2002.

ROGERS, Catherine. Transparency in International Commercial Arbitration. *Kansas Law Review*, v. 54, n. 1301, 2006.

ROMANO, Santi. *Principii di diritto amministrativo italiano*. 3. ed. Milano: Piccola Biblioteca Scientifica, 1912.

ROPPO, Enzo. *O contrato*. Coimbra: Almedina, 2009.

ROSILHO, André. *Licitação no Brasil*. São Paulo: Saraiva, 2013.

ROZAS, José Carlos Fernández. El convenio arbitral: entre la estabilidad y el desatino. *Estudios de arbitraje*: libro homenaje al profesor Patricio Aylwin Azocar. Santiago: Editorial Jurídica de Chile, 2006.

RUGGIO, Rodrigo Alves Pinto. O equilíbrio econômico-financeiro em parcerias público-privadas e a importância da administração contratual. *In*: BERNARDES, Edson Garcia (Org.). *Administração contratual e* claim: coexistência pacífica dos aspectos jurídicos e de engenharia em obras. São Paulo: PINI, 2015. p. 63-88.

SALAMA, Bruno Meyerhof. Análise econômica da arbitragem. *In*: TIMM, Luciano Benetti (Org.). *Direito e economia no Brasil*. 2. ed. São Paulo: Atlas, 2014. p. 382-390.

SALLA, Ricardo Medina. *Arbitragem e Administração Pública*: Brasil, Argentina, Paraguai e Uruguai. São Paulo: Quartier Latin, 2015.

SALLES, Carlos Alberto de. *Arbitragem em contratos administrativos*. Rio de Janeiro: Forense, 2011.

SALOMÃO FILHO, Calixto. Atuação estatal e ilícito antitruste. *Revista de Direito Mercantil, Industrial, Econômico e Financeiro*, v. 106, ano XXXVI, p. 39, abr.-jun. 1997.

SALOMÃO FILHO, Calixto. *Regulação da atividade econômica*: princípios e fundamentos jurídicos. 2. ed. São Paulo: Malheiros, 2008.

SCHIEFLER, Gustavo Henrique de Carvalho. *Diálogos público-privados*: da opacidade à visibilidade na administração pública. Tese de Doutorado em Direito. Orientador: Professor Dr. Gustavo Justino de Oliveira. Universidade de São Paulo. São Paulo, 2016.

SCHIEFLER, Gustavo Henrique de Carvalho. *Procedimento de Manifestação de Interesse (PMI)*: solicitação e apresentação de estudos e projetos para a estruturação de concessões comuns e parcerias público-privadas. Dissertação de Mestrado em Direito. Universidade Federal de Santa Catarina. Santa Catarina, 2013.

SCHIRATO, Vitor Rhein. Concessões de serviços públicos e investimentos em infraestrutura no Brasil: espetáculo ou realidade? *In*: SUNDFELD, Carlos Ari (Org.). *Contratos públicos e o direito administrativo*. São Paulo: Malheiros, 2015. p. 142-169.

SCHUNCK, Giuliana Bonanno. *Contratos de longo prazo e dever de cooperação*. Coimbra: Almedina, 2016.

SCHWIND, Rafael Wallbach. *Remuneração do concessionário*: concessões comuns e parcerias público-privadas. Belo Horizonte: Fórum, 2010.

SEIBEL, David. To Enhance the Operation of Government: Reauthorizing the Administrative Dispute Resolution Act. *Harvard Negotiation Law Review*, v. 1, p. 239-246, 1996.

SENNES, Ricardo. Perspectivas internacionais do mercado de infraestrutura brasileiro. *In:* LOHBAUER, Rosane e outros (Coord.). *Novos rumos para a infraestrutura*: eficiência, inovação e desenvolvimento. São Paulo: Lex Produtos Jurídicos, 2014. p. 25-42.

SHAVELL, Steven. Alternative Dispute Resolution: an economic analysis. *Journal of Legal Studies*, v. XXIV, n. 1, jan. 1995.

SHAVELL, Steven. Alternative Dispute Resolution: an economic analysis. *Journal of legal Studies*, v. XXIV, jan. 1995. Disponível em: http://www.jstor.org/discover/10.2307/724588 ?uid=2129&uid=2134&uid=2484377407&uid=2484377397&uid=2&uid=70&uid=3&uid=6 0&sid=21104774630617. Acesso em: 9 maio 2016.

SICA, Heitor Vitor Mendonça. Arbitragem e Fazenda Pública. *In:* CAHALI, Francisco José; RODOVALHO, Thiago; FREIRE, Alexandre. *Arbitragem*: estudos sobre a Lei n. 13.129, de 26-5-2015. São Paulo: Saraiva, 2016. p. 273-288.

SILVA, Paulo Eduardo Alves; SCHRITZMEYER, Ana Lúcia Pastore; FRANÇA, Alba Cantanhede; HERBETTA, Alexandre Ferraz. Uma etnografia dos cartórios judiciais: estudo de caso em cartórios judiciais no Estado de São Paulo. *Cadernos Direito GV*: relatório de pesquisa n. 24, v. 5, n. 4, jun. 2008.

SILVA, Vasco Pereira da. Direito administrativo português e europeu no divã da psicanálise. *In:* MARRARA, Thiago. *Direito administrativo*: transformações e tendências. São Paulo: Almedina, 2014. p. 147-164.

SOMBRA, Thiago Luís Santos. Mitos, crenças e a mudança de paradigma da arbitragem com a Administração Pública. *Revista Brasileira de Arbitragem*, ano XIV, n. 54, p. 54-72, abr.-jun. 2017.

SOUSA, João Ramos de. Análise econômica do direito – parte I. *Sub Judice (Revista Trimestral)*, Coimbra: Almedina, n. 33, p. 181, 2005.

SOUZA JR., Lauro da Gama e. Sinal verde para a arbitragem nas parcerias público-privadas (a construção de um novo paradigma para os contratos entre o Estado e o investidor privado). *Revista de Direito Administrativo*, n. 241, p. 121-157, jul.-set. 2005.

SOUZA, Rodrigo Pagani de. Planejamento dos serviços de saneamento básico na Lei federal n. 11.445, de 5 de janeiro de 2007. *In:* MOTA, Carolina (Org.). *Saneamento básico no Brasil*: aspectos jurídicos da lei federal n. 11.445/07. São Paulo: Quartier Latin, 2010. p. 25-52.

STERN, John; HOLDER, Stuart. *Regulatory Governance*: criteria for assessing the performance of regulatory systems. An application to infrastructure industries in the developing countries of Asia. Utilities Policy 8, p. 33-50, 1999.

STIGLER, George J. The Economics of Information. *The Journal of Political Economy*, v. LXIX, n. 3, p. 213-225, jun. 1961.

STOBER, Rolf. *Direito administrativo econômico geral*. Tradução de António Francisco de Souza. São Paulo: Saraiva, 2012.

STONE, Katherine Van Welzel. Rustic Justice: community and coercion under the Federal Arbitration Act. *North Carolina Law Review*, v. 77, p. 931-1036, 1999.

STRINGHAM, Edward. Kaldor-Hicks Efficiency and the Problem of Central Planning. *The Quarterly Journal of Austrian Economics*, v. 4, n. 2, p. 41-50, Summer 2001.

SUNDFELD, Carlos Ari. *Direito administrativo para céticos*. São Paulo: Malheiros, 2012.

SUNDFELD, Carlos Ari. Guia jurídico das Parcerias Público-Privadas. *In:* SUNDFELD, Carlos Ari (Org.) *Parcerias Público-Privadas*. 2. ed. São Paulo: Malheiros, 2011. p. 17-46.

SUNDFELD, Carlos Ari; CÂMARA, Jacintho Arruda. O cabimento da arbitragem nos contratos administrativos. *Contratações públicas e seu controle*. São Paulo: Malheiros, 2013.

SZTAJN, Rachel. Law and Economics. *In:* ZYLBERSZTAJN, Décio; SZTAJN, Raquel. *Direito e economia*. Rio de Janeiro: Elsevier, 2005. p. 74-83.

TALAMINI, Eduardo; PEREIRA, Cesar A. Guimarães. Arbitragem e Poder Público: o esboço de um consenso e novos desafios. *In:* TALAMINI, Eduardo; PEREIRA, Cesar A. Guimarães (Coord.). *Arbitragem e Poder Público*. São Paulo: Saraiva, 2010. p. 7-14.

TAWIL, Guido Santiago; LIMA, Ignacio J. Minorini. El Estado y el arbitraje: primeira aproximación. *Revista de Arbitragem e Mediação*, ano 4, n. 14, p. 108-109, jul.-set. 2007.

THOMPSON, Peter; PERRY, John. *Engineering construction risks*: a guide to project risk analysis and assessment. London: Thomas Telford, 1998.

TREBILCOCK, Michael. The Lessons and Limits of Law and Economics (versão revisada do artigo: An introduction to law and economics). 23. *Monash Law Review*, 123, 1997.

VANZELLA, Rafael. O contrato: de Enzo a Vicenzo. *Revista Direito GV*, n. 2, p. 221-228, jun.-dez. 2005.

VINTER, Graham D. *Project finance*: a legal guide. 2. ed. London: Sweet & Maxwell, 1998.

VISCUSI, William Kip et al. *Economics of regulation and antitrust*. 4. ed. Massachusetts: MIT Press, 2005.

WALLACE, Peter; GIUNTA, Frank; GUTIERREZ, Felipe. Dispute Boards: Internacional and Latin American Experiences. *In:* TRINDADE, Bernardo Ramos. *CRD: Comitê de Resolução de Disputas nos Contratos de Construção e Infraestrutura*: uma abordagem prática sobre a aplicação de *dispute boards* no Brasil. São Paulo: PINI, 2016. p. 193-214.

WARNER, Mildred; HEFETZ, Amir. Applying Market Solutions to Public Service: an assessment to efficiency, equity and voice. *Urban Affairs Review*, v. 38, n. 1, p. 70-89, Sept. 2002.

WEBLEY, Lisa. Qualitative approaches to empirical legal research. *In:* CANE, Peter; KRITZER, Hebert M. *The Oxford Handbook of Empirical Legal Research*. Oxford: Oxford University Press, 2013. p. 926-950.

WEISMAN, Martin C. Med-Arb: the best of both worlds. *Dispute Resolution Magazine*, v. 19, n. 3, p. 40-41, 2013.

WILLEMAN, Flávio de Araújo. *Acordos administrativos, decisões arbitrais e pagamentos de condenações pecuniárias por precatórios judiciais*. Disponível em: http://download.rj.gov.br/documentos/10112/392202/DLFE26509.pdf/07ArcodosAdministrativosDecisoesArbitrais.pdf. Acesso em: 17 abr. 2017.

WILLIAMSON, Oliver. Transaction Cost Economics and Organization Theory. *In:* SMELSER, N. J.; SWEDBERG, R. (Ed.). *The Handbook of Economic Sociology.* Princeton: Princeton University Press, 1994. p. 77-107.

WILLIAMSON, Oliver. Transaction-Cost Economics: The Governance of Contractual Relations. *The Journal of Law and Economics*, v. 22, n. 2, p. 233-261, out. 1979.

WOLANIUK, Silvia de Lima Hist. *Arbitragem, Administração Pública e parcerias público-privadas*: uma análise sob a perspectiva do direito administrativo econômico. 2009. Dissertação de Mestrado em Direito. Orientadora: Professora Dra. Ângela Cássia Costaldello. Universidade Federal do Paraná, Curitiba, 2009.

ZYLBERSZTAJN, Décio; SZTAJN, Raquel. *Direito e economia.* Rio de Janeiro: Elsevier, 2005.

Sites consultados:

http://fgv.br/cpdoc/acervo/arquivo-pessoal/GV/textual/carta-de-henrique-lage-a-getulio-vargas-colocando-a-disposicao-do-governo-parte-dos-navios-de-sua-companhia-para-integrarem-a-grande-companhia-uni. Acesso em: 27 fev. 2017.

http://justicaprivada.org.br/2015/08/11/sao-paulo-padroniza-clausula-arbitral-em-contratos-de-ppps-e-gera-polemica/. Acesso em: 24 set. 2017.

http://site.sabesp.com.br/site/interna/Default.aspx?secaoId=505. Acesso em: 8 set. 2017.

http://www.anac.gov.br/assuntos/paginas-tematicas/concessoes/concessoes_em_ andamento. Acesso em: 15 jun. 2017.

http://www.artesp.sp.gov.br/transparencia-novas-concessoes-rodovias.html. Acesso em: 16 jun. 2017.

http://www.fnp.org.br/noticias/item/1515-vlt-da-baixada-santista-e-premiado-internacionalmente. Acesso em: 10 set. 2017.

http://www.governo.sp.gov.br/PEDppp/PROJETOS/Projetos% 20Contratados%20de%20 Parcerias%20Públicos-Privadas.pdf. Acesso em: 7 set. 2017.

http://www.parcerias.sp.gov.br/Parcerias/docs/Carteira%20de%20Projetos%20PPP_agosto. pdf. Acesso em: 24 mar. 2016.

http://www.valor.com.br/empresas/5058590/move-sao-paulo-tem-oferta-de-empresa-estrangeira-por-metrodiz-governo. Acesso em: 9 set. 2017.

http://www.valor.com.br/politica/4157236/rescisao-de-contrato-da-linha-4-do-metro-vai-atrasar-obra-em-1-ano. Acesso em: 9 set. 2017; bem como a matéria veiculada pela agência Reuters em 31 de julho de 2015.

http://br.reuters.com/article/businessNews/idBRKCN0Q42R520150731. Acesso em: 9 set. 2017.

http://www.worldbank.org/pt/country/brazil/brief/Brazil-procurement-documents-procedures. Acesso em: 15 jun. 2017.

www.caad.org.pt. Acesso em: 28 fev. 2017.